森 一道 著

台頭する「ポスト華南経済圏」

"脱・経済"を目指す
中国改革開放の新たな地平

芙蓉書房出版

はじめに

　本書の目的は、華南で試行され、現在は全国レベルでも展開されていると考えられる「新たな改革開放政策」を「華南政策」と名づけたうえで、同政策の内容、進展ぶり、将来展望などをその設計者の思想、意図に引き付けつつ論述することにある。「華南」について中国本土でも決まった定義はないが、本書では特に断らない限り、中国本土の広東省、特に同省珠江デルタ（珠江三角州＝ Pearl River Delta）と中華人民共和国特別行政区である香港を指す。華南を構成する広東省について、同省全体ではなく、珠江デルタに焦点を絞り華南政策が遂行されている事実は、強調してもしすぎることはない重要性を持つ。そのような華南政策の設計者とは、汪洋広東省共産党委員会書記（当時）、現副首相である。この設計者の点からも、華南政策は香港というより、主に広東省、中国本土の必要性に基づいて考案され、実践されている政策と考える。

　広東省と香港の関係は三段階に分けて考えることができる。第一段階は19世紀半ばの英国植民地時代の始まりから1983年頃まで、第二段階は1984年頃から香港の主権の中国への返還（1997年7月1日）を挟んで2007年頃までの「華南経済圏」の時代（第4章参照）、そして第三段階が華南政策が設計・遂行されている現在である。第一段階は、英国植民地と中国本土、しかも1949年10月以降は英国植民地と社会主義国となった中国の一地方との関係であり、両地は疎遠な関係にあったようにも見えるが、血縁、地縁を基礎に、「合法的」、「非合法的」、もしくは「難民」の身分での往来や香港移住など緊密関係を保持していた＊1。両地の世代交代から血縁関係が希薄化し、華南経済圏も解体が進みつつある現在の華南政策の時代における広東省と香港の関係は、三段階の区分において実は最も薄弱なものと考えられる。しかし逆に、前二段階のような自然発生的な関係が薄弱であるがゆえに広東省と香港の当局はむしろそれぞれの思惑から、「華南」を「政策」の問題として再設計し、協力を進めているといえる＊2。

　＊1　英国殖民地となった香港と中国本土との往来は基本的に自由だったが、新

中国成立直後の1950年5月から香港政庁（英国植民地時代の「香港政府」の日本語の呼称）は中国本土から香港に入る中国人に「旅行証明書」の取得を、同年6月15日からはボーダー付近を通行する者に「通行証」の所持を義務づけた。これにより香港と中国本土の人的交流は制度的に制限されたが、実際の往来は活発に続いた（Kit and Pak[1998]、Siu[1999]、愛[2010]）。「合法」「非合法」を含め中国本土から香港への入境者は、1950年代は約40万人（公式統計は存在しないが、1945年の終戦時の人口は推定60万人、1950年代末には236万人と推定されたのでその約15年間の人口増加数176万人の23％に相当）、1960年代には約12万人（1960～69年の人口増加数78万9,000人の15％）、1970年代は約50万人（1970～79年の人口増加数102万人の約50％）を数えた。1970年代の香港流入の急増は1974年11月から1980年10月まで香港で実施されたタッチベース（抵壘）政策によるところが大きい。中国本土とのボーダーに近い新界地区で発見された場合は送還し、九龍中心部や香港島までたどり着いて親戚や知人が受け入れ先となった場合は、入境處への出頭や登録など正規の手続きを経て居住権を付与する。その狙いは、不法移民の数を制限しつつ労働集約産業を担う若年労働力を確保することにあった。同政策は1970年代末、不況や産業構造の変化を受け労働力不足が解消されたほか、中国本土の改革開放政策への転換でボーダー管理を徹底する法執行体制が整い、さらに1979年に中国が改革開放政策に転じ、不法移民が11万人に達し、ベトナム難民の増加もあり廃止された。この後は強制送還が制度化され、「合法的に暮らす香港住民」に対しては外出時のＩＤ携帯が義務化された。香港移住は1980年代に約30万人（1980～89年の人口増加数68万人の44％）、1990年代に約40万人（1980～89年の人口増加数88万6,000人の45％）を数えた（すべて総人口は香港政庁センサス、同結果に基づく推計値）。

経済関係は中国の社会主義計画経済の閉鎖性から改革開放に転じるまでそれほど活発でなかった。しかし、香港の輸入総額に占める中国のシェアは1950年に21％、1955年に24％、1960年に20％、1970年に16％、1980年に20％を占め、最大級のシェアを保った。輸出先（再輸出先）として中国は1959年に11％、1960年に10％、1970年は文化大革命の影響で1.2％まで落ち込んだが、1980年に15％まで増大した。

＊2　陳永傑は香港と広東省の関係について、①1949年以前、②制度分離期（1949～78年。社会主義国の成立、朝鮮戦争勃発を受けた1950年の国連による中国への禁輸措置。同措置による香港と中国、とくに広東省との貿易関係の後退期。ただし＊1で示した通り、にもかかわらず貿易は一定規模を維持、③回復発展期（1978～97年）、④政府間協力始動期（1997～2003年）、⑤制度的融合

期（2003年〜）と歴史的に分類する（陳［2014］）。この分類は、社会主義国としての新中国の成立（②）と改革開放への転換（③）という制度的変化を強調するものである。本書の観点から最も重要なのは現在が関係構築段階（⑤）であるとの認識だが、これについては問題意識を共有する。

広東省の動向に集約される華南政策の課題は、政治・経済と社会の関係の再編問題である。その課題遂行手段は、ひとことで言えば「城鎮化」である（図表。日本語に訳せば「都市化」だが、本書では「都市化」を中国語の「城市化」の訳語とし、「城鎮化」は特に必要がない限り中国語のまま用いる）。その背景にあるのはグローバル化の進展である。グローバル化はしばしば「国際化」と同義で用いられるが、本書ではグローバル化をむしろ国内的、域内的なダイナミズムと捉える。すなわち、人間個々の価値観が劇的に多元化する事態と定義する。そうしたグローバル化の進展は、人為的に形成されてきた「近代政治・経済諸制度」に対し、「社会」の自律性を圧倒的に高めることで、改革開放下で実行されている「社会主義市場経済」はもちろん、民主主義に基づく「資本主義・市場経済」をも機能困難に陥らせる。社会主義であれ資本主義であれ、その近代「政治・経済諸制度」は、人々の価値観の均質性を前提に設計されているからである。そうした事態は、「政治・経済」と「社会」の関係再編を当局に迫る。グローバル化が文字通り、グローバルな問題である以上、華南そして中国は世界最先端の課題に取り組んでいるに違いない、というのが本書の隠れた、そして大きな問題意識である。

華南政策の設計者である汪洋の広東省在任期間（2007年末〜2012年末）は、米国発の世界金融危機（以後、特に断らない限り「リーマンショック」と同義で用いる）により華南が大きな経済的打撃を受け、またその回復過程において新たな活路を模索した時期にあたる。華南政策は汪洋と密接な関係を保つ胡錦濤共産党総書記、国家主席（当時）の間接的、直接的な支援を受けて形成され、胡錦濤の任期末期には全国レベルの政策としても採用された。その政策は現在の習近平体制下でより精密化され、「新型城鎮化政策」（日本語に訳せば「新型都市化政策」。本書ではそのまま「新型城鎮化政策」を用いる）や「ニューノーマル」（「新常態」）として引き継がれているというのが本書の理解である。

図表　工業化から城鎮化へ

時期	政策目標	政策手段[1]	政策手段[2]	重点産業	労働力	政治指導者
1978年～	所得増大（経済発展）	工業化	戸籍制度と農民・農村搾取	製造業	低賃金労働力	鄧小平～江沢民
2002年～		経済的概念としての城市化（都市化）	↓↓			
2011年～	幸福増進（社会発展）	政治的・社会的概念としての城鎮化	全人民の市民化（新型城鎮化）	"サービス業"	労働力の質	胡錦濤～習近平

資料）筆者作成

　以下、本書の構成を述べる。
　序章「華南再考」では本論の問題意識を述べつつ論旨を記す。華南といえば、特に日本では1980年代後半から香港と珠江デルタの間で自然発生的に形成された分業体制を指す「華南経済圏」を思い起こす向きも少なくないと思われるが、そうした華南政策の前史ともいえる華南経済圏についてもふれる。
　第1章「華南政策の視野」では、汪洋が下級幹部に勧めた本や行った発言、視察等から、華南政策を構成する理論と思想の全体像を描き、実施スケジュールとともに提示する。また、そうした考察から、華南政策を形成する理論的背骨について、米欧を発祥地とする概念である「メーカーズ」、そして「幸福」論と考え、それらを紹介する。その両者はいずれも、意図として、または結果として一対一対応の次元へとパーソナライズされた需給マッチング、すなわち——大量生産品の需給を価格という数量を介して

はじめに

一致させる「均質的需給マッチング」ではなく——ごく少量もしくは一つのモノやサービスの需給が結び付く「質的な需給マッチング」を実現もしくは条件とする。需給マッチングをそのようなライフスタイル（主観性）という質的次元の問題に転換する事態は、グローバル化の最大の帰結の一つといえる。こうした考察を踏まえ、グローバル化がどのように政治・経済–社会関係の再編問題を浮上させたかを検討すると同時に、政治・経済–社会関係再編問題へのアプローチとして浮上したと考えられる四つの思想を抽出する。この四つの思想は世界的な思想潮流というばかりでなく、中国にも当てはまると考え、「ポスト江沢民」時代における政治思想として、腑分けしつつ検討する。

　第2章「華南政策と開発戦略」では、華南政策を構成する二つの具体策である「双転移」と「珠江デルタ一体化」について論述する。双転移は改革開放後の経済高成長をもたらした最大要因の一つである〈農村–都市〉の二元（分断）構造の溶解、すなわち「全人民の市民化」（全国民の都市市民化）を、珠江デルタ一体化は「同城化」（都市一体化）を目的とする。続いて、中国の開発戦略の変遷について述べる。華南政策は、中国の開発戦略が工業化から〈農村–都市〉の二元構造の打破の試行へ、そして新型城鎮化政策へと変化し、今日に至るプロセスにおける先駆的、そしてなお一歩先を行く存在と位置づけることができる。新型城鎮化は、中国の「格差」問題（沿海東部と内陸部、都市と農村等）の根源には〈農村–都市〉の二元構造があると見て、単なる経済ではなく、社会的・政治的枠組みのなかで「城鎮化」（日本語に直訳すれば「都市化」だが意味は異なる）を解決策として打ち出したところに画期的な意味がある。それは職住近接もしくは「生活」と「労働」の一致をめざす華南政策（双移転と同城一体化）の思想と相通ずる。そのような全人性の回復の実現を今日の改革の鍵と考えたからこそ汪洋は幸福の理論に着目したといえる。

　第3章「汪洋の幸福論と新しい社会」では、華南政策の核心と考えられる幸福論を論じる。「経済成長至上主義」（とりあえず「GDPの増大の程度が大きければ大きいほど善」という考え方と定義する）を排し、新たな政策目標として「幸福」の増進を据える動きは胡錦濤がフリーハンドで策定した第11次5カ年計画（2006〜10年）で本格化した。省レベルでは初めてかつ唯一とされる広東省の「幸福指数」を論述する。「華南政策」そのものは汪洋

が「幸福広東の建設」を打ち出した時点で完成し、またその実現をめざして長い試行錯誤の旅が始まったといえる。続いて、幸福が政策目標となった背景にあると考えられる「新たな社会」の生成とそのような「新たな社会」の形成に伴う「新たな『社会管理』」の課題の浮上について述べる。ここで言う「新たな社会」とは、第二世代農民工（「農民工」とは農業以外の職に就く出稼ぎ農民を指す。「第二世代農民工」とは第二世代の出稼ぎ農民のことをいう。「新世代農民工」とも呼ばれる）が台頭した時代状況を指し、その親の世代である第一世代農民工（「旧世代農民工」とも呼ばれる）と併せ、農民工経験者ゆえの「生活」と「労働」、「農村」と「都市」の双方が身体内で融合した「生活者」が、社会の趨勢的なダイナミズムを作り出すようになった社会を指す、と考える。胡錦涛政権は新型城鎮化を（「土の都市化」ではない）「人の都市化」、つまり「農民の市民化」と表現したが、そうした「都市化された人間」が、「生活」と「労働」、「農村」と「都市」の双方が身体内で融合した「生活者」なのだと言うこともできる。そして多数の「生活者」が暮らす場所が「新型城鎮」なのだと理解することができる。

第4章「華南経済圏から華南政策へ」では、華南政策の前史といえる香港と広東省の経済関係緊密化を振り返り、続いてそうした「華南経済圏」に代わり「ポスト華南経済圏」ともいえる「華南政策」がどのように成立したかを考察する。「華南」という言葉が1990年代前半に（恐らく中国本土や香港において以上に）日本で広く流通したのは、この「華南経済圏」に関する論考によるところが大きい。そうした華南経済圏が1980年半ばからどのように形成され、1990年後半に変容を遂げ、21世紀に入り有効性を失ったかを論述する。「華南政策」の源流は、1997年7月の主権返還と同時期に発生したアジア経済危機等から不振に陥った香港経済の救済策として、北京中央政府の主導でCEPA（Closer Economic Partnership Arrangement＝経済貿易緊密化協定）が策定され（2003年6月発効）、基本法第23条（国家安全条例）の法制化に反対する50万人デモが起こった2003年7月以降は香港メディアが「経済救港論」（香港の政治的危機を救うのは経済）と名づけた経済回復を優先させる政策が前景化したときにさかのぼる。しかし、そうした経済成長至上主義とも呼びうる香港救済策は、汪洋率いる広東省が香港救済を担い始めたCEPAのⅤ（第5次補充規定）（2008年7月29日署名、2009年1月実施）の段階で、むしろ経済成長至上主義を退ける華南政策へと変

質した。「広東省パイロット措置」または広東省を対象とする「先行先試」（試験的な先行実施）措置とも呼ばれる「V」に盛り込まれたサービスの規制緩和は、高度サービス業の中国本土での展開を経済的活路と見る香港側の希望が、とりあえず広東省に限定して受け入れられた結果でもあった。しかし、華南政策の本質が経済成長至上主義からの離脱にあるとすれば、香港と広東省は、華南政策の形成によって皮肉にも、同床異夢の関係に転じたと言うのがふさわしい。この点は次の第5章でもふれる。

　第5章「香港域内の政治力学と華南政策」では、華南政策の形成に果たした香港の役割を論じる。アジア経済危機後（中国への主権返還後の一時期に一致）に鮮明化した経済成長率の減速、所得格差の拡大などに危機感を強めた香港政府が、特に元経済官僚の曽蔭権（Tsang Yam-Kuen, Donald）が行政職ナンバー・ワンから政治職ナンバー・ワンのポストにあった2001〜2012年の「曽蔭権の時代」、経済成長著しい中国本土との関係強化を活路と見て北京中央政府への働きかけを強め、それが華南政策を生んだ一つの要因となった。一方、グローバル化の進展に伴い、香港市民はもちろん、一部の政治集団すら「近代政治・経済諸制度」もしくは中国との経済関係強化を含む「政策」への無関心を強めた。それが香港政府の「中国接近政策」を容認し、華南政策の形成を導く追い風となった。その意味で、華南の政治力学において、香港社会は、社会そのものに社会安定の根拠を求めようとする汪洋と同次元にあり、経済成長（経済的パイの増大）という「近代政治・経済諸制度」になおも囚われている香港政府は、華南さらに中国全体において孤立状態にあると言うこともできる。

　終章「習近平とニューノーマルの思想」では、胡錦濤政権に続く習近平体制下において、華南政策はどのように位置づけられているか、その回答を暗示する二点を覚書の意味も込めて論述する。一つは、2014年秋の香港での「雨傘運動」が改めて示した香港と中国本土との「距離」の問題、二つ目は華南政策の最も重要な視座である「脱経済成長至上主義」が習近平体制下の「ニューノーマル」（新常態）、そして第13次5カ年計画（2016〜20年）でどう受け継がれているか、また「一帯一路」*3を含む北京中央政府の「三大経済戦略」に華南が含まれていないのはなぜか、などの問題意識である。いずれも、恐らくはなお可能性にとどまる華南政策の行方を占う手がかりとなるだろう。

＊3 「一帯一路」戦略は2013年9〜10月に習近平が提起した。「シルクロード経済ベルト」と「21世紀海上シルクロード」から構成される。中国と欧州、中国とアフリカを結ぶ二つの経路上の国々が対象である。中国政府は「関連国64カ国」、「沿線国48カ国」という表現を用いる。「関連国64カ国」の総人口は世界人口の6割以上、経済規模は世界GDPの3割程度を占める。同戦略が打ち出された背景に関する議論は活発だが、資源エネルギーの確保、過剰在庫、過剰設備の輸出市場の開拓、インフラビジネスの拡大、中国独自の「世界的価値観」の創出と普及などが代表的な見方である。

ところで、「政策」について、実現可能性と実行継続性が不可欠な要素と見た場合、華南政策はどれほどの程度で「政策」と呼べるのだろうか？

今日の中国の「政策」に序列をつければ、最上位にくるのが「改革・開放政策」であるのは間違いない。改革・開放政策は全体として、過去35年間、紆余曲折や天安門事件（1989年）後の数年間にみられるような顕著なペースダウンはありながらも、着実に追求され、大きな成果をあげてきたということができる。恐らくこれを否定するものはほとんど皆無であるに違いない。改革・開放政策の下位にくるのが個別的、具体的な政策である。党大会や人代（人民代表者大会＝議会に相当）で決まる場合もあれば、共産党最高指導部の内輪の会議で決定する場合もあるだろう。その内容や総括が公にされない場合も多いと推測される。これら政策に対し、華南政策は「華南政策」として決定されたものではない。汪洋が広東省トップの党委員会書記在任中に打ち出した一見バラバラに見える個別政策を、筆者がその立案・遂行者（ここでは汪洋）の思想を吟味しつつ線で結び、さらに面として構成し直し、そう命名したものである。

華南政策は世界的に見てもきわめて革新的であり、その意味で空想的に過ぎる、という評価もあるだろう。しかし、恐らく中国の改革開放期のすべての政策（一時期、導入の動きもみられたブルジョア民主主義を除く）がそうであるように、最上位にくる改革・開放政策から逸脱しない限り、歴史から完全に抹殺されることもないだろう。その思想は、見かけを変えつつも確実に継承され、時に相矛盾する政策が並置されるほどに乱雑で漠然としたものにも見える改革開放政策の下、さまざまな個別政策として具体化され、実現されて行くに違いない。

台頭する「ポスト華南経済圏」❖目次

はじめに　*1*

序　章　**華南再考** ──────────────── *13*

　1．改革開放モデルとしての広東VS上海　*14*
　2．華南政策の定義　*16*
　3．華南政策の国内的意義　*17*
　4．「華南経済圏」の射程　*19*
　5．華南政策の思想　*25*
　6．「華南政策」の世界的意義　*27*

第1章　**華南政策の視野** ──────────── *33*

　1．華南政策の思想と理論　*35*
　　1．汪洋の思想　*37*
　　　（1）汪洋の発言／（2）汪洋の推薦図書／（3）華南政策の全体像／（4）華南政策の進行表
　　2．メーカーズと幸福論　*57*
　　　（1）メーカーズへの着目／（2）サービスの意味／（3）経済成長至上主義／（4）幸福の理論

　2．グローバル化のなかの華南政策　*77*
　　1．平等イデオロギーとその終焉　*79*
　　　（1）大衆社会と平等イデオロギー／（2）ジニ係数と社会不安／（3）中間層論の妥当性
　　2．グローバリゼーション下の政治思想　*92*

（1）四つの政治思想／（2）潜在的多元主義／（3）グローバル化と中国／（4）汪洋の立ち位置

第2章　華南政策と開発戦略 ………………………… 111

1．「双移転」と「珠江デルタ一体化」 111
　1．「双移転」と中国のメーカーズ 112
　　（1）「双転移」と産業移転政策／（2）双転移の狙い／（3）就地就近就業／（4）「双移転」政策の実践と成果
　2．珠江デルタ一体化 132
　　（1）張徳江から汪洋の改革へ／（2）三つの経済圏／（3）サービス業と「一体化」政策の成果

2．地域開発戦略から都市化政策へ 144
　1．地域開発戦略 144
　　（1）『珠江デルタ地区発展計画要綱』と5カ年計画／（2）地域開発戦略の三段階／（3）内需への視野
　2．「城鎮化」の展開 157
　　（1）「城鎮化政策」への旋回／（2）三農政策と社会主義新農村／（3）新型城鎮化政策の確定

第3章　汪洋の幸福論と「新しい社会」 ………………… 179

1．幸福広東の建設 180
　1．幸福広東の提起 180
　　（1）中国の経済成長至上主義／（2）「改革派」と「幸福派」／（3）中国における幸福論の展開／（4）広東省の幸福指数
　2．新たな「社会管理」 204
　　（1）社会管理の刷新／（2）汪洋の憤慨／（3）広東省の新型城鎮化

2．中国における「社会」の再形成　216
　　1．「社会」の再形成　217
　　　（1）社会再形成の要因／（2）急増する群体性事件／（3）群体性事件の分類と背景／（4）新世代農民工
　　2．「新しい社会」　235
　　　（1）「個と全体」の調和問題／（2）市民社会から大衆社会へ／（3）「フラット社会」の秩序原理／（4）中国の市民社会論

第4章　華南経済圏から華南政策へ　247

1．華南経済圏の形成と変容　249
　　1．珠江デルタの優位性　249
　　　（1）経済特区から特区外へ／（2）来料加工貿易から進料加工貿易へ／（3）香港経済のサービス化
　　2．中国の国際化とグローバル化　261
　　　（1）中国経済国際化の"逆風"／（2）ICT革命とグローバル化／（3）EMSへの反乱

2．華南政策の形成　267
　　1．中央政府の香港支援　269
　　　（1）CEPAの締結／（2）CEPAの初期的効果／（3）「支援」から「政策」へ
　　2．和諧政策の再考　283
　　　（1）科学的発展観と和諧／（2）広東省長の憂慮／（3）汪洋の一貫性／（4）汪洋の叡智

第5章　香港域内の政治力学と華南政策　297

1．「香港－広東省協力体制」の形成　299
　　1．香港特別行政区と広東省の協力関係　300
　　　（1）1998～2008年末／（2）2009年～／（3）曽蔭権と汪洋

2．香港の産業政策　*316*
　　　　（1）自由放任主義の「微調整」／（2）より大きな「微調整」の背景／（3）主権返還後の産業政策

　2．華南政策の形成・受容と香港政治のダイナミズム　*325*
　　1．「内政」をめぐる軋轢　*326*
　　　　（1）〈政府―世論〉関係／（2）〈政府―財界〉関係
　　2．価値観多元化時代の政治　*332*
　　　　（1）民主派の求心力と遠心力／（2）曽蔭権の「務実政治」／（3）「非制度的民主化」への転回

終　章　習近平体制と華南政策に関するノート … *359*

　　1．香港と中国本土との「距離」　*361*
　　　　（1）雨傘運動と香港政府の「統治不可能性」／（2）第13次5カ年計画と「国家主義」／（3）香港政策における同化と離反のベクトル
　　2．中国新動態への対応　*375*
　　　　（1）香港経済界の対応／（2）香港政府の対応

あとがき　*387*
参考文献　*397*

序章
華南再考

　2012年11月の中国共産党第18期一中全会で党総書記に選ばれた習近平が就任後初めての地方視察として2012年12月7日から11日まで広東省を訪問した。最初に訪れた深圳市では、税制優遇や人民元規制の緩和など大規模な規制緩和を通じて「ミニ香港」の建設を企図する同市西部の前海地区（チンハイ）などを訪れた。香港政府と広東省が共同運営する「前海金融特区」構想は、国家副主席（当時）として香港問題の最高責任者だった習近平が2010年4月に香港を訪れた際に打ち出していた。2012年の深圳滞在中には「三つの定位・二つの率先」、すなわち広東省が中国的特色を持つ社会主義の先頭に立ち、改革開放を深化させる先行地域となり、さらに科学的発展を追求する実験地区となるべく奮闘努力し、また小康社会（衣食が足りていくらかゆとりのある社会）を全面的に建設し、社会主義現代化を基本的に実現すべく率先する、という概念を提出し、中国全土における広東省の位置づけを明らかにした。

　これに先立つ2011年8月には、李克強副首相が中国副首相の立場で香港を公式訪問した（16日から3日間）。副首相の香港訪問は史上初めてのことであり、これにより翌年の共産党第18回大会で「胡温体制」から「習李体制」に変わることがほぼ決まったと観測された。中国共産党の最高意思決定機関である中央政治局常務委員会委員の香港訪問は、国家主席、首相、全人代委員長、全国政協主席の「ビッグ4」以外は、香港・マカオ事務弁公室の主任と上記上級指導者の後継者に内定しているものに限るという規定が存在するからである。2003年以降の訪問は、温首相（2003年）、曽慶紅国家副主席（2005年）、賈慶林全国政協主席（2006年6月）、呉邦国全人代委員長（同12月）、胡錦濤国家主席（2007年）、習近平国家副主席（2008年）のみだった（『明報』2011年8月3日）。

　振り返れば、改革開放の新たな一頁はすべて広東省から始まった。1992年の1月から2月、鄧小平は訪問した広東省で南方講話を行い、思想解放

13

の継続を訴えた。2000年春、江沢民は訪問先の広東省で「三つの代表」の重要思想を提起し、同時に技術革新（イノベーション）の優位性を向上させるよう同省に求め、さらに社会主義近代化の基本的な実現を先頭に立って進めるよう指示した。2003年春、胡錦濤は広東省で「科学的発展観」を提出し、同省が発展を加速し、率先し、また協調し、小康社会を全面的に建設するよう求め、社会主義近代化の加速と推進の先頭に立つよう要求した。

　改革開放時代の歴代最高指導者が就任まもなく広東省を訪問し、独自の改革理論を提示する本当の理由はわからない。国家統一を果たした香港、マカオが隣接し、将来的な統一を悲願する台湾が近接することを含め、鄧小平の「遺言」に基づく、何らかの取り決めがあるのかもしれない。理由は何であれ、「改革開放の継続」を国内外に顕示しつつ、新しい最高指導者の新たな改革開放理論のお披露目をする「通過儀礼」的な意味合いが広東省訪問にあるのは間違いないだろう。

　しかし、仔細に見れば、今日、鄧小平のすべてが肯定されているとは言い難い。鄧小平思想は二つに大別できるだろう。①社会主義計画経済から改革開放政策への転換、②先富論である。このうち、先富論は胡錦濤によって明確に終止符が打たれた。鄧小平は社会主義の平等主義（毛沢東主義）を否定し、条件の良いものから先に豊かになれという先富論を打ち出した。以後、中国で平等主義が肯定されたことは一度もないが、少なくとも胡錦濤政権の成立までは、不平等状態を積極的に肯定する思想、理論や政策が存在したわけでもない。振り返れば、先富論は天安門事件を受けた1990年代初頭に否定されるべきだったが、皮肉にも1990年代にむしろ栄華を極め、その後の改革開放政策に経済成長至上主義のバイアスをかけることになったといえる。その産物が上海にほかならない。

1．改革開放モデルとしての広東vs上海

　1970年代末からの改革開放政策（鄧小平の改革開放）を振り返るとき、その恩恵に最もあずかったのは実は上海だったと言える。1970年代末に改革開放に転じた主要な理由は、社会主義計画経済の行き詰まりであり、また一つは香港の主権回収（最終的に1997年7月1日）である。改革開放を受け

て、香港に隣接する広東省深圳に経済特区が設置されたのもそのためである。その深圳を含む広東省が、改革開放と先富論の恩恵を真っ先に受けたのは当然といえる。これに対し、上海は1990年代に先富論の恩恵が及んだが、それは経済的発展が不足していたゆえに天安門事件が発生したとして鄧小平が経済高成長の新たな舞台として上海を指名したためである。

　上海は沿海東部に位置しながら、大型国有企業が多いゆえに改革開放の恩恵が及びにくかった。鄧小平が天安門事件から得た教訓とは、経済的発展なくして国の安定なし、という1970年代末に改革開放に転じた際とまったく同じ思想である。国の最高指導者には上海トップの江沢民を抜擢した。広東省が沿海東南部の経済発展を牽引し、ひいては中国全土の経済発展を刺激するという目論見が期待ほどの成果を挙げなかった反省を踏まえ、上海が中国全土の経済成長を牽引する新たな起爆剤となることを期待されたのである。

　だが、鄧小平思想を陳腐化させる歴史の必然というべきか、1990年後半から上海と広東の進路は異なり始めていた。その分岐は胡錦濤の就任で決定的となった。胡錦濤は「鄧小平の先富論」を受け継いだ「江沢民の改革開放」をむしろ反面教師として、「第二の改革開放」の実験地として広東を位置づけたといえる。すなわち、「科学的発展観」の下、1990年代以降の上海が象徴する外資企業を含む大企業と地方政府が一体となって実現する経済高成長は、その恩恵にあずかるのが企業幹部や地方政府官吏に限定されるので、社会の安定確保にもはや有害無益であり、人民の幸福を増進もしない。個人の価値観が劇的に多様化（＝グローバル化）する今日、むしろ必要なのは社会－政治・経済関係の再編であるとの考えの下、その「第二の改革開放」の舞台を広東省に求めたのである。

　だが、胡錦濤時代も天安門事件と同様の衝撃に見舞われた。2008年秋のリーマンショックである。リーマンショック後の大型景気対策事業を通じて潤った地方政府や国有企業は、先富論が含意する経済成長至上主義を口実に、胡錦濤の「第二の改革開放」に抵抗した。その現象は胡錦濤に近い知識人らから「国進民退」と否定的に評価されるようになり、彼らは西側諸国の中国観察家の間で、「既得権益層」もしくは「江沢民勢力」と呼ばれるようにもなった。この当時から、汪洋を含む「胡錦濤勢力」と彼らとの権力闘争が語られるようにもなった。このような「権力闘争」の観点を

含め、改革開放の将来を占う点でも、華南政策の現状を分析し、その将来を展望する作業は重要である。

2. 華南政策の定義

　しかし、鄧小平思想のもう一つの柱である改革開放そのものは揺るがない。
　習近平の改革開放理論は、「第二の改革開放」に舵を切った前任者の胡錦濤のそれを踏襲しつつ、その思想をさらに純化し、推進していると考えられる。その思想が、習近平が2014年に打ち出した、「構造調整」の外部環境を意味する「ニューノーマル」(新常態)である。「構造調整」の遂行に際して、打倒すべき障壁を既得権益層に定めている点でも完全に一致する。胡錦濤の改革開放理論（科学的発展観に基づく和諧政策。「和諧」の英訳は Harmony）が「華南政策」の理論的拠りどころとなっていることを思えば、したがって習近平も「華南政策」を引き続いて実行しているというのがふさわしい。
　華南政策を立案し、推し進めたのは汪洋（当時は広東省党委書記、現在は副首相）である。胡錦濤の科学的発展観とそれに基づく和諧政策がその理論的裏付けとなった。華南政策の目標は「幸福広東」の建設であり、その手段は「騰籠換鳥(とうろうかんちょう)」である。「騰籠換鳥」は直訳すれば「籠を空にして（騰籠）、中の鳥を入れ替える（換鳥）」、意訳すれば「構造調整」だが、その内実は、社会―政治・経済関係の再編といえる。すなわち、グローバル化の進展により強大化した社会に対し、逆に弱体化した経済・政治はどう対応すべきか、という課題である。その答えが、20世紀を通じて資本主義国、社会主義国を問わず、大部分の国の最重要課題となった経済（富）拡大ではなく、「騰籠換鳥」を通じて人々の主観的満足度（これが「幸福」）を高め、最終的に社会的安定を実現する、という考え方である。
　このような華南政策が形成された経緯について、北京中央政府による香港支援策、および中央政府の和諧政策への対応として広東省が模索していた経済・産業構造調整の二つが、2007年末から2012年末までの汪洋の広東省在任中に融合し、「和諧」の概念が研ぎ澄まされつつ形成されたものと理解することができる。すなわち、数量的に表現される所得等の経済的「格差」の是正ではなく、「格差」を「質的多様性」と捉えたうえで、そ

序章　華南再考

のような多様性の発露がもたらす社会的「調和」を期待する政策の形成である。その思想的潮流は、1970年代頃に先進諸国で現われた「新自由主義」が、1990年代のグローバル化の進展を受けてさらに徹底されたものと考えることができる。すなわち、価格競争に奔走する「経済人」としてのみ人間を捉える自由主義ではなく、非価格的選択可能性を存分に人間に認める考え方である。改革開放への転換を受け、GDPで表現される経済規模の拡大において先導役を期待された広東省にとって、その変化は180度の転換といえる。まさしく第二の改革開放の先導者もしくは牽引役というのがふさわしい。

3．華南政策の国内的意義

　華南政策は、中国南部の一地域を対象とする政策にすぎないが、中央政府レベルの政策を凌ぐほどの重要性を持つ。すなわち、華南政策について、第11次5カ年計画と第12次5カ年計画をつなぎ、また「地域開発戦略」と「新型城鎮化」を橋渡しする政策と位置づけることができる（「地域開発戦略」は日本語では「地域発展戦略」という表現の方が通りが良いかもしれない。中国語では「地域開発戦略」と記す場合もある。本論では「地域開発戦略」を用いる。また、「城鎮化」は直訳すれば「都市化」である。逆に日本語の「都市化」は中国語に訳せば「城市化」である。用語やその意味の違いもあり、本論では特に必要がない限り、「城鎮化」をそのまま使う）。
　地域開発戦略は新中国の歴史を通じて進められてきた政策だが、新型城鎮化はきわめて新しい政策である。資本主義国では、都市化は近代化の一段階を指す「工業化」や資本蓄積過程と同義だが、中国では都市化のプロセスそのものが明確でない。農村の余剰労働力は低賃金労働力として主に軽工業部門に吸収されたものの、戸籍制度で裏打ちされた〈都市－農村〉の二元構造（分断構造）により、短期（2～3年）の出稼ぎにとどまった。西欧近代の都市化や工業化がそうであったような、所得や教育水準等が均質的な「国民」の形成を通じて、社会・国民統合が実現する条件でもない。これに対し、中国における新型城鎮化とは、むしろ「ポスト工業化」時代の都市化というのがふさわしい。
　経済・産業構造の面では、沿海東部の大都市はすでに知識集約産業化、

経済サービス化が進展している一方、内陸西部では労働集約型の製造業の集積が進みつつある。これを反映し、沿海東部の経済成長率は1990年代後半から鈍化する一方、内陸部のそれは相対的に高率を維持している。この経済成長率の「西高東低」はとくに2007年頃から鮮明になった。

　しかし、これを指して中国国内において雁行型発展が見られる、と観察するのは一面的である。相対的に低賃金である内陸西部の都市部でも知識集約産業化、経済サービス化が進行し、全土的に自営業者も数多い。必ずしも大企業体制の形成や資本集約化が進んでいるわけではない。経済・産業構造、求められる労働力はすでに多様であり、所得分布や教育程度はまだら模様である。個人レベルでの情報の能動的な送受信を可能とするインターネットが全国規模で迅速に普及している事実は、価値観多様化を物語る。個人間、地域間において客観的、数量的な「格差」があったとしても、「問題」（トラブル）とはなり得ない。これは、広東省における汪洋の前任者である張徳江が、「格差是正」（結果としての平等の実現）として産業移転や経済・産業構造調整を推し進めた状況認識とは異なる。新型城鎮化政策は、農民、都市市民を問わず、また所得の多少にかかわらず、人々の選択肢の多様性を確保し、社会的・政治的安定を図ることを目的とする。それは、中国を途上国とみれば、経済成長や所得増大を最優先課題とする途上国の開発理論としてはきわめて独創的である。

　新型城鎮化は重大な政治的含意も持つ。それは大都市（中国語で比較的大きな都市を「城市」という）が温存する既得権益構造（都市部の既得権益層）の打破である。先富論にバイアスのかかった改革開放のなかで形成されたいわば「既得権益層としての城市」の解体であり、比喩的に言えば、既存の「城市」の「農村化」である。農村と都市、都市と都市とを隔てる政治的障壁を打ち壊し、なおかつ国有企業と官僚機構が形作る既得権益を打ち破り、そうすることで国土の「諸侯化」（地方の群雄割拠状態、経済封鎖）を溶解しつつ、個々人の主観的満足感の最大化を図る──。それは社会安定化策でもある。

　そのためのマクロ経済運営では、リーマンショック後の大型景気対策事業終了後に採用された2011年以降がそうであるように、旧態依然とした生産設備や経営体制を温存させるだけの緩和的な金融政策や安易な財政出動に基づく「高度経済成長」は強く戒められる。

諸侯化は、主に地元の国有企業や産業の保護主義、地方経済のフルセット主義などいくつかの意味があるが、根底には競争を回避したい、地方政府の「都市経済保護主義」がある。都市経済保護主義は、地方の党・政府官吏の政治権力に依存するので、既得権益構造の温床ともなる。地方官僚は、生産性向上や製品・サービス高付加価値化を通じた競争力強化ではなく、いかに税収や雇用、私的利益を最大化するかに心血を注ぎがちである。その手段は、他省・市からの製品流入や安値での天然資源の流出を阻止し、地元企業・産業を保護することである。いきおい、製品価格は下方に硬直的になるか、上昇する。諸侯化は早くも1980年代後半に表面化し、国内販売が活発化するにつれて深刻化したが、地方政府に対する中央政府の権限強化やWTO加盟により国内販売の規制緩和が本格化すると、今度は地方政府が過少な補償金で農民から土地を取得し、地元の不動産開発会社に譲渡し、開発物件の販売益を分け合う、新たな形態の「諸侯化」が深刻化した。こちらは地方官僚による農村・農民からの直接的な収奪だが、都市経済保護主義が背後にあるのは変わらない。

4.「華南経済圏」の射程

華南は当初、経済諸侯化が比較的緩やかだった。行政が保護すべきと考える、税収を依存する有力な国有の製造企業や資源関連企業が少なく、また輸出主導の発展を遂げたからである。その発展は「華南経済圏」という果実を結んだ。それは「華南政策」というより、いわば「広東政策」の産物といえる。

「広東政策」について、主に製造業振興のための明示的な財政・税制、外資政策等に関する「優遇策」、および香港、台湾、マカオなど中国の国家統一対象地域を意味する「同胞」に対する非明示的な制度運用を含む全体的な「特殊政策、弾力措置」を指す、と定義できよう。そうした広東政策は、経済特別区(以下「経済特区」)の設立(1980年8月正式成立)、珠江デルタの開放を経て1980年後半に「華南経済圏」として結実した。当時、広東省の実質的トップが、文化大革命後の鄧小平の復活に尽力した十大元帥の一人で、広東省に強大な地盤を築いた葉剣英の長男である葉選平だったこともあり、同省は「独立王国」と呼ばれるほどの経済力と中央政府に対

する交渉力をもった*1。すなわち、①歴史的・政治的背景も後押しし華南が制度上、その施行上でも広東政策の多大なる恩恵を受け、②「同胞」、およびそれらが呼び水となり進出が進んだその他の外資企業の珠江デルタでの生産品が中国国内市場ではなく輸出（主に米国向け）されたことが「華南経済圏」の形成を導いたといえる*2。

*1　葉剣英は広東省生まれ。文化大革命の終焉、およびその後の鄧小平の復活に力を尽くし、中華人民共和国建国後は広州解放を実現し、広東省党委員会書記、広東省人民政府主席兼広州市長、中南軍政委員会副主席、華南軍区司令員、中南軍区司令員代行、中共中央中南局書記代理などを歴任し、華南に圧倒的な勢力を築いた。葉選平は1980年に広東省副省長に抜擢され、広州市党委員会副書記（1983年5月）、市長（同年7月）、広東省党委副書記（1985～91年）、広東省長（同）などを歴任した。

*2　華南経済圏に関する論考の一つの視座は1980年後半から大きな進展を見せた米中経済の補完関係である。これについては大橋［1998］を参照。

華南に関する先行研究について、特に日本語で記述された研究のほぼすべては「華南経済圏」をめぐる論考といえる*3。その背景には、1970年代のアジアNIEs（韓国、台湾、香港、シンガポール）、それに続く1980年代のASEANの経済的躍進、そのような雁行型発展を先導した日本企業のアジアへの直接投資の増大への注目があったことは疑えない。1980年代末からの円高の進行もあり、ASEANに続く新興経済圏として広東省が脚光を浴びたのである。広東省は1990年代初め、総人口でASEANの一部国を上回り、1人平均GDPではすでに凌駕していたのである（図表0-1）。

*3　華南経済圏に関する日本語の論考は「参考文献」を参照。日本語以外での華南に関する考察は、中国語においては主に経済、文化研究であり、英語においてはエズラ・ボーゲルの社会・歴史研究が際立っている。なお、香港の大学や公立図書館の蔵書検索からも明らかな通り、「華南経済」という香港と広東省の経済を一体として捉える言い回しは、中国語圏よりも日本での方が通りがよい。経済、政治問題に言及する際、中国語では「港粤経済」や「港粤関係」、「港深経済」など、あくまで香港、広東省、深圳を別物とし、そのうえで「合作」（協力）を論じる表現の方が一般的である。「華南」は歴史的、地理的な事象を論述する際により頻繁に用いられるように見える。この意味で、本論の「華南政策」も日本語特有の慣習的な表現を踏襲している。

序章　華南再考

図表0-1　広東省、珠江デルタの経済規模(1992年、2014年)
～アジア主要国・地域との比較～

	1992年			2014年		
	総人口 (100万人)	GDP (10億㌦)	1人GDP (ドル)	総人口 (100万人)	GDP (10億㌦)	1人GDP (ドル)
中国	1,165	483	415	1,368	10,360	7,594
うち広東省	67	44	671	107	1,104	10,331
・珠江デルタ	22	31	1,377	58	938	16,350
香港	6	102	17,625	7	291	40,170
台湾	21	212	10,272	23	530	22,637
韓国	44	330	7,541	50	1,410	28,187
シンガポール	3	50	15,428	5	308	56,287
フィリピン	64	53	830	99	285	2,874
インドネシア	186	139	750	252	889	3,524
マレーシア	19	59	3,106	30	338	10,796
タイ	57	111	830	67	405	6,042
ベトナム	68	10	144	91	186	2,052
インド	869	260	332	1,267	1,893	1,622

注)GDPは名目値、広東省の総人口は常住人口、珠江デルタの総人口は戸籍人口。資料)ADB"KEY INDICATORS"、『数説広東六十年』、『広東省統計年鑑』から算出・作成

　ただし、華南経済圏への注目は単に経済的観点からのそれとも言い難い。関連の論考は、実は天安門事件を受けた1992年初めの鄧小平の南方視察後の数年間に集中する。
　1989年夏の天安門事件は、脱冷戦の歴史的プロセスにおいて、学生や労働者らが中国における政治的・社会的変革を求めた出来事だったといえる。これに対し鄧小平は1992年初頭に改革開放のフロントランナーである広東省を訪問し、改革開放の継続と一段の深化を表明した。そうすることで、政治的・社会的改革を求める国民の声に応え、改革開放の行方を懸念する諸外国の懸念を払拭しようとした。言うまでもなく、その鄧小平の思想とは「先富論」、つまり「条件が良いものから先に経済的に豊かになる。生活が豊かになれば社会的、政治的安定は自ずから確保される」との考え方だが、その鄧小平思想の結実が華南経済圏だったといえる。広東政策と同様の政策は1990年代に入り、江沢民-朱鎔基体制下において上海の浦東開

発としても実践された。
　このような歴史的経緯は、華南経済圏への着目が、イデオロギー色の濃い三つの前提に基づいていたことを暗示しよう。すなわち、①1982～84年の香港返還交渉およびその後の1997年までの返還過渡期における政治改革等をめぐる断続的な中英対立、②主要な受注者である香港企業、主な発注元である米国企業という「二つの資本主義・市場経済」に負うところが大きい中国内における広東省の圧倒的な経済力、③冷戦構造が相まった「保守派 vs 改革派」という中国政治分析の枠組みである。ここから「独立王国・広東省」と「英領・香港」が形成する「華南経済圏」は、自ずから西側諸国の間で、「保守派に抗いつつ、資本主義・市場経済を推進する改革派」を体現する改革開放・中国の橋頭堡として、「期待」を込めて論じられたのである*4。

> *4 「華南経済圏」は1990年代前半、西側諸国の間で「期待」を込めて論じられが、その「期待」は鄧小平思想の「誤解」または「過剰期待」に基づいていたともいえる。鄧小平思想は「先富論」を推し進めても、西洋民主主義の実施には強く反対したからである。

　華南経済圏を地理的に定義することは実は難しい。主に海外の観察家らが当初、広東と福建の両省を合わせて華南経済圏として議論したのは、改革開放の窓口である経済特区が設けられたただ二つの場所であり、香港と台湾に居住する中国人の主要な故郷であり、またいずれも中国にとっての国家統一の対象だったためである。中国当局は香港に隣接する広東省深圳とマカオと隣り合う珠海、および華僑が多い汕頭（スワトー）の3カ所に、また海峡を挟んで台湾と向き合う福建省厦門（アモイ）に経済特区を設置し、投資・貿易の拡大を図った*5。

> *5 1979年に広東省の深圳、珠海、汕頭（スワトー）、福建省の厦門に「経済特別区」が設置され、1988年に海南省が加わった。1984年、大連、秦皇島、天津、煙台、青島、連雲港、南通、上海、寧波、温州、福州、広州、湛江、北海など14の「沿海都市」が開放された。1985年以後、長江デルタ、珠江デルタ、閩南（びんなん＝福建省南部）三角地区、山東半島、遼東半島、河北省、広西チワン族自治区が「経済開放区」に指定され、これにより沿海東部全体に開放的な経済地帯が形成された。

　しかし、遡れば、早くも1980年代半ばから香港と台湾、もしくは広東と

序章　華南再考

図表0-2　広東省における珠江デルタの位置づけ（2014年）

	省合計／平均	珠江デルタ	東翼	西翼	山区
面積（平方キロ）	179,624	54,754	15,475	32,644	76,751
常住人口（万人）	10,724	5,763	1,729	1,576	1,656
都市人口（万人）	7,292	4,848	1,029	647	768
戸籍人口（万人）	8,887	3,208	1,869	1,881	1,930
GDP（億元）＊	73,121	57,650	5,064	5,777	4,630
1人平均GDP（元）	63,469	100,448	29,393	36,770	28,047
対内直接投資（億ドル）	269	249	7	4	9
貿易総額（億ドル）	10,766	10,292	224	104	147
面積（％）	100.0	31.0	8.8	18.5	43.5
常住人口（％）	100.0	53.8	16.1	14.7	15.4
都市人口（％）	100.0	66.5	14.1	8.9	10.5
GDP（％）	100.0	78.9	6.9	7.9	6.3
1人平均GDP（倍）	1.00	1.58	0.46	0.58	0.44
対内直接投資（％）	100.0	92.5	2.6	1.6	3.3
貿易総額（％）	100.0	95.6	2.1	1.0	1.4

注）GDP値の「73,121億元」は珠江デルタ、東西両翼、山区の各数値の合計値。省のGDPとして個別に発表されている数値では「67,810億元」
資料）『広東省統計年鑑2015年』から作成

　福建の両地区の進路は異なり始めていた。香港企業は1980年代後半から経済特区を離れ、経済特区の外側の珠江デルタを主な投資地、生産拠点とした。また、台湾企業は1990年代初めから香港企業と同じく珠江デルタを選ぶか、華東（上海市、江蘇省、浙江省）を次の投資先とした。福建省は一貫して存在感に乏しかった。この点から華南経済圏は、深圳経済特区を含む広東省の珠江デルタ、および香港とマカオを合わせた3地区を指すのが一般的である。このうち珠江デルタについて、1985年以降、「珠江デルタ経済開放区」と呼ばれたが、後に広州、深圳、仏山、東莞、中山、珠海、江門、恵州、肇慶の主要9市を含む地域を指すようになった（広東省の公式刊行物では「珠江三角州九市」と呼ぶ）＊6。
　＊6　「珠江デルタ」（「珠江三角州」）の概念が初めて提起されたのは1994年、広

東省党委書記の謝非が広東省委第7回第3次全体会議で「珠江デルタ経済区」の建設を提出したときである。これを受け「珠江デルタ経済区規画協調領導小組」が成立した。最初は広州、深圳、仏山、珠海、東莞、中山、江門の7市、および恵州、清遠、肇慶の3市の一部地域を指したが、後に現在の9市全体に拡大した。「珠江デルタ」はまれに「小珠江デルタ」とも呼ばれる（陳[2014]236～255頁）。このような経緯からうかがえる通り、実は「華南」という言葉は中国語として存在しても、概念としては「非公式」なものである。

今日の珠江デルタは面積約5万4,700平方キロメートルで、広東省全体の30.0％余り、人口（常住人口）は5,700万人余りで約54.0％を占める。GDPは省の79.0％を占め、全国の9.0％に相当する（全て2014年。図表0-2）。「珠江デルタ」を除く他の地域は、珠江デルタを中心に東部が「東翼」、西部が「西翼」、北部が「北部山区」と分類される。同分類は全土的政策として均衡発展戦略が採られた1990年代後半から重視されるようになり、今日に至る分類基準に基づく統計整備も進み、定期発表されるようになった*7。

*7 「東翼」は汕頭、汕尾、潮州、掲陽の4市、「西翼」は茂名、陽江、湛江の3市、「北部山区」は梅州、河源、韶関、雲浮、清遠の5市を指すのが今日では一般的である。

今から振り返れば、華南経済圏は比較的短命に終わった。1997年のアジア経済危機で大きなダメージを受け、2001年末のWTO（世界貿易機関）加盟で決定的な方向転換を迫られた。奇しくも、アジア経済危機が発生したのと同じ1997年7月に実行された英国から中国への香港の主権返還も華南経済に一定の影響を及ぼした。すなわち、華南経済圏がその名に相応しい独自性と栄華を誇ったのは1980年代半ばから10年余りだった。

中国にはそのような歴史的変化を認識し、改革開放の先導者としての華南の役割を再構築しようとする指導者がいた。胡錦濤や汪洋らである。胡錦濤が打ち出した和諧政策は華南経済圏の衰退を加速したが、彼らにとってその事態は織り込み済みだった。汪洋が就任した2007年以降、広東省の経済成長率は連続して低下しGDPの全国シェアも下落したが（図表0-3）、汪洋が気にかけた様子はない。汪洋の前任者である張徳江は、彼なりの解釈（「和諧」イコール「経済格差是正」または「所得平等化」による「調和」社会

図表0-3 広東省のGDPの規模と経済実質成長率の推移（1990〜2014年）

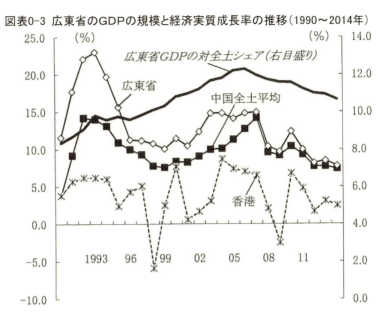

資料）広東省統計年鑑、中国統計年鑑、香港政府統計局資料から作成

の建設）に基づいて和諧政策を実践しようとした。広東省の経済的パイが拡大し、同省から放射状に広がる中国「全体」が経済的に潤いつつ均等化（すなわち「均質化」）することが和諧と理解したからである。これに対し、「和諧」を——「平等」（均質化）ではなく——「多様性」による調和、すなわち「部分」の共鳴による調和の達成と捉え、そうした理解ゆえにサービス産業に優位性を持つ香港を取り込みつつ華南の再興を企図したのが、2007年末に広東省に着任した汪洋である。汪洋の下で試みられた創造的な政策が華南政策にほかならない。

5．華南政策の思想

　広東省でも鄧小平の南方視察後の経済高成長のなかで経済諸侯化が顕在化したが、21世紀に入ると、不動産開発企業などを保護・優遇する諸侯化または「都市経済保護主義」が姿を現わした。その程度は全国でも指折りと考えられ、収奪される農民と当局との衝突が恐らく中国で最も多発する

場所となった（第3章2－1参照）。その時期に就任した汪洋が直面したのは、経済成長は必ずしも社会の安定を保証しない、という新たな現実である。これに対し華南政策として示されたのは、数量的に表現されるほかない経済・所得格差の是正（平等化）ではなく、「格差」を「質的多様性」と読み替え、多様性の促進を図ることで社会的安定を図ろうとする、圧倒的ともいえる「個人主義」的かつ「自由主義」的な新機軸である。中国のような社会主義国、そして所得格差の大きい発展途上国において、個人主義、自由主義思想が一貫して保持され、むしろ深化しているのは、多くの犠牲者を出した文化大革命を導いた毛沢東主義という徹底した平等主義思想を否定したうえで改革開放に転じた重い歴史があるためと考えられる*8。

  *8 中国における「自由主義」について、大胆な経済市場化の推進を意味しても（例えば関[2007]を参照）、特に1989年の天安門事件以降、政治的な文脈において「自由主義」を論じたり唱導したりする論者はいない。だが、これをもって「自由主義」の後退や消滅ということはできない。普通選挙（ブルジョア民主主義）導入ではない形での「自由主義」の追求形態がありうるからである。その一つの事例が華南政策というのが本論の理解である（ハーヴェイ[2007]は鄧小平を新自由主義者と位置づける。これには異論もあるが、鄧小平が「平等」を語ることなく、むしろ「不平等」を改革開放推進の動機づけとする「先富論」を打ち出した点で鋭い着眼といえる）。

グローバル化について、人々の価値観が劇的に多様化する事態と定義すれば、近年生じているのは、恐らくグローバル化による社会・国民統合の逆転現象である。中国において自由主義思想が一段と勢いを増しているのも、グローバル化への対応のためと言える。

歴史的に定義される国民統合の基本原理は、「平等」の制度的実現を通じた「大衆の国民化」もしくは「大衆社会の国家化」である。すなわち、大規模な資本投入による大量生産を通じて急速な所得増を実現するとともに、所得再分配政策により可処分所得を平等化し、同質（均質）品の大量消費を実現する。また政治的平等を確保（普通選挙制度の実現）することで、大衆を「国民」化し、大衆社会を「国家」へと転換する。

これに対しグローバル化は、①経済と社会の乖離、②政治と社会の乖離を拡げる。すなわち、人々の価値観の劇的な多様化により、政治・経済の平等化メカニズムが働きにくくなる。これにより「不平等」もしくは「格

差」が表面化し、一見すると、社会の不安定度が増しているような様相を呈する。だが、質的多様性という社会が本来的に内蔵する安定化原理が代わって浮上してきているので、社会の安定度が大きく損なわれることはない。

　汪洋は広東省着任直後から、「同胞」である香港や台湾企業が優遇策を享受しつつ、内陸からの短期出稼ぎに依存する同省経済の脆弱性に気づき、経済と社会、政治と社会の関係再編の必要性を認識した。その再編の必要性は、広東省着任前後に世界規模で進行する「経済的異変」を気づかせたリーマンショックを経験して一段と強く認識されたといえる。その後の個人所得が着実に増加するなかでの「八〇后」や「九〇后」が主導するデモやスト（「群体性事件」と呼ばれる）の増加ぶりも、従来の政治的、経済的手法では対応が難しい、新たな時代の到来を気づかせたといえる。

　汪洋が構想した華南政策は、「経済的民主化」（全国規模で市場メカニズムを機能させる）や「政治的民主化」（全国規模で普通選挙を導入する）を推し進め、「民主化」という名で「平等」を実現することを通じてではなく、本来的に多様である人々の主観的満足度を高め、同時にそれに対応した新たな「公共」を創り出すことを通じて、社会的安定を確保しようとする企てである。それは経済的繁栄をめざし、各種規制を緩和し、企業活動の活性化を図る「自由主義」とは異なる。華南政策においては、その活動単位は基本的に個人であり、その活動はむしろ自作、交換など無償性（非価格性）、非経済性を本質とする。そのようなある社会を構成する全員が異質な個人を結節点とする人間関係の総体は、（同質性を前提とする「平等関係」ではなく）「フラットな関係」と呼びうるが、「ネットワーキズム」（日本語で「潜在的多元主義」とでも表現できようか）と命名することもできよう。

6.「華南政策」の世界的意義

　胡錦濤が着手した「第二の改革開放」が経済成長をもはや最優先課題とはしない点で世界史的な意義を持つのと同じく、「華南経済圏の終焉」に対する応答として形成されたといえる華南政策も世界にとって大きな意義を持つ。いずれも、背景にあるのはグローバル化の進展だが、グローバル化への対応として企図されているがゆえに世界の開発モデルともなりうる。

主観が集合するとき、その集合体は秩序を保てるのか？　この問は西洋近代を通じてつねに投げかけられてきた。その回答を得ようとする試行錯誤が社会科学、人文科学の基礎を作り、その発展を推し進めた。

　経済学は、人間は計算高い合理的な生き物なので、公正明大な市場メカニズムを構築すれば、需給によって決まる価格というシグナルに従って労働や資金、土地等の要素価格が決まり、さらに生産物の価格も定まり、それらに従い生産活動が制御され、ひいては社会秩序が保たれると考える。古典派経済学が社会、国家安定の理論としては不十分と考えられた19世紀後半から勃興した政治学は、外部に権力を設け、その権力に強制的または自主的に服従するメカニズムを構築すれば、秩序維持が可能と考える（例えば、権力への自主的な服従メカニズムとして、普通選挙による国家権力の樹立と法律、政策の制定、有権者による監視というブルジョア民主主義、もしくは革命により国家権力を倒した後の人民独裁体制の樹立というマルクス主義民主主義）。

　近代の経済学も政治学も、人間が同質的である世界を想定する。また、希少性のある世界も想定する。こうして、「選択」のための「競争」（価格競争や選挙）が介在する経済学や政治学が構築される。人間は相互に平等であるにもかかわらず、希少性が存在する世界では、人間の欲求のすべてが満たされるわけではないので（競合性と排除性）、近代社会は潜在的には不安定性を内包する。政治学、経済学のいずれも、選択結果（人間のすべての要求が完全には満たされない状況）をその選択手続きを正当化する（「平等な人間」による「公正・公平な競争」）ことで受け入れさせる方便とみることができる（「公正・公平な競争」により、より所得が少なくなった人間は、「公正・公平な競争」により、より安価となった物品やサービスしか購入できないのは仕方がない。所得、物品やサービスの価格に差があるのは「公正・公平な競争」の結果であるので仕方がない、など）。

　これに対し社会学は、「選択」（希少性）の存在しない世界、つまり特定の選択状況そのものを自由に排除（これ自体は選択）できる「不選択の自由」を享受できる世界も想定する（「やりたいと思うことだけをやる」）。ここには市場や世間の常識を超越した価格や政策を選択する場合も含む。その意味で、人間の欲望が完全に満たされる世界も想定する。近代的な政治学や経済学からみれば、徹底した「利己主義」者または究極的な「怠け者」

（「現実逃避」とも言えよう）の世界だが、恐らくはそのゆえに損得勘定や賞罰意識を超えた「人間本能的な能力」が発揮される。それは例えば、人間（売り手や買い手、無償譲渡先等）に対する個別的な信頼であり、家族愛であり、友情であり、ヒューマニズムなど、広義の相互扶助に関する能力である。

具体的には、海で溺れそうになっている人を助ける、（「シルバーシート」と明記されていてもいなくても）老人や身体の不自由な人間に座席を譲るなどの行為である（大部分の人は、助けても一文の得にもならないから助けない、助けなければ法で罰せられるから、出世に差し障るから助ける、というわけでは恐らくない。助けなければならないと「利己主義」的に思うから助けるだろう。座席を譲る行為も同様である）。逆に、単に関心がない、気分が乗らない、面倒だ、という「利己主義」から、その状況から逃れる、つまり助ける／助けないの選択肢がない状態に身を置く、などの「脱選択」を選ぶ人もいるだろう。そのような損得勘定や賞罰意識では説明が難しい人間行動は、近代における「選択」（価格原理に従う「自由競争」やブルジョア民主主義に基づく「民主主義」）を資本主義の欺瞞とみて、その消滅を考える点では、共産主義が描く理想社会の姿であるようにも見える。

ただし、今日の現実世界では政治、経済、社会のロジックは混在している。その混在状態は「市場の失敗」、「国家の失敗」などと表現される。20世紀前半に表面化した市場メカニズムの機能不全（非価格的選択状況の出現）は、政治（国家）によって補完され、20世紀後半に顕在化した選挙メカニズムの機能不全（政策と現実との乖離の拡大）はNGO（非政府組織）やNPO（非営利組織）、ボランティア、さらには各種のコミュニティによって補完されている。政策・法律と価格で覆い尽くされたいわば「完全選択の世界」をつくることは不可能ではないかもしれないが、政治と経済のいずれのロジックも、人間本性や「不選択の自由」を暗黙裡に認め、現実社会の秩序は実はそうした人間存在の一側面への圧倒的な依存なくしては保たれないことも十分に承知している。

例えば、日本で一般的なゴミの分別回収は法律で強制できるかもしれないが、それが徹底されるかは究極的には市民の「良識」に依存する。また、公共の場の清潔や静寂の保持、ポイ捨て禁止などは、市民の「公共心」、もしくは「良心」や「常識」に任されている。営利目的のファストフード

店での客自身での後片付けなども、そうした社会的ロジックに依存する。さらに、約束時間を守る等の態度も同様である。いずれも、損得勘定や賞罰意識で説明できないのはもちろん、教育や訓練の成果とばかり考えるのも難しい。

　華南政策が拠りどころとする理論は、上述のような社会のロジック（人間本性や「不選択の自由」）である。ブルジョア民主主義も市場メカニズムも、「平等な人間」による「公正・公平な競争」があれば社会秩序は自ずから形成・維持されると仮定するが、そもそも「平等性」や「公正・公平さ」とは数量化が前提にされており、質的多様性が犠牲にされている。マルクス主義に基づく計画経済も、「均質化」とイコールで結ばれる「平等」概念の数量性を前提にしており、同じく人間の多様な要求に応えることはできない。

　それにしても、人間の多様性の保障と社会秩序の維持は本当に両立可能なのだろうか？　このような近代史に屹立する根源的な問いに中国が挑んでいるのは偶然ではないだろう。

　中国は毛沢東主義と文化大革命を経て、人間の平等を完璧に保障すると考えられた社会主義計画経済の不完全性に気づき、改革開放政策に転じた。「平等」達成の不可能性、その根本的な欺瞞性などについて、資本主義市場経済国家（ブルジョア民主主義国家）以上に気づいているはずである。鄧小平の先富論（いわば「積極的不平等主義」）とともに始まった改革開放は、科学的発展観に基づく「和諧」を掲げる胡錦濤の下で「第二の改革開放」へと変化し、それは汪洋の広東省において華南政策という形で一気に具体化したと考えられるのである。

　2013年春に汪洋は副首相に昇格し、広東省のトップの省党委員会書記には胡春華（前内モンゴル自治区党委書記。当時49歳）が就いた。胡春華は胡錦濤や汪洋と同じく、共産主義青年団（共青団）系であり、年齢的には習近平総書記らに続く「第六世代」である。

　胡錦濤を継いだ習近平は「ニューノーマル」（新常態）を打ち出した。ニューノーマルは華南政策の一つの進化形と位置づけることができる。言い換えれば、科学的発展観からニューノーマルへの過渡期に位置づけられるのが華南政策とみることができる。

　このように、ニューノーマルがそうであるように、華南政策はたとえそ

の原型をとどめなくても、それを媒介の種子としてさまざまな果実を実らすだろう。そのプロセスは、資本主義、社会主義（共産主義）に続く第三の体制の「イズム」（普遍化をめざす一定の価値観）を見つける長い探索の旅となるに違いない。

第1章
華南政策の視野

　華南政策について、その発案者個人に引き付けて定義すれば、2007年末から5年間にわたる広東省在任中に汪洋が、香港の政治指導者との協力関係のうえに打ち出した政策、および汪洋の言動からうかがえる漠としたアイデアの総体ということができる。中央政府レベルの政策的な流れのなかで捉えれば、「地域開発戦略」（工業化）と「新型城鎮化」（ポスト工業化）政策を橋渡しし、第11次5カ年計画と第12次5カ年計画をつなぐ政策と位置づけることができる。その独自性は、経済成長（GDP）至上主義を改めつつ、工業都市の全国各地への建設を意味する地域開発戦略に代え、都市－農村の二元構造の解消を通じて「労働」の全人性を回復することで、「平等」ではなく、「主観的満足」に基づく価値多元性を実現するこそが社会的安定を確保する、と考えるところにある。

　華南政策は二つの大きな柱によって整理することができる。一つは広東省の21世紀に入っての懸案である「騰籠換鳥」（籠の中の鳥を取り替える）、つまり「構造調整」、である。その手段は「双転移」（労働力と産業の二つの移転。中国語の「双転移」をより自然な日本語に直せば「二つの移転」だが、日本語の意味と大差はないので、以下、原語の「双転移」を用いる）と「珠江デルタ一体化」構想である。体系的な文書として2008年末に国務院で承認された『珠江デルタ地区改革発展計画綱要』（以下、『珠江デルタ綱要』と略。中国語は『珠江三角州地区改革発展計画綱要（2008～2020年）』とその関連文書が存在する。もう一つは、2011年1月の省党委員会第10期第8回全体会議で打ち出された「幸福広東」の建設である。この両者の間には2年余りの時間が存在する。就任当初は広東省が取り組む「騰籠換鳥」が「経済・産業構造調整」という経済学的概念としてより強く認識されたが、「幸福広東」の建設と結びつくことで、広東省の改革目標が「政治・経済－社会関係の再編」問題にあると明確に意識されるようになった、と汪洋の思想展開を理解することができる。

このような華南政策の思想的種子から発芽した全国レベルの政策的な新機軸が、2011年に起草が始まった「新型城鎮化政策」といえる。新型城鎮化政策を通じて、「騰籠換鳥」を推し進め、既存都市の「諸侯化」（地方の群雄割拠）と都市既得権益層を打ち破り、個々人の幸福感に基づく、多様性に富み、かつ国土分散的な国家を建設する。

　このようなユニークな開発政策を支えているのは、中国の改革開放政策に通底する「反・平等主義」といえる。すなわち、「多数決」（選挙や市場）という数量に基づく決定手続きを通じて「客観基準」（政策と価格）を設け、その下で「国民」として均質化する「ブルジョア民主主義」を拒否したうえで、人々が自らの基準（目標）を独自に設定する、つまり価値観の多元化を促進することこそ社会的安定を確保するという考え方である。

　このような思想は、民主主義国家においてむしろ論争的だが、マルクス主義の根底にある徹底した平等主義（社会主義計画経済もしくは毛沢東主義）からの決別を存在根拠とする改革開放政策においては唐突でない。そして、グローバル化が進展した21世紀に入り、胡錦濤（2012年秋まで党総書記、2013年春まで国家主席）、汪洋ら主要な指導者の間で、資本主義的な所得増加策（1992年以降に明確に追求されてきた「社会主義市場経済」路線）が必ずしも社会的、政治的安定を確保しないことが認識されたことで、さらに鮮明に認識された。このように、政策目標を所得増大にも求めない点で、華南政策は経済政策というより、社会安定化政策と位置づける方がふさわしい。

　改革開放下の開発政策は、経済発展を最優先課題として策定された。その暗黙の前提は、経済発展または1人当たり所得の増大は自ずから社会を安定させるという考え方である。この思想は、天安門事件（1989年）の省察を踏まえた社会主義市場経済（1992年10月の共産党第14回全国代表大会で確定）の実践により完全に固まった。

　そのような経済発展は改革開放当初、輸出型の労働集約産業または軽工業が主導した。①外資優遇策を受けた対内直接投資、②戸籍制度により低賃金労働が固定化された農村出身の豊富な労働力、③中国生産品を需要する躍動的な先進国経済、という三つの条件がその原動力となった。それは主に沿海東部の諸都市の産業構造の同質化による都市間競合の激化、ひいては「都市経済保護主義」を招来し、「諸侯経済」をもたらした。

第1章　華南政策の視野

　華南政策は、中央政府が進めた和諧政策に対する広東省の対応を一つの構成要素とするが、逆に和諧政策は華南経済圏もしくは「華南経済圏の時代」との決別、その一方での華南政策の策定と推進を促す「政策的刺激」だったともいえる。その代表的な「政策的刺激」とは、最低賃金引上げ、土地制度改革等の要素価格の引き上げ、労働者保護や環境、加工貿易規制の強化、戸籍制度改革等の「高コスト政策」である。そのすべてが外来の低賃金労働力に依存した輸出志向の地域開発戦略、その典型的には広東省の経済発展モデルのブレーキとして働く一方、全土において「城鎮化」（あえて日本語に直訳すれば「都市化」。説明的に定義すれば戸籍制に基づく〈都市－農村〉二元構造の溶解という社会変革）を進める条件を形成しつつ「経済・産業構造調整」を迫る。このような意味においても、広東省（および香港）はこのたびも「第二の改革開放」を先導する役割を中央政府から期待されているといえる。

1．華南政策の思想と理論

　華南政策の形成を主導したのは、2007年末から2012年末まで広東省のトップである党委書記を務めた汪洋（現副首相）である。この時期は胡錦濤政権の第二期、および奇しくも、米国におけるサブプライム問題の浮上からリーマンショックの影響のアジア、中国への波及、それを受けた4兆元規模の大型景気対策事業、そしてリーマンショック後の世界的な景気回復期に当たる。第2期目の胡錦濤政権は、前江沢民政権が決めた政策に制約された第1期と異なり、政策立案・遂行の自由を手にし、それは第11次5カ年計画（2006～10年）の独自性としても反映された。
　しかし、歴史の皮肉というべきか、リーマンショック後の大型景気対策事業により、胡錦濤は望んだ政策をほとんど遂行することができなかった。胡錦濤の独自的思想はむしろ、中国南方の地において、華南政策として汪洋の手により具現化されたといえる。
　本章では、華南政策を中央の胡錦濤との関係において簡単に位置づけたうえで、まず華南政策の思想を汪洋の言動、および彼の推薦図書から描き出す。続いて、華南政策の二本柱である「騰籠換鳥」と幸福論について世界的視野のなかで検討する。

図表1-1　汪洋の広東着任以来の行動と思想展開
～社会と経済関係の再構築～

汪洋の動向と彼が打ち出した主要政策	汪洋の推薦図書
汪洋、広東省党委員会書記に任命（2007年12月1日） ↓ ①北部山区視察（2007年12月11～13日） ↓	『フラット化する世界』
②「思想解放」（2007年12月25～26日、省党委第10回2次全体会議） ↓	『1992年鄧小平南方視察』
③華東視察（2008年2月17～21日） ↓ ④「双転移」（2007年12月、2008年5月） ↓ ⑤『珠江デルタ地区改革発展規画要綱（2008～20年）』（2008年12月） ↓ *「三つの経済圏」（2009年4月11日黄華華省長方針表明。12日具体的実施案発表） ↓	
*「5つの一体化規画」2010年5月28日（2010年8月12日正式公布）	『国家戦略～人才改変世界』
- ↓ -	- - - - - - - - - - - -
⑥「幸福広東」建設（2011年1月、省党委10回8次全体会議開催） ↓	『幸福の方法』 『我々の生活への誤った推量』
⑦社会管理／社会建設（2011年7月14日、省党委と省人民政府が社会建設を強化することに関する決定　粤発[2011]17号） 　注）*は「珠江三角州一体化」政策	『第三次産業革命』『新論語』

注）筆者作成

第1章　華南政策の視野

1．汪洋の思想

（1）汪洋の発言

　広東省着任後の5年間の汪洋の言動、打ち出した政策、および推薦図書は、別表のように整理することができる（図表1-1）。すなわち、①北部山区視察→②「思想解放」の唱導→③華東視察→④双転移政策提起→⑤珠江デルタ一体化政策の提出→⑥「幸福広東」の提唱→⑦「新たな社会管理」の要求である。このうち、言動についてはいわば「原体験期」の三つの動向（①～③）を、推薦図書について全体的動向を以下に述べる。「政策提示期」（④～⑦）については以下の各章で述べる。

①北部山区視察

　着任早々、調査・研究を目的に、広東省清遠市陽山県、連南瑶族自治県など北部山区を視察した（2007年12月11～13日）。この視察旅行は、「省内先進地域」である珠江デルタと「省内後進地域」である北部（「北部山区」や「山区」と呼ばれる）、および東西（「東西両翼」と呼ばれる）の間で見られる省に特徴的な「省内経済格差」を自身の目で確認するためである（「汪洋：加快科学発展推進区域協調実現共同富裕」『広州日報』2007年12月14日）。それは省外の労働力（農民工＝出稼ぎ）を比較的安価で短期雇用し、安価な輸出品を生産する珠江デルタの経済・産業構造の産物として認識された。このように、広東省に特徴的な珠江デルタと同デルタ外の二重構造の原因として外来労働力に着目したゆえに、広東省内の「経済問題」を全国規模の「社会問題」として理解したところが汪洋の独自性であり、その思想と政策の出発点になったといえる。

　既述の通り、広東省は「珠江デルタ」「東翼」「西翼」「北部山区」に分類されるが、新中国（中華人民共和国）成立後、広東省の中心都市は珠江デルタに属する省都である広州であり、「東翼」の汕頭と「北部山区」の韶関が軽工業と重工業の中核的都市だった。しかし、改革開放に転じ沿海部に経済開発の重点が移ると、外来労働力を利用した加工貿易により珠江デルタが勃興する一方、「東西両翼」と「北部山区」は落後するようになった。汪洋在職中も同様であり、2007年と2013年を比べると、珠江デルタとその他三地域の各種格差は拡大した（図表1-2）。人口動態もそれを裏づける。戸籍人口に比して常住人口が多い「珠江デルタ」に対し、「東翼」

「西翼」「北部山区」のいずれもがその逆、つまり「過疎化」が進行しているのが特徴である（前図表0-2参照）。

図表1-2 珠江デルタ、東翼、西翼、山区の経済・社会指標（2007年、2013年）

	2013年（上段）、2007年（下段)				
	省合計／平均	珠江デルタ	東翼	西翼	山区
面積（平方キロ）	179,611	54,754	15,462	32,644	76,751
	179,757	41,698	15,676	31,742	90,641
常住人口（万人）	10,644	5,715	1,717	1,566	1,646
	9,449	4,491	1,612	1,521	1,825
戸籍人口（万人）	8,759	3,156	1,842	1,847	1,914
	8,156	2,599	1,720	1,732	2,105
GDP（億元）	67,130	53,060	4,623	5,260	4,186
	33,180	25,415	2,107	2,325	3,332
1人平均GDP（元）	58,540	93,114	27,002	33,712	25,513
	33,272	57,154	13,144	15,412	6,776
対内直接投資（億ドル）	250	231	6	4	9
	171	152	5	3	11
農村1人平均純収入（元）	11,669	16,663	9,558	10,634	9,686
	5,624	na	na	na	4,531
面積（平方キロ）	100.0	30.5	8.6	18.2	42.7
	100.0	23.2	8.7	17.7	50.4
常住人口（万人）	100.0	53.7	16.1	14.7	15.5
	100.0	47.5	17.1	16.1	19.3
戸籍人口（万人）	100.0	36.0	21.0	21.1	21.9
	100.0	31.9	21.1	21.2	25.8
GDP（億元）	100.0	79.0	6.9	7.8	6.2
	100.0	76.6	6.4	7.0	10.0
1人平均GDP（元）	1.00	1.59	0.46	0.58	0.44
	1.00	1.72	0.40	0.46	0.20
対内直接投資（億ドル）	100.0	92.4	2.5	1.7	3.4
	100.0	88.7	3.1	1.9	6.3
農村1人平均純収入（元）	1.00	1.43	0.82	0.91	0.83
	1.00	-	-	-	0.81

注）2007年の「山区」は省合計マイナス（珠江デルタ＋東西両翼）で算出
資料）『広東省統計年鑑』各年版などを基に作成

第1章　華南政策の視野

②思想解放

「思想解放」という言葉は、着任直後の2007年12月1日、省幹部との会合で使ったが、初めて体系的に語ったのは、同12月25日の就任後最初の広東省党委全体会議、第10回二次全体会議（12月25日～26日）においてである。2時間に及んだ講話で22回もその言葉を用いて省幹部らに「思想大解放の新たな実現」を強調した。この後、在任期間を通じて「解放思想」を繰り返し説いた。汪洋は、広東省の発展においてはエネルギーの浪費と環境汚染が顕著である。思想解放によって経済成長至上主義の発想を改め、環境や経済格差に配慮した調和の取れた社会形成を図るべきと語った。その改善に際しては、長江デルタ地域から学ぶべきだとも述べた。

汪洋が注目されたのは、安徽省銅陵市に市長として在任中（1988年～1993年）の1991年、天安門事件後の閉塞感がなお漂う中、『銅陵日報』に思想解放を訴える文章を寄せたときである。これが鄧小平の目にとまり、1992年初めの南方視察（広東省等を訪問）の際、訪れた安徽省で特に汪洋と会見し、「有能な人材」と褒めたと伝えられている。

③華東視察

2008年2月17～21日、省の高級幹部を率いて上海市、浙江省、江蘇省を視察した。汪洋のほか、黄華華省長、劉玉浦深圳市党委書記、各市の党委書記、市長、省政府の幹部ら70人余りが参加した。その規模と参加者の顔ぶれの点で、同省の国内視察としては前例のないもので、長江デルタへは初めて。直前に提起された思想解放のための学習活動の一環と位置づけられた。江蘇省では、現地幹部との会議で広東省の地域格差問題にふれ、調和的発展に成功している江蘇省からノウハウを学ぶために調査研究を行う考えを示した。

汪洋はもともと華東を高く評価しつつ広東省に赴任した。華東を高く評価したのは、抽象的に言えば、社会（生活）と経済（労働）が調和しているからだといえる。具体的に言い換えれば、現地労働力が余剰でありながら——低賃金労働力の大量確保が死活問題である来料加工型の加工貿易が主である香港企業の進出が活発なゆえに——遠方からの短期外来労働力（短期の農民工＝短期出稼ぎ）を移入する広東省と異なり、華東は——上海については恐らくは大型国有企業が多いゆえに、江蘇と浙江の両省については香港企業の進出が少ないゆえに——外来労働力を補完的な労働力と位

置づけているからといえる。その違いは、両地域を比較して、大きな経済規模（GDP）に比して就業者1人当たり所得が相対的に少ない（外来の農民工の賃金が低い。珠江デルタ周辺の北部山区と東西地区に余剰労働力が存在するにもかかわらず、そうした農民工を雇用するがゆえに、省内余剰労働力の賃金がさらに低下し、もしくは上昇せず、省の平均賃金が押し下げられる）、地域間の経済格差が大きい、コスト削減にとらわれる余り省エネや環境保護が落後する、イノベーションが劣る——などの広東経済・社会の特徴、欠点となって現われる。ただし、経済そのものの有り様について、特に大型国有企業が主導する上海について、胡錦濤がそうであったように、汪洋が肯定評価していたかは疑問である。

　着任から数カ月間の汪洋の問題意識を、情緒的な表現で表わせば、珠江デルタの諸都市には華東などと比べて独特の「殺伐さ」がある、それは何故か——というものであるだろう。恐らく広東省の外からやって来た高級幹部の誰もが抱くそのような疑問に対する回答は、繰り返せば、経済と社会に連動性がない、という一点に尽きよう。上述の二つの視察旅行に共通する汪洋の関心事である珠江デルタと東西両翼、北部山区との「格差」に対する独自のアプローチも、そのような原体験に由来するといえる。すなわち、単純に是正すべき「経済格差」と捉えるのであればその解決手段は比較的明快だが（例えば経済高成長の実現と所得再分配政策の実施）、「単に同額にすれば済む問題なのか」という問題意識を持つとすれば、「格差」は「質的問題」として認識されるべき事柄となる。汪洋の立ち位置は後者である。汪洋が「格差」を単に解消すべき「量的問題」とは捉えていなかったことは、彼が省の幹部らに推薦した本によく表われている。

（2）汪洋の推薦図書

　政治指導者の読書傾向が政策の内容や遂行に100％反映されるとは限らないが、全く反映されないと考えるのも難しい。行政トップの裁量余地の大きい地方の政治指導者であれば、なおさらである。特に、2002年の共産党第16回大会で胡錦濤が「学習型政党」と「学習型社会」の建設を提起して以降、幹部は愛読書を持つことを求められるようになった（「愛読書読好書 領導干部高端読物持続熱銷」『人民網』2009年6月9日）。同年の共産党第1回中央政治局集団学習の際は、胡錦濤は各級幹部に対し、全力で学習しな

第1章　華南政策の視野

ければ政治指導者、管理者の資格はないと述べた。首相の温家宝は米国『ワシントンポスト』のインタビューを受けた際、自分の最大の趣味は読書、読書は生活の一部であり、枕元に置いてある本はマルクス・アウレリウス・アントニヌス『自省録』などと述べた。このように胡錦濤政権下において「本は幹部の個人的趣味というだけでなく、思想を養い、政治スタイルを形作る特殊な道具となった」（蘇永通「九大高官 以書施政」『南方周末』2008年11月20日）のである。

　汪洋は前任の重慶時代から、その時々に重要と考えた本を党・政府幹部に勧めたが、広東省着任後も、2007年から2012年8月末までに少なくとも7冊を推薦した（「省委書記汪洋薦書贏官民熱捧」『南方日報』2012年8月24日）。最初に推したのは、重慶時代から勧めていたという『フラット化する世界』（推薦は2007年）である。続いて、『一九九二年鄧小平南方視察』（同2008年）、『国家戦略～人才改変世界』（同2010年）、『幸福の方法』（同2011年）、『我々の生活への誤った推量』（同2011年）、『第三次産業革命』（同2012年）、『新論語』（同2012年）が推薦された（前図表1-1）。

　世界的に知られた本も少なくないが、これら推薦図書の内容について三つに整理できよう。①グローバル化の進展と社会変容、②人間が持つ情報創造・共有能力に関する考察、③経済成長至上主義からの脱却である。より抽象的に、もはや社会の安定化手段を「平等」（マルクス主義、主流のブルジョア社会科学）や「所得増加」（「先富論」の中国、ケインズ経済学を主とするブルジョア社会科学）に頼ることができないグローバル化時代において、社会秩序はどのように保たれるか、という問題意識と言い換えることもできる。また、そうした図書を党・政府幹部に推薦する行為は、①の状況に対し、②と③を手掛かりに政府はどのように対応すべきか検討せよ、とのメッセージを発したものとも解せる。いずれにせよ、その問題意識が、胡錦濤の科学的発展観や和諧と完全に通底するのは明らかである。後に詳述するように、胡錦濤が科学的発展観によって切り開こうとした新たな地平こそ、脱経済学的発想に基づく「社会」のロジックの復権にほかならない。

　こうした「社会」への着目は、胡錦濤や汪洋の手強い政敵と目された薄熙来が推した本がすべて経済理論の本だったことと対照的だが、そうした選好は薄熙来が並行して毛沢東主義を説いたことと必ずしも矛盾しない。物質的平等の実現がグローバリゼーション下で難しくなれば、精神的平等

主義に傾斜する道筋が存在するからである。

　汪洋の広東省着任と同時期に重慶市の党委書記に任命された薄熙来が幹部らに推薦した本は、『マクロ経済』、『ミクロ経済』、『国際金融』、『国際投資』、『国際貿易』である。「開放型経済の管理のための知識」として推薦されたこれらの本は、彼が商務部長時代に同部が編集・発行した幹部向け教材「現代経済知識簡明読本」のなかの5冊である。2年間に1万以上の幹部が教育を受け、薄熙来自ら教壇にも立ったが、その甲斐あってか、薄熙来時代の重慶市は、内陸都市でありながら多くの外資を引き付けることに成功した（「薄熙來等九位高官〝以書施政〟灌輸理念整飭官風」『重慶晨報』2008年11月21日）。

　一方、こちらは推薦した本ではないが、薄熙来の指導の下、重慶市は『読点経典』を出版した。タイトル通り、古典の選集である。薄熙来の思想における物質的発展への志向性と精神的平等主義の並存をよく物語る。

　以下、それぞれの推薦図書、推薦状況などについて述べる。

① ICTと社会

　広東省着任後に最初に推薦した本はトーマス・フリードマン『フラット化する世界』（湖南科学技術出版社、2006年9月）だが、同書の推薦は広東省着任前の2007年初頭の重慶時代にさかのぼる。「個人のグローバル化」が進む今日こそグローバル化の最高段階と位置づけた同書について、汪洋は中央党校の学習会で感銘を受け、重慶に戻ると、冬休みに読むべき本に挙げた。本書は9人の党政府幹部が勧めたが、とくに汪洋は好んだ。幹部から民間へと読書熱は広がり、重慶では「本の香りのする都市」キャンペーンが始まった。

　2007年末の広東省着任後は、『フラット化する世界』を引き続き幹部に勧め、著者のフリードマンを広東省に招待した。加えて、自らが主宰した省共産党委員会第10回二次全会第1回全体会議で陳開枝『一九九二年鄧小平南方視察』（中国文史出版社、2004年9月）の一部を朗読し、幹部の思想解放を訴えた。この2冊が広東で最初に推薦した本になった。

　本だけでなく、テンセント（騰訊）QQのアカウントを持ち、iPadでネット友達と頻繁に連絡を取り合うなど、ネットワーク社会（フラット化する世界）を自ら実践した。世界がフラットになる前、政治家と民衆は読書とネットで「フラット」という観念を理解するだけだったが、いまや政治

家と民衆は実践においてフラットな関係になっていると汪洋は説明したという。

フラットな世界への傾注は、任期終盤も続く。2012年8月、その頃から部下に薦めたのが銭寧編『新論語』（三聯書店、2012年6月）とジェレミー・リフキン『第三次工業革命』（中信出版社、2012年6月。邦題『第三次産業革命』）である。米国の文明批評家であるリフキンによれば、エネルギーと通信の技術発展が世界の産業と社会に二度の革命をもたらしたが、三度目の革命では、再生可能エネルギーとインターネットが結びつく。再生可能エネルギーを家庭や建物が作り出し、相互に融通し合うスマートシティーやスマートグリッド構想に近いが、政治、経済、教育のあり方、ライフスタイルを一変させるところが「第三次産業革命」たるゆえんである。

この時期、広州市で「2012南国書香節暨羊城書展」が開かれていたこともあり、党幹部だけでなく民衆の関心も盛り上がり、いずれも書店で品切れとなった。かつ省の出版元も合計1万部以上の予約を受け付けた。広州図書館でも返却と同時に貸し出される有り様で、閲読数は記録的な数に達したという。

②人間性に関する考察

情報の創造・共有メカニズムに興味を持てば、人間を含む生物全体が有する、本能ともいえる情報の創造・共有能力に関心が向かうのは自然である。

2010年5月22日、汪洋を主宰者として共産党広東省委員会弁公庁が催した読書小組学習交流会で、王輝耀『国家戦略——人才改変世界』（人民出版社、2010年4月）を推薦した。同時に、学問と実用を結び付けるための読書計画を真剣に策定するよう求めた。この本は当時、グローバル化の進展下における国家戦略の見地から、国の人材育成システムを研究・分析をした国内唯一の本と位置づけられた（「省委書記汪洋推書贏官民熱棒」『南方日報』2012年8月24日）。

2012年8月、汪洋が『第三次工業革命』と同時に推薦したのが銭寧編『新論語』である。512の短文を20編で構成した孔子の『論語』について、「仁」を改めて核心的な概念と捉えたうえで換骨奪胎した。孔子も「仁」が中心的な倫理規定であり、人間関係の基本とし、儒教でも人間の最も普遍的で包括的、根源的な愛の観念と位置づけた。そうした「仁」をフラッ

ト化する社会もしくはネットワーク社会の人間関係の倫理として持ち出したところが汪洋の真骨頂といえる。

③幸福論

　2011年春、珠江デルタ各市の代表を集めて「産業構造高度化巡回検査総評会」が広州市で開催されたが、汪洋は着任直後の2008年に提起していた「騰籠換鳥」を確実に実行するため、体制メカニズムの転換に関する新思考を要求した（思想解放）。その際、読むべき2冊の本を挙げた。このときの推薦ぶりは格別に熱心で、出席者は省直属機関の幹部と市や党の主要指導者に同書を推薦する手紙を送ることを求められた。そのメッセージは、同書を通じた学習は、「騰籠換鳥」と幸福広東の建設という省が設定した二つの目標の実現に非常に有益だとするものである。

　2冊の本のうち1冊はタル・ベンシャハー『幸福の方法』（中国語訳書の直訳。2007年の原著タイトルは『Happier』。同年の日本語訳書も同名）であり、1冊は米コロンビア大学教授のジョセフ・スティグリッツ編『我々の生活への誤った推量――なぜGDPの成長と社会の進歩は違うのか』（新華出版社、2011年1月）である。

　前者は、米ハーバード大の人気講座だったタル・ベンシャハー（Dr.Tal Ben-Shahar）の幸福論である。後にもふれるが、著者はモノやサービスを購入する交換手段を「一般の通貨」と呼ぶ一方、幸福を「究極の通貨」と表現する。「究極の通貨」である幸福は、外部（または数量的、結果、客観、目標）ではなく、内部（または質的、過程、主観、手段そのもの）的なものであり、過去（の達成）や未来（の目標）ではなく、連綿と続く今現在そのものであると論じる。

　後者は、フランスのニコラ・サルコジ大統領（在位2007～2012年）が2008年2月、GDPに代わる「豊かさ」の指標を作成すべく設立した委員会「経済パフォーマンスと社会の進歩の測定に関する委員会」（CMEPSP）が2009年9月に発表した最終報告書である（スティグリッツ［2012］）。「幸福度計測の基準」を盛り込んだ同報告書は「サルコジ報告」とも呼ばれるが、ノーベル経済学賞を受賞したジョセフ・スティグリッツ（委員長）やアマルティア・セン（アドバイザー）など米、英、仏、印の著名な専門家25人が参加した。報告書作りがリーマンショックの最中に進んだことから、世界的な注目を集めた*1。

第1章　華南政策の視野

＊1　「経済パフォーマンスと社会の進歩の測定に関する委員会」（CMEPSP）については、小野［2010］に詳しく紹介されている。

　後にもふれるが、タル・ベンシャハーとジョセフ・スティグリッツらの分析や幸福増進策は同じではない。その相違は、「幸福」へのアプローチをめぐる「主観性」と「客観性」の違いであり、両者をどのように融合させるかは現在も試行錯誤が続く難問である。

　推薦したこの2冊の本への反響は大きく、予約は合わせて6万部を超え、広州の書店では一時品切れとなったため省出版部は増刷し、最終的な印刷部数は8万部が予想されたという（姜維平「薄熙来的紅書与汪洋的幸福書」『大紀元』2011年6月4日）。

　これは本論の最も重要な観点の一つだが、2011年はリーマンショック後の2年余りの大型景気対策事業が終了し、「平時」の政策に戻り動き始めた初年に当たる。その年に脱GDPと幸福論に関する本を熱心に推薦したのは、汪洋が公共事業（大型景気対策事業）に批判的だったことを思えば、偶然ではないだろう。まさに華南政策は幸福論で完成を見たというのがふさわしい。

（3）華南政策の全体像

　上述のような汪洋の言動、推薦図書、および打ち出した政策から華南政策の全体構想を描いてみる（図表1-3）。華南政策の最終的な目標は、社会的安定の確保である。この目標達成ための手段はもはや経済成長（物質的豊かさの獲得）ではない。これが華南政策の最大の特徴である。手段は「騰籠換鳥」と「幸福広東」の建設の二つである。この二つは、汪洋が2011年1月の広東省党委員会第10期第8回全体会議で「幸福広東」を提起した際、「騰籠換鳥」とともに12次5カ年計画で実行する「双核心」（二つの核心）と位置づけられた。注意すべきは「騰籠換鳥」である。それは「幸福広東」とセットで言及されたことが示唆する通り、少なくともその時期（2011年1月）以降については、一般に想起されるような経済的概念というより、非経済的な概念と理解すべきである。すなわち、上でふれた通り、それは経済成長至上主義からの脱却を意味する概念である。そうした「非経済的な意味における経済・産業構造調整」（つまり「騰籠換鳥」）について、本論ではクリス・アンダーソンがその書名に用いた概念である「メーカー

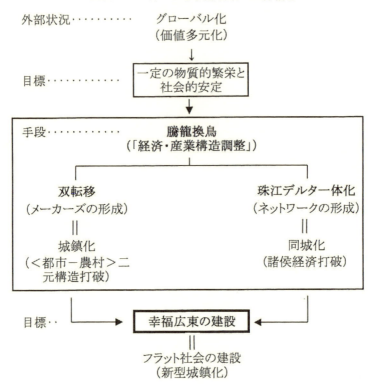

図表1-3 汪洋による華南政策の全体構想

ズ」を援用し、「メーカーズの創生」と読み替える。

　メーカーズの創生と幸福社会の建設の手段は、(同じく、最も遅くとも「幸福広東」が提起された2011年1月以降は) 双転移と珠江デルタ一体化である。両者はいずれも、『珠江デルタ綱要』の発表直後に打ち出されていた。

　「メーカーズ」は日本語に訳せば「創る人」や「表現者」と言えようか。アンダーソンの「メーカーズ」の概念を彼の一連の著作に従いつつ改めて定義すれば、情報はデジタル化により生産・複製・保管・流通コストが限りなくフリー (無料) となり、資本力のない個人でも市場参入が可能になった。それによりロングテール型 (需給が一致する数量が著しく小さい、例えば一対一型) の需給マッチングが可能になった。参入コストが高いモノについても、3Dプリンターの登場で同様の事態が生起しつつある。そう

第 1 章　華南政策の視野

した情報デジタル化が帰結する新たな生産・流通体制の担い手をメーカーズと呼ぶことができよう。しかし、メーカーズの創生は技術発展の産物でも、単なる生産・流通革命でもない。それはライフスタイルそのものの歴史的変化の帰結であり、逆にライフスタイルを変える。「創る」営為は自己表現にほかならず、それは労働が本来的に内包する主観的満足の充足を意味する。主観的満足の達成とは幸福感の充足と等しい。需要側についても、個別的要求が満たされる点で同様のことがいえる*2。

　*2　「本当のウェブ革命は、豊富な品揃えから品物が選べるようになったことではなく、僕たちが自分のためにものを製造し、それをほかの人たちも利用できるようになったことにある」「20世紀の商業的コンテンツ企業から、21世紀のアマチュアコンテンツ企業へと人々の関心が大きく移った証拠にほかならない」「いま、物質的なモノにも、同じことが起きている。3Dプリンタや、そのほかのデスクトップのプロトタイピング・ツールは、カメラや音楽編集ツールと同じ役割を果たす。おかげでだれでも自分が楽しむためのものを創作することができる。バブル・ドットコムを創業したウェブ起業家のルーファス・グリスコムが言うように、「これは、アマチュアのルネッサンスなのだ」（アンダーソン［2012］84～85頁）「いままさに、デジタルなデスクトップ・ファブリケーションは、ピオリとセーブルの二人が夢見た、一種の『機械化された手工業』を生み出した。それは、100年前に大工場が市場から駆逐したミシンや地元の工具店への回帰ではない。ハイテクなデジタル工作技術の上に成り立つ現代のメイカームーブメントは、普通の人々が大工場を思いのままに利用して、欲しいものを作ることを可能にしてくれる。それは、場所ではなく嗜好によって分かれたニッチ市場の需要を満たす、ローカルな発明とグローバルな生産の理想的な組み合わせだ。こうした新しい生産者たちに共通しているのは大量生産時代にありがちな、金太郎飴のような万人向けの製品を作らないことだ。反対に、彼らは、まずひとりだけに向けたものを作り、そこからどれだけ多くの消費者が自分たちの興味や情熱や独自のニーズに共感するかを探し出す」「面白いのは、そうした高度の細分化が、かならずしも利益を最大化するための戦略ではないことだ。むしろ、意義の最適化、といった方がいいかもしれない。アダム・デビッドソンはニューヨークタイムズマガジンで、これを中流階級以上の基本的欲求が必要以上に満たされた、豊かな国家がたどる自然の進化だと書いている。（略）さらに興味深いのは、キットの組み立てにしろ、オンライン上でのクリエーターの支援にしろ、消費者には、自分が創造に手を貸したと感じる製品をより高く評価する傾向が

47

あることだ。これが、研究者のあいだで『イケア効果』と呼ばれるもの」である（同90～91頁）。
　華南政策を構築するのは、そのような創作的労働を通じた個別的な幸福感の充足が全体的調和、すなわち社会的安定を実現するというロジックである。
　メーカーズを創出し、幸福広東を建設することとは、すなわち中国独特の問題である諸侯化を打破し社会管理体制を刷新することでもある。諸侯化は地方の経済封鎖を意味するが、その背景には、〈都市－農村〉二元構造（分断構造）を背景とする、地方政府による主に地元国有企業に対する保護主義と農村収奪がある。保護主義とは、他地方の企業との競争激化により地元企業の収益が悪化すれば、税収や上納利潤が減り、財政逼迫や官僚の「私的利益」の減少を招きかねないので、競争を回避するために競合製品（資源エネルギーを含む）の流通を禁止したり、抑制したりする事態をいう。農村の収奪とは、外資企業を含め企業が低廉な農村の余剰労働力を短期雇用することで、低賃金が固定化される事態を指す。2～3年の短期雇用は戸籍制度の産物でもあるので、都市の制度的な農村（農民）収奪ともいえる。地元企業保護主義と農村収奪の両方を指して、「都市保護主義」と言うこともできよう。このような都市保護主義の下では、メーカーズの創出は難しい。
　〈都市－農村〉の二元構造について、今日の資本主義・民主主義国家の歴史を顧みて、規制による超過利潤の保証体制として捉えることもできる。すなわち、超過利潤を長期わたり享受できるので、企業は「経営努力」（研究開発や組織改革等の問題解決のための情報創造努力）を怠りがちになる。注意を払うべきはしかし、そうした「経営努力」が求められる状況と「経営努力」が成果をあげるメカニズムである。条件とは、農村からの低賃金労働力が枯渇し、賃金が上昇に転じる局面であり、それは人口の流動性が弱まる、つまり「定住」が進みコミュニティ（近隣社会）が形成され、労働の場とされてきた都市において生活が営まれ始める状況であるだろう。このような農村（生活）と都市（労働）の融合状況は、経済的には産業界や国に教育や訓練の必要性を認識させ、社会的にはデモやストなど社会不安が激化する（言い換えれば、言論・表現活動を刺激する）ことで国をして普通選挙の導入に踏み切らせ（国民統合）、「国民」を誕生させた。そうして

第 1 章　華南政策の視野

社会、国家の安定が再確保された。
　中国、とくに農村労働力への依存が著しい広東省においても事情は同じだろうか。すなわち、賃金上昇を抑制する戸籍制度に基づく都市保護主義が是正され労働コストが上昇する状況において、群体性事件と呼ばれるデモやストが頻発し、産業界においては教育や訓練の必要性が認識される。このような国や産業界の対応は恐らく同様である。しかし、決定的な違いがある。人々の価値観が劇的に多様化するグローバル化の下にあって、選挙（もしくは「政策」、さらに「政策」を平等に享受する「国民」概念）の有効性が薄れていることである。そのような制度的な国民統合のメカニズムに代わって有効性を増しているのは、メーカーズを結節点とするネットワークの生成である。それは非制度的、もしくは下からの社会秩序維持のダイナミズムともいえる。華南政策が、双転移や幸福広東の建設を通じてめざしているのがそれであり、華南政策のユニークさはまさにこの点にある*3。

*3　第二次大戦後の国際経済の文脈においては、後発国において低賃金労働力が枯渇する状況について、しばしば「途上国の罠」という概念でリスク要因として理解される。しかし、むしろ積極的に捉えることもできる。例えば、ソーシャルキャピタルの概念である。ソーシャルキャピタルはコミュニティにおいて結ばれる人間関係が内在する情報・知識を指す。単なる労働や資本コストに代わる付加価値の源泉に着目する産業集積の理論も類例である。華南政策の主要な目標は、短期出稼ぎに依存する経済構造、社会体制の改変だが、本文で述べている通り、それは情報・知識をどう生み出し、活用するかの問題意識と言い換えることができる。

（4）華南政策の進行表

　華南政策の形成期は、汪洋の任期である2007年末から2012年末までの5年間全体に及ぶといえる。その遂行期間は『珠江デルタ綱要』が示した通り、2009年から2020年までである（図表1-4）。
　華南政策の実務的な遂行スケジュールは現在、三分割されている。すなわち、2009〜12年、2013〜17年、2018〜20年である。2018〜20年の具体策については現時点では提示されていない。このスケジュールは政治指導者の任期に従ったものと推測されるが、北京中央政府が進める5カ年計画の一部としての遂行も当初からめざされている。関連する5カ年計画は第11次5カ年計画（2006〜10年）、第12次5カ年計画（2011〜15年）、第13次5カ年

図表1-4 『珠江デルタ改革発展計画要綱』の進行

時期	内容
2009年1月8日	『珠江デルタ改革発展計画要綱』(公布)
2009年4月10日	『中共廣東省委、廣東省人民政府関於貫徹實施「珠江三角洲地区改革發展規画綱要(2008〜2020年)」的決定』 →1年目に順調に始動、4年で大発展、10年で大躍進とする3段階の総体的作業工程目標を提示
2010年10月12日	『実施「珠江三角州地区改革発展規画綱要」実現"四年大発展"工作方案』(粤弁発[2010]28号) →通称"四年大発展"工作方案。2012年末までの重要事業等をリストアップ
2011年3月25日	『「実施珠三角規画綱要2011年2012年重点工作任務」的通知』』(粤府弁[2011]16号)
2012年	(2009〜12年の"四年大発展"の終了)
2013年5月1日	中共広東省委弁庁広東省人民政府弁公庁『関於印発『実施珠江三角洲地区改革発展規画綱要実現"九年大跨越"工作方案』的通知』(粤弁発[2013]13号) →通称"九年大跨越"工作方案。2017年までの重要事業等をリストアップ
2013年7月12日	『「実施珠三角規画綱要2013年重点工作任務」的通知』(粤府弁[2013]28号)
2014年4月17日	『「実施珠三角規画綱要2014年重点工作任務」的通知』(粤府弁[2014]21号)
2015年4月15日	『「実施珠三角規画綱要2014年重点工作任務」的通知』(粤府弁[2015]25号)

資料)筆者作成

計画（2016〜20年）である。このうち第11次5カ年計画期に含まれる2009〜10年の2年間は、5カ年計画という国策に、一国両制のアレンジの下で「高度な自治」が約束された中国特別行政区である香港（およびマカオ）を組み入れる準備期間との意味合いもある。

5カ年計画への組み入れについて、香港の行政首長である曽蔭権行政長官（当時）と広東省の黄華華省長（当時）は2010年4月7日、香港問題の最高責任者だった習近平国家副主席（当時）の立ち会いの下、北京で『広東省・香港協力枠組み協議』（中国語で『粤港合作框架協議』、以下、特に必要がなければ『枠組み協議』と略）に調印した。約1万2,000字、11章50条から成る『協議』は、『珠江デルタ綱要』の策定を受け、2009年3月の全人代会期中に曽蔭権、汪洋、黄華華が会談した際、『珠江デルタ綱要』を第12次

第1章　華南政策の視野

5カ年計画に反映させるべく、同年末までに起草を終え、中央政府に働き掛けることで合意していた。北京政府はこれについて、香港と広東省との公的協力の枠組み構築作業を第11次5カ年計画期中（2006〜2010年）に開始し、完了させたと位置づけた（『香港商報』2011年2月15日）。『協議』により華南政策は、第12次5カ年計画の一部として、2012〜13年に発足した新しい指導体制（北京中央政府は習近平－李克強体制、広東省は胡春華－朱小丹体制）の下で遂行された。

　また、2009年初頭は、『「珠江デルタ地区改革発展計画要綱（2008〜2020年）」を貫徹実施することに関する決定』（粤発［2009］10号）（以下『貫徹実施』と略）の作成が進められた時期でもある。2009年4月10日に公布された『貫徹実施』は、本体は5,000字余りのものだが、『珠江デルタ綱要』の策定最終段階で起こったリーマンショック後の新たな状況に対応すべく、『珠江デルタ綱要』の内容をより分け、濃淡を示した重要文書と位置づけることができる（図表1-5）。『貫徹実施』で強調されたのは、「内需拡大」の観点から、「内需拡大」の実現には行政区分をまたいだ社会の一体化が必要であるとの斬新な考え方である。『貫徹実施』はまた、「一年目に良好なスタートを切り、四年で大発展を遂げ、十年で大飛躍する」と『珠江デルタ綱要』遂行のスケジュールをも示した。

　続いて、省政府は2010年10月に『「要綱」について"四年大発展"を実現する工作方案の実施』（粤弁発［2010］28号）を発表し、「四年」つまり2009年〜2012年が鍵を握る期間である旨を強調した。

　注意すべきは、2013年以降のスケジュールである。2009〜10年までは、「一年目に良好なスタートを切り、四年で大発展を遂げ、十年で大飛躍する」という日程が保持されていた。ところが、「四年」の期限の終了を受け、2013年5月初めに発表された『珠江デルタ綱要を実施し九年で大いなる飛躍を実現する作業方案』（"九年大跨越"工作方案）』では、中期目標期限は2015年、「大飛躍」する期限は2017年（2009年から起算して「九年」）とされ、それまでの2018年（同「十年」）から1年前倒しされた。

　1年短縮するに際して、2010年10月から2013年5月までの間にどのような議論が行なわれたかは不明である。最も考えられる理由は、政権交代である。2012年秋に胡錦濤から習近平体制（広東省では汪洋から胡春華体制へ）へと変わり、「四年」（2009〜12年）経過後のスケジュールを習近平体制

図表1-5 『「珠江デルタ地区改革発展計画要綱(2008〜2020年)」を貫徹実施することに関する決定』の概要

一、「珠江デルタ地区改革発展計画綱要」を貫徹実施する重要な意義を十分に認識する

「珠江デルタ綱要」は「科学発展、先行先試」の重大な使命を与えられている。省は国際金融危機に有効に対応し経済の安定的な比較的迅速な発展を維持し、経済・社会を科学発展の軌道に乗せる

二、「珠江デルタ綱要」の全体目標と基本原則を貫徹実施

(一)全体目標

「1年目は順調にスタートし、4年で大発展し、10年で大きく飛躍する」。1年目は「珠江デルタ綱要」の実行体制の健全性を確保。珠江デルタは世界金融危機の影響を克服し経済の安定発展に努める。4年目は「珠江デルタ綱要」の第1期の目標達成を踏まえ、小康社会を全面的に建設。自主創新能力と国際競争力を強化し、明らかな発展成果を挙げ、現代産業体系を樹立し、地区経済の一体化を進める。10年で全面的な完成を達成し珠江デルタは全国に先駆けて社会主義現代化を基本的に実現する。世界的にも先進的な製造業、現代サービス業、イノベーション型の地域を建設

(二)基本原則

・科学的発展観を貫徹実施すべく、胡錦涛主席の「第11回全人代第2次会議広東代表団会議」での演説を真剣に実践。下記6つの基本原則を守る

1、「科学発展、先行試行」。試行項目は評価せず、議論せず、時間を経た後に結論を出すという新手法を提起。法律・政策が禁止していない部分を大胆に実行し、科学的発展を進めるよう失敗を恐れず思い切って遂行する

2、長期的視点。珠江デルタの最も緊迫、突出もしくは停滞した問題から着手し解決を目指す。政策を細分化し、対策を実行し効果的に実績を残すよう努力

3、サービスの多元化、全面化。世界的視野の下で全国にサービスを提供すべく開放を拡大。香港・マカオと東南アジアとの協力関係を更に深め、珠江デルタの一体化を加速

4、全体を推進、重点を突破。計画を遵守し円滑に進め、全体的・段階的に実施し、「珠江デルタ綱要」で提起された各項目を全面的に推進。地元各部門の重点工作、重点項目、重点改革と現場を結び付ける

5、人を本として民生の改善を図る。経済発展と民生改善を統合。経済発展の加速と同時に、国民生活、教育、文化、衛生、体育などの社会事業の政策を実行、改善。全ての人が基本的な公共サービスと社会保障を享受し、都会と農村住民の生活の質と幸福感を高める

6、一致団結して発展。国家各部門の支持を得つつ省各部署は協議し課題に取り組む。各方面の積極性、主体性、創造性を充分に発揮し、思想を解放し、イノベーションを切り開き、努力奮闘して珠江デルタ綱要を遂行する

三、重点項目を実行する

「珠江デルタ綱要」で示された重点項目を貫徹実施。9大任務と下の6つの項目に取り組む

1、世界金融危機に積極的に対応、経済の安定的発展を保つ。「三つを促進し一つを維持する」という要求通り中央政府と広東省政府が決定した内需拡大、構造調整、経済成長維持、民生の維持等の項目を真剣に実行し世界金融危機の負の影響をできるだけ軽減。政府投資を拡大、国内市場を積極的に開拓。特に家電、自動車、住宅、観光等の消費を刺激。国際市場を多元化し輸出増加を図る

第 1 章　華南政策の視野

2、発展方式の転換加速、珠江デルタの高度化。現代産業体系の形成を核心としつつ『珠江デルタ綱要』に従い、イノベーションを推進し、知識集約的および資源総合利用、環境保護を促進する現代サービス業、先進製造業、ハイテク、都市型外向型農業の育成など珠江デルタの経済構造、社会管理の転換・高度化を図る

3、珠江デルタの経済と社会を一体化し都市の総合競争力を強化。広州と仏山の同城化をモデルとして広仏肇(広州、仏山、肇慶)、深莞恵(深圳、東莞、恵州)、珠中江(珠海、中山、江門)の経済統合を積極推進し経済と社会を一体化。インフラ、産業配置、都市農村計画、環境保護、公共サービスなど5つの一体化計画を編成、実施。珠江デルタ各市の行政体制の障壁を打破する。地域の社会、経済の一体的な行政管理体制、財政体制、評価賞罰メカニズムの効果的な研究を実施

4、珠江デルタの対外的な影響力により大珠江デルタの発展能力を高める。珠江デルタの資源配置を行政区域から経済区域へ転換。産業と労働力の双方の移転に注力。珠江デルタのインフラ、生態環境保護、科学技術、旅行、エネルギーなどの相互協力を推進し、資金、技術、人材、情報、資源などの流れを促進

5、広東省・香港・マカオとの協力レベルを高め、高水準な開放経済を建設。中央政府の香港とマカオへの支援的な政策措置を真剣に実行し、香港・マカオと協力し「珠江デルタ綱要」を遂行。加工貿易の転換に尽力し、外資利用構造を改善し、対外投資を促進し、開放経済のレベルを引き上げる

6、制度面の優勢さを改めて構築。社会主義市場経済の改革方針を堅持し、「珠江デルタ綱要」の先行試行のメリットを活用し、大胆に改革し、科学的発展の新しい道、新しい措置、メカニズムを研究し、さらなる発展に強い推進力を与える。基本的公共サービスの均等化と主体的機能に関して、関連体制の構築を急ぎ、市場における資源配置や企業の自主発展、政府のマクロコントロールの枠組みを形成。また、行政管理体制の改革を突破口として、社会管理、財政・租税・投資、都市農村統一発展等の改革を全面的に推進。国民の創作精神を尊重し「珠江デルタ綱要」実施過程での良質の経験と方法を政策制度へと昇華

四、「珠江デルタ綱要」の実施指導を強化

1、指導を強化し責任を明確化。「珠江デルタ綱要」の実施工作小組の機能及び事務機能を十分に発揮し「珠江デルタ綱要」を貫徹実施。「珠江デルタ綱要」を推進すべく珠江デルタ各市は組織体制を確立し、その他各市も組織体制を明確化。珠江デルタ各市の最高責任者は「珠江デルタ綱要」を遂行する最高責任者であり「珠江デルタ綱要」の目標任務を完遂するスケジュールを作りその実施に責任を負う

2、協調を強化しメカニズムを改善。中央部署との連絡を密にし、珠江デルタ各市間の健全な連絡体制を構築。珠江デルタと東西北地区の発展を計画的に案配。監督制度を改善し、定期的に監督、監査を実施

3、宣伝を強化し力量を発揮。各地方、各関連部門は「珠江デルタ綱要」の宣伝方案を作成する。珠江デルタ綱要を宣伝、報道し、珠江デルタ綱要遂行の良好なムードを醸成

4、人事評価の強化と科学化。指導小組は早期に人事評価方法を作成し、各地方各部門の珠江デルタ綱要の実施について毎年評価する。広東省の関連部門と珠江デルタ各市は広東省の珠江デルタ綱要の実施評価について国家関連部門と積極的に協力し、珠江デルタ綱要を完遂する

珠江デルタ綱要の具体的な実施の按配は「珠江デルタ地区改革発展計画綱要(2008－2020年)の実施方案」で明確になる

資料)筆者作成

の第1期が終了する2017年に合わせたという推測である。真相は不明だが、『珠江デルタ綱要』の最終的な終了目標期限が2020年であり、同年までに達成すべき目標値が保持されているのも変わらない。

2013年に『珠江デルタ綱要を実施し九年で大いなる飛躍を実現する作業方案』が示された後は、同年から毎年、『「実施珠三角規画綱要重点工作任務」的通知』(珠江デルタ綱要の実施に関する重点工作任務の通知)が発表されている。各年の重点事業の名称、実施責任部署、事業が実施される自治体名、投資予定額、進行目標が明示されている。

ともあれ、『珠江デルタ綱要を実施し九年で大いなる飛躍を実現する作業方案』では、2013～17年の9年間の年平均GDP増加率を9%以上とするなど80項目の目標値(見通し)が示されている(図表1-6)。また、34項目、105工作措置、64建設プロジェクトの作業措置を含む「八大工程」(八大任務)が提示され、関係各位が責任を持って遂行する旨も謳われている(図表1-7)。

図表1-6 "九年大跨越"で示された9年間の目標(2009～17年)
(全80項目のうち27項目を抜粋)

			2012年(達成)	2015年(中期目標)	2017年(完成目標)
総合類	1	年平均経済成長率(%)	2009～12年平均9.9	2013～17年平9.0以上	
	2	1人平均GDP(元)(2010年価格)	79,019	99,500	115,600
	3	固定資産投資年平均増加率(%)	2009～12年平均15.6	15.0	13.5
	4	社会消費品小売額年平均増加率(%)	2009～12年平均14.8	14.0	14.0
	5	研究開発支出の対GDP比(%)	2.5	2.6	2.7
	6	高速道路(キロ)	3,310	3,600	4,000
	7	発明専利申請数(件/100万人)	1,002	1,150	1,300
	8	発明専利所有数(件/万人)	13.4	20.0	25.0
経済類	9	サービス業付加価値シェア(%)	51.6	53.0	54.0
	10	現代サービス業付加価値額のサービス業全体のそれに占めるシェア(%)	―	―	―

第1章　華南政策の視野

	11	ハイテク製造業付加価値額が工業付加価値額＊に占めるシェア(%)	27.7	28.0	28.5
	12	先進製造業付加価値額が一定規模以上の工業付加価値額に占める割合(%)	52.2	53.0	55.0
	13	年間主営業収入が1000億元を超える企業数(社)	10	20左右	22左右
	14	建設用地当たり第二、三産業付加価値額(億元/平方キロ)	5.1	7.0	8.5
	15	ハイテク産品の対輸出総額シェア(%)	40.0	40.0	41.0
	16	文化・関連産業法人単位付加価値額の対GDP比(%)	4.7	4.8	5.0
社会類	17	都市農村居民1人平均収入(元)	—	—	—
	18	インターネット普及率(%)	71.3	74.7	76.0
	19	光ファイバー引き込み世帯率(%)	2.7	20.3	44.1
	20	行政的審査・承認のネット利用率(%)	—	90以上	95.0
	21	公共サービス事務のネット処理率(%)	—	85以上	90.0
生態類	22	GDP単位当たりエネルギー効率改善(%)	—	—	—
	23	1人平均公園緑地面積(平方メートル)	15.8	16.1	16.3
	24	都市生活ゴミ無害化処理率(%)	87.0	90.0	95.0
	25	都市汚水処理率(%)	91.5	92.0	93.0
	26	森林覆蓋率(%)	50.4	51.5	51.8
	27	二酸化硫黄排出量(万トン)[汚染物質減少]	—	37.86	—
		化学的酸素要求量排出量(万トン)[汚染物質減少]	—	84.13	—
		窒素酸化物排出量(万トン)[汚染物質減少]	—	66.21	—
		ガス排出量(万トン)[汚染物質減少]	—	10.72	—

注1) 現代サービス業の付加価値額がサービス業の付加価値総額に占める割合は、2013年の統計精査の調整範囲なので目標値はなお下達されず

注2) 都市農村住民収入は2013年に国が都市農村世帯調査を一本化したので、基数が不在であり2013年の数値確定後に2015年と2017年の目標値を再度確定

注3) 単位当たりエネルギー消費減少率について珠江デルタ全体目標は設定せず。2013～15年の珠江デルタ9市の年度目標は「粤府[2011]113号」の要求に基づく
注4) 汚染物質減少規模は国の広東省への指示下達後に2017年値を確定
注5) ハイテク製品の対輸出総額比率は近年変動幅が大きい。2015年と2017年の目標値は暫定値
注6) 2012年は速報値に基づく
＊一定規模以上の企業に限る
資料) 現地報道等を筆者整理

図表1-7 『「珠江デルタ綱要を実施し九年で大いなる飛躍を実現する作業方案』の"八大任務"と"三十四項目"の政策方針

1	経済構造の戦略的調整を推進、珠江デルタの発展改善の加速	① 内需拡大戦略の全力推進 ② 技術革新が牽引する発展を全力で推進 ③ 広東的特色をもつ現代産業体系建設加速 ④ 金融改革創新総合試験区建設を全面推 ⑤ 海洋経済の建設を加速
2	珠江デルタ一体化の加速と区域協調発展の促進	① インフラ建設一体化の加速 ② 産業配置の一体化の加速 ③ 都市農村の一体化の加速 ④ 基本的公務の一体化の加速 ⑤ 環境保護一体化の加速 ⑥ 経済圏建設を加速推進の加速 ⑦ 珠江デルタ一体化の加速
3	都市と農村の発展の統一的管理、都市化水準の引き上げ	① 都市化を加速 ② 居住性に優れた都市・農村建設の推進 ③ 都市・農村区域発展の促進
4	生態文明建設の建設、"美麗広東"の建設に努	① 国土空間配置を改善し、緑色発展を強化 ② 環境保護と汚染制御を強化 ③ 生態建設を強化。資源節約を促進
5	文化強省建設の推進、文化の総合的実力と競争力を増強	① 文化事業の発展を加速 ② 文化産業振興計画の実施 ③ 文化領域改革と戦略の再編を推進 ④ 広東の文化イメージの向上
6	重要領域と鍵を握る部分の改革を進め体制メカニズムを刷新	① 行政審査・承認制度改革を深化 ② 社会信用体系と市場の監督管理体系の建設推進 ③ 事業単位分類改革の深化・推進 ④ 社会組織と基層管理体制改革の深化
7	開放型経済を全面的に改善し、対外開放協力の新たな局面を構築	① 香港、マカオとの協力強化 ② 対外貿易の発展方式の転換加速 ③ 対内直接投資、対外直接投資の共同発展など開放環境のレベルアップ

第1章　華南政策の視野

8 民生を確実に保証・改善し、幸福広東の建設を加速	① 教育の優先的発展を促進
	② 就業と社会保障の健全化
	③ 都市・農村住民の収入の引き上げ
	④ 保障性住宅建設を全力で推進
	⑤ 医薬衛生体制改革を深化

資料）『南方日報』2013年5月10日等から作成

2．メーカーズと幸福論

　華南政策の最終目標は「幸福広東」の建設であり、その実現手段は「騰籠換鳥」である。「騰籠換鳥」とは上述の議論の通り、メーカーズの創出を指す。メーカーズは「幸福」を媒介として自ずからネットワークを形成する。この点は第3章でもふれる。また、メーカーズの創出は、今日の習近平－李克強体制下において、――「メーカーズ」という言葉は用いていないが――インターネット関連事業の拡大・育成策（「インターネット＋」行動計画など）として首相の李克強が最も力を注ぐ政策の一つであることを思い出すべきである。以下、メーカーズと幸福論について、代表的な理論、論考を引きながら述べる。

（1）メーカーズへの着目
　汪洋または華南政策の特徴は、労働力や資本などの生産要素の価格（数量）ではなく、人間が備える情報創造・共有能力（質）に着目した点にある。そして、人間が内在する情報・知識の創造・共有能力を発揮させるには経済（労働）と社会（生活）の一致が必要である、と考えたところに汪洋と華南政策の圧倒的な独創性がある。そのためには遠方からの短期出稼ぎ者への依存を減らすか完全に断ち切る必要がある。情報・知識の創造と共有に着目した政策は、情報・知識が本来的に越境界的なものであるがゆえに経済諸侯化をも打ち破る――。このような着想の背景にあるのは、恐らく経済高成長、所得増加が続くなかでもデモやストが頻発する新たな時代状況への注目である*4。

　　*4　このような、所得が増加するなかでも社会不安の現象が頻出する事態は「幸福のパラドックス」に通じる。第1章1-2の「経済成長至上主義」を参照。

人間の情報・知識に関する考察は限りなく多い。計量化が難しく情報・知識を扱いにくい経済学の領域でも、経済成長に関心を持つ論者は、つねに情報・知識の問題に挑んできた。経営学では、その領域は企業経営や商品開発等に関する「高付加価値化」と呼ばれる。社会学に近い領域では、不特定多数者の均質的な欲求を満たすためではなく（大量消費・大量販売ではなく）、自己消費や他者のほとんど唯一無二の欲求を満たすための創作活動に着目する理論的系譜が存在する。アルビン・トフラーのプロシューマー（生産する消費者）論やクリス・アンダーセンのロングテール論、メーカーズ論である。それらは企業組織（資本設備）による大量生産のための研究開発、大量販売のための市場調査という形での情報・知識の創造・利用ではなく、ほとんど「一つの需要（満足）」を満たすために情報・知識を創造し、動員する状況に着目する。当初から、もしくは結果的に生産品はほとんど唯一無二のものであり、他人に譲渡、販売されるとしてもその取引は相対（一対一）で行われるか、相対で行われるような見かけをとる。そしてそうした生産と取引形態ゆえに、その創作者（プロシューマーやメーカーズ）は生産と取引の行為そのもの、すなわち労働に対して幸福を感受する。

　汪洋が着目したのも、大量生産されるモノではなく、このような「本来的に唯一無二の質的な情報・知識」である。人間関係の観点から眺めれば、大量生産体制ゆえに売り手と買い手が固定化される関係ではなく、売り手と買い手が自在に入れ替わる関係である。前述した推薦図書を見ても、汪洋が大組織への生産手段の集中を打ち破り、価値多様化に資する、生産手段が個人に広く分散する社会システムを指向したのは明らかである。これは「支配する中心のない等距離化した社会秩序」、すなわちフラットなネットワーク型社会秩序への憧憬とも換言できる。フラットなネットワーク*5が形成される条件は、結節点を構成する個々人がすべてメーカーズ（創作・表現者）になることである。フラットな人間関係つまりネットワークとは、後に述べるグローバル化時代に浮上すると考えられる政治思想の四分類では「潜在的多元主義」（ネットワーキズム）に相当する。

　　*5 フラットなネットワークとは社会的文脈においてはより完璧な形での「住民自治」やコモンズともいえる（所有権を意図的に放棄する、もしくは主張しないことで生じる共有性とでも定義できる）。

第1章　華南政策の視野

　以下、ロングテール理論を紹介する。というのも、ロングテールの需給の担い手がメーカーズといえるからである。米国発の理論だが、インターネットが急速に普及した時代における社会変容や経済活動の変化に関する理論なので、同時代の中国における新たな人間関係や社会形成に着目して構想されたと考えられる華南政策の理論的位置づけ、その世界的意義を考えるうえで有益である*6。

　*6　ロングテール論は、インターネットという情報通信インフラに着目したオンライン時代の経営理論として捉えられがちだが、クリス・アンダーセンの功績は、ロングテールを社会論へ拡張し、さらに個人の創造力に着目してメーカーズ論へと問題意識を展開させたことにあるだろう。これは彼の3冊の主著が発表された順番から考えて明らかである。いずれにせよ、その問題意識の根元にあるのは、ネット（という情報通信技術、情報通信インフラ）の普及そのものではなく、それを促したより大きな文脈であるグローバル化（価値観の劇的な多様化）の進展への着目といえる。

　ロングテール（直訳すれば「長い尻尾」）は、ICTの普及によってその存在が再確認された現象である。ロングテールとは、たとえば同じ「ミリオンセラー」でも、100万枚売れる人気CD1枚を販売するのではなく（これは従来の大量生産・大量販売）、1枚しか売れないCDを100万種類販売するような取引状態を指す。主流の経済学や経営学が扱うのは、前者の大量生産・大量販売の状況であり、後者の状態はほとんど無視される。

　売上げ枚数を縦軸に、売上げ枚数が多い順に左から右にすべてのCDを並べて横軸とすれば、多数が売れるCDはごくわずかなので、長い尻尾のように右側に長く伸びるグラフが描ける（図表1-8「ロングテール」のグラフの「B」）。このグラフにおいて100万枚売れるCDは、頭の位置にくるので、ロングテールにおける「ヘッド」と呼ばれる（同図表1-8の「A」）。これまでは家賃や人件費など販売管理コストが莫大にのぼることから物理的に100万種類のCDを店舗で扱うことは不可能だった。その結果、メーカーや店舗は100万枚売れるCD（ベストセラー）の製作、販売に力を注いだ（「ヘッド」への注力）。しかし、100万種類のCDをカタログ化して検索も容易にできるネットの普及で、繁華街の家賃の高い店舗ではなく、比較的安価な倉庫で保管し、その場所から発送すれば、取引は不可能ではなくなった。ましてCDではなく、デジタルファイル化しておけば、どの場所でもほとん

図表1-8 ロングテール

	A:【ヘッド】	B:【テール】
主要取引対象	物質 ・マスカルチャー（ヒット） ※芸能人、有名人	情報、サービス ・サブカルチャー（ニッチ） ※キャラ、地下アイドル等
主要供給者	組織(大企業) ・プロ ※固定費は大 　（→大量生産）	個人、小企業 ・素人 ※固定費は小
代表的需要者	"大衆"(同質な関心や好み)	"ポスト大衆"(多様な関心や好み)
代表的取引関係	1(企業)対多(大衆) ※マスコミュニケーション	1(個人)対1(個人) ※ネットワーク(クチコミ)

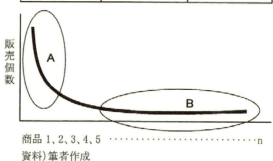

資料）筆者作成

ど無限に音楽を保管し、販売することができる。

　このことはネットショップにとどまらず、すべてのウェブ情報に当てはまる。各情報に1人しかアクセスがなくても、100万種類の情報があれば、そのネットワークはミリオンセラーと「同量の価値」をもつと見なしうる。しかし、重要なのはその取引の質的側面である。すなわち、ネットワークは、きわめて細分化された、究極的には「一つの満足」を個別的に満たすことを可能とする。これは少品種大量生産・消費から多品種少量生産・消費への転換とも言えるが、需給マッチングが人間ひとりひとりのレベルに

まで細分化される、つまり質的需要を満たすところが、革新的である。検索によって「世界で唯一の既製品（サービスを含む）」を入手できるかもしれないし、それが不可能な場合でも、「世界で唯一の私の要求」を満たす人物（メーカーズ）を見つけ出すことができるかもしれない。その全体を「生産手段の民主化」、「流通手段の民主化」、「需給マッチングの民主化」と言うこともできよう（図表1-9）。

図表1-9 ロングテールの3つの追い風
～つくる、世に送り出す、見つける手助けをする～

追い風	ビジネス	事例	歴史的背景
生産手段の民主化	ロングテールの生産者と生産手段の製造者	デジタル・ビデオカメラ、音楽やビデオの編集ソフト、ブログのツール	マルチメディアの登場と発展
流通手段の民主化	ロングテールの集積者	アマゾン、イーベイ、iTMS、ネットフリックス	ネットの発展
需要と供給のマッチング（の民主化）	ロングテールのフィルタ	グーグル、ラプソディ、ブログ、レコメンデーション、人気ランキング	ネットの発展

注）「歴史的背景」は筆者が加筆
資料）アンダーソン[2006]（95頁）を参考に筆者作成

（2）サービスの意味

ロングテールやその供給の担い手であるメーカーズに関して、その前史を見つけることができる。それはおおむね、経済サービス化や産業構造の高度化、もしくはマルチメディア社会などと呼ばれ、人々の価値観や要求の多様化に伴い、物質や情報の需給マッチングが次第に個別化してきた事態を指す。経済サービス化や産業構造の高度化、そしてマルチメディア社会の出現とは、多様化する需要を満たすための供給の「個別化」（パーソナライズ）、換言すれば需給の一対一対応を最大限に実現しようとする歴史的動態にほかならない。J.C.ドゥロネとJ.ギャドレによれば、「過去30年の間に生み出された理論は、サービス活動に含まれるきわめて重要な側面を明らかにしている。生産者と消費者との間の緊密な関係、特別に強い相互作用の存在である」「サービスがとくに『人と人との対面的接触』（ダニ

エル・ベル）であることを考えれば、それを共同生産の過程（教育および保険関係のサービス、コンサルタント・サービス）として分析することは十分可能である」（ドゥロネ、ギャドレ[2000]200〜201頁）。ここで言及されている教育や保険、コンサルティングの各サービスが、唯一個別的な需給関係にあるのは言うまでもない（現実の市場では、サービスがマニュアル化、パッケージ化されて価格・料金が設定されており、需給の完全な一対一対応は実現されない場合が多いが、にもかかわらずあらゆる接客は唯一無二のものである）。以下、このような理解に基づいてサービスについて若干検討する*7。

*7 経済的、産業的なサービスについて、本質的には個別的な需給マッチングを実現する一対一対応のコミュニケーション過程と捉えた論考は森[2006]を参照。

　社会科学において、サービスの理論的研究は多くなく、研究の歴史も浅く、またその定義は論者によって大きく異なる（羽田[1998]、斉藤[2001]）。しかし、サービスの最大の特徴の一つは、それに対して代価を支払う取引対象の「個別性」（personalization）にあるのは間違いない。それは、次のような一般的な議論によって明らかである。

　T.P.ヒルが考案したとされる1993SNA（国民経済計算）に従えば、「財貨とは、それに対する需要が存在し、それに対する所有権が設定され、その所有権が市場において取引を行うことによってある制度単位から別の制度単位へと移転されるような物理的対象」である。これに対し、「サービスは、それに対する所有権が設定されるような別個の実体ではなく、それらは生産と分離して取引されることもない。サービスは注文に応じて生産される多様な産出であり、典型的には、それは、消費者の需要に応じて生産者の活動によって実現される消費単位の状態の変化からなる。その生産が完了するまでに、それは消費者に提供されていなければならない」（Hill[1977]、鈴木・西田[2001]18頁）。すなわち、サービスはモノとして外在的に保存することができず（非保存性＝ nonstorable）、無形（無形性＝ intangibility）でもあるので、生産者と消費者が共有する時空において同時進行的・協業的に生産＝消費される（ドゥロネ[1992]200〜201頁）。さらに換言すれば、「消費者が欲するその場その時に、生産者の身体に備わる専門的な技術・技能を直接的に提供、もしくは専門的な技術・技能が体化した道具・機械を利用しつつ提供することで実現する消費単位の一時的、ま

第1章　華南政策の視野

たは恒久的な状態の変化」である。1993SNAはその「変化」を4種類に分類する（鈴木・西田［2001］18頁）。

（a）消費者の持つ財貨の状態の変化。生産者は、それを輸送し、清掃し、修理し、あるいはその他の方法でそれを変形することによって消費者の所有する財貨に直接的に働きかける。

（b）人間の物理的状態の変化。生産者は、人間を輸送し、宿泊を提供し、内科・外科の治療を与え、その内容を改善する等。

（c）人間の精神的状態の変化。生産者は、教育、情報、助言、娯楽あるいは類似サービスを提供する。

（d）制度単位それ自身の一般的経済状態の変化。生産者は、保険、金融仲介、保護、保証等を提供する。

　ここで言及された通り、「技術」は①身体に具備された技能・ノウハウ、②情報（言語、写真、映像、ICT機器にインストールするアプリケーション等）に変換された技能や技術、③道具・設備に体化された技術に大別できる。生産者と消費者がそうした技能・技術を共有し、相互的なやり取りのなかで個別性を創出しつつ、生産と消費を同時的に実現する。従って、（事後的に見れば）完全に同質なサービスは存在しない。この特性ゆえに、サービスは取引が行われる国の規制や地域風土、宗教、民族性等の外部条件の影響を受けやすい。従って、貿易財ともなりにくく、マクロ経済・産業面では内需に寄与する（米国生まれのハンバーガーやコーヒーチェーン店は多国籍化が進んでいるが、米国と完全に同じサービスの提供は不可能であり、また不必要である［日本なら接客時にお辞儀をする。ヨーロッパ諸国では看板規制もある。現地独自のメニューが開発されていたりもする］）。そうした特性は恐らく、「アイデア」（着想や発明）を生み出す何ものかと同様である。

　さらに、このような特徴から、サービスは本質的に非価格的もしくは無償的な性格を持つ。例えば、ほとんど同じ手間の調髪において、2,000円と2万円の二つの料金が存在する理由を説得的に説明することは難しい。2万円のサービス提供者にとって2,000円の対価はほとんど「タダ働き」であり、逆ならば「暴利」である。それはサービスにおいては原価の確定が難しく、またサービスの効用（満足）がきわめて主観的に決まることに起因する（出来上がったヘアースタイルが客観的に見て不似合いでも、有名芸能人が通う有名美容院の有名スタイリストに調髪してもらうこと自体に2万円を払うの

だという人もいる)。このようなサービスの特性から、供給において大量生産することが難しく、規模の経済（スケールメリット）が働きにくいので、サプライヤーとして小企業、さらには個人の参入余地が大きい。

いま述べたのはサービスの静的な特徴である。「技術」を歴史的に振り返れば、科学技術の時代において技能は組織内部化し、その後、市場化（有償化）を経て、社会化（無償化）してきたといえる（図表1-10）。組織内部化とは少品種大量生産品の付加価値の源泉として企業や研究開発機関等の組織内部に専有化される事態を言うが、それを製造業の勃興と呼ぶことができる。19世紀後半からの第二次産業革命を受け（家電品や自動車等の大量生産品、およびその加工品の原材料となるプラスチック、鉄など化学・素材産業の発展で特徴づけられる）、企業・機関の巨大化が進みつつ製造業は発展した。

図表1-10 大量生産体制から自給体制へ〜"技術共有"の観点から

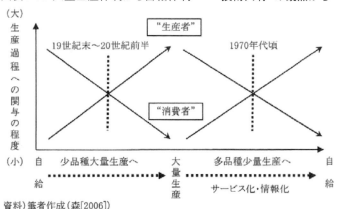

資料）筆者作成（森[2006]）

ところが1970年代以降、生産は多品種少量化へと転回した。多品種少量生産はまず、上述したような技術そのものが消費者に提供されることで実現され（経済のサービス化）、20世紀末頃からはさらに大胆な技術の消費者への提供が始まった。消費者はその技術を用いて最終製品を自作・自給する。そうした技術は今日、おおむね「ICT」と呼ばれるが（経済の情報化）、少なくない技術は無償で提供される（これが技術の社会化であり、一部ソフトウェアの無償ダウンロード、消費者グループが提供するフリーウェアやシェアウェアなどが典型例である）。ロングテールやメーカーズもこのような

第1章　華南政策の視野

サービス化、情報化のプロセスのなかに存在する。メーカーズは個別的な需給一致の最終形態といえる点で、このようなサービス化と情報化の歴史の最先端に位置づけられる。

　そのようなメーカーズの源流は自己充足を目的とする「プロシューマー」（生産する消費者）に求めることができる。プロシューマーはアルビン・トフラーが、勃興しつつあったDIY（Do-It-Yourself＝自作）を観察し、1980年の著書『第三の波』で提示した概念である。無数の他者の均質な需要を満たすべく巨大組織において労働するのではなく、自身のライフスタイルの一部として自作する。この事態が3Dプリンターの開発・普及によりさらに日常化し、メーカーズが生成しつつある、というのがクリス・アンダーセンの論点である。また、サービスが「生産者と消費者が共有する時空において同時進行的・協業的に生産＝消費される」のに対し、生産の成果がモノになれば、生産者と消費者の距離が離れていても需給マッチングが可能になる。DIYにおいては、自身が利用するため自作され、他者に提供されたとしてもそれはほとんど偶発的な出来事だが、メーカーズにおいては唯一の財貨・サービスの他者への提供（有償、無償）を前提に生産する事態も大々的に生じる。

　このように、ロングテールやメーカーズは、①需要の多様化と個別化についてはサービス化の流れ、②モノを含む生産（供給）については、自己充足（生産＝消費）を目的とするプロシューマーの勃興の流れ、という二つの潮流のなかで理解することができる。そのうえで、贈与やシェア、物々交換、さらには価格・市場原理がまったく、もしくはほとんど機能しない状態での有償譲渡（相対的な取引）などの形態で取引も行われる。主観性（「一つの需要（満足）」）の前景化に伴い「フラットな人間関係」の形成が進行しつつあるが、そうした人間関係の変容と相まってネットが普及したことで、個別的な需給マッチングが容易になったからである（「フラットな人間関係」とはネットワークに特徴的な「等距離的人間関係」とも換言可能である。「等距離的人間関係」のより詳細な議論は、第1章1－2「メーカーズと幸福論」、第1章2－2「グローバリゼーション下の政治思想」、第3章2－2「新しい社会」等を参照）。

　ところで、このようなロングテール型（一対一型）のマッチング状態の拡大について、クリス・アンダーセンは「民主化」と呼んだが、その事態

を「幸福の最大化」と呼ぶことは可能だろうか？ もしくはロングテール型のマッチングは、関心（需給マッチング）をごく狭い範囲、あえてこの言葉を用いれば、「私的な範囲」に押しとどめるゆえに「民主主義の敵」*8であり、「幸福」は砂上の楼閣にすぎない、とみるべきだろうか？

　＊8「民主主義の敵」とは、「デイリー・ミー」（「日刊わたしだけ新聞」）の状態を指す。自分の好む情報にだけアクセスする、もしくはWebへのアクセス時や交換、売買時に自動的に収集される個人情報（性別、年齢、趣味、問題意識等）に基づいてサーバー側から機械的に送られてくる各種「お勧め情報」に受動的に反応するという情報行動が習慣化すると、「自分の好みではない情報」についても接触せざるを得ないがゆえに、また「見知らぬ無数の第三者」にも等しく適用されるがゆえに一定の普遍的規範性を有するに至る価値観の下で機能する民主主義が成立しなくなる、と懸念される事態をいう。

（3）経済成長至上主義

　ここでは前者の問題のみを論述する。その問題を考えるにあたり、一つ問題を提起する。ロングテールが示すような相対的な取引（一対一取引）で個別的欲望が満たされる状況と、一対多の関係において不特定多数の人々と同質同量的な欲求が充足される状況とでは、人間はどちらがより幸福と感じるだろうか？ もしくは、自己充足のための労働、一人の熱心な需要家のための労働、不特定多数の需要家のための大量生産品の労働を比べた場合、人間はどれが最も幸福と感じるだろうか？

　それぞれの問いに対する答えは、恐らく20世紀の主に西側先進国を特徴づける「大衆社会」においては、後者もしくは最後者である。その時代、米国の社会学者D.リースマンが「他人指向型」*9と分類したような「皆と同じ生活」を営むことが民主主義の具体化として理解されるようになった大衆社会の生成、もしくは経済・経営的側面から眺めれば大量生産・大量販売体制の確立を背景に、所得再分配を最重要政策の一つとするケインズ経済学が普及した。「皆と同じ生活」とは、ライフスタイルの同質性を意味し、同程度の所得と支出構造によって成り立つ。これに伴い、個別的な需要は単なる「わがまま」「ぜいたく」「変わりもの」と一蹴されがちになった。この時代はむしろ「（個性を求めることから生じる）少しくらいの『不満』は我慢する」ことが求められた。

第 1 章　華南政策の視野

＊9　20世紀アメリカ社会を「性格類型」として「伝統志向型」「内面指向型」「他人指向型」の3つに分類した。デイヴィッド・リースマン（1955）、同（1964）。

　しかし、20世紀の終わり頃から、ロングテール型の「不平等」もしくは「多様」な欲望充足が求められ、実現可能ともなった。上述の通り、経済サービス化、プロシューマー（生産する消費者）の生成、ネットの普及と相まったロングテール型取引の増大などがその現われである。新自由主義思想に基づく「自己責任」の名の下、さらなる個別的な欲望の充足が可能となりつつある。このような流れを踏まえれば、そして幸福の追求が人類の目標であり、歴史の必然でもあるとすれば、近年の自給自足や相対的取引（「一対一」対応。C to C型）による個別的な欲望充足の方が、「一対多」（大量生産・大量販売体制。B to C型）の「平等」な欲望充足よりも、供給家、需要家のいずれにおいても幸福度が高い、と考えうる歴史的潮流が生まれてきているのではないだろうか。

　歴史的に振り返れば、幸福に関する考察である「幸福論」は、GDP（またはGNP。以下同じ）の増大を最大の国家目標とする経済成長至上主義への反省や批判とともに注目を集めるようになった。ここで改めて経済成長至上主義を定義すれば、「政策を立案する立場にある官僚や政治家が、人間の幸福の源泉はもっぱら金銭的増加にあり、金銭的増加はマクロ経済的にはGDPの増大が唯一の手段であると考え、また公人としての自身の評価向上にも役立つと考え、資源・エネルギーの有限性、環境負荷、金融・財政への過度の負担等を省みることなく、本質的に短期的な数学的、統計的問題である経済成長率の引き上げに邁進、奔走する事態」と言うことができよう。そのような経済成長至上主義は供給体制としては「一対多」（大量生産・大量販売体制）の取引関係を特徴とする。

　経済成長至上主義への懐疑の表明は、米国政府司法長官、上院議員などを歴任したロバート・ケネディーが1968年3月18日にカンザス大学で行った講演「価値あるもの以外のすべてを計測するGDP」が最初のものと思われるが、デニス・メドウズらによる1972年のローマクラブ第一報告書『成長の限界』が発表されたことで世界的に公然化した＊10。この年、経済成長至上主義への批判をも意図した世界最初の幸福論がブータンで提唱されたのは、単なる偶然だろうか？　また1971年に米国の心理学者ブリッ

クマンとキャンベルが所得と幸福度の間に正の関係はないとする、今日、「幸福のパラドックス」と呼ばれる研究成果を発表し、リチャード・イースタリンが1974年の論文で同研究をいわゆる「イースタリン・パラドックス」として拡張させたのも偶然だろうか？*11

*10 ロバート・フランシス・"ボビー"・ケネディー（Robert Francis "Bobby" Kennedy）は大統領候補指名選挙中の1968年6月6日に暗殺された。

*11 ブリックマンとキャンベルの二人の心理学者は1971年、「所得や富で計られる生活の客観的状況の改善は個人の幸福に何も影響していないと結論づけた。リチャード・イースタリンは1974年、国際比較と一国の時系列において、幸福度あるいは生活評価と1人当たりGDPとの間に明確な正の関係がみられないと主張した。これは経済成長と幸福は無関係であることを示す。

翻って、経済学の歴史において「経済成長」が理論的に検討された形跡がない事実は、しばしば看過されている。われわれが理論的に学ぶのは、マクロ経済学や成長会計であり、「経済成長」がなぜ必要なのか、重要なのかなどの価値論、倫理論ではない。「修正資本主義者」もしくはマクロ経済学の祖であるケインズは、大恐慌に伴う大規模な失業に直面し、その解決策として有効需要の政策的増加を考えたが、彼は「経済成長率」それ自体について強い関心があったわけではなかった（広井［2001］133～134頁）。

ならば、幸福論が反面教師とした、もしくは幸福論が発展する肥やしとなった経済成長至上主義はどのように形成されたのか？　それを整理すれば、三段階で考えることができよう*12。

*12 「経済成長至上主義」については多くの資料を参考にした（末尾の「参考文献」を参照）。

①新古典派経済学と「経済成長」

人間が生存すれば、人口増や道具の利用を含む一定の技術革新や学習効果等による生産性向上で「経済成長」が生じる。1665年、当時は従軍医師であり後に大地主になった英国のウィリアム・ペティーが世界初とされる国民所得の推計を行った。ただし、その「国民所得」の算出は、戦利品（奪った国土、人口、生産力）をどう正しく評価し分配するかに取り組む「政治算術」と呼ばれた。政治算術の精密化に伴い、「国民経済」やその「成長」などの観念が生まれ、計量経済学へと次第に学問化され、他国と

第1章　華南政策の視野

の比較競争も意識されるようになった。

　1776年にはアダム・スミスの『国富論』が発表された。国民経済の拡大が政策問題へと変質しつつあった。パクス・ブリタニカの終焉期にあたる19世紀後半から20世紀前半、消費財の大量生産を可能とする機械設備（「資本」）と組織（大企業、官僚体制）の「発明」と併せて米国やドイツなどにおいて進展した第二次産業革命は、人間生活に劇的変化をもたらした。

　当時、興隆を見せた経済学思想は新古典派と呼ばれる。古典派は有限である土地の制約から生産や経済成長は停滞すると考えたのに対し、新古典派は経済を需給問題と認識した。換言すれば、経済を生産（労働）から市場（価格）の問題へと解釈し直した。これは皮肉にも、「経済成長」に関して重大な帰結をもたらした。すなわち、a）経済を動学的な「成長」ではなく数学（価格）的な静的メカニズムの問題と捉えたことで、科学技術の発展を通じて自然に働きかければ経済は無限に成長可能だとの思考余地を拡げた、b）セイの法則（「供給はそれに等しい需要を作り出す」。簡単に「生産物はすべて売れる」）に基づいて、供給力（生産力）を拡大しさえすれば、経済は無限大に成長可能だとの認識を育んだ。その背景には、大規模組織が用いる科学技術の飛躍的発展（第二次産業革命）があった。

②GDP統計と「経済成長率」の誕生

　これに対し、需給メカニズムを動学的な問題として改めて理解し直したのがケインズである。背景にあったのは、大衆社会（相互に他人である不特定多数の均質的な賃金労働者が構成する社会）の形成、および「生産過剰」に起因する1929年の世界大恐慌と失業の発生である。反セイの法則の考え方に基づき、政府の市場介入による需要（有効需要）拡大を唱えた。「経済成長」それ自体が目的ではなかったが、民主主義国家においては失業問題を解消すべく、国民所得の増大を図るべき、と経済を社会問題解決の「政治問題」と捉えたところに画期的な意義があった。

　「経済成長」が「経済成長至上主義」へと変質するには、「経済成長」が「政策」として操作可能な「経済成長率」へと数値化されることが条件となる。歴史的にその役割を担ったのがケインズよりひと回り余り若いサイモン・クズネッツらである＊13。大恐慌を受け、米商務省から「経済成長」に関する統計開発の依頼を受けたクズネッツが考案したのがGNP統計（「国民経済計算」）だった。「経済成長」は明確にGDPの増大として計量

されるようになった。また、ここにおいて「資本」は、「所得」という中性的な概念に解釈し直され、マルクス主義に対抗する資本主義イデオロギーの性格をはらむようになったといえる。国の「所得」を示すGDPは、その後の戦時の生産計画立案にも役立った。

　*13　サイモン・クズネッツ（1901〜85）は経済成長と格差の関係に関する「クズネッツの逆U字カーブ仮説」（経済発展がある段階に達すると所得格差が縮小に向かう）で知られ、ノーベル経済学賞を受賞した。広井（2015）50頁も参照。

「経済成長」を決定的に、なおかつ国際的な「政治問題」として確立したのがトルーマン米大統領である。大統領選後の1949年1月20日の就任演説で「アメリカには新しい政策がある」として、「未開発」（英語の「Underdeveloped Countries」は「低開発国」「後進国」とも訳されるが、より婉曲的に「発展途上国」や「途上国」と訳される場合もある）の国々に対し技術的、経済的援助、そして投資を行い発展させる、と述べたのである。「発展」という本来は自動詞である言葉を他動詞として用いることで、「発展」をすべての国が「すべき」「政策問題」へと変質させたのである*14。後に国連がその価値規範の忠実な遂行者となった。容易に推測できるように、それは冷戦下において途上国の「経済発展」を促進し、連鎖的な社会主義化を防ぐためである。「経済成長」は資本主義陣営のイデオロギーとなったのである。その戦後の冷戦期、クズネッツは世界各国でGNP統計の開発と利用を指導した。「未開発」（「発展途上国」）の国々を含む「世界」はこうして経済成長至上主義が生成する条件が形成された（広井［2015］50頁）。

　*14　ダグラス・ラミスによれば、トルーマン大統領が使った「未開発の国々」（Underdeveloped Countries）という用語は、それ以前には使われていなかった。発表された全ての学術論文が掲載されている雑誌記事索引によれば、1949年の演説以前は「未開発の国々」（Underdeveloped Countries）という項目も、「近代化」（Modernization）という項目もないが、1949年1月以後それが次第に増えた。「開発経済学」という用語を含め、「いつのまにか経済学、社会学の専門用語として定着」した（ラミス［2004］86頁）。

「民主主義を守る」ための政策手段となった「経済成長」は実際、20世紀を通じて普通選挙によって構成されるようになった多くの政府にとって、PR効果の高い指標となった。国民経済計算（GDP統計）の下、世帯が定

期的に一定額の収入を得、税を払い、大量生産品の消費者となる同質的な「家計」と位置づけられ、「企業」、「政府」とともに「経済成長」の推進役となったことも、国民に民主主義と経済成長の担い手の立場を実感させた。この時、民主主義国家においては、「GDPの増大が多ければ多いほど善」との暗黙の評価基準が生まれたといえる。

　技術的側面では、政策当局が使いやすい実践的指標へと整形されたことも、経済成長至上主義を形成した一因と考えられる。経済主体（操作対象）が政府、企業、家計に三分され、需要項目（操作項目）が固定資本形成、最終消費、外需に分かれ、政策主体（操作主体）が政府（財政政策）、間接的には中央銀行（金融政策）と明快である。

③「GDPの記号化」

　第一次石油危機を契機に経済成長率が鈍化した1970年代頃から金融（貯蓄）規模が急速に拡大し、株価や為替レートが「実体経済」を左右するようになった。逆に、投資家や市場関係者は金融取引から利得すべく、株価や為替レートの変動要因として「GDP（の増大）」（経済成長率）をマスメディアなどを通じて意図的に語るようにもなった。こうして「経済成長」は、株価や為替レートと同じく、生活実感を伴わない単なる「数字」として評価されるようになった。この時代、GDP統計の整備が進んだ背景となった、政府（財政）の経済介入効果がむしろ弱体化した（すなわち公共事業のGDP押し上げ効果の低減）ことを思えば、その意味における「GDPの記号化」により、経済成長至上主義が「完成」したともいえよう。

（4）幸福の理論

　ブータンがそうであるように、幸福論は経済成長至上主義（GDP至上主義）への懐疑が頭をもたげるなかで生成した*15。「幸福論」は後にもふれる通り、より広い意味で「生活の質」（QoL= Quality of Life）の理論とも換言できる。その意義は、質的多様性を数量化を通じて均質化し、かつその量的増加を善とする考え方、すなわち「数量主義」もしくは平等イデオロギーからの決別にある。実はマルクス主義の本質も、「数量主義」の打破にあったということができる。すなわち、主流の近代ブルジョア社会科学が目標とする「平等」の達成とは、単に均質化のうえでの数的同量化にとどまるので、「真の平等」を達成するには「数量の消滅」が必要である、

と。マルクス主義は、革命を通じた資本の消滅により、資本が内在する数量化（貨幣化）のエネルギーを打破し、社会が内包する多様性（質）のエネルギーを解放することで初めて「平等」が達成される、という人間の幸福に関する洞察でもあったといえる。しかし、マルクス主義も実践的には、平等イデオロギーに基づく国家論へと矮小化されてしまった。恐らく、19世紀末〜20世紀初頭の大衆社会の勃興期において、人々の大衆的メンタリティー、つまり「周りと同じ」になることを求める「他人志向」（D.リースマン）もしくは平等イデオロギーへの信奉が余りに強く（それは広告宣伝を含むマスメディアや学校教育がきわめて強力にそのように誘導することの結果でもあっただろう）、「平等を実現する強い国家」を欲したためと考えられる。

> *15 幸福論も欧米発の理論だが、日本語の「幸福」にあてられる英語は happiness の他にも well-being や welfare がある。前の二つが一般的といえる。このあたりの議論は、小野［2010］を参照。

これまで幸福論が盛り上がりを見せた時期は二度ある。一度は経済成長至上主義への懐疑が頭をもたげたとき、一度は経済危機や情け容赦のない自然の猛威から人間の無力性が強く認識されたときである。すなわち、

①1960〜70年代。深刻な公害や環境破壊が明らかになり、GDPに代わる、もしくはそれを補完する、人々の生活の質的充実を重視する新しい指標の検討が始まった。上でもふれたブータン国王ジグミ・シンゲ・ワンチュクが1972年に提唱した「国民総幸福度」（GHN）がその先駆的存在である。

②2008年秋のリーマンショックを受け、今日まで世界的な関心を呼び起こしている。日本では鳩山政権が2009年12月に発表した「新成長戦略」において、「生活者が本質的に求めているのは『幸福度』の向上であり、それを支える経済・社会の活力である」と言及され、注目を集めた。さらに2011年3月の東日本大震災も、GDPのような数量では把握しにくい生活の質的側面に照明を当てた。内閣府は2011年12月5日、『幸福度に関する研究会報告〜幸福度指標試案〜』を発表した*16。

> *16 内閣府は、2010年6月18日閣議決定の「新成長戦略」に盛り込まれた新しい成長および幸福度に関する研究調査を推進するため「幸福度に関する研究会」を2010年12月から2011年8月にかけて4回開催した。

第 1 章　華南政策の視野

　いずれも、一国や一地域内にとどまる孤立した出来事とは感知されないゆえに、人間内面に強い衝撃を与えた事柄である。「国」や「地域」の境界性を打ち破ったことで、「平等」の概念が無意識裡に前提とする有限性（範囲の限定性）を鮮明に認識させたのである。このように、幸福論が20世紀末の経済成長至上主義への反省や21世紀初頭の大規模災害後に注目を集めたことを思えば、幸福論は20世紀を特徴づける社会主義計画経済と修正資本主義に通底する政策科学そのものへの挑戦ともいえる。
　先述した「CMEPSP報告」（サルコジ報告。2009年）は、幸福論の基本的論点を「GDP指標」に対する「幸福度指標」という形でまとめる（図表1-11）。経済学的側面では生産より所得や消費を、フローよりストックを、統計学的にはグロス（総量）よりネット（純量）を重視する、などである。
　実践面に関しては、ほぼすべての「幸福度指標」（もしくは「生活の質」指数）が「主観指標＋客観指標」で作成される。主観指標はアンケート調査が、客観指標は厚生経済学や倫理学の知見に基づいて既存の社会・経済統計等が活用される。
　「CMEPSP報告」は、①主観的幸福アプローチ（心理学的アプローチ）、②ケイパビリティ・アプローチ（アマルティア・センの概念）、③経済学的アプローチ（無差別理論等）により「生活の質」の指標化を試みる（同図表1-11）。①は質問表を作成し計量化する。②と③はおおむね既存の経済・社会統計を活用する。複数の指標を加重平均して「統合指標」（単一指標）を作成するアプローチもあれば、そうしない場合もある*17。また、「CMEPSP報告」は③の点に関してサステナビリティー（持続可能性）を重視する。

　＊17　スティグリッツ委員会は、「統合指標」（単一指標）を作成しないが、その理由として、①悪い点が悪くなっているのを把握できなくなる、②ウェイト付けを考えなくてはならない、③指標変化の解釈が別途必要になる、④価値観が違う中、国際比較などに適しない、などを挙げる。要するに、統合指標化すると、幸福論が国民の生活感覚から遊離する、換言すれば、GDP増加率（経済成長率）のようなきわめて抽象的な単一指標の形で公表しても国民には全く無意味だからである。この意味で幸福論は一つの「統計の生活化運動」ともいえる。内閣府［2011］も参照。

　幸福論や生活の質の分析は、それらが個々人の主観性に強く依存する余り、理論や統計数値（平均値）が持つ規範性が完全に欠落する事態となれ

図表1-11 幸福論の原点
～〈GDP指標〉に代わる〈幸福度を測る指標〉の基本的論点～

＜GDP指標＞	＜幸福度(生活の質)指標＞
・生産指標	→ ・所得,消費指標
・グロス	→ ・ネット
・フロー指標	→ ・ストックの考慮 　　ストック=富、キャピタル 　　フィジカル・キャピタル 　　ナチュラル・キャピタル 　　ヒューマン・キャピタル 　　ソーシャル・キャピタル
平均指標 ・(1人当たりGDP)	→ ・不平等、貧困への配慮
・量的指標	→ ・質の考慮(政府サービスなど)
・市場ベース	→ ・非市場活動の考慮 　　(家計労働、余暇など)

(出所)CMEPSP報告

～生活の質(QoL)へのアプローチ～

①主観的幸福アプローチ(心理学的アプローチ)
1) アンケート調査を通じた個々の申告(生活[人生]への満足等)に基づくアプローチ
2) 個々人の感情(その時々の楽しい／苦しいなどの気持ち)に基づくアプローチ
例：U－インデックス(「U」はネガティブ感情を表す
　　　Unpleasant又はUndesirable のU)
②ケイパビリティ・アプローチ
・個々の申告を超えた選択の自由(潜在能力)などからのアプローチ
具体的には；
　1) 健康
　2) 教育
　3) 個人の活動(パーソナル・アクティビティーズ)
　4) 政治的な発言権(ポリティカル・ボイス)と(民主的)ガバナンス
　5) ソーシャル・コネクション(社会的なつながり、関係)
　6) 環境の状況
　7) インセキュリティ(不安、危険等)
　　　例：HDI(UNDP)
　　　　―健康、教育、所得の合成指標
③経済学的アプローチ(無差別理論等)

(出所)CMEPSP報告

第1章　華南政策の視野

ば、まったく「使えない」という議論もあるだろう。

　一般的な経済学はこの問題について敏感であり、主観性を完全に排除する（逆に、これゆえに主流の経済学は幸福論者の反面教師と位置づけられる）。それは「幸福」を近似的に「効用」として扱い、価格の付いた財やサービスのみを対象とする*18。労働についても、対価のない無償労働は考察対象としない。結局、財、サービス、労働のいずれにせよ、市場が機能していれば、自己利益の最大実現それ自体が幸福実現と想定される。

　　*18 スティグリッツ委員会のメンバーでもあるアマルティア・センは、人々の幸福を考えるには従来の経済学で用いられてきた財空間ではなく，機能空間で考えるべきであるとする「ケイパビリティ・アプローチ」（日本語の定訳はないが「何らかの選択をし行動する潜在能力」とでも訳すべきか）を説いた。従来の厚生経済学は、主に次の二通りの考え方を採った。一つは、各人の財の量によって福祉を考える。だがこの方法では、手段に過ぎない財を目的と取り違えてしまっている。財自体は重要な要素だが、それは一要素に過ぎない。もう一つは、各人の快楽・効用によって福祉を考える功利主義に近い考え方。この発想では、欲望と価値の転倒が起きている。価値があるが故に欲望が起こるというのはまったく正しいが、欲望を抱くがゆえに価値があるというのは倒錯である（セン[1988]、[1989]、[1999]）。

　また、「幸福」を完全に主観的なものと見れば、明確に指摘可能な「幸福」や「不幸」という状態はそもそも存在し得ない、という結論もありうる。

　既述の通り、汪洋が推したタル・ベンシャハーの『幸福の方法』は、モノやサービスを購入する「一般の通貨」に対し、幸福を「究極の通貨」と表現し、「究極の通貨」である幸福は、内部（または質的、過程、主観、手段そのもの）的なものであり、外部（または数量的、結果、客観、目標）が存在するゆえに成立しうる「過去」（の達成）や「未来」（の目標）ではなく、連綿と続く今現在そのものであると論じた。このような議論について、幸福は自分以外の何者かが規範的、外部的に定めた目標の達成をめざす「自由競争」の結果として得られるものではなく、達成すべき目標そのものを自ら定める「自由選択」こそが幸福である、と理解することも可能だろう（この意味では、「自由競争」とは権力者が設計した檻＝制度の中での「囚人の競争」である）。

　このような議論に従えば、「質」や「主観」は無数の「今」から構成さ

図表1-12 幸福指標の考え方（経済の"質"や"幸福"観念の可視化）

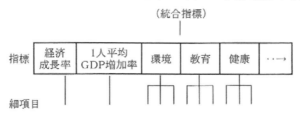

れるので、「幸福」や「不幸」は瞬時にして入れ替わる。結局、確かな「幸福」や「不幸」な状態は存在しない。こうした「今」を深い信仰心により永遠化すれば、それは宗教に転じる。

また、何らかの方法で「幸福指標」を作成し、政策科学の道具とするとしても、主観性を反映させるべく、「国民」「民族」「文化」等の特殊性に基づいて質問表を作成し、その回答を基に指標を作成しがちになるので、国際比較が難しく、政策目標として使い勝手が悪いという技術的な制約もある（しかし価値的には、GDPの大きさやその変化等の国際比較の方がナンセンスという議論も十分にありうる）。

しかし、あらゆる社会・人文科学が分析者の任意性、恣意性を完全には排除できないものと理解すれば、「幸福の科学」は成立し得ない、と断言することもできない。

このような留意点のうえに考案された最も有名な「幸福指標」（幸福指数）は、恐らくブータンのそれである[19]。これを除けば、世界的な経済学者であるハーマン・デイリーやジョン・コップらが1989年に提唱したISEW（Index of Sustainable Economic Welfare：持続可能な経済福祉指標）、および1990年の人間開発指数（HDI＝Human Development Index）などが比較的初期の事例としてよく知られている[20]。いずれにせよ幸福指標（指数）は、人口1人平均GDP（その増加率）をより重視し、GDPや経済成長率を相対化すべく、多くの社会指標と並列しつつ評価する点がほぼ共通した特徴である（図表1-12。全指標を特定の割合で合成する「統合指標」を設けない場合もある）。

[19] ブータン王国では第四代国王のジグメ・センゲ・ワンチュック（Jigme Singye Wnangchuck）が即位した1972年以降、GDPによる開発ではなく、G

NH(Gross National Happiness。国民総幸福量)に基づく開発が進められている。GNH指標の研究は政府機関であるブータン研究センター(The Centre for Bhutan Studies、CBS)で行なわれ、2008年11月にGNH指標が公開された。GNHは9つの領域(ドメイン)から構成され、各々の領域を代表する72の指標が選ばれている(以上は小野［2010］を参照)。

*20 世界の主な幸福指数については、内閣府［2011］に整理されている。大竹［2010］にも主な幸福指数の紹介がある。なお、「持続可能な経済福祉指標」(ISEW = Index of Sustainable Economic Welfare)は、自然環境の汚染が経済の持続可能性を損なうコストと認識したうえで、GDPのようにカネの取引を単純に積み上げた指標ではなく、大気や水質の汚染、騒音公害、湿原や農地の喪失、オゾン層の減少などをコストとしてそれらを差し引き、環境汚染の経済的な損失を考慮に入れて編まれた指標。「人間開発指数」(Human Development Index)は国民の生活の質や発展度合いを示す指標としてパキスタンの経済学者マブーブル・ハックによって1990年に作成された。1993年以降、国連年次報告で各国の指数が公表されている。

中国、とくに広東省がどのように幸福の理論を政策手段へと調理したかは後に述べる。

2．グローバル化のなかの華南政策

華南政策に関する本論に通底する問題意識は、対外開放しながらもなお「社会主義」を標榜する中国は、世界で最もグローバル化の影響を受けている(と「独裁的な指導者」であればなおさら感じる)国の一つであるとの考えの下、改革開放政策の発祥地である広東省において、グローバル化に対応する新たな改革開放政策が真っ先に試行されているに違いない、というものである。

これまでグローバル化が進展するなかでの中国の変容について各所で言及してきたが、ここで改めてグローバル化について考える。それは華南政策が誕生した背景を検討する作業でもある。

これまで何度か言及したとおり、グローバル化の影響は国内において現われる。その対内的なベクトルこそ、国際化とは異なるグローバル化の最大の特徴である。すなわち、グローバル化は「平等なる繁栄」を通じて国民統合を保つことを困難にする一方、先進国、途上国の別なく国境をまた

いだ「対外的な人間関係」において「平等」化を推し進める。国境を越えて大都市間や富裕層の間、貧困層の間で「格差」が縮小するのである。

しかし「国民」は、量的「格差」が拡大するなかで、幸福は「平等」によっては実現しないことも理解しつつある。今日、必要とされるのは、「平等」に代えて、個人が目標そのものを自由に設定することにより、主観的な満足感を最大化できる社会、国家を建設することである。それこそが社会の調和と安定をもたらす——。

胡錦濤が意図したのは、このようなグローバル化時代の到来を踏まえた「和諧」政策ではないだろうか。それは胡錦濤の政策を点検すればわかるのではないだろうか。例えば胡錦涛は、「平等なる繁栄」の観点からすれば、失業増加や所得減少、格差拡大等の「社会不安」を惹起しかねない高コスト政策を採用したが、「大きな政府」（増税のうえでの社会保障費、公共事業費等の増額）を指向したわけではない。推し進めたのは、物理的な都市を新たに建設するのではなく、〈都市（先進地域／労働）－農村（発展途上地域／生活）〉という二元構造の打破、つまり「人の都市化」（全国民の市民化）もしくは「新型城鎮化政策」である。二元構造は、低コスト品の大量生産ではきわめて効率的に機能してきたが、グローバル化が進展するなかで社会不安の誘因へと変質しつつある。その状況において、都市を基盤とする国有企業、官僚機構、軍は自己防衛的に既得権益層と化し改革抵抗勢力へと躍り出ている。「人の都市化」もしくは「城鎮化政策」は既得権益層との闘い、つまり構造的に「農村」と対峙する「都市」の解体にほかならない——。このような胡錦濤の姿は、20世紀の政治経済思想を代表するケインジアンでも、新保守主義者でもなく、また（単に企業活動の自由化を唱導する）新自由主義者でもなく、本来的に人間個々が持つ個別的な創造力を発現させることを通じて「格差」を「多様性ゆえの調和」へと転換することに意欲を燃やす、徹底的な自由主義者や無政府主義者のそれである。

このように〈都市－農村〉の軸から和諧を理解した場合、和諧政策の最大の柱の一つが実は農村政策であることが理解できる。都市を勢力基盤とする既得権益層の利得は、農民工（出稼ぎ）や農民に依存するからである。以下、都市経済と農村経済の関連を歴史的視野から検討する。

第 1 章　華南政策の視野

1．平等イデオロギーとその終焉

「グローバル化」という言葉は、多くの場合において「国際化」と同義で用いられるが、グローバル化がもたらたものは、社会の安定確保のための新たなロジックの必要性である。社会－政治・経済関係の再編とも換言できる。グローバル化の一般的なイメージとは裏腹に、それはすぐれて国内的、非経済的もしくは非数量的な課題といえる。

　グローバル化について、「個々人の価値感が劇的に多様化する時代状況」と簡潔に定義すれば、グローバル化は20世紀の政治思想を特徴づける「平等イデオロギー」に基づく、平等化を強制する外部的規範（価格、政策）の拘束力が弛緩するゆえに、人間が本来的に持つ情報創造・情報共有能力が迫り出すことで価値観多様化状態が発現し、社会的安定が確保される事態――とより説明的に定義できる。「数量化による均質化」（「質の数量的解決」とも言えよう）から「質の並存」への転換、もしくは「平等な関係」から「フラットな関係」への転回と言い換えることもできる。上述した社会的文脈におけるメーカーズの創生を通じたロングテールの秩序形成がその象徴的な現象である。メーカーズは、人間個々のレベルにまで個別化された価値の充足者であり、ロングテールはそうした個別的要求や意見が一対一対応により、もしくはそれに近い関係により最大限に満たされる事態を指す。そのような形の需給一致により、価値多元化と社会秩序の安定が実現する。そして、後に述べる通り（第1章2−2「潜在的多元主義」参照）、その結果として生じる「価格」（市場）や「政策」（選挙）が持つ"平等・公正な外部的規範性"のさらなる弱体化が、個別的な一対一対応の実現要求を一段と強め、経済的現象としてはオークションや交換、シェアなどを活発化させ、政治的現象としてはデモや集会などの街頭行動に人々を駆り立てている最大要因と考えられる。

（1）大衆社会と平等イデオロギー
　「平等イデオロギー」を打ち砕く、このようなグローバル化を理解するに際して「グローバル化以前」の社会についてのイメージを持つことが有益である。「グローバル化以前」の社会とは、社会構成員の意見や要望が類似するか、それらが非類似的でも社会構成員の数が限定された世界であ

る。前者の具体例として、理念型の村落共同体や古代都市国家、もしくは小規模な機能集団、そして現代社会の主流を構成する大衆社会などがある。後者は理念型の市民社会を挙げることができる。これらのうち重要なのは、市民社会から大衆社会への歴史的進化である。大衆社会においては、「数量」に基づく科学的思惟が社会全体を覆いつくす。

　一部の欧州国家をモデルに理念化された市民社会は、18世紀末の第一次産業革命の時代を経るなかで、「近代資本主義社会」へと変容し、社会は本質的に不安定な存在であるとの認識が生まれた。これに対し、社会をどう安定させかという問題意識が社会科学や人文科学の進化を促した（社会統合という課題）。この問題が先鋭化したのが19世紀半ば、第二次産業革命の進行とともに大衆社会（現代資本主義社会）が出現したときである*21。

　　*21　19世紀半ば以降の新古典派経済学は人間をきわめて合理的、中性的な需給均衡の主体として理解したが、その人間観は人間を「均質」な存在と捉えるその後の「大衆」社会論に引き継がれているといえる。

　資本主義が進展するなかで社会の不安定度が増しても、市場参加者（有権者）の意見や要望が類似していれば、もしくは市場参加者（有権者）が相互の類似点を見出すことができれば、その人数が膨大でも、市場メカニズムや民主主義が機能することで資本を制御し、社会を安定化させることができる。しかし、余りに市場参加者（有権者）の意見や要望の差異が大きい、もしくは細分化されていれば、集約化され決定される価格や政策への不満が強まり、経済（市場経済）や政治（民主政治）は機能しない。前者のような市場参加者（有権者）の意見や要望が実態的に類似した、もしくは共通性を懸命に見つけ出し妥協・譲歩しつつ「人間はみな同じなのだ」と自らに信じ込ませることができる社会が大衆社会にほかならない。

　大衆社会は欧州や米国、日本では19世紀半ばから20世紀初めに出現したが、この時期以降、類似性は「国民としての均質性」と積極的に解釈し直され、「数量的平等性」に基づいて国民統合を図る政治・経済的アプローチが採られた。

　これを「平等イデオロギー」と呼べば、ケインズ経済学がそのイデオロギーを政策に反映させた代表的な思想・理論である。所得再分配政策による「中間層」を「国民」とする「大衆資本主義国家」の建設を通じて成立する平等社会を構想した。ケインズ経済学の下では、政府による各種社会

第1章　華南政策の視野

保障や公共事業（職の創出とユニバーサルサービスの提供）が所得再分配の主要な手段となる。

　マックス・ヴェーバーが現代社会（20世紀社会）の特徴として指摘した官僚制（専門家集団としての民間企業を含む大組織体制）が、その平等イデオロギーの実践者となった。巨大組織は資本を大量生産のための資本財（科学技術）として馴化することで、大量消費体制の担い手（同水準の所得を得、同質的な財やサービスを購入し、また同程度の貯蓄をする主体）としての「国民」を形成する。

　さらに、国政レベルの普通選挙（一人一票）制度も平等イデオロギーを強化する。大衆は国民の権利として与えられる選挙権の行使によって「国民」化し、その選挙によって成立する政権が策定する政策によって平等に拘束され、「国民」化は強化される。

　平等イデオロギーの実践においては、普通選挙の実施と相まったマス・コミュニケーション（マスメディア）の発展も欠かせない。すなわち、官僚制（大組織体制）の一部を形成するマスメディアは国政を繰り返し語り、全土を対象とした広告、標準語の流布をも通じて世論とナショナリズムを形成・再生産し、大衆社会を国家に作り変える。さらにマスメディアは、不特定多数者に同一情報をほぼ同時に提供するその本質的な特性ゆえに、「公共」の名の下に「平等」を強く擁護する（もしくは「不平等」に反対せざるを得ない）。

　19世紀から20世紀半ばにかけて「平等イデオロギー」を政策に反映させたもう一つの代表的な思想・理論がマルクス主義である*22。社会の不安定は資本主義に内在する階級性の産物であり、ケインズ経済学を含むブルジョア社会科学は量的格差を一時的に是正できても、社会的安定を根本的には確保できない。それを実現するには、社会主義革命により「量」の概念それ自体を再生産する階級と資本を消滅させなければならない――。

　＊22　20世紀型の「自由」という名の「平等」については以下の指摘を参照。「ナチズムだけは例外だが、ケインズ主義も社会主義も『自由』を標榜した。古い自由に代わる新しい自由を、である。機会の平等よりは結果の平等を、法による形式的正義よりは実質的正義を――新しい自由の主張は国家の積極的役割を要請する。国家の積極的役割は国家機能を肥大化させ、古い自由を抑圧する。古い自由を抑圧する新しい自由。この新しい自由を批判し、その上

に古い自由を擁護しようとするのが「新」自由主義である。だからハイエクの新自由主義は一回転した「古」自由主義である」。簡単に言えば、「イギリスに生まれアメリカの独立革命によって新たな生命を吹き込まれた自由主義は、ハイエクにあっては遠い過去のものにすぎなかった。（国家が結果の平等を担保しようとする…引用者）擬似自由主義がそれに取って代わられていたからである」（間宮［2006］215頁）

中国においては「人民独裁」の下、共産党の一党支配体制を採用し、普通選挙は理論的にありえない。マスメディアも、「世論」の完璧な代理人である共産党の「喉舌」（喉と舌、つまり発言道具）と位置づけられる。

しかし、このような平等イデオロギーに基づく大衆社会は、20世紀末から動揺を始めた。グローバル化の進展により、人々の意見や欲求が多様化し、社会と国家（政治、経済）の乖離が顕在化し、資本主義社会に本質的である「不平等」性が改めて表面化したからである。資本主義が内在する無秩序性、すなわち「金融不安」や「失業問題」が再び生じるようにもなった。巨大組織（企業、官僚機構）は収益悪化や収支不均衡により、リストラクチャリング、ダウンサイジングを推し進め、財政の所得再分配機能も、それが均質的な「国民」を対象とするゆえの公共事業の景気浮揚効果の弱体化、公共事業そのものの意義の低下、そして財政赤字などから働きにくくなった。

この時代状況は、物質に代わり情報・知識の需要が増す「脱工業化社会」の到来をも意味するが、情報・知識は外部性が強く働くゆえに収益条件の確保をめざし巨大組織（企業、官僚機構）の再興を通じた社会管理が必要となる、と解読したのがダニエル・ベルである。こうして出現した「管理社会」に対しては、情報・知識の本質である公共性（非占有性）を守護すべく「対抗文化」が現われる。歴史が示した通り、軍配が上がったのは「対抗文化」の方である。このような脱工業化社会（情報・知識社会）の出現を背景とする、官僚制（企業と政府の連合体制）の無力化と個人性の勃興という「矛盾」について、ダニエル・ベルは1976年の著書で「資本主義の文化的矛盾」（ベル［1976］）と命名した。この「矛盾」は情報の資本（物質）化を図る官僚制の勃興というごく短命に終わった歴史的矛盾、もしくは資本（物質）という「量」（格差）に対する文化（情報）という「質」（多様性）の側の勝利の歴史とも換言できよう。

第1章　華南政策の視野

　「資本」と「文化」の「矛盾」の表面化を受け、社会と政治・経済の関係再編を通じた社会秩序の形成・維持問題が再び課題にのぼるようになった。
　注意すべきは、この問題は恐らく、中国ではるかに深刻なことである。マルクス主義は、資本主義国家またはブルジョア民主主義国家の「数量的平等社会」を打倒し、いわば「質的平等社会」の建設を試みたが、達成不可能と判断し、社会主義計画経済を放棄した。中国は改革開放に転じ、鄧小平の「先富論」に従って経済建設を進め、1990年代にその体制を「社会主義市場経済」と自称した。改革開放もしくは「社会主義市場経済」は従って、「数量的不平等」を積極的に肯定する、世界的に見てもきわめて特異で大胆な政策と言うことができる。だが、資本主義国家が経験した通り、そうした「数量的不平等」社会は不安定性を内包する。こうしてグローバル化が進展するなかで、中国はどのように社会－政治・経済関係を再編するかの問題に激しく直面することになった。この問題について、「数量的平等社会」（資本主義国家またはブルジョア民主主義）でも「質的平等社会」（社会主義計画経済）でもなく、「質的多元化社会」の建設という形でいち早く取り組んでいるのが華南にほかならない。

（2）ジニ係数と社会不安

　21世紀に入り、所得や資産の不平等問題に大きな注目が集まるようになった。例えば、2011年9月17日から約2カ月にわたり米国ニューヨーク市で発生した「ウォール街を占拠せよ」（Occupy Wall Street）は、リーマンショック後の若年世代の失業深刻化を背景とする格差拡大への抗議運動である。最も富裕な1％が全資産の約35％を所有する状況（2007年）を"We are the 99%"のスローガンに込めて批判した。
　中国でも同時期、デモやストが目立つようになった。胡錦涛政権が和諧政策を推し進めていたことから、国内外の多くの報道や論考はジニ係数を援用しつつ所得格差の拡大と「社会不安」との関連性を指摘した。
　米国であれ中国であれ、このような経済的「格差」が、「グローバル化」――この概念をどう定義するのであれ――と関連づけられ論じられているのは明らかである（グローバル化が格差拡大をもたらしている、と）。
　ジニ係数は、ローレンツ曲線に基づいて、ある社会（国）の全員の所得

が完全に平等な状態であれば"0"、一人が富を独占していれば（格差最大）"1"として、0から1の間の数で表わされる。そのうえで「社会不安」の側面について、"0.4"が「警戒ライン」であり、それ以上であれば「社会不安」を引き起こすほど「格差」が大きい、と考えられる。"0.6"は「危険ライン」であり、それ以上であれば「格差」は暴動が慢性化するほど深刻であり、早急に是正が必要になる、などと解説される。

中国についても、群体性事件や反日運動の形で表面化する「社会不安」の背景には所得格差の拡大があるとされ、その説明道具としてしばしばジニ係数が用いられる。低所得層は自己の境遇に不満を募らせており、当局が「愛国感情の発露」として黙認しがちな「反日運動」の衣を借りて共産党や政府、会社、社会への不満を表出しているというのである。

所得や資産格差に対する注目が、グローバル化の進展と関係しているのは間違いないだろう。しかし、格差拡大が「社会不安」を惹起している、という上述のような因果関係については注意深い検討を要する。実際、「所得格差」を「社会不安」の原因とするロジックには飛躍がある。本来、「所得格差」と「社会不安」の間には金銭的価値や所得、その格差について人々がどう感じるかという主観や文化的価値感、規範意識、人間紐帯の程度を含む社会構造、政府の清廉さを含む政治・経済体制など無数の条件が介在する。主観それ自体も、外界（社会構造、政治・経済体制、文化等）との相互作用によって形成される。にもかかわらず、その部分の説明はなされず、この部分はブラックボックスのまま残されている。また、「所得格差」と「社会不安」の連動性は、「所得平等」は「社会的安定」を確保する、という逆の因果関係を含意するが、後者の問題は別に検証される必要があるのではないだろうか。実際、「所得格差」が引き起こすとされる「社会不安」は、グローバル化の進展に伴い、20世紀を覆った「平等イデオロギー」が溶解し、新たな社会が生成しつつある胎動という積極的な評価、少なくとも中立的な解釈も可能ではないだろうか。

以下、グローバル化の進展と格差問題の浮上、および「社会不安」との関連性について、ジニ係数の政治性に照明を当てつつ考察する。

まず、「社会不安」の原因をジニ係数が代表する「所得格差」に求めるロジックに対する反証を二つ挙げる。

①入手できるいくつかの各国・地域のジニ係数を見ると、マレーシア、

第 1 章　華南政策の視野

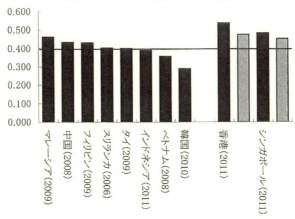

図表1-13　アジア主要国のジニ係数

資料）ADB[2012]、香港とシンガポールはHKSAR Government[2012]
注1）マレーシアは人口1人平均支出、台湾は収入ベース
注2）香港とシンガポールの各右グラフは第2次分配後

フィリピン、タイ、スリランカなどは中国と同じく「警戒ライン」である0.4を超える（図表1-13）。しかし社会は全体として安定を保っている。マレーシアは中国を上回り、タイも中国と同程度に高いが、いずれも社会不安が生じているとは言い難い。タイはしばしば反政府運動が発生し、中央政府機能が麻痺するが、中国にはそのような反政府運動はない。中国では抗議行動の芽を事前に摘むことができるという意味でも、社会の安定度はより高いという考え方も可能である。香港は中国本土をはるかに上回る世界最高水準だが（2011年に0.475。国連値では2008〜09年に0.54）、社会はきわめて安定している*23。

　*23　別の「指数」を用いれば正反対とも思える結論が得られる場合もあり、一つの「指数」を用いて国や社会の状態を議論するのはそもそも誤りともいえる。例えば、英エコノミストが144カ国を対象に24項目について分析・評価し発表している世界平和度指数（GPI＝ Global Peace Index）によれば、ジニ係数では「警戒ライン」（0.4）を上回るマレーシアは、「平和」において上位に位置する（2014年に33位。中国は108位）。社会不安レベルが「警戒」的である国が「平和」であることはあり得ない。

②中国においてジニ係数は近年、縮小傾向にある（図表1-14）。中国政府

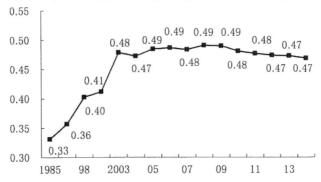

図表1-14　中国のジニ係数の推移（1985～2014年）

注）1985年、1990年、1998年の数値は世界銀行の推計値による。2000年、2003年以降の数値は中国国家統計局が2013年1月18日およびそれ以降に公表した値

は2000年の値を明らかにしたのみだったが（0.412）、2013年1月に過去10年分を公表した。同発表によれば、2003年に0.479で、その後は上下動を繰り返し、2008年に0.491まで上昇した後、2009年から2012年まで下落を続けた。2013年、2014年も前年比低下した（2014年は0.469で、2003年以来の最低値）。所得格差問題が注目を浴びるようになったのは胡錦濤の時代だが、その時期、実は所得格差は縮小していたのである。前述の通り、そうした時期に群体性事件が増加した。労働争議や農民暴動についても、賃金が増大するなかで、発生件数が増加した。

　それでは、ジニ係数はなぜ、「社会的安定」との関連が必ずしも自明でないにもかかわらず、「社会的安定」を判断する指標として重宝されるようになったのか？　ジニ係数それ自体より、こちらの方がより本質的な問題ではないだろうか？　筆者は、その問題について四段階に分けて考察できると考える。すなわち、

　①所得分布の統計研究。「ジニ係数」はイタリア人統計学者のコッラド・ジニが1914年の論文で発表した。大衆社会が出現するなか、徴税に公正を期すため家計所得の捕捉が必要となったイタリア政府の要請を受けて考案された。「集中比（rapporto di concentrazione）」という名称で公表されたことが示す通り、当初構想では、統計学的見地から度数分布の集中を計測する理論的な指標として提唱され、必ずしも所得分布に限定したものでは

第1章　華南政策の視野

なかった（木村［2008］I）。まして社会不安の発生原因はもちろん、所得格差やその是正に関する社会倫理や経済厚生の研究として発表されたわけでもなかった。だが公表以降、とくに所得分布の統計的計測指標として用いられるようになった。

　②マルクス主義の階級論に基づく所得両極化の解釈。都市化が進み、大衆社会が出現した19世紀半ば以降、「貧困化論争」が活発化したが、その議論では「労働者」（Mass ＝大衆）の所得は両極化するものと理解された（「所得両極化問題」と言われる）。この認識はマルクス主義理論によって社会論・国家論へと拡張された。すなわち、英国の階級社会の文脈で意味づけされ、資本は搾取される「労働者階級」（プロレタリアート）を産み出すので、革命を通じて資本主義を倒壊することが、階級（所得格差）を消失させる唯一の方法と説明された。「所得格差」はマルクス主義によって明確に「悪」と価値づけられたといえる。

　③第二次大戦後のパックスアメリカーナの世界戦略。冷戦が激化するなかで、米国は、途上国や新興独立国の所得格差の是正こそ、近代化を達成し、社会主義化（階級闘争の現実化）のドミノ現象を防ぐ方法と考え、世界銀行など国際機関を通じて各種援助に努めた。その過程で、「中間層」（大衆）＝平等＝民主主義＝社会安定という考え方が米国発で世界に拡散し、定着した。もともと「所得分布」を計測する用途のジニ係数が――"0.4"は「警戒ライン」、"0.6"は「危険ライン」などとして――「資本主義社会」の安定度を推し量る政治的含意をもつ価値指標として使われ始めたのもこの時期、国際機関においてである。

　④戦後民主化と所得格差問題。冷戦期の米国の世界戦略が奏功し、「所得格差問題」は、統計整備を背景に戦後民主主義を推し進める原動力ともなった。すなわち、民主主義の実践としての普通選挙の推進に当たり、政治家（または同候補者）は「所得格差是正」を争点に掲げたが、その結果、「所得格差は国民を不幸にする」という認識が一気に広がった。

　そのような戦後民主主義においてジニ係数がしばしば援用されるのは、経済と社会の関係を単純明快に説明できるほとんど唯一の「理論」ゆえ、という理由もあるだろう*24。

　　＊24　木村の次のような指摘は、民主主義における視覚効果、つまり公開討論や議事録の開示を重視する民主主義社会においてなぜ「所得格差が社会不安と

リンクするのか」の問題を考えるうえでも傾注に値するのではないか。「(ジニ係数が所得)格差分析手法の定番となっているのは、ジニ係数がローレンツ曲線という視覚に訴える説明手段をもっていることに由来する明瞭性と無縁ではない」(木村[2008] i)。

社会主義国家でもジニ係数が持つPR効果、政治的効果は同様である。「毛沢東主義者」(「極端な平等主義者」とでも定義できようか)として政権によって忌避され、最終的に排除された薄熙来(当時は共産党重慶市委員会書記)は2012年3月5日、全国人民大会重慶代表団の公開討論に参加したが、公表が中止されていた中国のジニ係数を「暴露」しつつ、中国は「不平等社会」であると暗示し、権勢拡張を図った*25。薄熙来は「国家統計局のデータ」を引きつつ、「2007年から2010年にかけてジニ係数は0.469という比較的高い数値に達した」と述べたのである(薄熙来「共同富裕不是平均主義」『新京報』2012年3月6日)。なお、上述の通り、国家統計局が過去10年分のジニ係数を発表したのは2013年1月である。その「正式発表値」と薄熙来が「暴露」した数値とを比べると、国家統計局の「正式発表値」の方がはるかに所得格差が大きいことを示している。どちらが正しい値なのかはやぶの中である。

> *25 統計もしくは統計学そのものが20世紀の大衆社会の出現に伴い生成した「平等イデオロギー」の産物であり、政治性を有すると言えるかもしれない。統計学は対象を数量的に理解する学問であり、そうした調査・研究の代表例が「国民」を対象とするセンサスである。ジニは20世紀を代表する統計学者の一人である。平等性を強調するファシズムをイタリアにおいて指導したムッソリーニはジニを高く評価し、ジニは人口統計学についてムッソリーニの「アドバイザー」を務めた。ムッソリーニは人口統計などの研究を目的に、1926年7月ローマに設立した中央統計研究院(Central Statistical Institute)の院長にジニを直々に任命した。ただし人口についての考え方は異なり、ジニは生物組織と同様に進化し均衡するものと理解したが、ムッソリーニは恐らく20世紀の政治家らしく操作可能なものと捉えた。こうした20世紀に特徴的な政策科学のアンチテーゼとして1970年代に登場したのが「幸福論」と位置づけられることについては既に述べた。

繰り返せば、20世紀を代表する思想であるマルクス主義も、ケインズ経済学に代表される米国の民主主義も、大衆社会の生成を背景に成立した、平等こそが善であり、社会的安定を確保する、と考える20世紀の「平等イ

第 1 章　華南政策の視野

デオロギー」の産物である。

（3）中間層論の妥当性

　このように所得格差と社会不安定化との因果関係は十分に確かなものとは言い難い。同様に疑わしいのは、所得と価値観の関連性である。特に第二次大戦後に普及した普通選挙を実現手段とする民主主義では、相似的な価値観を持つ中間層の育成が自ずから政治課題となり、逆に中間層の成長が普通選挙と民主主義を正当化した。

　21世紀に入り、所得格差に関する議論が世界的に活発化したが、中国でも同時期、社会の同質性や階層性に関する問題が注目を集めた。例えば、2002年に陸学芸主編『当代中国社会階層研究報告』（社会科学文献出版社2002年1月）が出版されると、「二つの階級（農民と労働者）・一つの階層（知識人）」という、改革開放前の公的な社会認識を初めて否定したとして論争が巻き起こったが、同時に新興富裕層を意味する「新社会階層」の形成に目を向ける機運が一気に高まった*26。「新社会階層」とは資本主義社会が言う「新中間層」とほぼ同義である。WTO加盟（2001年12月）も相まって、ビジネスの側面からも内需（国内市場）拡大の牽引役として注目され始めた。

　　＊26　陸学芸主編『当代中国社会階層研究報告』（社会科学文献出版社、2002年1月）の第二弾の報告書として『当代中国社会流動』同、2004年7月）が発表された。

　一般に、中間層（実態的には「新中間層」）の形成は、民主化の条件であり、また民主化を推し進め、ひいては社会を安定させる、とプラス評価される。中国では「新社会階層」が注目された時期、群体性事件が増加したが、ならばそれは社会不安の兆候というより、「民主化」や「社会安定化」へ向けた胎動とむしろ積極的に評価すべきだろうか？

　中間層の階層的特徴はおおむね、①所得水準と個人資産（住宅、車、保険等の保有状況）、②職業、③自己認識の三要素である。このうち、国際比較では職業が基準としてしばしば用いられる。すなわち、中間層とは、大量生産大量消費体制を具現化するがゆえに同程度の収入、資産、および社会的地位を有する人々である。これは中間層の定義として、主に所得と教育水準を重視する米国のシーモア・リプセットらの理論とも整合的である。

89

中間層については、歴史的観点から、所得格差が縮小する段階で形成される階層とも呼ばれる。その動態的な理論は、凸の逆U字曲線で説明され、クズネッツ曲線と呼ばれる。所得の収斂傾向は民主化理論とも結びつく。すなわち、(20世紀の平等イデオロギーの下)、普通選挙によって民主的な国家が成立すると、経済成長と所得再分配が政府の最重要課題となるので、所得格差が急速に縮小し、中間層の形成が進むという考え方である。

　中間層の理論を整理すれば、以下のようになるだろう。すなわち、定期的に定額収入を得る賃金労働者の増加、所得の増加、教育水準の向上、および主観的、客観的な社会的地位の同等化等に伴い中間層が形成され、生活安定や生活防衛を求め、現状変革意識が高まる。その条件において普通選挙制度が導入されると、成立した民主義国家がその存在証明として推進する所得格差の縮小政策（所得再分配）と大量生産大量消費体制によって、社会的安定、政治的安定が制度化される。この段階では、持続的な経済成長と所得再分配を最優先課題として官僚機構が巨大化する——。このロジックの前提は、「平等性」に精神的安寧を見出す「中間層」は、教育水準の向上もあり、同質的な価値観（考え方、感じ方）を有するので、普通選挙によって意見集約が可能であり、成立した政府が打ち出す最大多数の最大幸福的な政策に満足する、という考え方である。

　発展途上国において生起する民主化運動についての説明も、しばしば同様のロジックが援用される。すなわち、ようやく手に入れた「豊かな生活」の安定を求める現状変革意識が民主主義（普通選挙と福祉国家化）を希求する、と。

　コミュニケーションの様式も中間層の形成と相互的に発展する。すなわち、中間層の形成は普通選挙や経済市場化と相まってマスメディア（同一情報を同時に不特定多数に送り届ける情報掲載・伝達媒体）の発展を促し、マスメディアの発展は逆に中間層の形成を促進する。マスメディアはその情報拡散の大量性と同時性から、全国規模で価値観の同質化を促進する。普通選挙は、政治・経済動向を報道するマスメディアを必要とし、また大量生産大量消費体制はマスメディアの経営基盤を築く（広告収入）。

　だが、これらを逆に読み解くこともできる。グローバル化時代における「中間層」に関しては、仮に所得再分配機能が機能し所得平等化が進んだとしても、意識の点では同質化ではなく、異質化が進む。つまり、所得の

第1章　華南政策の視野

多少や教育水準、社会的地位等とは無関係に価値観の主観化、多様化が進行する。この動きはネット普及の原動力となり、逆にネットは価値観の主観化、多様化を推し進める。その点で「平等」（所得平等という数量的な平等）はもはや求心力を持ち得ない。したがって、ライフスタイルの多様化（働き方、住み方、消費の仕方等）が進むなかで、従来の大量生産・大量販売モデルに固執する企業を中心に業績はやがて悪化し財政は逼迫、賃金格差も拡大する。こうして「中間層の崩壊」が一気に加速し、所得格差はやがて貧困問題としても顕在化する——。

しかし、「中間層の崩壊」（正確には新中間層＝都市賃金労働者層の崩壊）は、彼らの不満を高め、社会不安定化を導くわけでは必ずしもない。既得権益層に反発し、現体制の激しい批判者になるものが現われる一方、メーカーズとしてのライフスタイルに幸福を見出すものもいる（価値多元化のベクトル）。政党政治や普通選挙制度が世界的に有効性を喪失しつつあるという見方もこうした議論の延長線上にある。近代民主主義を支えてきたのは中間層（新中間層）だからである。「中間層（新中間層）の崩壊」後の特徴的な情報共有形態は、もはやマスメディアではなく、情報送信・受信において主観性を最大限に実現可能なネットである。価値観が多元化しているゆえに、ネットが爆発的に普及するのである*27。

　*27「インターネットは民主主義の敵か？」という問題設定それ自体が、インターネットというコミュニケーション状況の「非平等性」を物語る。しかし、「非平等」な状態が価値多元化の状態であるのならば、「民主主義の敵」とは必ずしも言えないだろう。

以上のように、経済・所得格差と社会不安を関連づけるのは、先進資本主義諸国の大衆民主主義の発展史から導き出された20世紀の社会科学のパラダイムの産物であるとの見方ができる。パラダイムが変われば、格差と社会不安を結びつける理由はなくなる。実際、中国においては、上述の通り、農村余剰労働力がほぼ枯渇したとみられるなかで賃金上昇が加速し、なおかつ所得格差が是正に向かい、「中間層」が形成されつつある、と指摘されるタイミングで群体性事件が増加し、「所得格差」をめぐる議論も盛んになった。

この状況について、グローバル化が進む近年においては、所得格差と社会不安との関連性はむしろ薄く、群体性事件や街頭示威行動が増加したり、

「所得格差」に関する議論が活発化したりしているのは、別の要因によるのだ、と考えることはできないだろうか。すなわち、「格差」が拡大したことが社会的に問題（トラブル）だからというより、「格差」の意味が「不平等」から「多様性」へと変わりつつあるものの、「平等イデオロギー」の下で構築された既存の諸制度がその変化に対応できていないからだ、とは言えないだろうか。

2．グローバリゼーション下の政治思想

以下において、「格差」から「多様性」へ、経済（量）から社会（質）へという上述した歴史的転回が、現実においてどのような政治思想を形成しているかを検討したい。それはグローバル化が進展する今日の社会・国家分析の一般的な枠組みを考える作業でもある。その作業は、完全な平等社会を築いたはずの「社会主義国・中国」が改革開放に転じた後、「平等」はどのように位置づけられているのか、20世紀に主流を構成したブルジョア社会科学と同様に「平等」を目標に掲げているのか、改革開放体制下における社会政策の目標とはどんなものなのか、などを考える手掛かりともなる。

（1）四つの政治思想

ここで、社会統合原理（内部基準⟷外部基準）と国民統合原理（民族・国家主義⟷個人・無政府主義）の二つの軸を設け、四つの政治思想を抽出する（図表1-15）。

二つの軸は、近代国家に特徴的な平等イデオロギーに基づく二つの秩序形成原理を示す。16～19世紀の社会統合と19世紀後半以降の国民統合である。四つの象限は、秩序形成に関する各時代の典型的な政治思想を表わす。ここでのポイントは、国民統合の二大イデオロギーである資本主義（国家）と社会主義（国家）のいずれにおいても、「平等」が社会・国家秩序の維持のための根源思想となっていることである。歴史的に見れば、19世紀後半からの大衆社会の形成に伴い、市民社会の統合維持が難しくなると、社会主義国家または修正資本主義国家の形成を通じて国民統合が図られた。

しかし、20世紀末になると決定的な歴史的転換が起こった。今度は、平

第1章　華南政策の視野

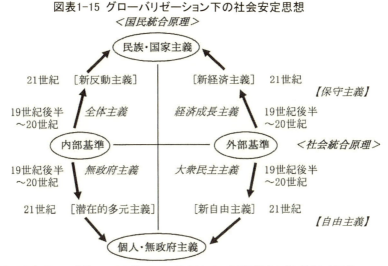

注）図表タイトルの「グローバリゼーション下」とはここでは図表中の「21世紀」と同義
資料）筆者作成

等イデオロギーに基づく修正資本主義国家や社会主義国家が動揺を始めたのである。こうして、社会・国家の再統合のための思想や政策が模索されつつある。

ここで社会統合原理（内部基準⟵⟶外部基準）について若干説明する。「外部基準」とは、価格と政策という客観的、数量的基準を意味し、「内部基準」とは主観的満足感、幸福感を指す。

ここで言う「外部基準」は、近現代に民主主義の一つの価値観として確立した「平等」という概念に関わる。先にふれた通り、「平等」とは、多数の異質なものが均質化つまり数量化され比較可能となることで成立する概念である。そのためには外部基準が必要となる。近代資本主義社会の勃興期（17世紀末〜19世紀。経済学的には古典派、新古典派の時代）においてそれは「価格」である。それ以降（19世紀末以降、明確には20世紀前半。普通選挙制が段階導入された時期。経済学的にはケインズ経済学の時代）においては「政策」である。それぞれ「市場」と「選挙」という「多数決」の手続き、すなわち個別的な質を数量化し、意思集約を図るメカニズムによって決定される。特に後者の大衆社会の時代においては、匿名化（数量化され平等

93

化）された多数の人間が普通選挙に参加し、逆に、普通選挙を通じて多数の人間は匿名化（数量化し平等化）される。決定した「政策」（選挙）の拘束の下、大衆は平等化され、均質的な国民化する。

　注意すべきは、「価格」（市場）と「政策」（選挙）の決定的な違いである。「政策」とはほとんど「経済成長」政策、すなわち富の増加と富の平等化をめざす所得再分配と同義であることである。科学的な探求テーマにとどまった「価格」（市場）問題は、大衆民主主義の進展に従い、「政策」（選挙）に包含されることで「経済政策」へと変質した。換言すれば、市場参加者に関する理論上の問題だった「平等」は、「そうであるべき」の「政策」へ、特に「所得増加と所得平等化政策」へと変質したのである。

　マルクス主義は、近代（ブルジョア）資本主義社会と同じく、「平等」を通じて社会統合をめざすが、政策（選挙）という外部基準では平等達成は不可能だと考える。そうした外部基準それ自体が国家権力という不平等性の構築物と見なすからである。その国家権力の源泉は資本主義の下では貨幣（資本）だが、選挙で成立する資本主義国家においては大衆（労働者）の転倒した意識である。ゆえに大衆蜂起によりその階級性を打破し、貨幣（資本）が帰結する数量の概念そのものを消滅させ、根本的な平等の達成をめざす。そうした本質的な平等の実現により、はじめて社会統合＝国家統合が実現する。

　一方、「内部基準」とは、異質なものを異質なままに保つことで社会統合をめざす。そこでは客観的に計量される「平等」、「不平等」の概念は意味をなさない。主観的満足感を高め、個々人の幸福感を最大化することが唯一最大の政策目標となる（ただし、市民ひとりひとりの異なった必要を満たす個別政策の立案は政策の公共性からしてありえない。強いて言えば最大限の自由化＝規制緩和といえようか）。ただし、そうした個別的な主観性は徹底的な情報統制や宣伝を通じて「平等感覚」を帰結することはある。それはケインズ経済学が影響力を持ち始めたのと同じ1930年代、全体主義として具現化した。

　さて、社会・国家の再統合をめざす抽出された四つの政治思想について、以下、右上から時計回りにそれぞれの象限を説明する。

　①新経済主義〈外部基準－民族・国家主義の象限〉
　国民再統合を図るべく、経済成長の回復を通じて実現しようとする。公

第1章 華南政策の視野

共事業の増大にも積極的である。しかし、財政の逼迫やグローバル化が進行するなかにおいては、公共事業の大規模な実施そのものが難しく、また内需拡大効果が薄いことを了解するので、主に下の②と共闘しつつ規制緩和に力を注ぐ。同時に、トップセールスを含め、外需獲得をめざす対外政策（経済外交）に傾注する。その結果、経済政策は国家主義的性格を帯び、諸外国との摩擦が惹起されやすくなる（例えば、インフラ関連設備の海外受注競争やFTA等の地域経済統合）。一方、自由主義的政策下の公共事業の拡大は、公共事業の恩恵を受ける大組織（インフラ系等を主とする内需型企業）や公務員を既得権益層へと変える。規制緩和の下、中小企業を主とする民間部門は厳しい競争にさらされる中、大企業や公務員は公的資金で守られるからである。自由主義が政策のほとんど与件となるなかで、経済政策が国家主義的性格を強めたり、既得権益層を生成させたりする事態は、平等回復手段として「経済成長」を最も重要な国家目標もしくは最も重要な国家目標の一つとする20世紀的な大衆民主主義国家がその延命を図ろうとする際に生じる逆説といえる。

　②新自由主義〈外部基準－個人・無政府主義の象限〉
　市場原理主義とも換言できる。同じ近代民主主義者として、①と同じく「平等」に関心を持つが、それは市場メカニズム（価格）が理論的に市場参加者の「平等」を前提とするので、正義に合致すると考えるからである。また、グローバル化を追い風として規制緩和、すなわち「市場」（価格）への「政策」（経済成長政策）介入の減少を強く唱導する。この二つの意味で、政治的営為である「経済成長政策」（所得の増大と所得再分配）への関心は薄い。フリードマンやハイエク等の「新自由主義者」（ネオ・リベラリスト）をその代表的な論客として想起する向きも多いに違いない。

　③潜在的多元主義者〈内部基準－個人・無政府主義の象限〉
　意訳的な英語では「ネットワーキスト」とでも言えようか。②と同じく「経済成長政策」には関心が薄いが、②と異なり「平等」、つまり「価格」（市場）にも興味を示さない。重視するのは、もっぱら個々人の主観的な幸福感の充足である。

　④新反動主義〈内部基準－民族・国家主義の象限〉
　国民再統合をめざし、過去の共通体験を賛美しナショナリズム（民族主義）を扇動する。「新経済主義」と同じく、「全体の利益」に関心を持つも

のの、その求心力を、物質的な平等をめざす「経済成長政策」というより、精神的な平等を実現できた「古き良き時代」に求める。

　これら四つの思想は理念型であり、現実には境界は曖昧である。現実的には、より大きな括りで捉える方がふさわしいかもしれない。例えば、①と④を保守主義、②と③を自由主義と呼ぶこともできよう。また、①と②を近代主義、③と④を反近代主義と見ることもできる。①（経済成長）と④（全体主義）は、大衆社会の形成が進んだ20世紀前半の先進資本主義国を席捲した社会・国民統合思想である。②（大衆民主主義）と③（無政府主義）は20世紀型の社会・国民統合思想（①と④）への対抗思想として発現し（1920〜40年代の反ファシズム思想）、グローバル化が進展し①と④の機能不全が明らかになった1980年代頃からは、新たな社会・国家秩序の形成思想の基盤となっている。新たな社会・国家秩序の形成思想とは新自由主義（②）と潜在的多元主義（③）である。

　①〜④の全体について、新保守主義（ネオ・コンサバティズム）の文脈のなかに位置づけることができるかもしれない。1980年代に存在感を高めた一部の政治指導者がその代表例である。経済面では、公共事業のような「経済政策」がもはや効果的に機能しないことを知るので、「起業促進」や「活力ある中小企業の育成」など自由主義的政策を採用する。政治面では、単純なナショナリズム（「単一民族」の物語や「国民」の歴史の強調等）では国民統合の回復が難しいことを承知するので、外的脅威を想定した安全保障、もしくはナショナル（国家、国民）な次元ではない、一定度の普遍性を持つ宗教や伝統的道徳に求心力を求める。

　マーガレット・サッチャー英国元首相（在任期間は1979〜90年）は、国有企業の大胆な民営化に大鉈をふるった一方、ビクトリア時代の家族的価値観の復権を訴え、さらにアルゼンチンとフォークランド紛争を戦った。米国のロナルド・レーガン元大統領（1981〜89年）は、経済面で規制緩和を進め、社会面では不倫、同性愛、中絶やキリスト教などについて厳格な道徳観を求めた。日本の中曽根康弘元首相は（在任期間は1982〜87年）は日本専売公社、日本国有鉄道、日本電信電話公社の三公社を民営化したが、憲法改正や核武装の唱導など国家主義的政策を推し進めた。

　このような新保守主義が、グローバル化時代の恐らくは「入口」付近で有力な思想として立ち現われたのは、平等イデオロギー（経済成長や全体

主義）ではもはや社会・国家秩序の維持は困難と看破し得たからといえる。

　グローバル化の進展が本格化した21世紀に入り、しかしそうした交戦的だが包容力にも富んだ新保守主義者の影は薄くなった。代わってより細分化されつつ前景化してきたのが先の四つの政治思想である。なかでも目立つのが「新経済主義」（先の分類①）である。

　新保守主義を純粋化した趣を持つ新経済主義は、繰り返せば、公共事業はもちろん、規制緩和の内需刺激効果すら薄れていることを敏感に察知するので、「外需」拡大をめざし、「経済外交」に傾注する。その政策手段は伝統的な為替レートや補助金などではなく、産業界を直接的に支援する地域経済統合やインフラ輸出などである。それらの実現には外交交渉が不可欠なので、「国際経済」は、単純な数学的損得勘定を越えて、各国の開発・技術思想や守るべき非物質的な価値観（ソフトパワー）等がぶつかり合う場と化す。ソフトパワーを重視するゆえに、ナショナルな「歴史」や「伝統」、「伝統道徳」等の価値観の唱導にも熱心であり、その点で反動主義（先の分類④）の表情をも併せ持つ。

（2）潜在的多元主義

　しかし、新経済主義（分類①）が十分に掌握できず、むしろ鋭く対峙する思想がある。上述の四分類のうちの「潜在的多元主義」（分類③）である。それは国民統合原理を民族・国家主義でも、「伝統」や「歴史」、「道徳」などでもなく、無政府主義を含意する多元主義に求める。新自由主義者（②）がよって立つ市場原理は、ほとんどライフスタイルのレベルにまで身体化される。その思想はなお小さな潮流にとどまるが、広範な支持を得る潜在性を秘める。その可能性は、平等イデオロギーと完全に決別しつつ、人間が本来的に備える秩序形成能力に信頼を寄せるところに起因する。

　既述の通り、グローバル化は人間個々の考え方、感じ方、ひいては要求を劇的に多様化することで、数量化を通じた「平等」を成り立たせる「外部基準」を決めるメカニズムを機能不全に陥らせる。「外部基準」を決めるメカニズムとは、18世紀末〜19世紀後半は主に市場（価格）、20世紀以降は主に選挙（政策）である。いずれも人間の考え方や感じ方が類似的であり、質的差異を捨象した数量として把握可能だとの前提のうえに構築された制度である。そうした人間相互の類似性、もしくは類似点をあえて見

出そうとする大衆の心性に強く着目したのが20世紀であり、その社会は大衆社会と呼ばれた。

　これに対し、「外部基準」が消滅した後に生まれる外部世界を想像するとすれば、それは非数量化された、すなわち質のみで構成される空間である。すべてが「質」から構成される世界では、外部において「序列」（ヒエラルキー）が存在せず、従って「平等」という概念も成立しない。代わって生成するのは「等距離（関係）」もしくは「無距離（関係）」、もしくは「並存」という概念である。そうした人間社会における「等距離」（「無距離」「並存」）状態に対しては、英語の「フラット」を当てることができる。

　「序列」が成立するのは、その系の構成員の数が固定（特定）されているからだが（数を正確に把握できるかは問題ではない。数が限定的であることを暗黙裡の前提とすればよい。そのような正確な数は不明だが、構成員数は限定的と想定されている状態を「不特定多数」と呼ぶ）、それとは対照的に「フラット」では、構成員は「未特定多数」である。系の構成要素が潜在的に無限、つまり未特定であるゆえに「序列」づけが不可能という意味において、「フラット」は真に開放体系である。そのような「フラット」は無秩序で脆弱にも見えるが、固定的な「序列」を有さず、開放的、可動的、可変形的であるゆえに、むしろ「柔軟に対応可能な耐久力のある秩序」を持つといえる*28。

　　*28　民主主義、市場経済の諸制度にも増して、社会は本来的に強い抵抗力、耐久性、秩序回復能力を内蔵していると見る向きもある。そうした力は「レジリエンス」（Resilience）と呼ばれ、近年、注目されている。例えばゾッリほか[2013]、枝廣[2015]を参照。

　前述の通り（第1章1－2参照）、グローバル化が進むなかで注目を集めているのが、ロングテール型の取引関係である。それは大量生産・大量販売型の〈一対多関係〉と異なり、需給の〈一対一関係〉や〈相対取引〉を特徴とする。そうした取引の性格上、価格は需給で客観的には決まらない場合が少なくない（その場合は話し合いで決まる）。取引形態は物品のシェア（共同利用）や交換、無償譲渡などの場合もある。フラットな関係（「等距離」、「無距離」、「並存」の各関係）の基本形態が、そのような〈一対一対応〉、〈相対取引〉の関係にほかならない。今日、フラットな関係が社会全体を多い尽くしているわけではないが、社会の各所にそうした関係の噴出

現象を見出すことができる*29。

> *29「平等イデオロギー」が席捲する既存体制に対する「マイノリティー」（少数者または少数者が構成する社会や組織）の反乱として、民族間対立の激化、「少数民族」の発言力強化、テロの頻発等を挙げることができる。経済面では、〈一対一対応〉型取引の実例としてオークションを含むネット販売の興隆、SNSの活発化、音楽CDの売り上げが低迷する一方でのライブの盛況、多数のCD売上げ枚数を誇る有名歌手の独演会より「無名」歌手の小劇場での公演の人気、また格差を生む「所有」ではなく、シェア（共同利用）の興隆（住宅や車のシェアなど）等を挙げることができる。いじめの深刻化は、揺らぐ平等イデオロギーの反動現象として強まる同調圧力の反映と考えることができる。ネットワーク型関係の実践としては、ある特定の目的のために組織され越境的に活動するNGO、NPOなどを挙げることができる。近年活発化する、選挙制度があるなかでのデモ（街頭示威行動）も一例として指摘できる。それは有権者（メッセージの送り手）が投じた「平等な一票」の単純合計数が「メッセージの効果」となる選挙に対し、「メッセージの効果」を受け手（デモの対象）に依存するコミュニケーション形態といえる。大部分の場面において有権者としては少数であるデモ参加者の声にどう応えるかは、受け手に任される。それはメッセージの「質的解釈」の問題である。

（3）グローバル化と中国

「潜在的多元主義」という新たな概念を別にすれば、このようなグローバル化の理解は特に目新しいものではないだろう。何より、汪洋が推薦した本やその著者がすべてそうした理解に基づいて自論を展開している。

しかし、グローバル化の中国への影響に関する論考は、ほぼ経済、産業問題に限定される。その代表例が2007年の米国のサブプライムローン問題に端を発する2008年秋のリーマンショックに関してである（例えば司、陶［2009］）。経済、産業問題に限ってもリーマンショックの中国への影響は恐らく広範で深いが、さかのぼれば1990年代後半の中西部開発や2001年末のWTO加盟後の国際競争力強化の観点から、その加速が求められていた経済・産業構造調整と内需拡大を一段と急務とし、また人民元国際化等の経済国際化、新興市場開拓の必要性などを強く認識させたのは間違いない*30。さらに、リーマンショック後の大型景気対策終了後の政策までを「リーマンショックの影響」と見れば、大型景気対策終了後には「積極的

財政政策・中立的金融政策」の経済マクロ政策が採用された*31。それは「ニューノーマル」（新常態）の名で習近平政権の経済マクロ政策としても引き継がれている。

*30 本文で述べた通り、「経済外交」の目的は表面的には外需拡大に見えるが、グローバル化時代においてそれは社会・国民統合のための新たな価値観の世界的文脈における創造を含意する。中国政府は2009年のG20金融サミットで「IMF・世銀改革」を訴えた。周小川人民銀行総裁は事前に「国際通貨制度改革」に関する論文を発表し、一国の通貨であるドルに代え、世界通貨としてIMFの通貨単位であるSDRの拡充を提唱した。これが人民元国際化の始まりである。さらに2015年にはAIIB（アジアインフラ投資銀行）を設立した。一連の動きは人民元の基軸通貨化を通じて、基本的人権や人民主権を基礎とする欧米主導の戦後秩序に代わる新たな国際秩序形成の価値観を創造しようとする意図も含むのは間違いない。

*31 大型景気対策事業の終了を控えた2010年末の中央経済工作会議では、2011年からのマクロ経済運営について「積極的財政政策・中立的金融政策」、すなわち引き締め気味（これが「中立的金融政策」の意味）の金融政策に転換する方針が決まった。これは「穏中求進」（安定の中で成長を求める）と呼ばれた。重複投資や地方財政悪化（地方系ノンバンクの不良債権問題を含む）等の構造問題を助長したことへの反省、および主に食糧価格の上昇からインフレが高進したためである。しかし、グローバル化が進展する状況では金融は引き締めつつも、中央財政は支出増大に備える必要がある。中国では地方財政は金融と密接な関係にあるので、地方金融には大きな不良債権が、そして地方財政には少なくない借金が隠されている。両者の健全化を進めると同時に、一定の経済成長を維持するため財政の下支えが必要になるからである。そのような「積極的財政政策・中立的金融政策」により、ともあれ2011年以降、「構造改革」路線に戻ったといえる。

しかし、グローバル化が帰結したものは、経済・産業的事象だけではない。より重要な観点は、グローバル化を背景とした政治・経済－社会関係、国家－社会関係の再編問題である。同問題こそ、その発言や推薦図書に現われている汪洋の問題意識であり、華南政策の核心である。広東省は中国大陸で恐らく最も早く経済、資本の論理が席巻したが、その逆転（経済・資本の社会からの剥離）も真というのがふさわしい。

同問題意識の形成を導いた要因として二点を指摘できよう。すなわち、①社会的安定確保の手段に関して、政治・経済のロジックから社会のそれ

第1章　華南政策の視野

への転換という認識、②政治・経済構造を変えなければサービスやイノベーションが鍵を握る内需拡大は実現が難しいし、手っ取り早い公共事業は既得権益層の利益をより膨らませるだけに終わる、という洞察である*32。こうした認識と洞察が中央政府（胡錦濤政権）にも共有されていたのは間違いない。それゆえに、第12次5カ年計画の開始と合わせ、2011年から既得権益層との対決をも意味する新型城鎮化政策の策定が始まったといえる。

* 32 「ニューノーマル」の下では、汚職取締を含め、既得権益層との闘いも繰り広げられている。既得権益層の形成はさかのぼればこれは2000年代半ばからの「国進民退」と同根の現象といえる。最も重要なポイントは、なぜこの時期（2000年代半ばから大型景気対策事業が終了した2010年末）に財政支出が増加し、既得権益層が生成したのか、である。この問題の解はグローバル化と考えられる。すなわち、グローバル化（価値観の劇的な多様化）は所得格差の拡大と民間需要の弱体化を通じて経済成長率を押し下げるので、成長刺激のため、政府はもはや自由化措置（各種規制緩和）を与件としつつ、政府支出を増加させる。それは既得権益層へのさらなる富の集中を招く。リーマンショックがグローバル化の象徴的産物だとすれば、その負の影響を打ち消すべく、反動的思想（経済成長こそ唯一の打開策だとの20世紀的な考え方で、先の分類では「新経済主義」）に基づいて実施された中国の大型景気対策事業は、そのような支出増加の代表例だったといえる。

　華南政策は、汪洋が広東省党委書記として在職中の2007年末から2012年末までに打ち出された政策全体をいうが（実施は少なくとも2020年まで）、その5年間は奇しくも金融危機の発生とその負の影響からの回復期と完全に一致する。中国全土もしくは北京中央政府レベルにおいては、金融危機に抗うべく、2010年末までの2年余りの間に4兆元規模の大型景気対策事業が実施された。また、同時期は第11次5カ年計画の最後の2年余りにもあたる。第12次5カ年計画（2011〜15年）の始動は大型景気対策事業終了後である。華南政策と第12次5カ年計画の策定が、大型景気対策事業に影響されたであろうことは想像に難くない。

　汪洋は金融危機の負の影響は、広東省の構造改革にプラスに働くとの発言を繰り返した（第4章2-2「汪洋の一貫性」参照）。対外依存度の高い広東省で輸出が大きく落ち込み、全国規模で大型景気対策事業が華々しく展開されているなかでのその発言は大胆であり、またそれは大型景気対策事業を熱心に推し進める広東省と中央政府の一部勢力に対する批判と同義であ

る。

　『珠江デルタ綱要』は、リーマンショックの負の影響が顕在化する前に策定されたが、その影響が顕在化したことで有効性を失ったわけではない。事実はまったく逆である。2009年4月の『「珠江デルタ地区改革発展計画要綱（2008〜2020年）」を貫徹実施することに関する決定』（既述）により、「内需」拡大や「脱・経済成長至上主義」に基づく政治・経済－社会関係の再編など『珠江デルタ綱要』のエッセンスがあぶり出されたほか、「サービス業」振興をめざす香港（およびマカオ）との関係強化（2008年7月に締結され2009年1月に実施されたCEPA「補充協議V」による『珠江デルタ綱要』とCEPAとの結合）を経て、第12次5カ年計画（2011〜2015年）への組み込み向けた広東省と香港（およびマカオ）が一緒になった北京中央政府への働きかけが一気に積極化した。さらに華南政策は、形成プロセスそれ自体が、リーマンショック後の大型景気対策で頓挫したかに見えた第11次5カ年計画を第12次5カ年計画として蘇生させる媒介の役割を果たし、北京中央政府の政策に対しても大きな影響を与えたといえる。

（4）汪洋の立ち位置

　既述の汪洋の言動や推薦図書、フラットな関係についての考察、そして上述のような広東省へのグローバル化の影響などを踏まえ、華南政策を理解すべく、その発案者である汪洋の中国本土における思想的位置づけをここで考える。グローバル化時代におけるそうした考察は、彼の世界での立ち位置を探るうえでも役立つ。

　ここで、上述したグローバル化が進行する今日の社会・国家分析の一般的な枠組みを再び用いる（前図表1-15参照）。社会統合原理（内部基準⟵⟶外部基準）と国民統合原理（民族・国家主義⟵⟶個人・無政府主義）の二軸を設け、四つの政治思想を抽出する（図表1-16）。

　中国に関して、二軸の中心かそれに近い位置は胡錦濤と習近平を置く。なぜなら、グローバル化に直面した「ポスト江沢民時代」において初めて「中立」または「バランサー」という立ち位置が生まれ、また社会（再）統合、国民（再）統合の問題が浮上したと考えられるからである。その根拠として二点を挙げることができる。すなわち、

　①鄧小平（1997年死去）を最後としてカリスマ指導者（新中国建国の功労

第1章　華南政策の視野

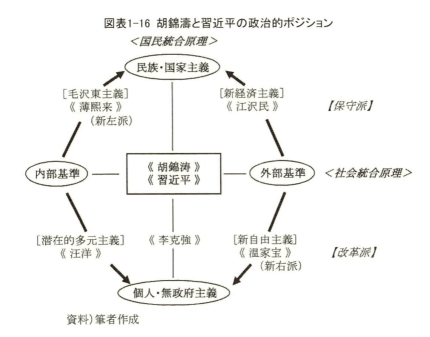

図表1-16　胡錦濤と習近平の政治的ポジション

資料）筆者作成

者、改革開放の総設計士）が不在となった指導部において「集団指導体制」が採られ、江沢民が「集団指導体制」下の最初の「最高職位保持者」となったが、江沢民は鄧小平と同じく「バランサー」ではなかった。単に保守派に対する改革派だった。鄧小平に直接に指名された最後の改革派最高指導者として、江沢民はつねに経済高成長（量的な拡大）の任務を負う一方、政治的には共産党一党支配に挑戦する勢力をまったく認めなかった。「バランサー」の役割を演じる必要が生まれたのは、「改革派VS保守派」の枠組みが消失した「ポスト江沢民時代」においてである、

②グローバル化の進展により社会再統合原理と国民再統合原理の問題が初めて明確に浮上したのは「ポスト江沢民時代」においてである。

胡錦濤から習近平へ政権を引き継ぐ共産党中央委員等を決めた中国共産党第18回全国代表大会（18全大会。2012年11月8日～14日）に向けて、「新左派」や「新右派」という死語となっていたかに見えた政治的表現が再び頻出したのは、そのような「中立」のポジションが成立したことの有力な証左といえる。「新左派」は薄熙来が、「新右派」は温家宝が代表した。胡錦

涛はこのゆえに薄熙来だけでなく温家宝とも距離を置き、代わりに汪洋を右腕として、前政権を担った江沢民勢力に抗いつつ自らの政策を推し進めた。

鄧小平は社会主義の理想は肯定しつつも（例えば「共同富裕論」）、毛沢東主義（「左派」）を否定し、先富論を打ち出しつつ改革開放政策に転換した。従って、1970年代末の思想軸から見れば、鄧小平および改革開放の中国は全体として「右派」である。その「右派」が推し進める改革開放の中国において、平等主義が肯定されたことは一度もない。平等を求めて政治改革に踏み込む思想を「左派」としてタブー視したからである。こうしたなかで、平等を実現すべく毛沢東主義で武装して突然変異的に出現したほとんど唯一の現役政治家が薄熙来であり（「新左派」）、その衝撃の余りの大きさゆえに、国内のあらゆる政治勢力から徹底的に排除された。また、温家宝は同様に、しかし特に価格（市場メカニズム）の下で人々を均質化し、平等を実現しようとする、原理主義的ともいえる「近代ブルジョア自由民主主義者」（「新右派」）だったゆえに同じくあらゆる政治勢力から、とくに汪洋勢力から疎まれた。

胡錦濤－温家宝体制、および習近平－李克強体制は、表面的には、政治的に保守的な党総書記（国家主席）と経済市場化の推進に熱心な国務院総理がタッグを組んだ点で、江沢民－朱鎔基体制に似ている。しかし、先富論を推進した鄧小平路線（改革派＝「旧右派」）の本流に位置した江沢民－朱鎔基の時代においては、「平等」の達成を政治的信条とする有力政治家（「新左派」または「新右派」）が不在だったところが異なる。

さて、四つの象限について、時計回りに〈江沢民勢力〉、〈温家宝勢力〉、〈汪洋勢力〉、〈薄熙来勢力〉と命名する。個人名が付いているものの、それらは胡錦濤時代以降（「ポスト江沢民時代」）における四分類可能な政治思想を意味し、特定の政治指導者が退任した後でも、当分はそのような思想的潮流によって政局が規定されると考える。以下、そうした政治思想について述べる。

〈江沢民勢力〉

四つの政治思想のうち〈外部基準－民族・国家主義〉（「新経済主義」）については「江沢民勢力」を挙げることができる。江沢民がビジネス志向の

第1章　華南政策の視野

ナショナリスト（国家主義者、民族主義者）、すなわち国家資本主義者であるのは間違いない。鄧小平と同じく、経済高成長（マルクス主義の用語では「生産力」の急拡大）を指向するが、その牽引役として「財界」に期待を寄せる。それは「三つの代表論」によく現われている。

「三つの代表論」は2000年2月に広東省を視察した際の演説で言及された言葉であり、共産党は「先進的生産力の発展要求」「先進的文化の前進方向」「中国の最も広範な人民の根本利益」の三つを代表すると規定した。共産党は本来の労働者や農民に加え、マルクス主義的教養にも反する資本家の利益を含む「広範な人民の根本利益」を代表する、としたのである。これを受け、共産党は企業家の入党を認めるようになったほか、各級政府は従来以上に企業家を人民代表、政治協商会議委員、工商業聯合会に積極的に登用するようになった。他方、企業家も商環境の改善や経済権益の確保のため人民代表や政治協商会議委員のポスト獲得や政府、役人とのパイプづくりに熱心になった（唐［2012］190頁）。

一党支配の政治体制下で資本家の利益が重視されれば、自ずから投資主導の経済成長パターンが定着しつつ、不正腐敗が構造化する。実際、リーマンショック後の大型景気対策事業のなかで、「広範な人民の根本利益」を代表する共産党は潤い、その具体的な推進役である組織（地方政府と国有企業、軍）は、西側の中国観察家の間で批判的意味を込めて「既得権益層」と呼ばれるようになった。

一方、「三つの代表論」が提起された背景は、社会の利益集団の多元化だが、「人民」という言葉がかつて意味した労働者や農民の利益は、共産党によって正当化され、より強く庇護を受けるようになった資本家の利益の前に犠牲になる。こうして、「三つの代表論」と併せて、国家統合を維持、強化するため、ナショナリズム（民族主義、国家主義）が唱導される。この意味において、江沢民勢力は薄熙来勢力と共鳴する。

幸福の追求、多元的社会の建設において汪洋が直面した最大の障害であり、華南政策を支援する胡錦濤にとっての最大の「敵」も、この「江沢民勢力」（既得権益層）といえる。

〈温家宝勢力〉

〈外部基準－個人・無政府主義〉（新自由主義者）に位置づけられるのは

温家宝勢力である。市場原理に信頼を寄せる近代主義者、自由主義者だが、それゆえに社会正義の観点から格差是正や弱者救済にも意欲を見せる。その意味において「新右派」の代表格に位置づけられる。

既得権益層の打破については胡錦濤や汪洋と共闘するが、彼らが主観的な幸福感の増進や多元的な価値観を重視する点では、意見を異にする。汪洋とその前任者である張徳江という2人のトップの下で広東省長を務めた黄華華（2003年1月～2011年11月）の考え方は、広東省出身であり地元産業界に知己が多いこともあり、経済高成長を排除するものではなく、この温家宝勢力に似る。リーマンショック後の大型景気対策事業を推し進めたのも、江沢民勢力と並んで温家宝勢力である。しかし、江沢民勢力のように共産党（政府と国有企業）が経済成長を牽引する経済・産業構造は嫌い、より小型の私営・民間企業を牽引役とする新産業の振興を企図する点で意見を異にする。腐敗撲滅にも強い姿勢を示す。先に述べた通り、胡錦濤－温家宝、習近平－李克強はグローバル化時代（「ポスト江沢民時代」）の新たな指導体制である。従って、温家宝を継いで首相となった李克強も当然、この象限に入る。しかし、温家宝と同じく私営・民間の小型企業を牽引役とする新産業の振興に熱意を示しながらも経済成長への執着が温家宝以上に弱い点で、汪洋により近い位置にいるといえる。

〈薄熙来勢力〉

〈内部基準－民族・国家主義〉（新反動主義）は元・重慶市共産党党委員会書記の薄熙来勢力を挙げることができる。江沢民と同じく、薄熙来をナショナリスト（国家主義者、民族主義者）に位置づけることができるが、物質的豊かさだけでなく、個人の精神的充足を強調した点は江沢民勢力と大きく異なる。

2007年11月に重慶市党委書記に任命され、2009年6月からは犯罪組織一斉検挙キャンペーン「打黒」を始めた。また、「唱紅」（革命の歌を歌う）の大衆動員も実践した。改革開放期の中国の中長期目標である「共同富裕」の実現に関して、「打黒・唱紅」を持ち出す手法は「重慶モデル」とも呼ばれた。幸福感の最大化は万人共通の願望だが、とくに農民を含む社会的弱者の日頃の不満感を「打黒・唱紅」という「平等幻想」によって解消し、社会的求心力を高める大衆動員の手法はファシズム（全体主義）の

第1章　華南政策の視野

それに似る。全体主義を国民統合に用いる政治手法に限れば、江沢民勢力と共闘する。

　重慶時代、内陸都市が対外開放の拡大で直面する困難を克服する方途は「走出去」（対外直接投資）にあると説いた。走出去は江沢民政権の新機軸である。国際競争力強化を重視し、その手段として海外進出を挙げる発想にも江沢民の影響がうかがえる。

　「重慶モデル」が公共住宅建設など財政支出を伴う政策だったことも江沢民勢力から歓迎された。しかし他方で、その清廉潔癖主義や平等主義により、（温家宝勢力から）「新左派」や「紅色重慶」（共産党を象徴する赤色の重慶、つまり「毛沢東主義」）などと批判も受けた。薄熙来は2012年3月15日、「王立軍亡命未遂事件」*33の責任を問われ重慶市党委書記職を解任されたが、その前日、温家宝は全人代閉幕後の記者会見で、「唱紅・打黒」運動を文化大革命になぞらえて批判した。

　　*33　2012年2月に起きた重慶市の元公安局長である王立軍の米総領事館亡命未遂事件を言う。同月6日に突然、米国駐成都総領事館に駆け込んだが、上司だった薄熙来の妻の谷開来のイギリス人殺害事件を中央政府に報告したことで身の危険を感じたためとも言われる。事件がきっかけとなり、薄熙来のスキャンダルの発覚、失脚につながった。

　温家宝勢力は、ナショナリズムを唱導する薄熙来勢力と真逆の政治的位置にあったと言えるが、薄熙来を最も警戒したのは胡錦濤だったと言える。ともに人民、社会の力に覚醒した政治指導者として、胡錦濤にとって、社会統合原理を同じ主観的満足感、幸福感の向上に求める薄熙来勢力は、大衆が潜在的に持つ全体主義（平等主義）的心性を利用する危険なイデオローグと映ったに違いない。

　胡錦濤に連なる汪洋と薄熙来の関係も同様である。汪洋を継いで重慶市に赴任し、「紅色重慶」を打ち出した経緯もあり、薄熙来と汪洋は「最大の政敵」とも目された。汪洋は2011年初めに「幸福広東」の建設を提起したが、これは薄熙来の「紅色重慶」への政治的対抗措置ともみられた。そうした権力闘争史観が正しいかは当人に訊いてみるほかないが、社会統合原理として同じ「内部基準」（主観性、幸福感）に依拠し、しかし国民統合原理では「平等」（薄熙来）と「多様性」（汪洋）と真逆だった両者が相容れない関係にあったのは間違いない。

2012年3月の解任後、薄熙来は同年10月にすべての公職から追放された。この事件について、胡錦濤が江沢民勢力との権力闘争に勝利したためとも評される。この評価はおそらく正しいが、江沢民勢力も、主観的満足感、幸福感の向上がひいては「毛沢東主義」(反資本・反企業主義)に帰着するのは行き過ぎとして、薄熙来を守り抜く意志を喪失した要因も小さくないと考えられる。「重慶モデル」は薄熙来の逮捕後、(主に胡錦濤－汪洋勢力から)全体主義、毛沢東主義であり、(主に温家宝勢力から)財政赤字拡大の主因であり、そして(主に江沢民勢力から)大企業からの利益強奪だなどの批判を受けた。

〈汪洋勢力〉
　〈内部基準－個人・無政府主義〉は汪洋が代表する。既得権益層の打破を通じて、GDPの増大でなく、個々人の幸福感の最大化を施政の指針とする点で、「第二の改革開放」のフロントランナーである。汪洋勢力の「表の支持者」は胡錦濤だが、最大の「影の支持基盤」は新世代農民工(八〇后、九〇后世代の農民工)といえる。新世代農民工は単に賃金や労働環境への不満からストをしたり自殺を選んだりするわけではない。おそらく出稼ぎとして働く意味、生存する意義、幸福への方途を自問した末にそうした手段に訴えるのである。
　「量」を重視する温家宝や江沢民は、公共事業の実施に積極的であるのに対し、汪洋や胡錦濤(さらに薄熙来ら)は消極的である。習近平や李克強も同様である。公共事業はGDPを増大させ、個人所得を増やすかもしれないが、「内部基準」を社会統合原理と考える人々にとっては、公共事業は人間性の発露を通じて幸福感を充足させる手段とはならないからである。
　前述した推薦図書を見ても、汪洋が大都市、大組織への諸資源の集中を打ち破り、価値多様化に資する、個人および多数拠点へ諸資源が広く分散する社会システムを指向したのは明らかである。これは「支配する中心」のない社会秩序、「数量的平等化」に依存しない社会秩序、すなわちフラットなネットワーク型社会秩序への憧憬とも換言できる。グローバル化時代の社会秩序の形成原理ともいえる。ネットワークとは、社会的文脈においては住民自治である。先の四分類ではネットワーキズム(潜在的多元主

義)が該当する。

　汪洋はしばしば、同時代人では温家宝が代表する「ブルジョア民主主義」に同情を寄せる「改革派」にくくられる。「政治改革」に関わる言動が多かったためである。例えば2011年末〜2012年初めの烏坎事件（広東省汕尾市の烏坎村民委員会の不明朗な土地取引から村民と警察が衝突。村民が村民代表と村民委員会委員を選ぶ直接選挙を実施するに至った一連の事件）に介入し、また労使紛糾のあった深圳市の欧姆電子公司で2012年5月27日に行われた労働組合委員長の直接選挙を支持したとも言われる。しかし、そうした言動が事実であったとしても*34、ブルジョア民主主義を支持するかは別問題である。ブルジョア民主主義は、権力を頂くヒエラルキー構造を選挙を通じて構築するのに対し、汪洋は、創造力や秩序形成・回復能力を宿す社会（フラットなネットワーク）に注目し、そのような社会ロジックの発揮をめざしたのであり、選挙の実施そのものを目標としたわけではないと考えられるからである。烏坎事件での住民の自治選挙が実現した直後の3月、汪洋は「改革の失敗は許せるが、改革しないことは許せない」と述べたが、その発言を「選挙は改革の試行錯誤の一つにすぎない」と解釈することができるだろう。

　*34　労使紛糾のあった深圳市の欧姆電子公司（松下グループの子会社）で2012年5月27日、労働組合委員長の直接選挙が行われた。同市は市内の大手企業で順次、労働組合の直接選挙を導入する方針とされた。「回り道をしても構わないから、従業員に民主主義を学習させるべきだ」と今回の選挙に立会った王同信・同市総労働組合副主席は述べたと伝えられている。さらに、「年内に組合役員の満期を迎える大手企業163社で同様の取り組みを行う」と述べ、直接選挙を広げる考えを示した。異例とも言えるこの試みについては、汪洋の後押しがあったとも言われる。その1カ月前の同年4月、汪洋は直接選挙で選ばれた理光公司（リコーグループの子会社）労働組合を視察した後、同社の経験を普及させるべきと発言していた。

　ネットワークは特定の中心を持たないので、本質的に「不安定」さを内包する。そのゆえに秩序を維持すべく時に「非民主的手段」に訴える。これは例えば、ブルジョア民主主義者である温家宝と汪洋との距離感となって表面化する。「中国に（プレスの自由＝報道・出版組織の自由はないが）言論の自由はある」*35という、自由主義世界の外国プレスに向けた、自信に

満ちた汪洋の発言にこの思想は見事に集約されている。ネットワーキズムとブルジョア民主主義は根本的には相容れないのである。

＊35　2009年7月30日の記者会見で「政治的言論の自由がないことが腐敗を招いているのではないか」とのドイツ人記者の質問に答えた際の汪洋の発言。

第2章
華南政策と開発戦略

　華南政策の目標は、「メーカーズ」の創出とネットワーク（ロングテール型関係性の体系）形成を通じた「幸福」の充足である。個人の創作能力の発揮とそうした創作成果の共有を通じた幸福の最大化をめざすものだが、それは世界同時的な思想的、政策的潮流といえる。

　珠江デルタでは、短期雇用ゆえの低賃金の外来労働力と賃貸工場に依存する来料加工貿易（香港での名称は「委託加工貿易」）が長く産業の支柱となってきた。この構造を変える方法は、①来料加工貿易そのものを取り止める、②外来労働者に就業地での無期限の居住を可能にする現地戸籍を与える、③外来労働者をできる限り受け入れない、のいずれかである。広東省当局はその三つのすべてを実践しているが、③が華南政策ならではの政策といえる（既述の通り、華東はおおむね現地の労働者が不足する限りにおいて外来労働力に頼る）。とくに珠江デルタにおいて、外来労働力に代え、現地労働者を就労させることで、メーカーズの創出＝ネットワーク形成、ひいては幸福の増進を図る。故郷から離れた工場で、不特定多数の他者のためにモノ（大量生産品）作りを行うのではなく、経済（労働）と社会（生活）が一致する「生活環境」において個別的なモノや情報を創造する。個性化、個別化されたモノや情報は、地域の境界や国境を易々と飛び越える。中国の文脈では、諸侯化（封鎖経済）は意味を喪失する。

1.「双移転」と「珠江デルタ一体化」

　繰り返せば、経済諸侯化（諸侯経済）とは、主に地元国有企業・産業の保護主義、地方経済のフルセット主義などを指す。地方官僚のGDP（経済成長）至上主義に加え、遠方からの短期出稼ぎに依存する低コスト構造（潜在的な投資・生産過剰構造）と輸出依存に起因する。低コスト競争、低

価格競争の行き着く先は政治的障壁を設けての競争停止である。その結果、諸侯化した各地方の産業構造、生産品目はますます似、その収益は既得権益化する。

諸侯化は1980年代後半に表面化し、国内販売が活発化するにつれて深刻化したが、1990年代以降、分税制の導入など地方政府の諸資源に対する中央政府の支配力強化やWTO加盟により国内販売の規制緩和が進むと、今度は地方政府が過少な補償金で農民から土地を取得し、地元の不動産開発会社に譲渡し、開発物件の販売益を分け合う新たな形態の「諸侯化」が深刻化した。こちらは地方官僚による農村・農民からの直接的な収奪だが、「都市経済保護主義」が背景にあるのは変わらない。

これに対し、貨幣換算が難しい情報・知識は諸侯化を容認しない。モノの特性であり、市場取引の前提として価格競争を成立させる排除性と競合性という二つの特徴を本質的に有さないからである。この特性は公共財に見られ、多くのサービスにも該当する。そして情報や知識の選択は、需要家の主観的な好悪の感覚や適不適の印象などに従いきわめて細分化されるが、その個別性が人間一人のレベルに達すれば、需給のマッチングは相対化し、価格競争は成立しなくなる。この状況では当然、「生産性」や「経済成長率」などの経済学的概念は意味を失う。

汪洋もしくは広東省が進める「騰籠換鳥」の目的はまさにこの点にあると言える。汪洋が思い描く経済・社会の姿とは、個別的なモノや情報・知識を生産、消費する個（主観）を結節点とするネットワーク（一対一の相対関係の集合体）である。

1．「双移転」と中国のメーカーズ

汪洋の思想もしくは華南政策の核心は双転移である。その源流は、汪洋の広東省着任直後に遡るが、2008年5月の『産業転移と労働力転移の推進に関する決定』と八つの補充協議で正式実施が決まった。双転移を通じて「騰籠換鳥」を推進する方針もこれによって確定した。「騰籠換鳥」は直訳すれば「籠を空にして（騰籠）、中の鳥を入れ替える（換鳥）」、意訳すれば「経済・産業構造調整」である。中国語の原義に従えば、低付加価値産業を珠江デルタ（「籠」）から、省内発展途上地域である珠江デルタ外部の

東西両翼や北部山区に出し、代わりに珠江デルタ（「籠」）に新たな産業（「鳥」）を興す、という入れ換えを意味する。国内雁行型発展の促進策のようにも見えるが、省外からの出稼ぎ（その抑制）に着目することで珠江デルタの総合的改造を企図する、気宇壮大な経済・社会改革構想ということができる。

（1）「双転移」と産業移転政策

　「双転移」とは、産業（資本）と労働力の珠江デルタから珠江デルタ外部への移転を指す、汪洋が独創した概念である（図表2-1）。より詳しく述べれば、二つの意味がある。すなわち、①産業発展が進んだ珠江デルタの労働集約産業は省内後進地区である東西両翼と粤北山区に移り、珠江デルタの土地や原材料を高付加価値産業やサービス業に譲る。東西両翼と粤北山区の労働者がその出身地や近郊の第二次、三次産業に、一部は珠江デルタの新興産業に就労し、有能な人材については省外から珠江デルタへ迎え入れる、②珠江デルタの労働集約産業が「汎珠江デルタ」（通常、広東省、および同省に近接する福建、江西、広西、海南、湖南、四川［重慶市を除く］、雲南、貴州の9省・自治区を指す）に移転し、全方向的に地域経済貿易協力関係を強化し、珠江デルタ、「大珠江デルタ」（省内の珠江デルタの外側、香港・マカオを含む場合もある）、汎珠江デルタが形成する新たなタイプの『前店後廠』（珠江デルタが店を開く［販売などサービス］、その周辺が工場を設ける［生産］）の分業体制を次第に構築し、広東省経済を新たな次元に引き上げる」（「汪洋模式：双転移戦略」『前沿戦略論壇』2009年6月10日）。

　一見すると国内雁行型発展の促進策だが、双転移の独自性は二つある。①珠江デルタ、大珠江デルタ、汎珠江デルタの三重構造が言及されているものの、政策の重点は珠江デルタにある、②国境を挟む、挟まないかに関わらず、労働力そのものへの注目は少ない一般的な雁行型発展論と異なり、「人間」に着目する――である。すなわち双転移は、珠江デルタ内部、外部のいずれにせよ、遠方（省外）からの出稼ぎに代え地元の余剰労働力を活用することで、労働と居住の一致または近接を進め、そうすることで人間性を回復し、「産業高度化」と社会の安定を図ることを目的とする。後にもふれる通り、双転移は汪洋の前任者の張徳江が進めた「産業移転」を換骨奪胎した政策だが、産業移転が工場（産業）を珠江デルタから広東省

図表2-1 双転移と産業移転のイメージ

産業移転のイメージ（張徳江）

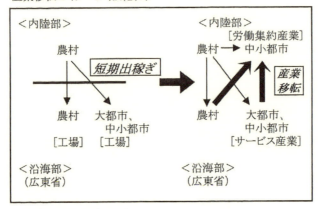

双移転のイメージ（汪洋）

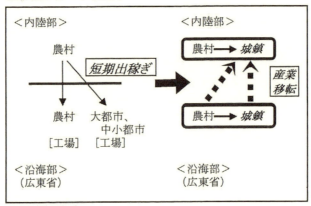

資料）筆者作成

内の低コスト地域または省近隣の後進地域に移転・建設する不動産開発事業の性格も強く、その効果も相まって均衡発展をめざす産業政策なのに対し、双転移は高コスト政策（図表2-2）と併せて実施されることで（高コスト政策の発想は後に〈都市－農村〉二元構造の解体と城鎮化政策へとつながる）、労働集約産業や環境汚染型、エネルギー多消費型産業等の淘汰を進めるのはもちろん、省外部から珠江デルタへの出稼ぎを減らす、とむしろ労働政

第2章　華南政策と開発戦略

図表2-2　胡錦濤政権下におけるコスト制約の強まり

	コスト制約		
	沿海ー内陸	都市ー農村	都市内部
2001	中国のWTO加盟		
	第10次5カ年計画(2001〜05)		
	・西部大開発		
2002	・東北振興 (2002.11の第16回共産党大会決定)		胡錦濤党総書記就任(11)
2003			胡錦濤国家主席就任(3) ・労働社会保障部「最低賃金法」改正(12)
2004		「第1号文件」 (2004〜15) →「三農(農村、農民、農業)」対策打ち出す	・労働社会保障部「最低賃金法」実施(3.1) ・「和諧社会」の理論が正式に提起(9)
2005	・中部崛起 (2005.3の全人代で提起)	「社会主義新農村」の建設	・人民元レートの対米ドル固定制見直し、通貨バスケット制へ(7)
	第11次5カ年計画(2006〜10年)		
2006		・農業税の撤廃 (2006.1.1)	・第10期全国人民代表大会第4回会議「第11次5カ年計画」(2006〜10年) ・元高進行(後半) ・輸出増値税還付率引き下げ(7) ・「四十四号文献」(加工貿易制限類商品目録)で加工貿易規制強化(8) →珠江デルタで多くの香港系企業が環境汚染を理由に生産許可証の更新が不可。操業停止や移転を迫られる。

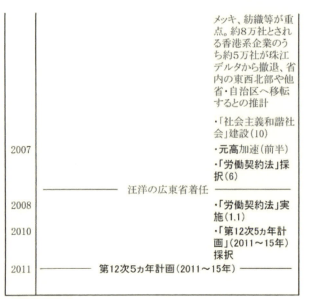

資料）筆者作成

策の観点がより鮮明であるところに特徴がある。従って、珠江デルタで経済規模そのものが縮小する産業空洞化のリスクを強くはらむ。

双転移の独自性は、前任者である張徳江が進めた産業移転政策との比較によってより鮮明になる。

張徳江の主要政策であり、なおかつ汪洋が張徳江からそのままの形では継承しなかった主要な政策は二つある。「汎珠江デルタ」構想と「産業移転」である。汎珠江デルタ構想は広東省周辺の省・自治区への、産業移転は広東省内の「後進地域」への産業移転を意味する。発表時期が異なり、また相互にまったく連動性がないことから、両者は別物として構想されたように見える。いずれにせよその狙いは、珠江デルタの経済・産業構造調整策（製造業の高度化と経済サービス化）、もしくは珠江デルタと省内後進地域、および広東省と周辺地域の経済・所得格差是正策といえる。江沢民時代の均衡発展や経済・産業構造調整、および胡錦濤時代の和諧という二つの政権にまたがる異なる開発思想の移行期において打ち出された政策と位置づけられる。ここでは産業移転構想に絞って論述する。

「産業移転工業園区構想」とも呼ばれる産業移転構想は、2005年3月7日

に公布された『わが省の山区および東西両翼と珠江デルタが連係して産業移転を推進することについての意見（試行）』（粤府2005年「第22号文献」）で明らかにされた*1。これは中国で初めて「産業移転工業園区」（産業移転工業パーク）のモデルを確立した文書と位置付けられている（「従"産業転移"到"双転移"：戦略高度的躍升」『南方日報』網絡版2008年5月29日）。

> *1 政策の基本方針は次の通りだが、珠江デルタの送出地域が園区開発と誘致コストをまかない、税収は分け合う点に大きな特徴がある。①北部山区・東西部に産業転移工業園区を設置する。その地方政府が土地を提供、交通網、水道・電気等の基本インフラを建設し、送出側の珠江デルタ諸都市が資金を調達する。②珠江デルタ都市の政府がデルタ内の企業を集団で誘致、移転を促進し、それまでのノウハウを活かした園区経営を実施する。③移転した企業による所得税等の税収は、園区所在地である山区・東西地区の政府と送出地の珠江デルタ都市政府が契約で定めた比率で分配する。

この後、同意見に基づき2005年8月1日、実施細則となる『広東省産業転移工業園認定弁法』が施行された。同細則に従って認定を受けた産業移転工業園区は、省級の工業園区として省政府の支援を受けることが可能となった。

また、広東省発展改革委員会は同年6月13日、省の東西地域に絞った経済発展計画「広東省東西両翼地域経済発展専門プロジェクト計画」を発表した。併せて第11次5カ年計画期（2006～10年）に当該地域に1,800億元を投じ基礎的なインフラを建設する等を決定した（「民営経済報」2005年6月13日『広東ニュース』在広州日本総領事館）。

産業移転工業園区の第一弾として2006年11月、8市に15の園区の免許が公布され*2、それら移転パークへの投資意向プロジェクトは257項目、投資計画額は163億元となった（「第一弾の15の産業移転工業園区を承認、投資意向257項目、意向投資額163億元」『梅州日報』2006年11月16日）。

> *2 広東省初の認定を受けた園区は省西部の中山火炬（陽西）産業移転工業園区である。

重要な点は、産業移転工業園区が立地する地域の賃金は珠江デルタ諸都市より低廉でも、広東省全域を対象とした環境・安全規制、技術開発要件等が、産業移転工業園区に入居する企業に対しても課されるという事実である。その意味で、広東省ではもはや全域において低付加価値産業の存続

が難しく、コスト差のみに注目する単純な雁行発展モデルは成立し得ない。このような省の姿勢は2007年末の汪洋の着任以降、一段と鮮明化した*3。

*3 産業移転がオーソドックスな雁行型発展論ではないことは、華南経済圏の形成の立役者である香港系、台湾系企業の動向を見れば明らかである。それら企業は珠江デルタの工場を省内東西・北部山区に移転するというより、多くが閉鎖・廃業を選ぶか、もしくは少数ながら中国本土の内陸に移転するか、稀にベトナム等の東南アジア諸国への移転を選択する。広東省からの完全撤退を選ぶのは、東西・北部山区における移転企業の受け皿である産業移転工業園区の地代と労賃は相対的に低廉でも、移転条件として課される技術開発投資（労働や土地の利用の節約要件）や環境対策のコストがかさむからである。受け入れ側の東西・北部山区すら、もはや企業を選別するのである。

一方、広東省の一部の日系企業の事例は双転移の成功例に挙げられるかもしれない。そうした企業は、珠江デルタに「マザー工場」を、低コスト地域に「第二工場」を設ける分業体制を構築する。珠江デルタの産業集積（情報収集・共有や輸送時間の短縮、輸送コストの削減、能力に富んだ人材等）にメリットを見出すからである。このように産業集積が双転移の観点から恐らく成功事例とも評価できるのは、それが単なる要素価格（賃金、地代の低廉さ）ではなく、ネットワーク（集積）にメリットを見出しているからである。

ただ、輸出型の労働集約型産業は全国レベルではなお存続余地が残されている。それが産業移転政策の流れのなかに位置づけられる「万商西進」計画である。

2006年9月26日、「第1回中国中部投資貿易博覧会」において「万商西進」ハイレベルフォーラムが開催されたのに続き、同年9月30日に商務部外資司が『万商西進工程』を発表した。「万商西進」（多くの企業を西部に移転）とは、とりあえず2006年から3年間に海外と沿海東部の企業1万社を目標に中部6省への投資を促進するほか、中部と隣接する地域や西部にも投資を誘引するという政策である。商務部は「万商」について主に加工貿易型（労働集約産業）の企業を想定し、2007年11月と2008年4月の2回にわたり中西部で計31の加工業の重点移転先を認定した。同計画は継続され、2010年には13の重点移転先が認められた。重点移転先では融資などの面で優遇措置が採られる。

第 2 章　華南政策と開発戦略

（2）双転移の狙い

　2007年末に広東省に着任した汪洋は、このような張徳江時代の産業移転政策を換骨奪胎した。同政策を双転移と珠江デルタ一体化へといわば二分割したのである。そのポイントは、繰り返せば、資本でも単なる労働力でもなく、人間への着目にある*4。張徳江が推進したもう一つの政策である汎珠江デルタ構想に関しては、その任期を通じて汪洋が言及したのはわずかだった。

> ＊4　2015年1月に開かれ第4回中国城鎮化サミットに出席した全人代常務委員、財経委員会副主任委員、民建（中国民主建国会）中央副主席の辜勝阻は、中国全土的な最重要政策の一つである新型城鎮化の実施に関して次のように述べた。双転移は「就地式の城鎮化モデル」を実現するのに有効である。これまでの都市化は「候鳥式遷徙」が主流だったが、これは農村に6,000万人の「留守児童」（出稼ぎに出た親の帰りを待つ子ども）、数1,000万人の「留守婦女」（出稼ぎに出た父親の帰りを待つ妻）、「留守老人」（村に残された老人）を生み出した。それは過去30年間の「異地転移」（異なった場所への転居）の代償ともいえる。これに対し双転移は「就地式の城鎮化モデル」を実現できる。つまり「就地城鎮化」（生活空間をつくり出す都市化）への転換である。「今日、中国では産業移転と労働力回帰を主な特徴とする双転移が出現している。この双転移の推進力は産業と労働力の中西部への転移をもたらしている。双転移の動力を活用し、『因地制宜』（それぞれの土地柄に応じて柔軟に適切な措置を講じる）と『因人而異』（各人の個性に応じて柔軟に適切な措置を講じる）の城鎮化を進めるべきである。職と居住が安定した人間優先の城鎮化である。産業移転で仕事を創出し、大都市に移り幸福を感じない農民工を故郷に近い中小都市の発展に誘導する。仕事と家族が一緒になるのである」（「借力"双転移"推動就地城鎮化」『人民網』2015年1月12日）

　こうした政策変換の根元にあるのは、広東省の問題は、広東省全体ではなく、珠江デルタに起因するという洞察である。広東省が直面しているのは単なる経済問題ではなく社会安定化の問題であり、その課題の解決には、経済の枠を超えて、社会的な知恵が求められる、という認識である。さらに換言すれば、広東省の社会的不安定化の原因は、数量的な問題である経済・所得格差そのものにあるのではなく、むしろ両者の間に直接的な因果関係はない。短期外来労働力に依存する珠江デルタにおいて特に顕著な経済と社会の乖離にこそ社会不安定化の原因がある、という重大な認識であ

る。

　経済的に発展した珠江デルタの都市と落後した北部山区、東西両翼の間の「格差」それ自体は問題ではない。なすべきことは、格差解消ではなく、所得額において落後する北部山区、東西両翼の人々も「幸福」を感じられるように社会——経済・政治関係を見直すことである。これは労働集約産業を珠江デルタから北部山区と東西両翼に移転し（ただし、安全確保に難があったり、環境を汚染し、エネルギーを浪費したりする産業は淘汰）、かつ北部山区と東西両翼では遠方の外来労働力に代えて現地の余剰労働力を活用する一方（双転移）、珠江デルタの諸都市においては——双転移により〈都市－農村〉二元構造が溶解し各都市が割拠する経済諸侯状態が次第に解消されるはずなので——香港企業や香港市民がもたらすサービス業（技術、ノウハウ、センス等）を触媒として現地住民がメーカーズとなりつつネットワークを形成する（珠江デルタ一体化）ことによって達成される。この珠江デルタにおけるネットワーク形成が「量的格差」を「質的多様性」（フラットな関係）に転換する「城鎮化」のダイナミズムにほかならない。その改革は、外来の短期出稼ぎに依存して成り立つ珠江デルタ大都市の既得権益構造を打ち壊す大胆な企てでもある。

　双転移がとくに広東省で必要とされたのは、経済と社会とが分断された経済・産業構造のマイナス面が21世紀に入り徐々に顕在化し、リーマンショックはそうした弱点を一気に表面化させたからである。すなわち、

・華南経済圏の形成を牽引した低廉な外来労働力に依存する委託加工貿易（来料加工貿易または三来一補）は、珠江デルタの農民の勤労意欲をそいだ。農村に生産加工工場を建設し、香港企業を主とする外資企業に賃貸すれば、「工場賃貸業者」として地元農民は生活できた。多くの中国出身香港市民の故郷である珠江デルタ東部の現地住民に、「工場賃貸業者」としての生活術を含め、委託加工貿易というビジネスモデルを「発案」したのは、ほかならぬ香港人企業家と言われている*5。

　＊5　三来一捕の第1号は、香港信孚手袋厰と広東東莞虎門鎮太平竹器厰が設立した太平手袋厰においてである。1978年9月15日に操業を開始した。広東省順徳市容奇鎮（現在の仏山市順徳区容桂街道）の大進製衣厰という説もある。なお「厰」は「工場」の意味。

・出稼ぎ労働者にとっても、定住や永住の可能性（就労地と居住地の一致

- 近接）がなければ、就労地域での消費意欲は弱く、住宅取得など皆無に等しい。これにより、珠江デルタ経済の内需（特に消費）はつねに盛り上がりに欠け、サービス業の発展は阻害された。
- 定住や永住（就労地と居住地の一致・近接）が不可能であれば、出稼ぎ労働者の賃金上昇は抑制され、彼らの向学心は刺激されず、企業側にとっても職業訓練や教育を提供する動機は生まれない。その結果、出稼ぎ労働者の生活者、勤労者としての成長はもちろん、珠江デルタの産業構造高度化、経済構造調整は進展しなかった。
- 居住地に対してカネ儲けを超える何物か、つまり一定の愛着（郷土愛）がなければ、社会的安定を確保することは難しい。

短期雇用の外来労働力に依存する珠江デルタでは、経済（労働）と社会（消費を含む居住）が分断されることで、経済、社会の双方が脆弱性を抱えた。珠江デルタの経済、社会はまた、外部（労働力を供給する中国内陸部、農村部と生産品を需要する第三国）の経済情勢にも脆弱だった。

これに対し、双転移により、経済（労働）と社会（居住）を一致させれば、人間個々のライフスタイルの生成を通じてメーカーズの創出や幸福感の増進を刺激し、ひいては社会的安定を実現することができる。このような考え方を社会科学の既存の理論のなかで捉えれば、ソーシャルキャピタルへの着目ともいえる*6。

 *6 ソーシャルキャピタルは生活圏での情報の共有・集積状態を指し、プラスの経済外部性（外部効果）が働くことで経済活動や市場取引が活発化、活性化すると考える。「サルコジ報告」は、幸福に関して、GDPや所得、消費等のフローの指標だけでは捉えられず、富（wealth）やストック（資産と負債）の影響も受けるとしたうえで、富としてソーシャルキャピタルを挙げた（第1章1－2参照。小野[2010]参照）

（3）就地就近就業

双転移に体現された、このような単に所得を生む生産要素としての労働力ではない「人間」への着目は実は、双転移政策から3年後の2011年から策定が始まった、恐らく最も重要な全国レベルの政策の一つである新型城鎮化政策へと継承されている。新型城鎮化政策においては、農民の遠方大都市（主に沿海東部）への移住でも、農村部の工業化でもなく、戸籍制度

改革（〈都市−農村〉二元構造の溶解）を通じて農村を包み込む形で「城鎮」（中小都市）を建設する。城鎮に移り住む農民に都市市民レベルの各種社会保障や教育、戸籍（都市戸籍）等を提供することで「農民の（都市）市民化」を図る。城鎮では、第二次産業より第三次産業の発展がめざされるが、職業が賃金労働者か農民のままかは本質的な問題でない。すなわち、農民を対象に、不動産開発プロジェクトを指す「土の城鎮化」でなく、「人の城鎮化」を進める。

　産業発展において人口の流動性を弱める政策は実は、もう一つ存在する。「就地就近就業」（職住接近）である。第11次5カ年計画（2006〜10年）における経済・産業構造調整の本格化に伴い、沿海東部での農民工の就業機会の減少が予想され、創業拡大を含め、農民工の出身農村近くの都市部での雇用創出が課題となったことから考え出された。しかし、本格的な検討が始まったのはリーマンショック後である。輸出低迷から沿海部において雇用機会が減少した結果、内需拡大というより大きな枠組みのなかでその実践が求められたのである。

　汪洋の就任直後に双転移が打ち出されたタイミングから考えて、双転移が汪洋の独創であるのはほぼ間違いないが、双転移と就地就近就業、双転移と新型城鎮化政策、就地就近就業と新型城鎮化政策が、それら政策の策定プロセスにおいてどれほど相互に直接的、間接的な影響を受けたのか、まったく受けなかったのかは不明である*7。ただ実践的、現象的には、広東省（汪洋の広東省）が今日の中国で最高度に重要な新型城鎮化政策の先導役を担ったのは間違いない。その意義を繰り返せば、広東省が工業化（所得増大）を目的とする「地域開発戦略」から、全人性の回復（職住一致・近接、つまり中国の文脈においては〈都市−農村〉二元構造の溶解）を通じて人間の幸福感の増進をめざす「新型城鎮化戦略」への転換を牽引したことである。最初に述べた通り、汪洋が華東を高評価し、着任早々に広東省から大規模な視察団を送るなどして学ぼうとしたのは、同地は外来農民工が比較的少ないことを含め、生活（社会）と労働（経済）が一致しているからといえる。

　*7 「双転移」を参考に新型城鎮化政策を進めるべき、とする論考が存在する（全人代常委、財経委副主任委員、民建[中国民主建国会]中央副主席の辜勝阻による「借力"双転移"推動就地城鎮化」『人民網』2015年1月12日）。この

第2章　華南政策と開発戦略

論考は新型城鎮化政策についての体系的政策文書である『国家新型城鎮化（発展）規画綱要（2014～2020）』の発表後（発表は2014年3月16日）のものであり、双転移が広東省（汪洋）の独創であることを示しても、新型城鎮化政策が双転移と少なくとも直接的な関係なく策定された経緯を暗示する。ただし、寄稿者が単に新型城鎮化政策の策定プロセスを細部までは知らなかっただけとの推測も可能である。中国において政策の策定プロセスが開示されることは稀であり、真相は闇の中である。ともあれ、両者の考え方は同じである。明らかなのは、本文で述べた通り、既存の全国都市部への工業化の拡散を図る地域開発戦略から社会主義新農村へ、という政策変化の歴史的潮流のなかに就地就近就業も、双転移も、新型城鎮化政策も存在するという事実である。

（4）「双移転」政策の実践と成果

ただし、双転移の実現は容易ではない。即座に思い浮かぶ遂行手段は、珠江デルタへの出稼ぎ禁止だが、実施は難しい。実施可能な政策手段は、全土的な賃上げを含む生産コスト引き上げである（前図表2-2参照。賃上げ効果については、それにより農民が遠方へ出稼ぎに出る動機づけを弱め、他方で農民工を雇用する企業のインセンティブをそぐ）。そのうえで、①珠江デルタの農村余剰労働力や都市部失業・無業者を教育・訓練し、②農民の非農民への転職や都市市民の就職を支援する、である。②には東西両翼と北部山区から珠江デルタへの出稼ぎを抑制し、東西両翼と北部山区現地での就労を促進する、という「就地就近就業」（職住接近）もしくは「労働」と「居住」の融合の狙いも含む。

労賃をはじめ各種生産コストの具体的な引き上げ方法についてもいくつか考えられる。すなわち、①就労場所（珠江デルタ）での人件費の引き上げや環境規制の強化（外資企業を含め労働集約産業の淘汰と移転を促進）、来料加工貿易（委託加工貿易）規制の導入・強化、②出稼ぎ送出地での賃金のより大きな引き上げ（遠隔地へ出稼ぎに出る動機づけをそぐ）、③出稼ぎ送出地での就労機会の創出（同）、などである。①の人件費の引き上げ手段も二つある。a）農村戸籍所持者の都市定住を認める（戸籍制の規制緩和、長期雇用義務付け等）、b）労働コストを引き上げる（最低賃金引き上げ、就労条件・環境の改善等）である。①～③のいずれも、実際に労働コストの継続的な引き上げ（2004年の「最低賃金法」、2008年の「労働契約法」の実施を

含む)、環境規制の導入、加工貿易規制の強化、中西部や農村部での公共事業の拡大（2004年からの三農政策等）、および戸籍制度の改革などにより実施に移されている。

　後にもふれるが、これらは中央政府の政策領域である。その影響もしくは（改革断行の刺激という意味での）「恩恵」を最も受けるのは広東省である。特に胡錦濤政権下の第11次5カ年計画以降のそのような中央政府と広東省の政策の強い連動性は、単なる偶然とはみなし難い。

　ここで思い出すべきは、高コスト政策はこれまで、おおむね沿海東部－内陸間、都市－農村間、都市内部に存在する格差の是正策＝平等化政策と理解されてきたことである。しかし、それは江沢民政権が推し進めた均衡発展戦略（西部大開発、東北振興および中部崛起）については妥当でも、胡錦濤施政においては正しい理解とは言えない。それは胡錦濤の施政目標である「和諧社会の建設」を「調和社会の建設」と日本語訳し、その実現手段を格差是正策＝平等化政策と理解することと同じ「誤解」といえる。「和諧社会」は、「平等」ではなく、高コスト政策などを手段とし最終的に「価値多元化」の発露により実現されると考えるべきなのである。

　華南政策の見取り図として本書冒頭で整理した通り、華南政策の最終目標は「幸福広東の建設」だが、双転移と珠江デルタ一体化がその達成手段である。それらの進捗状況を評価するポイントは三つあるといえる。すなわち、双転移については、①「就地就近就業」（「労働」と「居住」の近接）の進捗具合である。珠江デルタ一体化については、②そのうえで珠江デルタにおいて、メーカーズの生成により「産業構造高度化」が進展したか、すなわち起業の活発化を通じて、主に「第三次産業」（「サービス産業」）が顕著に成長したか、③それらの結果でもあるが、珠江デルタにおいて内需が拡大したか（ミクロレベルで国内販売が活性化したかどうかも代替的な判断材料になるだろう）である。

　このうち双移転の進展や成果（上記①）は別表の通りである（図表2-3）。労働力と産業（資本）の移転とは、見方を変えれば、「就地就近就業」（「労働」と「居住」の近接）である。すなわち、珠江デルタにおいては遠方からの外来労働力が減少し現地労働者の雇用が進む一方、東西・北部山区においては主に農村部に存在する現地余剰労働力の非農業部門への就業が産業移転による雇用機会の増加や農民の職業訓練、起業支援などが功を奏して

第2章　華南政策と開発戦略

進展する。自画自賛に堕しがちな政策当局の発表とはいえ、その統計数値を見る限り、双転移は全体として一定の成果をあげているように見える＊8。
　＊8「広東新型城鎮化現状問題与対策」広東省統計局2014年12月9日
　広東省統計局によれば、2013年の省東西山区の人口城鎮化率（人口都市化率。都市戸籍人口／総人口で算出）はそれぞれ59.38％、40.45％、45.98％で、2010年比それぞれ1.67、2.78、1.69各ポイント上昇した。これに対し、珠江デルタは2013年に全土でも最高水準の84％に達し、同期に1.31ポイント上昇したにとどまる（広東省平均の戸籍人口都市化率は67.76％。江蘇、浙江、山東省と比べそれぞれ3.7、3.8、14.0ポイント高いが、北京、天津、上海などの超大都市である直轄市より低い）。これらは、省外からの農民工を主とする外来人口の珠江デルタへの流入が減少する一方、省内の農民が、コスト増を受けて珠江デルタから東西山区に移った産業に職を得つつ、より居住地に近い省東西山区の小都市部に移動したためと考えることができる。
　双移転は全国規模の政策、すなわち「外出農民工」＝戸籍のある村［郷と鎮］の外に出て6カ月以上働く農民戸籍者＝を減らし、「現地（本地）農民工」＝戸籍のある村［郷と鎮］の内部で自営業を含め農業以外で働く農民戸籍者＝を増やす政策の後押しがなければ成功は難しい。これについてはまず、外出農民工の減少と現地農民工の増加、また外出農民工に占める省内移動農民工の増加から明らかである（図表2-4）。
　外出農民工は1990年代に入り増加を始め（1990年に約2,870万人）、2001年に約9,500万人に達し、2003年には1億人を超えた。しかし、リーマンショックを受けて減少に転じる。農民工総数に占める外出農民工の割合は2010年（63.3％）をピークに減少し、2015年は60.8％まで低下した。また、外出農民工はその移動範囲に従って「省内移動」と「省間移動」に区分されるが、2011年までに省内移動が省間移動を上回り、2015年に省内移動のシェアは54.1％まで上昇した（同図表2-4）。いずれも、出稼ぎ地の近距離化、つまり「就地就近就業」の進捗ぶりを表わす＊9。これらは人口流動性の低下を示すと捉えることもできる。国家統計局の定期調査では、流動人口は2015年に初めて前年比減少した＊10。国家衛生・計画出産委員会流動人口司司長がコメントした通り、人口移動に関して、新世代農民工を中心に特大都市への定住志向は相対的に強いが（後述）、①都市化（城市化、城鎮化）の進展に伴い、比較的遠距離の「農村→都市」から、比較的近距離の

125

図表2-3 双転移の成果

指導者		張徳江	汪洋(双転移は2008年5月〜)	
内容／時期		2005年7月〜2007年8月末	2008年	2009年
労働力の移転	①訓練した農村労働力		・58.5万人	・82.4万人(40.9%増)
	②転移就業		・99.1万人(14.1%増)	・128.5万人(20.8%増)
	②-1 農村から都市へ移り就業			
	②-2 東西両翼と北部山区での職住近接		・外省農民工数減少	・73.7万人、23.6%増
				・珠江デルタ都市の新規就業者数は前年比減、東西北西のそれは同4.8％増
				・1〜5月省出身新規就業者5.5％増の46.2万人、外省出身者は32.2％減の26.7万人
				・1〜5月東西北部の就業者累計新規増加数は前年同期比13.5％増の29.5万人、省全体の40.5％を占めた。珠江デルタのそれは24.1％減の43.4万人
産業移転	①珠江デルタ外へ移転			
	①-1省級産業移転工業パーク	・21カ所	・29カ所	・33カ所
		(仮契約事業は地場と外資系の計410件、投資計画総額は195億元。操業開始工場は79件、建設中は83件。入居契約締結外国企業、合弁企業は計49社、うち香港企業は24社。香港企業の投資総額は18億元で約1万人の雇用創出)		(投資額10億元以上の大型案件は35件、産業集積高度化モデル地区を形成)
	①-2東西両翼、北部の工業増加値			・2007年に産業移転パークの工業付加価値額が北西地区のそれに占める割合は1％以下だったが、2009年に9.4％へ上昇
	②珠江デルタでの淘汰(閉鎖)		・4900社(うち外資企業は2400社)、59万人以上が失職	
	③珠江デルタ内へ移入等		(・同年末の外資企業は約9万社)	・紡織・服装、食品・飲料、建設資材の「三大伝統産業」の工業付加価値額が珠江デルタ全体のそれに占める割合は2007年の75.9％から2009年に72.8％に低下。他方、2009年の広州市の工業付加価値額増加率に対するハイテク製品生産額の寄与率は4.7ポイント

注)各年末値
資料)黄華華、朱小丹両広東省省長「政府工作報告」、新聞報道等を基に作成

第2章　華南政策と開発戦略

指導者		汪洋(双転移は2008年5月～)		
内容／時期		2010年	2011年	2012年
労働力の移転	①訓練した農村労働力	・84.7万人 ・312万人(5年間累計)[一戸一技能政策等]	・85.5万人	・376万人(累計)
	②転移就業 ②-1 農村から都市へ移り就業 ②-2 東西両翼と北部山区での職住近接	・147.1万人(5年間累計558万人) ・省級産業移転工業パーク受け入れ労働者は前年比37.8%増の51.7万人	・137.6万人 ・双転移実施以来、広東省出身の農民工は248万人増、外省農民工は199万人減。2011年末現在、農民工2600万のうち広東省戸籍は958万人。未発展地区の広東省出身農村労働力は6年間で56.8%から76.9%へ上昇	・603万人(累計) ・毎年増加
産業移転	①珠江デルタ外へ移転 ①-1省級産業移転工業パーク		・34カ所 (協議案件1910件、同金額4500億元。うち実施中または実施予定の項目は1554件、完成項目は1104件。工業生産額は前年比倍増の1850億元)		・7000社以上(累計) ・36カ所 (2008～12年累計の誘致工業項目は3629件、建設項目は1795件、各2008年の8.8倍、4.5倍。投資誘致額は1兆197億元、工業生産額は1兆263億元
	①-2東西両翼、北部の工業増加値			・省全体シェアは1%から20%弱へ
	②珠江デルタでの淘汰(閉鎖)			・7万社以上(累計)
	③珠江デルタ内へ移入等			・3万社近く。平均投資額は淘汰企業の108倍

注)各年末値
資料)黄華華、朱小丹両広東省省長「政府工作報告」、新聞報道等を基に作成

指導者		胡春華	
内容／時期		2013年	2014年
労働力の移転	①訓練した農村労働力	・70.6万人	・67.3万人
	②転移就業	・90.8万人	
	②-1 農村から都市へ移り就業		
	②-2 東西両翼と北部山区での職住近接	(・2009～13年に広東省出身農民工は790万人から1048万人に、年平均64万人余り増加。外省出身農民工は1777万人から1654万人に、年平均30万人余り減少)	
産業移転	①珠江デルタ外へ移転	・2013年に移転と淘汰の合計で1万社以上。新規登録企業32.05万社。国家淘汰・落後指定93社の設備処理終了。セメント年生産量1697万トン、製紙13.62万トン、皮革製造10万デシ削減	・40ヵ所(2014年2月) ・累計事業導入件数4117件(意向を含む)、投資額1兆2135億元。完成項目2016件、完成投資額3031億元
	①-1省級産業移転工業パーク		
	①-2東西両翼、北部の工業増加値		
	②珠江デルタでの淘汰(閉鎖)		
	③珠江デルタ内へ移入等		(・工業付加価値額に占めるハイテク製造業のそれは2008年の48.9%から2014年末に52.0%に上昇)

注)各年末値
資料)黄華華、朱小丹両広東省省長「政府工作報告」、新聞報道等を基に作成

図表2-4 農民工の推移(2008〜2015年)

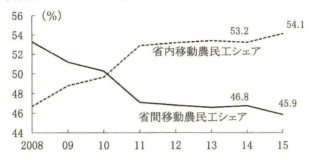

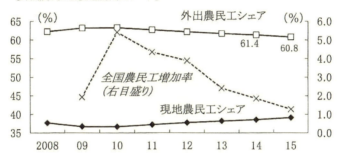

資料)国家統計局『農民工監測調査報告』各年値から作成

「都市→都市」へ、②「農村→都市」は働き手の平均年齢上昇に合わせ、女性と子どもを含む世帯全体へ、つまり定住志向へ——という二つの趨勢を反映したものと解釈することができる*11。

*9 国務院労働社会保障部の就業状況に関する定期サンプル調査・発表によれば、2015年6月末時点の自主創業者は前年同期比3.1%増の1万3,000人で、これは都市移住就業数の伸び率を上回った。また、2015年に入り「就地就近就業」は顕著に増加し、前年同期比3.3%増、6万人を数え、労働者総数に示すシェアは10%に達した(『経済日報』2015年7月29日)。

*10 中国政府は2010年に全国規模の人口動態に関するモニタリング調査を開始した。その結果は毎年、国務院国家衛生・計画出産委員会『年度流動人口発展報告』として公表されている。国家統計局も同調査結果に基づいて「人戸

分離人口」と「流動人口」を年次『国民経済と社会発展統計公報』において2001年値から公表している。国家統計局の調査によれば、2001年以降の流動人口について、2億5,300万人を記録した2014年が最高で、2015年は2億4,700億人へと減少した。総人口に占める割合も2014年の18.5％から2015年は17.96％に低下した。ただし、流動人口数について、増加ペースは鈍化しているものの、依然として増加を続けているとの公式調査結果も複数ある。なお、「人戸分離人口」は、居住地と戸籍登録地のある郷鎮街道（農村）が一致せず、かつ戸籍登録地を半年以上離れて暮らす人口を言う。これに対し「流動人口」は、人戸分離人口のうち、市轄区内の人戸分離人口を除いた人口を指す。すなわち、流動人口は戸籍登録地から比較的遠距離の場所に居住する人口（農民戸籍者）を意味し、その多くは「外出農民工」に重なるといえる。

※11 流動人口司の王謙司長のコメント。「中国の流動人口、二億五千三百万人に」『人民網日本語版』2015年11月12日。

　広東省の常住者人口と戸籍人口の差は、2000年に1000万人を超えたが（図表2-5）、それは全国の人戸分離人口の6.2〜8.0％、もしくは流動人口の7.3〜9.5％に相当する（「人戸分離人口」と「流動人口」については＊10参照）。全国の「外来人口」（現居住地と戸籍登録地が一致しない人口）の6.0〜10％が広東省に集中することがわかる（ただし、2010年の第6次人口一般調査によれば、広東省の「外省流動人口」が全国のそれに占める割合は25.03％に達する。この割合すら2000年の第5次人口調査と比べると10.48ポイント低下）。しかし全国の「人戸分離人口」や「流動人口」が2005〜2010年に急増したのとは異なり（後の図表2-15参照）、広東省で常住者人口と戸籍人口の差（「人戸分離人口」や「流動人口」に相当）が拡大したのは2010年以降である（同図表2-5）。

　「就地就近就業」の進展はまた、農民工の送出地と就労地に関して、沿海東部から内陸中西部へのシフトとしても現われるだろう（図表2-6）。入手または算出可能な基データは外出農民工と現地農民工の合計値もしくは平均値だが、それは「就地就近就業」の進展ぶりを明確に示す。すなわち、①就労地として東部のシェアが大幅に低下する（中西部のシェアが上昇する）と同時に、②農民工の伸びの減速が送出地として最大の東部のシェア低下として現われた一方、中西部のシェアが相対的に上昇した。

　広東省におけるそのような常住者人口と戸籍人口の差も、2012年をピークに減少しつつある。汪洋が広東省トップを務めた時期に常住者人口と戸籍人口の差が拡がり（「人戸分離人口」や「流動人口」が増加）、離任後に縮

第2章 華南政策と開発戦略

図表2-5 広東省の常住人口と戸籍人口の推移(1980～2014年)

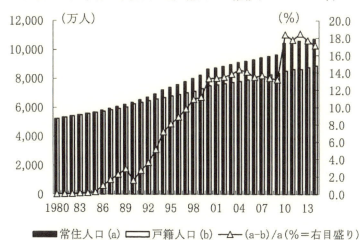

■ 常住人口(a) □ 戸籍人口(b) －△－(a-b)/a(％＝右目盛り)

資料)『広東省統計年鑑』各年版から作成

図表2-6 農民工の東部、中部、西部別の送出地と就労地シェア推移(2009～2015年)

[東部]

	2009	10	11	12	13	14	15	2009～15
送出地(a)	43.6	43.2	42.7	42.6	38.9	38.9	38.8	-4.8
就労地(b)	67.8	66.9	65.4	64.7	60.1	59.9	59.4	-8.4
b－a	24.2	23.7	22.7	22.1	21.2	21.0	20.6	↓

[中部]

	2009	10	11	12	13	14	15	2009～15
送出地(a)	31.1	31.5	31.4	31.4	34.7	34.5	34.6	3.5
就労地(b)	16.6	16.9	17.6	17.9	21.2	21.1	21.5	4.9
b－a	-14.5	-14.6	-13.8	-13.5	-13.5	-13.4	-13.1	↑

[西部]

	2009	10	11	12	13	14	15	2009～15
送出地(a)	25.3	25.3	25.9	26.0	26.4	26.6	26.6	1.3
就労地(b)	15.3	15.9	16.7	17.1	18.4	18.7	18.8	3.5
b－a	-10.0	-9.4	-9.2	-8.9	-8.0	-7.9	-7.8	↑

資料)国家統計局「農民工調査」各年報告を整理・算出

小（同減少）に転じた形だが、それは全国レベルの「外出農民工」の抑制策（高コスト政策等）や戸籍制度改革の進捗と相まって、双転移が成果をあげ始めたためとも解せる。外出農民工の減少については、2007年以降、特にリーマンショック後の若干の回復を挟んで2012年以降に鮮明化した、広東省を含む沿海東部経済の構造的と言うほかない成長率鈍化が追い風になっているのは想像に難くない（序章の3「華南政策の国内的意義」および第2章1－1参照）。

2．珠江デルタ一体化

広東省政府が『珠江デルタ綱要』公布直後から、双転移と併せて推し進めている政策が「珠江デルタ一体化」である。双転移は、既述の通り、労働と居住が一致したメーカーズの創出を目標に進められているが、双転移が〈農村－都市〉の一体化の企てだとすれば、珠江デルタ一体化は〈都市－都市〉の一体化（「同城化」と呼ばれる）の企図といえる。グローバル化に従い、平等を実現することで社会的安定を作り出す外部的規範（価格、政策）の拘束力が弱体化し、代わって社会が本来的に持つ秩序維持能力が迫り出す。社会が本来的に持つ秩序維持能力とは、自己満足的な情報創造に喜びを感じるメーカーズの情報発信とその情報共有によるネットワーク形成能力である。その結果として、地域の諸侯状態も溶解する。

珠江デルタ一体化は「三つの経済圏」の形成、及びその具体化手段としての「五つの一体化」計画によって推し進められている。「三つの経済圏」においては、珠江デルタの社会の一体化を通じた経済の一体化、政治的障壁の打破が強調される。「五つの一体化」は交通、情報・通信等のインフラ整備を通じた情報・知識流通の円滑化等を目的とする。また、CEPAを通じた、香港企業を主とする高度サービス産業や知識集約型産業の珠江デルタ都市部への誘致も珠江デルタ一体化を促進する。ここではまず、双転移の場合と同じく、前任者の張徳江の政策との異同を簡単に述べる。

（1）張徳江から汪洋の改革へ

先述の通り、汪洋が張徳江からそのままの形では継承しなかった主要な政策は、「産業移転」と「汎珠江デルタ」の二つである。

第2章　華南政策と開発戦略

　張徳江の「汎珠江デルタ」構想の具体化は、2004年5月の第1回目の汎珠江デルタ区域フォーラム（中国語は「汎珠江三角区域合作與発展論壇」、英文はPan Pearl River Delta Cooperation）が開催されたときにさかのぼる（開幕式は香港、第2日目はマカオ、最終日は広州で開催）。張徳江が汎珠江デルタ構想を提示したのは2003年7月24日付の文書であり、翌8月8～9日に広東省発展計画委員会（現在の広東省発展改革委員会）が提唱し、広東の他、福建、江西、広西、海南、湖南、四川（重慶市を除く）、雲南、貴州の9省（自治区）が集まって連絡会議が開かれた（一国両制研究中心［2004］）。この会合を受け、その9省・自治区に香港とマカオの2つの中国特別行政区の首長が加わり、相互関係の強化を目的に開かれたのが、汎珠江デルタ区域フォーラムである。同会議を構成する通称「9プラス2」はその直後に『汎珠江デルタ区域合作框架協議』を締結し（2004年6月3日に広州で調印）協力関係を深める旨を確認した（呉［2014］32～51頁）。その一環として汎珠江デルタ区域フォーラムはその後も毎年開かれ、2014年は10月に広州市で催された*12。

　　*12 「汎珠江デルタ」構想の原型は、1990年代半ば、華東（上海、江蘇、浙江の1直轄市2省から成る。経済面からは「長三角経済」とも呼ばれる）が勃興し、経済先進地としての広東省の地位が脅かされ始めたことに対し1998年、広東省が周辺省・自治区および香港、マカオとの経済的連動性を強化すべく構想した「華南経済協作区」にある。同構想は第9次5カ年計画（1996～2000年）と整合的でなく、香港やマカオとの協力メカニズムもなお存在しなかったため、最終的に北京中央政府への提出は見送られた（一国両制研究中心［2004］）。

　同構想は広東省が主導したが、策定に従事した広東省社会科学院によれば、元の研究テーマは「西南部の内陸省にどのように国際市場へのルートを確保するか」だった。その問題意識は、1990年代半ばから生成した工業化の拡大、つまり均衡発展の開発思想に基づく内陸振興である。珠江デルタ一帯に着目するなかで海に接する香港、マカオをいかに取り込むかに着想は拡大し、最終的に「9プラス2」での始動となった。

　広東省にとっては、同構想の発想も産業移転と同じである。低付加価値産業の広東省周辺の省・自治区への移転が最大のポイントとなる。

　この汎珠江デルタ構想について、汪洋の関心は低調だった。おそらく他

133

省・自治区が絡めば、文字通り課題は、単なる経済成長のための経済協力に矮小化せざるを得ないと考えたためと推測される。彼の関心の起点は、つねに社会改革に結びつく広東省の珠江デルタにあった。注力したのは、双転移に加え、珠江デルタの一体化である。珠江デルタ一体化は具体的には、三つの経済圏の形成と五つの一体化計画によって進められている。いずれも、2020年を期限とする「一般計画」である『珠江デルタ綱要』を実現するための重要な「専門計画」と位置づけられている。

（2）三つの経済圏

『珠江デルタ綱要』の実施にあたり、2009年2月から珠江デルタの「五つの一体化」計画の準備が始まった。それは都市機能の一体化を意味するが、一体化を「三つの経済圏」を形成しつつ進めるアプローチが採られた。

既述の通り、リーマンショックを踏まえ、『珠江デルタ綱要』の思想やその重点政策等を確認した『「珠江デルタ地区改革発展計画綱要（2008～2020年）」を貫徹実施することに関する決定』（『貫徹実施』）が2009年4月10日に公表されたが、翌11日、黄華華広東省長は、珠江デルタに三つの経済圏を形成する方針を正式表明し、その翌12日にはこの方針を盛り込んだ具体的な実施案である『珠江デルタ産業分布一体化計画（2009～2020年）』を発表した。この一連の政策発表のタイミングは、珠江デルタ一体化がリーマンショック後の状況において『珠江デルタ綱要』を推進する最大のポイントの一つであることを物語っている。続いて、同年6月10日に『珠江デルタ区域経済一体化を加速し推進することに関する指導意見』（粤府弁［2009］38号）が公表された。

珠江デルタ一体化もしくは「三つの経済圏」に関して重要な点は二つある。

一つは、珠江デルタ一体化の遂行においては双転移の推進が強調されることである。〈都市一体化〉（同城化＝珠江デルタ一体化＝ネットワーク形成）は、〈農村と都市の一体化〉（城鎮化＝双転移＝メーカーズの創出）と同時並行的に進展してはじめて意味を持つからである（「粤打造三経済圏珠三角加快整合、温総関注冀落実《綱要》走出困境」『香港経済日報』2009年4月23日）。

二つ目は、「一体化」の意味である。『貫徹実施』で強調された通り、「一体化」とは経済のみならず、社会の一体化をも指す。社会を一体化して初めて経済も一体化できるとの考え方である。そのためには行政区をま

たいだ人間の移動の容易化、円滑化が最大のポイントとなる。

　三つの経済圏とは「深莞恵」、「広仏肇」、「珠中江」、すなわち珠江デルタ東部の深圳～東莞～恵州、中部の広州～仏山～肇慶、西部の珠海～中山～江門である。三つの経済圏はいずれも協力の枠組みを定めた『経済圏建設合作框架協議』を締結後、具体的プロジェクトを盛り込んだ『経済圏発展計画（2010～2020年）』を結ぶというのが基本的手続きである（図表2-7）。こうした「合作協議」は「同城化合作協議」とも呼ばれる。

　このうち真っ先に関係を強化したのは東部の「深莞恵」であり、2009年2月27日に『珠江口東岸地区緊密合作框架協議の推進』に署名した。

図表2-7『珠江デルタ改革発展計画要綱』と珠江デルタ一体化、三つの経済圏構想の展開

時期	内容
2009年1月8日	『珠江デルタ改革発展計画要綱』（公布）
2009年2月27日	*①『推進珠江口東岸地区緊密合作框架協議』（深圳、恵州、東莞）*
2009年3月19日	『廣州、仏山答定同城化合作協議』→珠江デルタ一体化、経済圏形成のモデルの役割
2009年4月10日	『中共廣東省委、廣東省人民政府関於貫徹實施「珠江三角洲地区改革發展規画綱要（2008～2020年）」的決定』
2009年4月17日	*②『推進珠中江区域緊密合作框架協議』（珠海、中山、江門）*
2009年6月10日	『関於加快推進珠江三角洲区域経済一体化的指導意見』（粤府弁〔2009〕38号）
2009年6月17日	*③『広仏肇経済圏建設合作框架協議』（広州、仏山、肇慶）* →3つの経済圏形成協議出揃う
2009年12月15日	『深莞恵三市城市（郷）規画緊密合作框架協議』
2010年5月28日	省政府常務会議で五つの一体化と関連事項が基本的に承認。2010年8月に公式発表（文書は7月30日付）
2013年5月	中共広東省委弁庁広東省人民政府弁公庁『関於印発「実施珠江三角洲地区改革発展規画綱要実現"九年大跨越"工作方案」的通知』（粤弁発〔2013〕13号）
2013年7月12日	『「実施珠三角規画綱要2013年重点工作任務」的通知』（粤府弁〔2013〕28号）

資料）各種資料を整理

続いて広州、仏山の両市が2009年3月19日、『広州、仏山答定同城化合作協議』を締結した。珠江デルタ北部の広州と仏山は伝統的に関係が深く、「珠江デルタ一体化、経済圏形成のモデルの役割」を担うと位置づけられたが、ここに肇慶を加えた三都市の経済圏の建設について2009年6月17日、『広仏肇経済圏建設合作の枠組み協議』が結ばれた。これにより三つの経済圏のすべてが一体化を推し進める体制を整えた（同図表2-7の①〜③）。
　これに先立つ2009年4月17日、珠海、中山、江門の珠江デルタ西岸の都市は『推進珠中江緊密合作框架協議』を締結し、同月末には「珠三角西岸城市連盟」の組織を決定した。隣接するマカオについて、マカオ行政長官の何厚鏵と珠海市委書記の甘霖が会見し、「珠澳同城化」（珠海・マカオ都市一体化）の加速に関して合意した（「粤打造三経済圏珠三角加快整合、温総関注冀落実《綱要》走出困境」『香港経済日報』2009年4月23日）。
　三つの経済圏のそれぞれの協力内容はいずれも類似する（図表2-8）。インフラ建設、車両通行許可証、教育など各種証明の相互認証、携帯電話のローミング代金の撤廃など、人間や物、情報の行政区域をまたいだ移動を容易化、円滑化する数々の方策が盛り込まれている。
　その方策は「五つの一体化」によって具体化される。「五つの一体化」計画は三つの経済圏構想が始動した2009年2月に準備作業が始まったが、2010年5月28日、黄華華省長が主催する省政府常務会議は、以下のような珠江デルタ地区における『珠江デルタの五つの一体化計画』（以下『一体化計画』と略）とその他の関連事項を審議し、原則的に承認した（『一体化計画』は2010年8月12日に正式承認され、省政府のHPで正式発表）。
　『珠江デルタ綱要』の実施スケジュールに合わせ、『一体化計画』は2012年までの短期目標と2020年までの長期目標に分けられている（「珠江デルタの一体化計画が発表」『人民網日本語版』2010年8月16日）。「五つの一体化」とは以下の通りである。
　　インフラ建設一体化計画（2009〜20年）
　　産業立地一体化計画（2009〜20年）
　　基本的公共サービス一体化計画（2009〜20年）
　　都市農村計画一体化計画（2009〜20年）
　　環境保護一体化計画（2009〜20年）

図表2-8 三つの経済圏構想の概要

区域	時期	経緯	概要	その他
深圳、東莞、恵州	2月27日（2009年）	・最も早く関係を強化。2009年2月27日『推進珠江口東岸地區緊密合作框架協議』署名。2009年12月15日初の連席会議を開き『深莞恵三市城市（郷）規劃緊密合作框架協議』締結。三都市の協調発展、インフラ一体化計画、境界地域での協力先行実施などで協議。2010年3月10日経済・貿易協定に調印	・工業計画の調整、流通市場の統合促進、産業構造改革推進、産業転移推進、投資誘致など5分野で重点協力。特に産業の重複を避け、3市の経済・貿易の全面的融合を推進	・2013年8月7日に3市の市長と共産党書記などの政府機関トップが深圳で一堂に会した会議で、今後の協調の方向性と計画を示す「深莞恵区域協調発展総体計画（2012～2020年）」合意。これは『珠三角規画綱要』の「四年大発展」実施以来第7回目の会議
珠海、中山、江門	4月17日（2009年）	・2009年4月17日『推進珠中江緊密合作框架協議』締結。2009年11月10日珠海、中山、江門の3政府が中山市で第二回連席会議を開催。車両通行許可証の相互承認、教育、物価、標準化などで協定調印。車両通行許可証の相互承認は1月1日午前0時から実施。後に3市間の長距離電話料撤廃、固定電話の地域番号統一等も合意		

広州、仏山、肇慶	6月17日(2009年)	・『広仏肇経済圏建設合作框架協議』調印。これにより珠江デルタの3経済圏のすべてが一体化協定を締結。『印発広仏肇経済圏発展規劃(2010〜2020年)的通知』(2011年6月30日)	・3市は計画擦り合わせ、交通運輸、産業協力、科学技術、環境保護、観光、社会事務、地域協力の8分野で協力強化。3市の2009年の合計GDPは1兆3300億元で、シンガポールを上回る。2010年には香港を超えると予想	

資料) 報道等を整理

　一体化計画に対して広東省政府は、交通、エネルギー、水利、情報化のインフラ・都市整備関連の4領域、150項目に1兆9,767億元を投資する計画とされた。珠江デルタ一体化は、三つの経済圏の重点政策を含め、省政府によって毎年発表される進行計画の概要「工作要点」に従って進められている。

　繰り返せば、珠江デルタ一体化の目的は「経済サービス化」、華南政策の意図に従ってより正確に言えば「社会サービス化」である。

　後に詳述するように（第4章2参照）、アジア経済危機後、北京中央政府は香港の財界と政府の要請を受け経済面での支援を始めたが、支援策の中心は中国本土におけるサービス業の自由化だった。その「サービス業」は華南政策を成立させる柱でもある。「サービス業」は価値多元化を促進するからである（第2章1-2参照）。換言すれば、汪洋が就任直後に打ち出した「騰籠換鳥」（「経済・産業構造調整」）は、単に製造業のグレードアップや産業高度化（経済サービス化）を指すのではなく、価値多元的な社会の形成を意味し、その手段として「サービス化」が求められるのである。2009年4〜6月に珠江デルタ一体化や三つの経済圏の形成に関する文書が公表されたが、それに先立つ2008年7月から2009年1月にかけて、広東省での香港企業の高度サービス業の展開を全国に先駆けて試験的に認めるCEPA Vが締結・発効した。その狙いは、香港経済の支援に加え、珠江デルタ一体化、つまり珠江デルタの都市社会の一体化をサービス業に長けた香港企業

を触媒として進めるためである。

(3) サービス業と「一体化」政策の成果

　三つの経済圏の形成を導入口として進められている珠江デルタ一体化の狙いは、社会・経済の都市間の連動性強化を通じて人間が持つ情報・知識創造能力を刺激・促進することにある。それによりフラットな社会の形成、幸福社会の建設をめざす。それは一般的な概念で換言すれば、「経済サービス化」が高度に進行した社会ともいえる。記述の通り（第1章1-2）、そうしたサービスは個別的、すなわち一対一対応の質的な需給マッチングを特徴とするからである。

　翻って、社会主義計画経済の下ではサービス産業そのものが存在せず、社会主義を標榜し続けている改革開放後も、経済サービス化は遅々として進まなかった。

　サービス産業を主とする「第三次産業」の概念を創作したコーリン・クラークのペティ=クラークの法則によれば、経済発展に伴いリーディング・インダストリー（付加価値が高く雇用吸収力が強い産業）は第一次産業から第二次産業へ、第三次産業へと変化する。しかし中国では、計画経済の名残であり、経済諸侯化の要因でもある地域ごとの産業のフルセット主義、〈都市－農村〉の二元構造による要素価格の硬直性、さらに共産党一党支配に起因する治安維持や国家安全保障に対する過敏さなどのため、産業構造調整は強い制約を受け続けている。

　かつての計画経済の下でサービスが不在だったのは、都市住民は政治・労働・生活共同体を意味する「単位」に所属し、必要物資やサービスが提供されたからである（配給制度）。「消費」の概念は存在しなかった。「単位」は営利的な主に製造に従事する「企業単位」と教育や交通、金融、郵便、流通、科学研究、行政機関等のサービスを提供する「事業単位」に大別された。

　改革開放後、単位の解体が進んだが、企業単位に比して事業単位は改革が遅れた。サービス業の実態調査が初めて行なわれたのは1992年の第三次産業センサスにおいてである。これに基づいてサービス統計が整備された（第3章1-1も参照）。同年の鄧小平の南方視察の改革開放深化の号令を踏まえた展開である。さらに2001年末のWTO加盟でサービスの対外開放が

加速した。事業単位の改革が遅れたのは、企業単位は国有企業改革の下、持株会社の創設や証券市場への株式公開（部分的民営化）等を通じて経営自主権の拡大を進めたのに対し、事業単位は採算性（多額の設備投資と運営コスト）、「公共性」（専門性、料金抑制の要請等に加え、一党支配体制ゆえの特有の事業の秘匿性、国家安全保障、治安維持等）の観点から、むしろいったん国営（国有）企業化するというプロセスが介在したからである。それでも行政改革等の進捗もあり単位制度の解体は進行した。それは産業部門別に見れば、三種類に大別できる。

a）民間企業化。流通、不動産、研究開発、その他の情報産業。
b）国有法人化等。教育、研究、保健・医療、交通、通信、金融・保険等。
c）個人経営。都市化や高齢化で今後の成長が期待される新たな産業領域。

a）は一般的な企業法人化であり、情報化とも親和性が高い専門サービスが中心である（例えばB to C型のビジネス）。WTO加盟以降に改革（規制緩和）が加速した。b）は国有（国営）の営利企業化や公益法人化だが、ナショナリズム、国家安全保障、治安維持、希少性等の点から規制が比較的強く残るサービス部門である。財政に依存するサービスも多いが、今後の民営化も期待される。c）はファッション、美容、福祉など主にインフォーマルセクターが担ってきたサービスだが、むしろ今後の成長部門ともいえる。需要が高度にパーソナライズされているゆえに、機械化が難しい、人手に頼るサービスであり続けるからである。

「経済サービス化」（それはサービスの特徴である本質的な無償性に起因する「原価」確定の難しさの点で「資本の社会化」でもある）は、特に上の分類でいうa）とb）について、広東省において特に困難が大きいといえる。というのも、その経済は、遠方からの短期出稼ぎに依存する労働集約製品の加工生産にほぼ特化し、進出した香港企業や隣接する香港が資本、生産と貿易技術・ノウハウ、さらに輸出入のための道路、港湾等の交通インフラ等のサービスを相当程度において提供してきたからである。だからこそ、香港企業を「優遇」するCEPAを含め、珠江デルタの「サービス化」を最重要課題とする華南政策が発想されたといえる（第4章2－1参照）。

ここで広東省、とくに珠江デルタの「経済サービス化」を検証する。既述の通り、華南政策の最終目標である「幸福広東の建設」の実現手段は双転移と珠江デルタ一体化だが、それらの進捗状況の評価基準として三点を

第2章 華南政策と開発戦略

指摘できる、と述べた。双転移については、①戸籍制度改革と産業移転（企業移転）とが相まって「就地就近就業」（「労働」と「居住」の近接）が進展したか、②メーカーズが増加しているか、である。珠江デルタ一体化については、③珠江デルタにおいて「産業構造高度化」が実現したか、すなわち全産業部門に占める「比較的高度な第三次産業」（中国の表現では「現代サービス業」）の比率が上昇したか、④珠江デルタにおいて内需が拡大したか（経済成長への寄与において外需の程度が低下したか）、である。①は既に述べたので（本章1-1-（4）「『双移転』政策の実践と成果」）、ここでは②、および主に珠江デルタ一体化の評価基準となる③と④を検討する。珠江デルタに限定した関連統計・資料は乏しいが、当局は政府工作の進捗具合をPRする目的でも関連資料を不定期発表しているので、それを利用できる。

　国家統計局と広東省統計局が2006年（第11次5カ年計画初年）以降について公表したデータを紹介すれば以下の通りである（広東省統計局『産業構造転換・高度化が広東経済の発展を推進する～第11次5カ年計画期以降の省全体と珠江デルタの構造転換と高度化状況分析』2014年12月18日）。

　②については、メーカーズの創出を単に起業と考えれば、広東省には中小企業と私営個体企業が300万社以上存在するが、そのうちごく小規模な微型企業（零細企業）は全国の7分の1を占める。また科学技術や設計を主業務とする企業は30万社以上を数えるが、そのうち20万社以上は深圳、仏山、広州に立地する。この深圳と仏山、広州を結ぶ約150キロのラインは今日、世界で最も重要なイノベーション回廊の一つとなっている。30人余りで1社を所有する計算の広東省だが、その会社数は先進国の水準をはるかに上回る（王廉、張勇［2012］89頁）。

　③については、広東省の第三次産業が全国の第三次産業に占める割合は、2005年をピークにほぼ低下傾向にあり（2005年が12.6%、2015年は10.7%）、省の経済サービス化のスピードは全国平均に落後する。全国と広東省の第三次産業がそれぞれのGDPに占める割合を1990年代以降について比べると、広東省は全国平均のそれをほぼ一貫して上回っているが、上海などと比べ顕著に高いわけではない。珠江デルタに限れば、同割合は2006年に46.1%だったが、2013年には52.7%へと上昇した。省全体平均では同期に2.4ポイント上昇したにとどまる（図表2-9）。

図表2-9 珠江デルタ一体化の成果:「経済サービス化」の進展

＜産業部門別就業者＞広東省全体平均と珠江デルタのシェアの推移(2006～13年)

(％)

		2006	07	08	09	10	11	12	13
第1次産業	広東省	30.2	29.2	27.9	26.6	24.4	23.9	23.8	23.0
	珠江デルタ	13.9	12.7	11.8	11.2	10.1	9.9	9.9	9.5
第2次産業	広東省	38.9	39.4	39.7	40.3	42.4	42.4	42.1	41.9
	珠江デルタ	49.9	50.0	49.9	50.0	52.4	52.2	51.5	50.9
第3次産業	広東省	30.9	31.4	32.4	33.1	33.2	33.7	34.2	35.1
	珠江デルタ	36.2	37.2	38.3	38.7	37.5	38.0	38.6	39.7

＜輸出依存度＞広東省全体平均と珠江デルタの推移 (2006～13年)

(％)

		2006	07	08	09	10	11	12	13
輸出依存度	広東省	90.5	88.4	76.3	62.1	66.7	64.6	63.5	63.4
	珠江デルタ	106.1	104.5	89.8	72.6	77.6	74.8	72.4	70.9
純輸出の対GDP比	広東省	17.5	19.6	19.9	13.6	12.7	11.5	8.6	na
	珠江デルタ	20.7	22.5	24.3	21.2	19.9	19.9	18.7	na
珠江デルタの輸出が全省の輸出に占める割合		95.6	95.9	95.8	95.2	95.3	95.2	95.4	95.4

＜最終消費＞広東省全体と珠江デルタの推移 (2006～12年)

(10億元)

	2006	07	08	09	10	11	12
広東省	1,264	1,484	1,720	1,918	2,248	2,607	2,926
珠江デルタ	913	1,087	1,281	1,422	1,708	1,981	2,201
珠江デルタ割合(％)	72.3	73.2	74.4	74.1	76.0	76.0	75.2

＜工業生産額＞珠江デルタの対広東省総額シェア推移 (2006～13年)

(％)

	2006	07	08	09	10	11	12	13
珠江デルタ	87.3	86.4	85.9	85.2	84.0	84.4	83.6	82.7

資料)すべて広東省統計局『産業構造転換・高度化が広東経済の発展を推進する～第11次5カ年計画期以降の省全体と珠江デルタの構造転換と高度化状況分析』2014年12月18日

第2章　華南政策と開発戦略

　2013年の広東省平均の経済成長率に対する第三次産業の寄与率は53.3％であり、2006年比で13.1ポイント上昇した。珠江デルタの2013年の同寄与率は61.0％だった。2006年値と比べると17.6ポイントの上昇である。2013年の省1人平均第三次産業付加価値額は2万7,958元で、2006年の2.2倍となった。そのうち珠江デルタの2013年の値は4万9,012元で、2006年の2.3倍となり、省平均をわずかながら上回った。

　中国では高度化（高付加価値化）した産業を部門別に「現代農業」、「先進製造業」、「現代サービス産業」などと呼ぶが、そうした「現代化」や「先進化」は珠江デルタ経済の「構造調整」の目標でもある。2013年の広東省全体の第三次産業付加価値額に占める現代サービス業のシェアは57.8％だった。これに対し珠江デルタでは早くも2008年に同シェアは60.1％に達し、『珠江デルタ計画綱要』が定めていた2020年にシェア60％という目標値を達成したという（上述評価基準③）。

　④については、第三次産業就業者数（の増加）や輸出依存度（の低下）、純輸出の対GDP比（の低下）、GDPを構成する最終消費のシェア（の上昇）等のデータに基づけば、珠江デルタ経済が内需型へ転換しつつあるのは間違いないだろう。また、珠江デルタ経済、その産業が全体として「先進化」「現代化」しているのも確かだろう。しかし、資料の制約から、「先進化」と「現代化」の実態がどれほどのものか、評価するのは困難である。

　例えば、「生産性サービス業」（製造業に関連するサービス業）について、物流のシェア（付加価値額）は省全体平均で2013年までの5年間に0.3ポイント、珠江デルタだけでは0.1ポイントの上昇にとどまった。また、金融業が第三次産業に占めるシェア（同）は2013年、2006年と比べ省平均で5.1ポイント、珠江デルタに限れば5.0ポイントの上昇だった。このように生産性サービスを構成する物流、そして金融の拡大ぶりは、珠江デルタにおいても限定的である。これについて伝統的な物流業はもはや「現代的」、「先進的」な産業とはいえないので、その意味で「微増」はプラス材料。他方で、金融業の5％程度の伸張ぶりは一定のプラス評価を与えられる。そのゆえに両者を「現代化」、「先進化」の進捗の証例として広東省統計局が選んで発表したのだ、という解釈も不可能ではないだろう。

2．地域開発戦略から都市化政策へ

　華南政策の目標は、メーカーズの創出とそれを結節点とするネットワークの形成（「騰籠換鳥」）である。上述の通り、それは双転移と珠江デルタ一体化によって具現化されるが、メーカーズの形成は突然に構想されたわけではない。それは改革開放期の代表的国策である地域開発戦略と城鎮化政策の文脈に位置づけることができる。汪洋自身は『珠江デルタ綱要』を地域開発戦略（工業化）の文脈において提起したと回顧したが[13]、いまから振り返れば、華南政策は、地域開発戦略（工業化）が21世紀に入り城鎮化（ポスト工業化）へと変質する過渡期において打ち出された政策と位置づけるのがふさわしい。

　[13] 汪洋は2007年12月の広東省着任直後から『珠江デルタ綱要』を構想し始めたと伝えられているが、それは同構想が既存の西部大開発と中部6省経済区に性格が類似しており「国の政策的支援を受けることは可能だろう」と考えたためだとされる（「粤港澳経済区汪洋構思解読」『香港経済日報』2008年7月24日、「粤港澳経済区　温總取態關鍵」『香港経済日報』2008年7月28日）。第4章2－2も参照。

1．地域開発戦略

　汪洋の広東省着任後に発表された最も体系的な政策が、2008年12月に国務院で採択された『珠江デルタ綱要』（『珠江デルタ地区改革発展計画綱要』）である。中国語で3万3,000字余りを数え、全12章から構成されている。
　『珠江デルタ綱要』は「国家戦略全般と長期的発展」を踏まえ、経済・産業構造調整と成長方式の転換を図るべく2012年、2020年までの数値目標が数多く盛り込まれた（図表2-10）。重点的に育成すべき製造業部門やハイテク産業も掲載された[14]。しかし、経済成長や産業育成は第一義的な目標ではない。

　[14] 例えば「既存の基盤と港湾の条件を存分に活用し、資金・技術集約的で、先導性が強い近代的な装備、自動車、鋼鉄、石化、船舶製造等の発展に注力し、新たな工業化の道を堅持する。装備製造業の発展を加速し、原子力発電設備、風力発展設備、送変電プラント、CNC工作機械及びシステム、海洋工事設備の5つの基幹分野で突破を果たし、世界クラスの重大プラントと技術装

第2章　華南政策と開発戦略

備製造産業拠点を整備する」「電子情報、バイオ、新材料、環境保護、新エネルギー、海洋等の産業を重点的に発展」。サービス産業については「2012年までにサービス業の付加価値比率を53.0％に、2020年までに60.0％に引き上げる。サービス貿易が輸出入貿易総量に占める割合を2012年までに20.0％、2020年までに40.0％以上とする」

図表2-10　珠江デルタ地区改革発展計画綱要（2008～20年）の主な数値目標

	数値目標	
	～2012年	～2020年
概観	・「小康社会」を実現し、科学的な発展に基づく体制メカニズムを初歩的な形で形成	・近代化をおおむね実現し、社会主義市場経済体制を基本的に完成させ、近代的なサービス業と先進的な制造業を中心とする産業構造を形成し世界先進レベルの科学技術創新能力を育て、人民全体が仲睦まじく関係する局面を形成し、広東・香港・マカオの3地区が分業を進め、優位性を相互補完し、世界で最も核心的な競争力を持つ大都市圏の一つを形成
マクロ政策	・人口1人当たり省GDP8万元、サービス業付加価値比率53％を達成。都市と農村の住民の平均収入は2007年比顕著に増加、平均寿命78才。社会保障システムが都市と農村をカバーし誰もが基本的な公共サービスを享受可能。都市化水準80％以上を達成。省GDPの1億元増加に対する必要新規建設用地量を減少	・1人当たり省GDP13万5000元、サービス業付加価値比率60％を達成。都市と農村の住民所得水準を2012年比倍増。平望寿命を80才に。都市化水準を85％程度、生産総額単位当たりエネルギー消耗と環境の質について世界先進水準を達成するか、その水準に近づける
産業（企業）	・生産額1000億元以上の新興産業群を3～5カ所育成、売上高1000億元以上の国際水準の多国籍企業3～5社を重点育成	・年間売上高200億米ドルを超える地場中国系多国籍企業10社を育成
	・売上高100億元以上の企業を100社以上に。うち1000億元超の企業は8社前後とし世界ブランド商品の数を倍増	・年間売上高1000億元以上の企業を20社前後に、世界的ブランドを20個前後育成
	・珠江デルタの国際電子商取引センターの地位を固める。アウトソーシングサービス業の発展に努め、2012年までに2～3カ所の国家級国際サービスアウトソーシング拠点を整備	・先進制造業の付加価値が工業付加価値全体に占める比率を50％以上に
		・現代的サービス業の付加価値がサービス業付加価値に占める比率を60％以上に
サービス貿易	・貿易総額比20％	・同40％以上

研究開発	・研究開発費がGDPに占める比率を2.5%、研究開発人材を28万人に	
創新	・年間特許出願数600件／100万人、いくつかの重点分野で自主創新を世界先進水準に	・「広東製造」から「広東創造」へ転換
	・近代的運営管理メカニズムをもつ国家重点実験室、エンジニアリングセンター、エンジニアリング実験室等の創新プラットフォーム100カ所を整備	・比較的完成した区域性国際創新システムを形成
		・各種要素が揃い、持続力があり、開放的で包括的な自主創新環境を整備
インフラ	・インフラ施設の一体化を基本的に実現、区域経済の一体化を初歩的に実現	・区域経済の一体化と基本公共サービスの平準化を実現
	・珠江デルタの高速道路総延長を3000キロメートル、軌道交通運営延長を1100キロメートル、港の貨物取扱能力を9億トン、コンテナ取扱能力を4700万TEU、民用航空空港の取扱能力を8000万延べ人数に	・軌道交通運営延長を2200キロメートル、港の貨物取扱能力を14億トン、コンテナ取扱能力を7200万TEU、民用航空空港の取扱能力を1.5億延べ人に
		・農村道路管理維持メカニズムを健全化、農村道路網のシステムを改善、農村移動のための公共交通網の整備を加速。都市と農村をカバーする便利で迅速な公共交通旅客輸送ネットワークを整備
		・洪水防止能力は広州、深圳市の市街区で200年に1回、その他の地方級都市の市街区で100年に1回、県で50年に1回、重要な堤防囲で50〜100年に1回に。給水水源保証率は大中都市で97%以上、普通の都市と町で90%以上。水源、水質はいずれも機能区の水質目標を達成
インターネット	・インターネット普及率と家庭向けブロードバンド普及率をそれぞれ90%と65%以上、無線ブロードバンドの人口カバー範囲を60%前後に	・珠江デルタで情報化の世界先進水準を達成
エネルギー		・高い供給能力をもち、構造が優れ、効率の良い近代的なエネルギー保障体系を構築
		・省GDP単位当たりのエネルギー消耗を標準炭ベースで0.57トンまで引き下げ

環境		・都市1人当たり公園緑地面積を15平方メートルへ。生態公益林90万ヘクタール、自然保護区82カ所を建設
汚染対策	・都市と町の汚水処理率80％前後、都市と町の生活ゴミの無害化処理率85％前後、工業廃水排出の基準達成率90％に	・都市と町の汚水処理率を90％以上、都市と町の生活ゴミの無害化処理率100％を達成、工業廃水排出は基準に完全適合させる ・用水総量制御とノルマ管理を実行し、工業用水重複率を80％に
教育		・国家重点整備対象大学への支援を拡大。3～5の国外有名大学を重点導入し、広州、深圳、珠海等の都市で高等教育機構を共同で創設し、国内一流、国際的に先進的な高水準の1～2の大学を建設
社会保障	・都市と農村の基本医療衛生制度を整備 ・都市戸籍の従業員の保険加入率95％以上、出稼ぎ労働者の保険加入率80％以上、農村養老保険加入率60％以上を達成。うち土地被収用農民の保険加入率は90％以上 ・都市と農村の基本医療衛生制度を整備	・都市と農村の全住民に良好な医療衛生サービスを提供 ・都市と農村の全住民が良質な医療衛生サービスを享受可能に ・保障能力をもつ比較的整備された社会保障システムを整備
農村		・農村金融システムを整備、都市による農村教育、医療衛生、文化等の分野への専門支援を強化、都市による農村への、第2次、第3次産業による農村への先導的役割を強化
文化政策	・市、県(市、区)、郷・鎮(町)、行政村(コミュニティ)の4級の公共文化施設ネットワークを整備。基層文化普及関連主要指標は全国トップ水準を達成。都市「10分間文化圏」と農村「5キロメートル文化圏」を作り、都市と農村の民衆が無料で各種公益性文化サービスを享受	・内容が優れ、全社会を網羅する公共文化サービスシステムを形成

資料）筆者要約

（1）『珠江デルタ地区発展計画綱要』と5カ年計画

　『珠江デルタ綱要』の特徴と意義は四つにまとめられる。すなわち、
　①広東省全体ではなく、文字通り、「珠江デルタ」に注目した経済企画文書である。そのように外来労働力（遠方出身の農民工）に依存する「珠江デルタ」に焦点を絞ることで、〈都市－農村〉二元構造の打破が「経済構造改革」や「産業構造高度化」の鍵を握ることを明らかにし、ひいては

中国の経済・産業問題が実は社会問題であることを示した。

②香港、マカオという中国本土の諸制度が適用されない「高度な自治」が約束された中国特別行政区（SAR＝ Special Administrative Region of the People's Republic of China）を組み込んだ初の「国家級地域開発戦略」である。

③中国の地域開発戦略に「内需」（カッコつきの内需）主導の経済発展モデルへの転換を打ち出した*15。そうした「内需」とは「ポスト工業化」を牽引する「新産業」もしくは上述したような「サービス業」を指すので、経済成長率のような数値では捕捉が難しい、人々の主観的な幸福度の向上をめざす政策の先導役を果たした。

④そのような意味において、『珠江デルタ綱要』は、香港やマカオを巻き込むことで、第11次5カ年計画（2006〜10年）のエッセンスをより凝縮し、第12次5カ年計画（2011〜15年）へとつなぐ役割を果たした、

という四点である。以下、第四点目について若干詳しく述べる。

*15 『珠江デルタ綱要』発表後、地域開発戦略が中西部、東北部などで相次いで策定され、その数は2010年1月までのわずか1年間に14に達した。2010年2月26日付『人民日報海外版』は「地域経済が中国の発展の新たな牽引役となる」との記事を一面トップに掲載し、次のような見方を示した。「改革開放以来三十年間、中国経済は豊富な労働力をもってグローバルな分業体制に参入したが、経済発展に向け高すぎる貿易依存度が課題となっている。突然の金融危機に見舞われ、東部地域で競争優位を失った産業があり、産業移転への動きとなった。地域間経済の協調発展は、一夜にして重大な時代の使命と責任を課され、新たな国家戦略に引き上げられた」（日本貿易振興機構［2010］）。

第11次5カ年計画と第12次5カ年計画を比べると、基本的な政策に関して変わりはない。すなわち、経済発展に関する「量的拡大」から「質的深化」への転換のための経済・産業構造調整、その意味での「脱経済成長至上主義」、そして「内需」拡大等である。これは第12次5カ年計画が、2008年秋のリーマンショックとその後の4兆元規模の大型景気対策事業の実施でほとんど頓挫してしまった第11次5カ年計画を、2010年末を期限とする大型景気対策事業の終了をにらんで「復活」させたものとの推測を可能にする。

第12次5カ年計画は、2008年から起草が始まり、2010年第4四半期の共

第2章　華南政策と開発戦略

産党中央経済工作会議でほぼ内容が固まり、2011年春の全人代で正式に承認され、実施に移された。その策定時期は、大型景気対策事業の実施期間と完全に重なる。

　5カ年計画の策定過程は不明であり、リーマンショックや大型景気対策事業が第12次5カ年計画の策定にどのような影響を、どの程度に与えたかなどについても藪の中である。しかし、大型景気対策事業が進行するなかで、「脱経済成長至上主義」を基本方針とする経済政策文書の策定が進んでいた事実は、胡錦濤の思想と指導部内での立ち位置を暗示する。実際、大型景気対策事業が終了した2010年末以降、胡錦濤派と江沢民派や太子党（高級幹部の子弟）、もしくは胡錦濤派と「既得権益層」などとの確執が頻繁に言及されるようになった。

　すなわち、2008年末に公表された『珠江デルタ綱要』は、大型景気対策事業の実施によって2009年には実質的に存在価値を失っていた第11次5カ年計画から第12次5カ年計画へと、第11次5カ年計画の精神と基本政策を受け渡すバトンの役割を担った、と位置づけることができよう。大型景気対策事業（2008年秋～2010年末）を挟んで、『珠江デルタ綱要』それ自体や実施細則の策定作業が進められたこともそうした位置づけを正当化するだろう。

　翻って、「内需」主導の発展への転換を含め、政策の機軸を「脱・経済成長至上主義」へと移す「胡錦濤の改革」の遂行に際して、「鄧小平の改革開放」のエッセンスが凝縮した華南、すなわち華南経済圏に対する影響が最も大きいことを思えば、広東省が「先行先試」の地として全国を先導するのは当然ともいえる。

　上述の通り、汪洋は『珠江デルタ綱要』を地域開発戦略の歴史的文脈のなかで構想したと振り返った。しかし、客観的に見れば、それは単純な地域開発戦略とは言い難い。むしろ伝統的な地域開発戦略の終わりを告げる文書となったと位置づけるのがふさわしい。

（2）地域開発戦略の三段階

　ここで地域開発戦略を振り返ってみる。地域開発戦略は、新中国の経済政策を特徴づける最も象徴的な政策の一つだが、改革開放期についてそれは三段階に分けて考えることができる（図表2-11）。すなわち、

① (第一段階:1979年〜) 外資、貿易など対外開放の拡大を通じた改革の推進(沿海東部の対外開放、続いて沿海東部から内陸へ)。
② (第二段階:1994年〜) 工場・産業移転や産業政策(財政、金融支援)の地区傾斜から産業傾斜への転換を通じた経済・産業構造調整(諸侯経済打破と表裏の関係にある)。
③ (第三段階:2009〜10年) 内需振興および持続可能な経済成長の観点から全国規模での経済・産業構造調整として解釈し直される、である。

　第一の段階は、鄧小平の先富論の具体化であり、輸出志向または「外向型」の経済発展戦略である。開放(貿易と対内投資)の拡充を通じて改革を深化させるという、今も続く中国に特徴的な改革開放政策の始まりでもある。1987年に趙紫陽総書記(当時)が沿海発展戦略を提起すると、沿海東部主導の発展機運が一段と盛り上がり、1992年初頭の鄧小平の南方視察後はその沿海発展戦略は全国全土に拡大した。

　第二の段階は1994年の『90年代国家産業政策綱要』で幕を開ける。地域間の均衡開発を初めて打ち出し、沿海東部から西部、中部へと産業政策の重心が移行した。地域均衡開発戦略への転換に関して最も重要な文書が1996年3月に全人代で承認された第9次5カ年計画(『国民経済と社会発展第9次5カ年計画2010年長期目標綱要』)である。これにより、地域均衡開発戦略への転換を正式に決定した。第10次5カ年計画(2001〜05年)期には「東北振興策」(2002年)、「中部崛起」(2004年)も発表された。

　もっとも、実際のところ「不均衡」開発戦略も、将来的な全土的発展を目標に掲げる点で、「均衡」開発戦略と本質的な違いはない(加藤[2003])。「沿海発展戦略」の全土化は「均衡発展」をもたらすからである。生産要素価格(主に賃金)が上昇すれば、産業移転を通じて「不均衡」はいずれ「均衡」に向かう。そのような時間軸と市場メカニズムを考慮すれば、そもそも「均衡発展」や「不均衡発展」それ自体は経済市場化の進捗状況を説明するものにすぎず、政策や戦略とは言い難い。ただし、中国の改革開放は「漸進的な経済市場化」を特徴とするので、均衡状態の達成には通常より多くの時間を要する。

　このような注釈をつけたうえで、地域均衡発展戦略の主な推進手段を大別すれば、三つを挙げることができる。すなわち、a) 対外開放の拡大、つまり内陸部の全般的な規制緩和(外資導入領域の拡大を含む経済市場化)

第２章　華南政策と開発戦略

図表2-11 「地域開発戦略」の展開

ねらい	時期	概要	開発思想
①対外開放拡大	・1990年	・上海浦東開発 →沿海東部内での格差是正、地域均衡発展；上海という沿海東部の中央域での対外開放の拡大	不均衡発展
	・1994年	・『90年代国家産業政策綱要』を国務院発表。沿海東部から西部、中部へ →全土的な格差是正、地域均衡発展；主な手段は①対外開放の拡大を通じた内陸の経済成長の促進、②産業政策の地区傾斜から産業傾斜への転換	均衡発展
②産業構造調整	・1996年	・『国民経済と社会発展第9次五ヶ年計画』『2010年長期目標要綱』(3月) →工場・産業移転を通じた産業構造転換（地方主義打破）	均衡発展
	・2008年	・『珠江デルタ地区改革発展規画綱要（2008～20年）』(12月) →内需主導の成長への転換を含意しつつ、広東省の産業構造転換（双移転[資本と労働力の移転]と珠江デルタ一体化）、社会的・政治的安定を確保	均衡発展、不均衡発展という枠組みではなく、国土の多様な発展を促進
③内需振興	・2008年	・リーマンショックを経て上記『綱要』は全土的な地域開発戦略へ普遍化（年末） →東部、中西部などとは無関係に内需振興を打ち出す（外需も軽視せず） →経済地域ごとに特徴のある、持続可能な経済成長の実現を目指す	

資料）報告書作成

の推進、b）産業政策の地区傾斜から産業傾斜への転換、c）生産要素価格の自由化を通じた国内雁行発展の促進である。

　a）は、①の戦略の地域的な拡大である。税制をはじめとする優遇措置

を通じた外資誘致により、輸出志向の労働集約産業の集積を全国各地に作り出すという考え方である。いわば「全国くまなく広東省珠江デルタを建設する」政策である。地域経済圏構想としての「七大経済圏構想」等を含めることができる*16。

*16 1995年9月の共産党第14期中央委員会第5回全体会議で提出され、翌1996年3月の第8期全人代第四回会議で承認された第9次5カ年計画に盛り込まれた地域開発戦略。①長江デルタと沿海地域経済圏、②環渤海経済圏、③沿海東南部経済圏、④西南と一部華南経済圏、⑤東北経済圏、⑥中部五省経済圏、⑦西北経済圏に区分される。各経済圏は経済的、資源的、地理的な特徴に基づいて開発戦略を立てる。各経済圏間は必ずしも一般行政区（省、直轄市、自治区）に従って分けられたものではない。

b) は、経済成長に関してなお外需主導ながら、全国に複数の成長拠点を設けるべく、沿海東部から中西部への工場・産業移転を通じた経済・産業構造調整が推進されると同時に、各経済地域の重点産業が指定された。例えば、中西部において資源エネルギー産業など内需型産業を重視する。1999年後半に提起された「西部大開発」、21世紀に入り推進されている「東北振興策」や「中部崛起」などを含めることができる。

c) は、生産要素価格（賃金、地代）の規制緩和に従った産業移転が鍵を握る。沿海から内陸への工業化の波及を指す「成長ベルト構想」（国内雁行発展）などを挙げることができる。ただし、これは最も重要な観点の一つだが、戸籍制に基づく〈農村－都市〉の二元構造（分断構造）が解体されない限り、市場メカニズムによる賃金上昇はほとんどありえない。また地代上昇も実需に基づくものではなく、ほとんど投機による価格上昇となる。

（3）内需への視野

上述のように、均衡発展、不均衡発展の違いを強調することに大きな意味がないとすれば、より本質的な観点は恐らく、均衡発展に転回するに従い、消費需要としての内需、さらには供給側に力点を置いた内需（具体的には「サービス産業」の振興）への視野が前景化してきたことである（図表2-12）。第11次5カ年計画（2006〜2010年）まではすべての開発戦略において、「外需発展」または「外循環」戦略が明示的、暗示的に採用されたが、第9次5カ年計画（1996〜2000年）では、地域ごとの産業のフルセット主義な

第 2 章　華南政策と開発戦略

図表2-12　地域開発戦略と内・外需

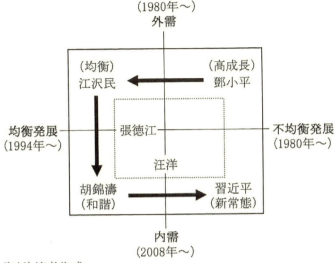

資料) 筆者作成

どを意味する「諸侯経済」(封鎖経済)の打破が目標に加わった。これは生産要素の市場化(〈農村－都市〉の二元構造の解体)が課題にのぼるに従い、市場メカニズムが等しく機能する同質的な「全国市場」が視野に入ってきたことを示す。「全国市場」の形成途上において、生産要素価格が伸縮的であれば、特定地域の産業構造は、産業保護主義を打ち破りつつ、比較優位に従い特定産業へと特化し、国内分業が進展する。これが(国内)雁行型発展モデルである。

積極的な産業移転を通じて広東省が内陸を牽引し、地域間の「格差是正」や「均衡発展」をめざし、同時に広東省の経済・産業構造高度化を図るという張徳江のアイデアは、均衡発展戦略を打ち出した第9次5カ年計画にさかのぼることができる。胡錦濤の和諧は、それまでの〈都市－農村〉二元構造を温存させたうえでの工業化路線を修正し農村振興を図る点で地域開発戦略からの離脱だが、「不均衡発展モデルの修正」という点に着目すれば、和諧の源流も同じく第9次5カ年計画に求めることができる。

上述のc)(生産要素価格の自由化を通じた国内雁行発展の促進)は、産業の移転元である沿海東部の経済・産業構造調整を明確に伴う。後にも述べる

153

が、中央政府の承認が得られると考え、汪洋が『珠江デルタ綱要』の策定を発案したのも、均衡発展を打ち出した第9次5カ年計画に源を発し、第10次5カ年計画（2001～05年）で明確化した沿海東部の経済・産業構造調整策があったからである。2001年末に中国政府が、全国統一市場の形成と経済・産業構造調整に弾みをつけるWTOに加盟したのは、偶然ではない。

　第三段階目の「内需型地域開発戦略」は、WTO加盟でその推進へ向けた動機づけが強まったが、内需拡大にアクセルが踏み込まれたのは、外需が大きなダメージを受けた2008年秋のリーマンショック後である。その最初の体系的な文書に位置づけられるのが広東省の『珠江デルタ綱要』である。ここにおいて改革開放転換後から一貫して採用されてきた「外需発展」もしくは「外循環」は、「外需・内需共同発展」もしくは「双循環」へ明確に転換した（「国務院は今年7つの区域計画を承認、新経済の版図形成」『南方都市報』2009年11月25日、「区域計画は中国経済の版図を再編」『人民網』2010年1月25日）。

　もっとも、『珠江デルタ綱要』は単なる内需拡大を通じた経済成長の回復策ではない。リーマンショックによる外需の落ち込みは、政策的な産業移転や雁行型発展の進展を通じて輸出産業が育っていた中西部経済にもダメージを与えた。その結果、それまで沿海東部の課題と見なされていた経済・産業構造調整は、急務となった内需拡大と結びつき、全土的な課題となった。さらに第11次5カ年計画は、持続可能な経済成長を最重要課題の一つとしていた。こうして『珠江デルタ綱要』は、単純な消費需要拡大策ではなく、新たなサービス業の育成という供給側に重点を置いた「内需」拡大策、すなわち「メーカーズ」の創出を——なお漠然とした内容ながら——全国に先駆けて提起することになったのである。

　『珠江デルタ綱要』発表後、程度の差はあれこうした考え方に基づく地域開発戦略が中西部、東北部などで相次いで策定され、その数は2010年1月までのわずか1年間に14に達した（日本貿易振興機構［2010］）。

　この後に成立した習近平－李克強体制が打ち出した「ニューノーマル」は、完全にその延長線上に位置づけられる。それどころか「内需」の内容は、「サービス」が本来的に内包する無償性や贈与的要素を意識し、「メーカーズ」の創生を視野におさめている。「ニューノーマル」の具体化措置として、新興産業育成や「零細企業」（微小企業）を担い手とするC to C

第2章　華南政策と開発戦略

（消費者間／個人間取引）型インターネット通販等の新「ビジネス」の振興が熱心に推し進められているのは周知の通りである。

以上の時間軸に沿った分類を開発思想の質的変化という観点から整理してみる。

〈第一段階〉は、「不均衡発展」から「均衡発展」への移行期であり、両者が並び立つ。いずれにせよ、数量的に計測されるGDPの増大（経済成長）を手段とする点が特徴である。鄧小平の「先富論」に基礎を持つ。

〈第二段階〉では質的変化が見られる。地域間の大きな経済格差の是正をめざす「均衡発展」は、1994年の『90年代国家産業政策綱要』を嚆矢として、第9次5カ年計画（1996〜2000年）にその明確な源流を求めることができる。均衡／不均衡という「量的平等化」（国土の均質化）をめざす枠組みから、本来的に質的存在である人間を基に多元的発展を追及する戦略への転換過渡期に当たる。沿海東部に特徴的な加工貿易型企業だけでなく、ICT関連のハードウェア（デスク、ノート型PCや携帯電話等）の組み立てメーカーや関連部品産業の集積もあり、連動性の強弱はあっても行政区分をまたいだ分業体制が形成され、経済地域が形成された。

〈第三段階〉は第10次5カ年計画（2001〜05年）からリーマンショックを挟み進行中の第13次5カ年計画（2016〜20年）へと至る段階であり、〈都市－農村〉二元構造の打破により生まれる「人間」を担い手として「内需」拡大を図る。後述するように、均衡発展／不均衡発展（工業化）の考え方から、胡錦濤時代に知識・情報創造能力を持つ「人間」に着目した「城鎮化」へと転回し、習近平－李克強政権下で城鎮化概念が精密化されつつ、最重要の政策課題の一つにあげられているのは、〈都市－農村〉二元構造を放置したまま既存大中都市や農村の工業化を図る「城市化」（都市化）の弊害が認識されたことに加え、グローバル化への強い自覚があったためといえる。

2010年7月1日に深圳経済特区と特区外を隔てる管理線が廃止され、経済特区が全市に拡大された。経済特区が先富論に基づく、工業化の初期的手段だったことを思い起こせば、「脱工業化」を図る城鎮化の思想が前景化するなかで採られた当然の措置といえる。

2002年に「城市化」が政策として固まると、地方政府主導の不動産乱開発問題が顕在化した（図表2-13）。それは経済成長至上主義の第二度目の現

われでもあった。不動産乱開発は、国際化の進展で外資導入のうまみが薄れた地方政府が編み出した新たな都市経済保護主義といえる（戸籍制による低コスト構造は不変だが、WTO加盟により外資優遇策が廃止されれば地方政府の収入は減少する）。農民、農業、農村を犠牲にした、既得権益層の都市経済保護主義への執着はきわめて強いが、この既得権益層との闘いが胡錦濤、温家宝、汪洋らのそれぞれの任期終盤期の最大課題となった。

広東省の『珠江デルタ綱要』は、経済・産業構造調整（高付加価値化、サービス化）と内需拡大（消費需要拡大）の要請を結びつけ、供給サイド主導のサービス（人間個々が持つ創造力の発揮）に基礎を持つ「内需」を創造しようとした点で、第二段階（外需）から第三段階への移行過渡期の先頭に位置づけられる地域開発戦略といえる。それはまた、2011年以降に本格始動した新型城鎮化を含意することで、単なる成長促進のための内需拡大（消費需要拡大）の枠に収まらない、グローバル化という新たな状況下でいかに社会の安定を確保するかを全面に押し出した初めての地域開発戦略ともなった。1980～90年代の先富論に基づく地域開発戦略（工業化）、21世紀の城市化、さらに城鎮化（消費需要拡大、続いて供給側に力点を置いたサービス拡大という意味での「内需」拡大）のいずれにせよ、華南が全国レベルの開発政策のフロントランナーであり続けているのは間違いない。

図表2-13 地方政府と土地売却収入

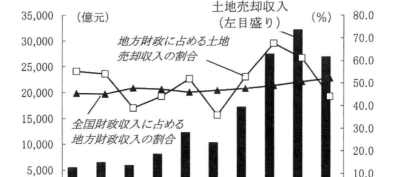

資料）国家統計局、『中国国土資源統計年鑑』各年版

2.「城鎮化」の展開

「内需」振興および国土の多元的な発展をめざす第三段階目の開発思想が「城鎮化」である。第一段階と第二段階の地域開発戦略は、国土の不均衡発展または均衡発展のいずれにせよ、沿海東部や農村、内陸部（中西部）のような地理的発想に基づく工業化政策である点で同質的である。これに対し、城鎮化は農村政策としての都市化といえ、〈都市－農村〉の二元構造の解消を通じて人間本位の国づくりを図る新機軸である。〈都市－農村〉の二元構造は、都市市民（都市）と農民（農村）間の経済・所得格差を帰結するが、その問題の本質は、戸籍制がもたらす経済成長至上主義、換言すれば全土規模での経済と社会の断絶問題である。

「ポスト地域開発戦略」もしくは「脱工業化戦略」は、経済成長至上主義の克服を通じて経済と社会の統合をめざす点で、開発の質的飛躍をめざす。また、〈農村－都市〉の二元構造の解消が政策課題にのぼったことで、既得権益層の打破が明確な政策目標となった。

先にふれた通り、汪洋自身は『珠江デルタ綱要』を伝統的な地域開発戦略の文脈において提起したが、今日から振り返れば、『珠江デルタ綱要』を含む華南政策はむしろ城鎮化政策の流れのなかに位置づけるのがふさわしい。

『珠江デルタ綱要』発表後、2010年1月までに14もの地域開発戦略が相次いで発表されたが、それらはリーマンショック後の成長押し下げ圧力が強く働く状況のなかでも「成長回復」（工業化）の意図は後退し、むしろ一定地域ごとに開発目標を定め、それぞれが特徴ある発展をめざす、第11次5カ年計画（2006～10年）で提起された「主体機能区」（「主体功能区」）＊17の発想を反映したものだった。珠江デルタと香港、マカオとの経済一体化も「主体機能区」の一つとして明示された。そうした工業化とは異なる「都市化」（城鎮化）の考え方は、同じく第11次5カ年計画で打ち出された「社会主義新農村」にもみられる。社会主義新農村は農村政策だが、農民工と大都市との関係から戸籍問題に注目し、そしてリーマンショックを経験するなかで「人の都市化」を着想した点で、「城鎮化政策」の始原でもあることはすでに述べた＊18。第17回党大会（2007年10月）から2カ月後に広東省に着任し、その1年後に『珠江デルタ綱要』を発表した汪洋がそ

うした歴史の潮流から外れて存在したとは考えにくい。
　＊17　「主体的機能区」(「四十六号文献」)とは、主に行政管理上の必要から「東部」、「中部」、「西部」、「東北部」に4区分する手法とは異なり、国土を機能別に「優先開発区」、「重点開発区」、「開発制限区」、「開発禁止区」と四つに区分し、それぞれの区分の性質に応じた発展をめざす構想である。ここには金太郎飴的な工業化(全国の主要都市部で類似的な労働集約産業の発展)と諸侯経済化(都市経済保護主義)をもたらしている、低廉な農民工を継続的に供給する〈都市－農村〉二元構造の打破、およびそれを含め全体として脱工業化の発想が垣間見える。珠江デルタは第1分類の「優先開発区」に位置づけられ、香港、マカオとの経済的一体化が明記された(陳[2014]284頁)。
　＊18　2010年2月26日付『人民日報海外版』は「地域経済が中国の発展の新たな牽引役となる」との記事を一面トップに掲載し、次のような見方を示した。「改革開放以来三十年間、中国経済は豊富な労働力をもってグローバルな分業体制に参入したが、経済発展に向け高すぎる貿易依存度が課題となっている。突然の金融危機に見舞われ、東部地域で競争優位を失った産業があり、産業移転への動きとなった。地域間経済の協調発展は、一夜にして重大な時代の使命と責任を課され、新たな国家戦略に引き上げられた」(日本貿易振興機構[2010])。リーマンショックでダメージを受けた沿海東部の労働集約産業の中西部への移転、それら生産品の国内販売の必要性、農民工の沿海東部での就職難などが要因となり、懸案の経済・産業構造調整が「内需」を軸に新たな地域開発戦略となり開花し、百花繚乱状態になったとの捉え方である。

　そのような「ポスト地域開発戦略」のフロントランナーとして広東省が先鞭をつけた形の「原初的な城鎮化」政策は、「双移転」と「珠江デルタ一体化」政策によって展開されている。同政策では、遠方からの出稼ぎを抑制し、現地農民に対する教育・訓練を強化することで、珠江デルタの〈農村－都市〉、〈都市－都市〉の一体化を進めつつ「経済・産業構造調整」(メーカーズの創出)を実現し、人々の幸福の充足を図る。

　ニュータウン計画のような都市開発を別にすれば、今日の先進資本主義国家の歴史においては、「都市化」は近代化過程の自然発生的な現象であり、工業化とイコールである。農村から都市近代部門へ低廉な余剰労働力が移動し、企業の形成と工業化が進行するなかで、余剰労働力が枯渇する段階を指す「ルイスの転換点」に到達する前段階とも換言できる。政治的には、つねに不安定性を内包する都市社会の安定化装置として普通選挙に

第2章 華南政策と開発戦略

代表される民主主義が制度化される基礎的条件でもある。しかし、中国において都市化（城市化や城鎮化）は、工業化（都市経済の発展）のプロセスにおいて自然発生的に生じる現象ではなく、〈都市－農村〉の二元構造を解消することで、都市を基盤とする既得権益層を打破しつつ「経済・産業構造調整」（メーカーズの創出）を進め、ひいては社会的安定を確保するため計画的に実施される政策である。その意味で、「経済・産業構造調整」とは脱工業化や個人を担い手とする経済サービス化（いずれもメーカーズの創出）を指す。

（1）「城鎮化政策」への旋回

2011年以降に本格始動した「新型城鎮化」政策は、二つの政策的系譜に分解して理解することができる。一つは内陸部（中西部）への産業移転等を通じた沿海東部大都市の経済・産業構造調整の流れのなかで生まれた工業化としての「城市化」（都市化）、そして一つは改革開放期の一貫した政策である農村振興である。前者はその源流を1990年代半ばの均衡発展と沿海東部経済の構造調整に求めることができる。2001年末のWTO加盟で国際競争力強化が課題にのぼり、沿海東部の経済・産業構造調整が喫緊の課題となる一方、農村での乱開発が深刻化するなかで、次第に「城鎮化」の概念が形成されていった。

城市化は歴史的に以下のように整理することができる（図表2-14）。

第10次5カ年計画（2001～05年）において重点政策となったのに続き（『第10次5カ年計画』第二編第九章「城市化戦略を実施し、都市と農村の共同の進歩を促進する」）、2002年11月の共産党第16回大会で確定した。第10次5カ年計画の主なテーマは、WTO加盟をにらみ、国際競争力強化のため沿海東部の経済・産業構造調整を図ることにあった。この共産党第16回大会で確定した城市化はすでに農村振興の観点を含んでいた。同大会において江沢民が発表した党総書記として最後の『報告』は、「農村の余剰労働力を農業以外の産業と都市に移すことは、工業化と近代化の必然的趨勢である」と、資本主義国の経験を引いて、1980年代に農村所得の増加に貢献した短期出稼ぎとは異なる、農民の都市移住（永住）の可能性に言及した。都市と農村の経済・社会の発展を統一的に計画し、農業近代化を通じて農村経済を発展させ、農民収入を増やすことは、小康社会の全面的な建設に

図表2-14 都市と農村:「社会主義新農村」の建設から城鎮化へ(2001年〜)

2002年	共産党第16期全国代表大会:城鎮化政策確定、三農問題が重要課題に(11月)
十・五計画 (2001〜05年)	城鎮化を通じて都市、農村の共同発展を図る ・大中小都市と「小城鎮」の共同発展を通じて合理的な城鎮体系を形成 ・県政府所在の建制鎮(県城)等に重点として小城鎮を発展させる ・城鎮化を妨げる制度的、政策的要因を取り除く
2004〜07年	中央一号文献:都市・農村一体の社会管理。工業をもって農業を促進する新方針 ※2004〜13年:中央一号文献。三農問題がテーマ
2005年	共産党第16期五中全会『第11次5カ年計画』採択(10月11日):＜社会主義新農村＞の建設目標打ち出す
2006年	中央一号文献:＜社会主義新農村の建設に関する意見＞
2006年3月	全人代:＜社会主義新農村＞の建設を承認
十一・五計画 (2006〜10年)	城鎮化を健全な形で推進する ・安定した職を有する農民工に市民権を与えるなど"人の城鎮化"を促す ・効率的かつ持続可能なパターンで合理的な都市空間を構築する ・資源、環境、地理的条件に適合する都市計画を制定し、その実施を促す ・都市、農村部一体化管理(城郷統籌)を試行し、城鎮化推進に必要な制度を整備
2008年10月	共産党第17期三中全会:「中共中央の農村改革発展の推進に関する若干の重大問題の決定」を承認(12日)。都市と農村の経済・社会発展の一体化の新局面の形成を加速し、＜社会主義新農村＞の建設を明確に提示
十二・五計画 (2011〜15年)	城鎮化を積極的かつ安定的に推進 ・「両横三縦」に基づく「新型城鎮化」戦略を実施 ・中小都市や「小城鎮」を中心に「農民工」とその同居家族の市民化を推進 ・都市人口の過密化等による「都市病」を防ぐため「城鎮化」を図る
2012年11月	共産党第18期大会:「新四化」提起(18日。工業化、情報化、城鎮化、農業現代化の同時発展)
	新型城鎮化

資料)筆者作成

第2章　華南政策と開発戦略

おいて重要な任務であるとして、都市と農村の「統一的発展」に初めて言及した。

　曽培炎国家計画委員会主任（当時）はこの改革について「農村人口が都市人口より多い現状を変える」と数量的に表現した。これを受けて中国の市長協会等は2003年1月、「中国都市発展報告」を作成し、この中で36.0%にすぎない都市化率を2050年までに75.0%に引き上げる目標を掲げた。農村人口は約8億人から3～4億人に激減する一方、都市人口は8億人以上に増加する計算である。同「報告」は同会副主任ら政府幹部が監修し、「新世紀の中国都市化戦略の基本構想」と明記していた（「共同通信」2003年1月13日）。

　しかし、この時の都市化は、戸籍制の改革を含む農民の都市移住の具体的方策、受け入れ側の都市の選定、そうした都市の諸制度やインフラ整備等の具体策がほとんど提示されず、経済・産業構造調整の具体策もなお明確でなかった。これは都市化について、均衡発展の文脈における工業化の全土化や既存都市への移住促進と理解されていたため、農民の大量流入を恐れる都市の抵抗が強かったためと考えられる。ともあれ、文書上では、既存都市の規模を一定度に抑えつつ都市経済を発展させ、労働力の吸収能力を高め、基本的なインフラ、居住環境、公共サービス、社区サービスの整備を進める旨が謳われた。

　そのような都市化（城市化）政策はしかし、胡錦濤時代の2005年10月の中国共産党第16期中央委員会第5回全体会議で採択された第11次5カ年計画（2006～10年）で別次元の問題として進化を遂げる。都市化政策は、〈都市−農村〉の二元構造の解消をにらみつつ、単なる工業化の拡大や経済・産業構造調整ではなく、経済問題（大都市部の経済・産業構造調整、中小都市の工業化、農村振興を通じた都市と農村の所得格差是正）から、社会的・政治的課題へと解釈し直されたといえる（「第11次5カ年計画」の第五編「地域間の調和のとれた発展の促進」の第21章「都市化の健全な発展の促進」）。第11次5カ年計画は、毎年900万人を農村部から都市部に移住させ、2010年の都市化比率（常住人口都市化比率）を47.0%（2004年末のそれは41.8%）に引き上げる数値目標を5カ年計画において初めて明記した。

（2）三農政策と社会主義新農村

　第11次5カ年計画（2006～10年）において「都市化」の概念に質的転換をもたらしたのは、2004年における「三農問題」との連動である。その産物が「社会主義新農村」である。こちらは、改革開放期を通じて試行されている農村振興の文脈のなかに位置づけることができる。「社会主義新農村」は第11次5カ年計画でも一編を割いて詳述された（『第11次5カ年計画』第二編「社会主義新農村の建設」）。

　農業、農村、農民の困窮を意味する「三農問題」は、「都市化」と同じく、2002年11月の共産党第16回大会で最重要課題の一つとなった。また、毎年初めに発表され、その年の共産党、政府の最重要課題であることを示す「第一号文献」のテーマは、2004年に「中国共産党中央、国務院の農民収入増加促進に関する若干の政策の意見」（2月8日公布）となり、それ以降、2016年まで13年連続で農業問題（広義の三農政策）となった。三農政策は農村改革が進められた改革開放後の1982～86年の間も第一号文献の主題となり、農村改革史上有名な「五つの一号文件」として知られている[19]。

　　＊19　1982～86年までの5つの「一号文書」は、農村（安定）、農業（生産）、農民（所得）が好調に推移した改革初期の文書である。農村改革は農業で農民収入を増やすことを目標とした。世帯と生産量を連動させる請負責任制を導入し、同時に非農業への参入を認めた。農民の所得増加ペースは都市住民より早かった。表面化した余剰労働力は農民工（出稼ぎ労働者）となり、工業化、都市化を推進する原動力となった。

　1980年代の農業政策の中心は家庭請負制の促進だった。表面化した余剰労働力は都市へ出稼ぎに出た。この段階では、農村と低賃金労働力を受け入れた都市の両者が利を得た。しかし、1990年代後半から都市市民に比して農民の所得は落後し始めた。農民にとって出稼ぎは死活問題となった。さらに21世紀に入り、新世代の農民工が農民工の中心を占め始めた。「新世代農民工」や「第二世代農民工」とも呼ばれる農民工の存在が「発見」されたのは2004年である。そうした農村所得が都市のそれに落後する新たな〈都市－農村〉関係や農民工の世代交代が感知されたことが、中央政府をして2004年からそれまでの農業振興策や出稼ぎに期待することのない農村振興策＝「国土安定化策」として「三農政策」、さらには「社会主義新農村」を模索させた最大要因と考えられる。

第2章　華南政策と開発戦略

　2004年から2007年までの第一号文献は、タイトルは異なるものの、すべて「以工促農、以城帯郷」（工業をもって農業を促進する、都市が農村を従える）、「多与、少取、放活」（農村に多くを与え、少なく取り、活性化する）の方針を打ち出した。2005年10月の共産党第16期中央委員会第5回全体会議では「社会主義新農村」が提起された。第11次5カ年計画の起草が最終段階に入った同年末からは、同テーマが活発に議論されるようになり、2006年初めの第一号文件では『社会主義新農村の建設推進に関する若干の意見』と社会主義新農村の建設が明記された。続いて、2006年3月の第10期全人代第4回会議で社会主義新農村を盛り込んだ『政府活動報告』（温家宝報告）が了承されたほか、第11次5カ年計画（2006～10年）が承認され、本格始動した。そして、2008年10月の共産党第17期中央委員会第3回全体会議（三中全会）は『中共中央の農村改革発展の推進に関する若干の重大問題の決定』を承認し、「都市と農村の経済社会発展の一体化の新局面の形成を加速し、農民の政治権利の改善・保障等について2020年をめどに実現をめざす」とした「社会主義新農村」の建設を明確に提出した。これにより〈都市－農村〉の二元構造の打破の方針が確定した（丁［2009］）。

　「社会主義新農村」の狙いは、（都市からの産業移転等を通じた）農村の工業化でも、出稼ぎの奨励でも、既存都市への農民の移住を通じた都市と農村の経済格差の是正でもない。それは1980年代の「五つの一号文件」と対照的である。「社会主義新農村」の画期的な意義は、〈都市－農村〉の二元構造そのものを解消するアプローチを明確に示したことにある。都市と農村をいわば「農民の市民化」を通じて一体化し、「中小都市」を建設する「城鎮化」がその手段である。「城鎮」とは「城市」（日本の都市に相当）と「鎮」（日本の町に相当）を合わせた中国語で、城市よりも小規模な都市を指す。この意味で、「農民の市民化」とは、「農民の中小都市化」とも比ゆ的に言いうる。具体的には、インフラ整備の重点を農村に移すだけでなく、都市居住の諸権利を与えつつ、都市の公共サービスを農村まで拡大し、農民の負担軽減や義務教育の普及、環境整備などに資金を投入し、農村の城鎮化を進める。

　以上を整理する。都市化政策は共産党第16回大会（2002年11月）で確定し、同時に三農政策も政策課題となり、都市と農村の「統一的発展」が提起されたが、それは工業化の全土化、つまり「工業都市」の増加や拡大と

して理解されていた（「城市化」）。それが2004年の第一号文献以降、人間（住民）に着目した「城郷一体社会管理」（都市と農村の一体的な社会管理）、言い換えれば「都市市民と農民の一体的な社会管理」へと変質した。そして2008年には「社会主義新農村」の内容が確定し、単なる工業化ではない人間（農民）重視の農村振興が「城鎮化」の概念によって構想されたのである。

本来、都市でないものを都市とする事態を「都市化」と呼ぶが、都市の対義語は農村である。つまり、都市化政策とは実践的には農村政策でもあるはずだが、それまではほとんどもっぱら建物やインフラ建設、既存大都市の経済・産業構造調整に関心が注がれていた（「城市化」＝工業化としての都市化の発想）。同じ「都市化」でも、2004年以降、〈都市〉から〈農村〉へ政策の力点が移行した背景には、戸籍制に基づく〈都市－農村〉の二元構造を保持したまま「工業化」（「城市化」）を進めることの弊害が急速に顕在化してきたためといえる。すなわち、

①工業化を進めても、農民工（短期出稼ぎ）依存構造を改めない限り、都市の工業、産業は低付加価値部門に固定される。しかし、WTO加盟など対外開放の進展はそれを許さない外的条件を形づくった。

②WTO加盟後の2000年代、むしろ資金は工業部門から不動産部門に回り始めた（前図表2-13）。もともと〈都市－農村〉の二元構造は農民工の低賃金を固定化するので農民の側は貧しいままにおかれるが、乱開発による農地収奪（生産手段の喪失）は農民の生活困窮を助長した。

③そのような「都市優遇」構造は、腐敗を助長しつつ既得権益層を形成した。

④都市部への定住志向の強い新世代農民工が農民工の主流を占めるようになり、社会の安定維持の観点からも〈都市－農村〉の二元構造の維持が難しくなった、

である。

既述の通り、中国の工業化の問題は、〈都市－農村〉の二元構造に基づく、都市既得権益層による利益の独占構造（もしくは農村・農民収奪構造）にある。この構造が不変のままで工業化をさらに推進しても農村・農民・農業の振興はままならず、それどころか社会不安の誘因となる。農村・農業改革とは従って、既存の工業化メカニズムの根本的な転換をおいてない。

第2章　華南政策と開発戦略

　その手段が城鎮化といえる。一貫して農村を重視した胡錦濤が、それまでの工業化としての城市化（都市化）に代え、社会主義新農村建設（城鎮化）を経て、戸籍制度改革を主要な手段とする農村（農民）政策としての都市化、すなわち「人」（農民）に重点を置く新型城鎮化政策を打ち出したのは偶然ではないだろう。

　社会主義新農村建設（城鎮化）は、ポスト工業化時代の開発理論と位置づけることもできる。「城鎮」とは、「農村」と対比される概念ではなく（「農村」と対比される概念は「城市」）、グローバル化の文脈のなかで「都市」を位置づける考え方といえるからである。それは「平等」イデオロギーが推し進める近代化（工業化）としての都市化ではなく、「多様性」を実現する都市化ということもできる。具体的には、戸籍制度改革を通じた「就地就近就業」（出稼ぎの抑制＝労働と居住の一致・近接）の実現を通じて「メーカーズ」を創生し、「内需拡大」と社会安定化を実現する。また、それによって「幸福」のような主観的概念が、「格差」という数量的概念に取って代わる。ここにおいて華南政策の理論的支柱がほぼ完成したといえる。

　もっとも、第11次5カ年計画期に社会主義新農村が打ち出されたとはいえ、同期の「城鎮化」は実態的にはなお城市化（工業化）の意味合いが強い地域開発戦略だったといえる。というのも、2007年10月の第17回党大会で胡錦濤は、「城鎮化」を工業化、情報化、市場化、国際化とともに、中国が経済のグローバル化に全面的に参加することから生まれる機会と挑戦と意味づけ、そのうえで「工業で農業を促進し、都市が農村を牽引する長期的な仕組みを作り、都市・農村の経済と社会の発展が一体化した新しい構造を作り上げる」「大が小を引っ張るという原則に従って、大中都市と小さな町のつりあいの取れた発展を図る」、さらには「大都市を核にして、波及作用の大きい都市群を形成し、新しい経済成長の極を育てる」と述べていたからである。

　第11次5カ年計画（2006～10年）で提起された「主体機能区」（「主体効能区」）計画（既述）、そして2011年3月に全人代で採択された、リーマンショック後として初めての5カ年計画である第12次5カ年計画（2011～15年）も同様であり、「城鎮化」をなお工業化の意味合いで捉えていたといえる。2011年6月に「二横三縦」（横二本・縦三本）という鉄道網戦略が打ち出さ

れたが、それはどう工業化を全土に拡げるかという均衡発展思想の強い城鎮化政策だったといえる。「横二本」とはユーラシア大陸横断（ランドブリッジ）鉄道ルートと長江沿いの二本のルートをいい、「縦三本」は沿海、京哈京広（北京〜ハルビン、北京〜広東省広州市）の鉄道、内陸部の包昆（包頭〜昆明）の三本の鉄道路線を指す。沿海線で主にアジア太平洋国家と連動する従来の「外部循環」を維持する一方、陸においてヨーロッパとのつながりを強め「外部循環」を拡充し、経済成長を促進する——が「横二本、縦三本」の目的である。ただし、軸線上の大都市群がその他の都市化地域と結びつく都市化戦略、「サービス」拡大の発想もあった。

　城鎮化の概念の大転換はこの後に訪れた。2012年11月18日の第18回党大会報告で、城鎮化は工業化、情報化、農業近代化とともに、2012〜17年に遂行すべき「新四化」（新たな四つの近代化）の一つに位置づけられた[20]。新四化のなかでは城鎮化が中心的な位置を占める。城鎮化は「国際化」（工業地帯の形成の意味での城市化）ではなく、明確に「グローバル化」（「内需」形成の基盤づくりとしての都市化）の文脈に位置づけられるようになったといえる。

> [20]「四つの近代化」の内容は変わってきたが、1964年の第3期全国人民代表大会第1回会議で発表された政府活動報告において周恩来総理（当時）が「今世紀（20世紀）中に中国を現代農業、現代工業、現代国防と現代科学技術を持つ社会主義強国に築きあげる」と述べたのがはじまりである。1979年12月6日、鄧小平が日本の大平正芳首相（当時）と会談した際、「20世紀終わりまでに1人あたりGNP（国民総生産）を1,000ドルにし、人々の生活を少しゆとりのある水準に引き上げる」と語り、それを「中国の四つの現代化目標」と呼んだ。

（3）新型城鎮化政策の確定

　社会主義新農村の建設が相当の揺れ幅をもってしか実践されなかったのは、胡錦濤政権において「城鎮化」の概念が城市化と三農政策の間でなお明確化していなかったことが一つ、また一つは2008年秋のリーマンショックの影響が及んだからだと考えられる。大型景気対策事業が進むなかで城鎮化は、「農民の都市化」の考え方が完全に脇に追いやられ、既存都市や農村での住宅、インフラ建設、工場誘致など、単なる「城市の開発事業」へと矮小化されてしまったのである。

第2章　華南政策と開発戦略

　2005〜08年に形成された社会主義新農村の建設、つまり「城鎮化」政策が「土の城鎮化」に堕してしまったことは、主に都市部における常住人口と戸籍人口の格差が2005年以降、急速に拡大した事実に表われている（図表2-15）。中国の人口統計において、主に農村戸籍者の都市居住者数を示す「人戸分離人口」や「流動人口」のいずれにせよ、同年以降の、特に2005〜10年のその増加ぶりは著しい[21]。流動人口の増加は2014年まで続いた。戸籍制度（農民差別）を改変することなく都市居住人口のみが増えれば、公的、民間の資金が、家計部門ではなく企業部門へ、そして教育や社会保障（医療や年金等）、サービス消費（教育等）ではなく、既存都市の未開発地区や農村周辺部での建設事業に流れ込みやすくなるのは自然の成り行きである（「人の城鎮化」の「土の城鎮化」への変質）。

　*21　「常住人口都市化率」は［都市に暮らす農村戸籍者を含む外来労働力人口＋都市戸籍人口］／総人口、「戸籍人口都市化率」は都市戸籍人口／総人口。なお、「流動人口」や「人戸分離人口」に関連する語彙は次の通り。「農民工」（農民戸籍の都市労働者）、「農業転移人口」（都市移住している、農民工の家族も含む全農村戸籍者）、「外来務工人員」（農民工その他の都市に就労目的で居住する人々）、「外来人口」（農業転移人口を含め、当該地区の戸籍を有さないすべての人々）。

図表2-15　人戸分離人口と流動人口（2000〜14年）

（億人）

	2000	05	10	11	12	13	14
人戸分離人口 (a)	1.4	na	2.6	2.7	2.8	2.9	3.0
流動人口 (b)	1.2	1.5	2.2	2.3	2.4	2.5	2.5
a−b	0.23	−	0.40	0.41	0.43	0.44	0.45
中国の総人口 (c)	12.7	13.1	13.4	13.5	13.5	13.6	13.7
a/c (%)	11.4	−	19.5	20.1	20.6	21.2	21.8
b/c (%)	9.5	11.2	16.5	17.1	17.4	18.0	18.5

資料）中国統計年鑑2015年

　これに対し、大型景気対策事業終了後の2011年から、城鎮化に関して、本来の社会主義新農村の建設の精神に立ち戻りつつ、より大きな役割を果たすべく検討が始まった。それが「新型城鎮化」にほかならない。それまでの「城鎮化」が〈都市－農村〉二元構造をなお否定できず「土の城鎮化」（不動産開発）に変質する欠陥を内包していたとして見直され、「人の

城鎮化」と呼ばれる新型城鎮化が追求されるようになったのである。そのアイデアは『国家新型城鎮化（発展）規画綱要（2014〜2020）』（以下『新型城鎮化綱要』と略）として体系化され、2014年3月16日に発表された。その主要な内容は、2016年3月に採択された第13次5カ年計画（2016〜20年）にも反映されている。

『新型城鎮化綱要』は「『中共中央の改革を全面的に深化させることに関する若干の重大問題の決定』(2013年11月の中国共産党第18期中央委員会第3回全体会議＝三中全会『決議』)、中央城鎮化工作会議の精神（2013年12月）、第12次5カ年計画（2011年）、全国主体功能区計画（2010年6月。第11次5カ年計画に盛り込まれる）に基づく」（カッコ内の年月等は筆者が追加）と冒頭で述べられている通り、今日に至る中国の都市化政策が固まった胡錦濤政権終盤から習近平政権序盤における議論を総括した「都市化に関する総合計画文書」と位置づけられているが、当初は『全国促進城鎮化健康発展規画（2011〜20年）』と呼ばれた。同文書は主に国家発展改革委員会（発改委）はじめ10以上の国務院関係部門が起草し、2013年3月の新政権発足の頃には初稿が完成し、完成稿の発表は「早ければ今年前半」が予定された（『第一財経日報』、『新京報』2013年3月7日）。同年6月末、『新型城鎮化綱要』が国務院で原則的に承認されたが、同年12月12日から13日まで開かれた「中央城鎮化工作会議」において最終的な議論が行われた。「その議論に基づいて関連部門が修正する」（同会議後に発表された『コミュニケ』）とされた。同会議は中央政府が改革開放後に開いた初めての都市化工作に関する会議であり、習近平、李克強が講和した。修正稿が完成し、国務院に提出されたのがこの頃であり、2014年1月20日には「間もなく正式承認され発表の見込み」と伝えられた。

こうした経緯は、①「新型城鎮化政策」は胡錦濤時代に起草が始まった、②しかし、その草稿を注意深く検討し、最終的に策定し、遂行しているのは次政権（現政権）である、という興味深い事実を示す。

『全国促進城鎮化健康発展規画（2011〜20年）』（以下、『健康発展規画』）が『新型城鎮化綱要』へと変わる途上でどのような議論があったか、どんな変更があったのかは不明だが、いずれにせよ二つの政権、二つの政策を貫くのは、城鎮化の「不動産建設事業化」（土の城鎮化）への強い不満であり、本来遂行すべきは「人の都市化」であるとの観点である。『健康発展規

第2章　華南政策と開発戦略

画』の初稿では、10年間に、全国20以上の都市郡、180以上の「地級市」（都市と農村を含む比較的大きな行政単位で日本の県に近い）、1万以上の城鎮を建設し、投資額は40兆元と伝えられたのに対し、採択された『新型城鎮化綱要』では投資額が明記されず、数値目標も緩やかなものとなった。これについて問われた李克強首相は「40兆元」の投資計画を否定した。『健康発展規画』が『新型城鎮化綱要』へと変更された大きな理由が、経済的な「開発」偏重の発想を改めることにあったのは明らかである。

　もう一つ、『健康発展規画』が『新型城鎮化綱要』へと変化した背景を推測する手がかりになるのが、上でふれた「新四化」の考え方である。「新四化」とは「中国的特色を持つ新たな工業化、情報化、城鎮化および農業現代化」を指すが、そのなかでは城鎮化が中心的な位置を占める。2012年11月18日の第18回党大会報告で提起されたが、同年以降少なくとも5年間の国家建設の指針となる。「情報化と工業化の深い融合を推進し、工業化と城鎮化の好循環を実現し、さらに城鎮化と農業現代化の整合性を図り、工業化、情報化、城鎮化と農業現代化の同時発展を促す」としたうえで李克強副首相（当時）は「城鎮化推進の核心は人の都市化」であると明言した。習近平－李克強体制においては「グローバル化」（個々の価値観の劇的な多元化）の進展が明確に意識され（「終章」も参照）、それゆえに城鎮化を、単なる工業化ではなく、情報化と融合した工業化と農業現代化の上位概念に位置づける『新型城鎮化綱要』へと変更し、体系化したと考えることができる*22。

　　*22　終章でもふれる通り、習近平－李克強政権の最大の思想的特徴のひとつはグローバル化の進展に対する深い自覚である。それゆえに城鎮化は最高度に重要な政策であり続けている。2014年3月の『国家新型城鎮化（発展）規画綱要（2014〜20）』の発表後も、城鎮化が新四化の文脈に位置づけられているのは変わらない。例えば、国家発展改革委員会の徐紹史主任は、現在の問題を解決するためには、改革を全面的に深化させ、経済の内的な動力と市場を主体とした活力をさらに強化しなければならないと指摘したうえで、工業化・情報化・都市化（城鎮化）・農業近代化を同時に推進して巨大な潜在的ニーズを解き放ち、革新を動因として発展の底力を高め、マクロ調整によってさらに良好な環境を作り出すべきと述べた（「人民網日本語版」2014年3月7日）。第18回党大会では、「城鎮化」という言葉が7回にわたり強調された。

同年12月の中央経済工作会議では、2013年の経済活動の主要任務とされた第4項目で城鎮化の推進が挙げられ、「城鎮化こそが内需拡大の最大の潜在力である」と位置づけられた＊23。
　　＊23　2012年12月15～16日に北京で開かれた経済工作会議では、「都市化の推進」が2013年の主要経済任務の一つとされたが、同会議で都市化が単独の主要任務とされたのは初めてだった。
　新型城鎮化は、簡潔には、農民に都市市民と同様の市民的諸権利を与えつつ、農民を「（工業発展に有用な）豊富な均質的低賃金労働力」から「情報・知識の創造と共有能力を発揮する社会的人間」へと転換する政策といえる。その中心が八〇后、九〇后世代となるのは言うまでもない。これにより「内需」拡大、「産業構造高度化」を通じた持続的経済成長と社会安定化を達成し、2030年までの全面的小康社会の実現、つまり幸福社会の建設という中国共産党・政府の長期目標の達成につなげる。新型城鎮化政策が固まった段階で、都市化イコール工業化という伝統的な地域開発戦略の流れを汲む「城市化」（都市化）は、「人の都市化」をめざす新型城鎮化政策へと完全に換骨奪胎されたといえる。
　新型城鎮化が広東省着任から約半年後に汪洋が正式に打ち出した「双転移」（資本＝産業だけでなく、労働力を農民工出身地近郊の中小都市へ誘導する）を想起させる点はきわめて重要である。新型城鎮化は、社会主義新農村の建設と同じく、高コスト政策によって実現が企図される。より遠方の低賃金労働力の需要が減少し、地元労働力の雇用機会が拡がる（産業空洞化によって拡がらない場合もある）。すなわち、就地就近就業（「職住接近」）が進む。これは「双転移」の発想にほかならない。
　2014年3月16日に発表された『国家新型城鎮化（発展）規画綱要（2014～2020）』（以下『新型城鎮化綱要』と略）の数値目標は別表の通りである（図表2-16）。4分野18項目の目標のうち、「都市化率水準」の引き上げ目標は2020年（第13次5カ年計画終了時）において、常住人口と戸籍人口についてそれぞれ60％程度と45％程度である。2012年の常住人口都市化率は52.6％、戸籍人口都市化率は35.3％である。つまり、8年間で両者の開きを17.3ポイントから15.0ポイント程度にまで縮小するのが目標である。従って、約1億人の農業人口を都市部に移転させる計算になる（2014年から起算すれば年平均1,400万人）。

第2章　華南政策と開発戦略

繰り返せば、新型城鎮化政策の狙いは、(城鎮への)「定住」(労働と生活の一致・近接状態) 促進、もしくは抽象的には人口の流動性の引き下げだが、その手段が示された『新型城鎮化綱要』のポイントは居住証 (都市戸籍への転籍が済んでいない都市常住の農村戸籍者に発行する臨時的な居住許可証明) を含む戸籍制度改革を通じて農民を市民化することにある。その政策面の特徴は三つにまとめることができよう。すなわち、①既存大都市 (北京市、上海市、広東省広州市、深圳市等) ではなく、都市化の対象を「城鎮」

図表2-16　新型城鎮化の主要指標

	単位	2012年	2020年
城鎮化水準			
・常住人口城鎮化率	％	52.6	60.0程度
・戸籍人口城鎮化率	％	35.3	45.0程度
基本公共サービス			
・農民工が連れてくる子女の教育機会	％	－	99.0以上
・失業者、農民工、新規労働力が無料で基本的な職業技能訓練を受けることができる割合	％	－	95.0以上
・常住人口の基本的養老保健加入率	％	66.9	90.0以上
・常住人口の基本的医療保健加入率	％	95.0	98.0
・常住人口が安価な公共住宅に居住する割合	％	12.5	23.0以上
インフラ			
・人口100万以上の都市公共交通の自動車利用率	％	45.0*	60.0
・公共水道普及率	％	81.7	90.0
・都市汚水処理率	％	87.3	95.0
・都市生活ゴミ無害化処理率	％	84.8	95.0
・都市世帯ブロードバンド接続能力	Mbps	4.0	50.0以下
・都市社区総合サービス施設設置率	％	72.5	100
資源環境			
・1人平均都市建設用地	㎡	－	100以下
・再生可能エネルギー消費比率	％	8.7	13.0
・緑色建設が新規建設に占める割合	％	2.0	50.0
・都市建設区緑地率	％	35.7	38.9
・地級以上の都市の大気質の国家基準達成率	％	40.9	60.0

注) ＊は2011年の数値
資料)『国家新型城鎮化 (発展) 規画綱要 (2014～2020)』

という中小都市に絞る、②基本的公共サービスの提供を通じて農民を市民化するだけでなく、教育・訓練に注力し、都市生活への適応を助け、既存の市民からの差別的扱いの解消にも努める、③2020年までに「都市と農村社会の一体的な発展・管理」のシステムを構築する、である。具体的な方策は以下の通りである。

①（農民の都市定住に関わる項目）については主に「第六章『条件に合う農業転移人口移住城鎮の推進』。第２節『差別化の移住政策の実施』」で言及されている。「合法で安定的な職と合法で安定的な住所（賃貸を含む）を有するとの条件下で、

・建制鎮と小城市の移住制限を全面的に開放する。
・人口50万〜100万人の城市は秩序だって開放する。
・人口100万〜300万人の大城市は合理的に開放する。
・人口300〜500万人の大城市は移住条件を合理的に確定する。
・人口500万人以上の特大城市は人口規模を厳格に管理する。

このうち、移住制限を全面開放する建制鎮と小城市については、特に人口20万人以下の中西部の県級市と鎮から構成される中小都市になる模様である。

②については、「第三篇・第七章『農業転移人口が城鎮の基本的公共サービスを享受できるようにする』」で言及されている。農民の都市移住・定住規制緩和と教育機会の平等化を含め基本的公共サービスの提供を初めて結びつけたのはもちろん、就業・創業サービス改善や「農民工職業技能向上計画」が強調される*24。農民工の都市生活への適応を助けることで都市移住を促し、既存市民からの偏見解消にも努める。都市に移住・定住する農民を市民の基本的公共サービス体系（教育、就業、年金・医療・保険、低・中所得者向け住宅［＝保障性住宅］等）に組み入れる旨を明言したのは三中全会の「決定」が初めてだが、それが『新型城鎮化綱要』で具体化されたといえる。

③については、農村と都市の行政体制を一本化する。城鎮化は農村政策なしには成立しないが、実際、「新型城鎮化」は「新型農村」の建設と一体の関係にある。「新型農村」では農地、宅地に対する農民の使用権を確定し農民自身がその使用権を自由に処分できるようにする。故郷を離れた場合、農地の使用権を失う可能性など農民の土地使用権の不明確さが移住

や財産形成を阻害している現実があるためである。併せて、城鎮と農村の間のヒト、モノ、カネの移動、両者をつなぐ交通インフラの整備、社会保障制度を含む公共サービスの一本化、財政制度の見直しなどを当局は進める考えである。

＊24 新型城鎮化政策における農民への教育・訓練の提供を通じた「職住一致・近接」の促進、つまり城鎮の建設という観点は、広東省の双転移と完全に一致する。「広東省の双転移の核心は第一に農村労働力の訓練の強化、第二に科学的産業転移の実施である。広東省労働保障庁の調べでは、双転移政策において（職住一致・近接）、訓練・教育を受けた農民の収入は、そうでない農民よりおおむね20〜30％多い」（汪[2010]84頁）。

『新型城鎮化綱要』をそれまでの「都市化」（城市化、城鎮化）政策と区別するうえで最も重要で、その成功の鍵を握り、そして成否の判断基準となるのが戸籍制度の見直しである。実際、『新型城鎮化綱要』では戸籍制度改革の具体策は言及されていないが、『新型城鎮化綱要』の公布から間もなくの2014年7月30日、国務院は『戸籍制度改革を更に推進することに関する意見』を発表した。

ここで簡単に中国の戸籍制度を簡単に振り返り（図表2-17）、次いでその機能的意味を検討する。戸籍制度は1958年1月、新中国で初めての戸籍管理法として『中華人民共和国戸籍登記条例』が公表された時がはじまりである。「農業戸籍」（農村戸籍）と「非農業戸籍」（都市戸籍）を区別し、農民の都市への流入を厳しく制限し、都市間の人口移動も制限した。その目的は都市の安定である。具体的には、①社会治安の維持、②都市人口の抑制、③配給制の下での食料品を含む日常生活の必需品や住宅の円滑供給——である。1962年12月、公安部は「戸籍管理活動を強化することについての意見」を公布し、大都市への移転を強く制限した。その後、1975年の憲法改定で移動の自由を取り消したのに続き、1977年11月に国務院は「公安部の戸籍移動処理についての規定」を発表した。転入先の市や県の公安局の審査を必須とするなど都市居住を厳格に制限し、ここにおいて都市戸籍と農村戸籍の二元的な戸籍管理体制が確立した。

戸籍制度はしかし、改革の重点が都市に移り出稼ぎ目的の流動人口（農村からの都市流入人口）が増加した1984年から、都市部での就労許可という形で徐々に規制が緩和された。1989年旧正月明けには「盲流」の名で形容

図表2-17 中国における戸籍制度の変遷

戸籍管理の開始 《都市戸籍登録制から"農"と"非農"の区分の導入へ》	
■ 1951年7月	・公安部『城市戸口管理暫行条例』公布(16日)。全国都市部における統一的な戸籍登録制度を実施
1954年6月	・国民の居住、移転の自由を明記(憲法第90条)
■ 1955年6月	・国務院『経常戸籍等級制度樹立に関する指示』を発し、都市と農村の戸籍登記作業の統一化、都市、鎮、農村の戸籍登記制度内容、戸籍登記の統計を年に1度実施等を規定
■ 1955年11月	・農業及び非農業人口を区分
1956年3月	・第1回全国戸籍工作会議で戸籍管理の三つの基本的機能(①国民の身分証明、②人口統計の整備、③反革命分子と各種犯罪分子の活動防止)を確認
1956年12月	・農村人口の過剰な都市部への流入を防止

"農"と"非農"の二元構造の確立(1958～77年)	
■ 1958年1月	・新中国初の戸籍管理法規『中華人民共和国戸籍登記条例』公表。農村住民と都市住民の区別を初めて設ける。常住・暫定居住・出生・死亡・転出・転入・変更の7項目からなる人口登録制度を導入し、農民の都市への流入を厳しく制限、都市間の人口移動を制限
1962年12月	・公安部『戸籍管理活動を強化することについての意見』を発し、大都市居住を特に制限
1964年8月	・『公安部の戸籍伊移転処理に関する規定(草案)』で、人口移転に関する二つの厳格制限(農村から都市や鎮へ、鎮から都市へ)の基本精神を規定
1975年1月	・憲法改正により国民の「居住・移転の自由」に関する規定を削除
■ 1977年11月	・国務院「公安部の戸籍移動処理についての規定」を認可。年居住を厳格に制限し、転入先の市や県の公安局の審査を必須に。都市戸籍と農村戸籍の二元戸籍管理体制が確立

身分証制度実施、小城鎮の段階的開放 《農村部での人民公社の廃止、流動人口の増加、大都市での制限付戸籍の付与の開始》	
1984年10月	・『農民の集鎮への転入・定住問題に関する国務院の通知』で都市部で一定の職業につく農民に限り食糧を自ら調達することを条件として農民の農村部の小都市への移住を認可
1985年7月	・『公安部の城鎮暫住人口管理に関する暫行規定』を公布し暫住人口管理を規範化
1985年9月	・16歳以上の国民に「居住身分証」を申請することを義務づ
1994年2月	・上海市、投資家や不動産購入者など一定条件を満たす者に青色戸籍を付与

第 2 章　華南政策と開発戦略

1996年1月	・深圳市、投資家や不動産購入者など一定条件を満たす者に青色戸籍を付与
■ 1997年6月	・国務院『公安部の小城鎮戸籍管理制度改革試点方案と農村戸籍管理を改善することに関する意見通知』を承認。小規模城鎮に居住、就業する農村戸籍者に条件付きで常住を許可
■ 1998年7月	・国務院『公安部の当面の戸口管理業務中のいくつかの突出した問題の解決に関する意見通知』を承認（22日）。戸籍規制がさらに緩和。戸籍取得条件は、①新生児が父母のどちらの戸籍に入籍するかは任意選択可、②夫婦別居で配偶者の所在都市に一定期間居住していれば、任意で都市戸籍を取得可、③都市部に子供のいる高齢者、④都市部で企業投資、或いは一定金額以上の不動産を購入した者およびその直系親族

小都市限定のうえでの戸籍制度改革の本格実施 《2004年第一号文献「都市と農村の一体的な社会管理」を打ち出す。戸籍の統一へ》

■ 2001年3月	・国務院は『公安部の小城鎮戸籍管理制度改革の推進に関する意見の通知』を承認。小城鎮の戸籍制度改革。常住者の都市農村戸籍区分を撤廃し住民戸籍に統一化
2008年11月	・共産党は三中全会で中小都市で働く一部農民に都市戸籍を認める方針決定
2008年12月	・既に13の省が農業戸籍と非農業戸籍の二元制度を撤廃し都市と農村統一の住民戸籍を設ける（公安部発表）
■ 2009年12月	・中央経済工作会議（5～7月）、農業人口の城鎮での就業と居住が城鎮化の重要任務で2010年の主要任務に。一部の中小城市と城鎮の戸籍制限緩和
2009年2月	・広東省、技術資格を持つ農民工の都市戸籍申請を許可
2009年2月	・上海市、居住証を取得し7年以上かつ一定の条件を満たす常住人口に上海戸籍を付与する方針
2010年3月	・中国各地の新聞13紙が異例の共同社説を一斉に掲載（2日）、近く開会する全人代と政協会議の委員に職権を行使して戸籍制度改革を迅速に実現するよう呼びかけ
■ 2012年2月	・国務院弁公室は『積極的かつ安定的に戸籍管理制度改革を進めることに関する通知』を公表（23日。同『通知』は2011年2月26日作成。1年を経て公開）。条件を満たす非農業と農村人口が秩序だって中小都市と鎮へ居住することを導き、順次都市と農村の基本的公共サービスを均等化。改革は直轄市や副省級市などの大都市は除く
2012年8月	・上海市、博士号取得または高級専門職のエンジニア・マネジメントに対し直接常住戸籍を申請する権利を付与
2012年5月	・深圳市、年齢と学歴を主な条件として大学新卒者への戸籍付与制限撤廃

新型戸籍制度改革の目標設定 《2014年3月16日『国家新型城鎮化規画(2014～20年)』の発表。新型城鎮化の本格的始動》	
■ 2013年11月	・『中共中央の改革の全面深化に関する若干の重大問題の決定』で人口管理の刷新、戸籍制度改革の加速を規定。鎮と小都市の全面的規制緩和、中規模都市の秩序だった居住規制緩和、大都市の居住条件の合理的確定、特大都市の人口規模の厳格管理を盛り込む
■ 2014年7月	・国務院『戸籍制度改革を更に推進することに関する意見』を発表(30日)。①都市と農村の戸籍区分を撤廃し登記制度を統一、居住証制度を全面実施、新たな人口統計を整備、②義務教育、就業サービス、基礎養老年金、基礎医療衛生、住宅保障など基本的公共サービスを全常住人口に提供、③2020年までに戸籍移転政策を調整し、規範的で秩序ある新型戸籍制度の下、約1億の農村人口とその他の常住人口を都市戸籍へ編入

注)■は重要事項
資料)各種資料から作成

されるほど農民工が増加し、1990年代は郷鎮企業の衰退や沿海東部地域への外資企業の進出加速もあり農民工は増え続けた。ただ、21世紀の胡錦濤時代に入ると、特に2004年の第一号文献以降、三農対策の観点から都市化(「社会主義新農村」建設、城鎮化)の概念が生成し、中小都市に限定した戸籍制度の規制緩和が進んだ。第12次5カ年計画(2011～15年)では新型城鎮化政策の策定により、戸籍制度改革は最も重要な改革深化の遂行手段の一つとなった。

　戸籍制度改革が含意する最終的なゴールは〈都市－農村〉の二元構造の解体だが、その手段は単なる都市戸籍と農村戸籍の統合ではない。

　翻って、中国の戸籍には「身分」と「地理」の二つの意味があるといえる。そのうち「身分」的分断の解消は、戸籍を統一しなくても、戸籍から居住制限、および各種社会保障や教育などの差別措置を剥離するだけで実現する。それにより「人戸分離人口」や「流動人口」の概念もなくなる(単なる「都市戸籍者または農村戸籍者の居住地や現住所の変更」になる)。農村戸籍者に都市戸籍を与えても農業や農村生活を好み、農村に住み続ける農民もいるだろうし、逆に、農業や農村生活に憧れる都市戸籍所持者もいるだろう。また現状では、ある農村戸籍者は他の農村に永住することも難しい。実際、広東省をはじめ沿海東部の製造工場において短期契約で働く農民工(外出農民工)の就労地は、実は農村(郷や鎮)である場合

第2章　華南政策と開発戦略

がほとんどである。〈都市－農村〉二元構造は、戸籍制に基づく〈農村（内陸中西部）－農村（沿海東部）〉二元構造をも帰結する。

　一方、「地理」的側面に関して、農村戸籍者が居住地選択の自由を得た場合、沿海東部の既存大都市に大挙して移住する可能性がある。これは社会保障費などの莫大な資金負担増やスラム化、治安悪化などの問題を惹起しかねない。戸籍制度改革は既存都市・市民の既得権益（低賃金労働力の恒常的利用や土地収奪等の農民・農村搾取）を侵害するが、財政・社会問題は既存市民や都市部政府の現実的な反発を招く。

　こうして「次善の策」として、一定の居住制限を付けて都市市民と同じ各種市民的権利を享受できる場所を農村近郊に建設する城鎮化の考え方が生まれる。しかし、そうした城鎮化は、「次善の策」とばかりも言えない。就労チャンスや娯楽等に関して地理的「ハンディ」を減少もしくは無化するグローバル化の進展を考慮すれば、「最善の策」ともみなしうる。こうしてグローバル化に敏感な習近平時代、胡錦濤時代に三農対策の流れから生まれた社会主義新農村もしくは城鎮化の思想は、新型城鎮化へと昇華する――。

　このような意味で、新型城鎮化の根本思想は、居住地や職業選択の自由を認めたうえでの「定住」促進である。そうすることで居住地への高い帰属意識をもつ「市民」を形成し、社会的安定を確保し、イノベーションや「内需」拡大につなげる。ただし、この思想は――習近平－李克強体制の一連の政策の文脈から読み取ることはできても――明示されてはおらず、その「手前の政策」（既存の沿海東部の大都市への移住は認めず、城鎮への定住を誘導しつつ農民を市民化）が提示されているにとどまる。

　新型都市化政策の具体的展開に関して、まず安徽省と江蘇省が試点地区に指定された。安徽省は有数の農民工の送出地であるのに対し、江蘇省は戸籍人口と常住人口の差が最も小さい地域である。両地域は、「就地就近就業」を目的とする新型城鎮化の試行地としてふさわしいのである。ここに戸籍人口と常住人口の差が最も大きい広東省を加えることもできようが、広東省が「双転移」によりいち早く「就地就近就業」を試行しているのは本書で述べている通りである。北京中央政府が試点地区に改めて指定するまでもない（最初で述べた通り、汪洋は広東省の改革の青写真を江蘇省に求めたが、それは同省が「就地就近就業」の最先端地区だからである）。この後、寧波

市など62都市が新型城鎮化の総合試行地区に指定された。試行期間は2014～20年だが、2014年年末から2017年までに段階的な成果を上げ、他地区で転用可能な成功事例をつくり、2018年から2020年の期間にそれら成功事例を全国で徐々に普及させる計画である。

第3章
汪洋の幸福論と「新しい社会」

　汪洋は2011年1月6日の広東省共産党委員会第10回8次全体会議で「幸福広東」の建設を提起し、「騰籠換鳥」とともに第12次5カ年計画で実行する「双核心」（二つの核心）と位置づけた。経済成長至上主義を退け、「幸福」という主観的な基準も取り入れて省の「発展」や「進歩」を評価しようとする試みである。2013年春に同省を離れた汪洋の省在任中の最も独創的で、総決算的な意味を持つ思想、政策と位置づけられる。

　そうした「幸福」と一体ともいえる政策は「社会管理体制の刷新」、西側資本主義国の言葉に直せば「公共の再構築」の問題である。実際、広東省は幸福広東の建設を提起して半年後の2011年7月14日、『省党委と省人民政府が社会建設を強化することに関する決定』（粤発[2011]17号）という社会管理政策を打ち出した（第1章の図表1-1参照）。

　政策としての幸福の追求が社会管理の一大改革を求める理由は明らかである。GDPもしくは経済成長のような客観的指標を増大させる政策立案は比較的容易だが、主観的な「幸福」という多様な価値観を社会秩序の維持原理とする場合、「公」はどう定義され、行政や政治は何をすべきか、政策はどうあるべきかという統治（ガバナンス）に関する大問題が浮上するからである。

　これを胡錦濤時代に本格化した〈経済から社会へ〉という政策の基軸の移行の文脈のなかで捉えることもできる。経済成長至上主義が——農民工の低賃金を固定化する——〈都市-農村〉二元構造を温存した要因だとすれば、〈都市-農村〉二元構造の根本的な解消をめざす新型城鎮化政策は、「社会」を前景化させる。職住一致（職住近接）を通じて「生活の場」（居住と労働の場）の形成を図る新型城鎮化政策は、工業団地や住宅、インフラなどの建設事業に終始しがちな従来の都市化政策と異なり、形成される「城鎮」（新たな社会）をどう管理するか、つまり「幸福に長く暮らせるコ

ミュニティの建設」という公共政策の遂行を迫るのである。

本章では、まず改革開放期の中国においても鮮明に観察される「経済成長至上主義」がどのように形成されたのか、筆者の考え方を述べる。続いて、広東政策の「双核心」の一つを構成する「幸福」論が、経済成長至上主義を退けつつ中国でどう構想されてきたのかを論及する。続いて、省レベルでは中国で唯一とされる広東省の「幸福指数」について考察する。さらに、「社会管理の刷新」について論述する。

1. 幸福広東の建設

汪洋の特徴は一貫して、「平等性」（格差是正）ではなく、「多様性」を重視する政策を打ち出した点にある。そのような、量（平等性）ではなく、質（多様性）に着目する政治家が、主観的概念である「幸福」を政策目標に掲げるのは自然の流れといえる。そして最も重要な意義を改めて述べれば、主観性の追求はもはや社会の不安定化要因とはならない。むしろ個々が幸福を追い求める多様性こそが社会秩序を保つ、という考え方である。

1. 幸福広東の提起

汪洋が「幸福広東」をいかに重視したかは、一冊の書物の推薦の仕方が物語る。繰り返せば（第1章の図表1-1参照）、汪洋が2011年に党・省幹部に薦めたタル・ベンシャハー（Dr.Tal Ben-Shahar）『Happier』について、その薦めを末端の幹部にまでバトンリレーのように伝えることを求めたのである。

（1）中国の経済成長至上主義

大部分の市民にとって、GDPが例えば前年比0.1％、いや1.0％増加したとしてもほとんど無意味である。重要なのは給与の手取額や苦楽に関わる生活実感などである。にもかかわらず、GDPの増加（＝プラスの経済成長）は、政治家、官僚、エコノミスト、企業経営者らによって——実はその根拠が国民に全く説明されることなく——ほとんど無条件に積極評価され、現代国家の最も重要な「政策」の一つとなっている。この態度は19世

第3章　汪洋の幸福論と「新しい社会」

紀後半から世界各地で成立した大衆民主主義・資本主義国家において特に20世紀半ば頃から信奉されている、「経済成長至上主義」とでも呼ぶのがふさわしい。そのような経済成長至上主義がどう形成されてきたかについての筆者なりの考え方は、既に述べた（第1章1－2参照）。経済成長至上主義は、改革開放期の中国においても存在する。

そのような経済成長至上主義は、①1990年代後半～アジア経済危機、WTO加盟後～リーマンショックという地方が主導した二度のそれ、②リーマンショック後の大型景気対策事業のなかで生成した既得権益層、という二種類に分けて考えることができる。

また、経済成長至上主義の成立条件として、①改革開放への転換を受けた付加価値の増大を善とする資本主義制度の採用、②党・政府からの独立性が高まった企業にとって利益至上主義の形成、③経済成長率が重大な評価基準である独特の地方幹部の人事考課システム、④SNA（System of National Accounts）を基にした国民経済計算（GDPが中心）統計の整備などを挙げることができよう。

図表3-1　中国の国民経済計算の変遷（1956～2003年）

年	MPS体系	SNA体系	背景
1956	・統計作成開始		
1980			・IMF加盟
1981～82	・産業連関表作成		
1984		・中国国民経済計算体系（試行案）作成開始	・改革の重点が都市に移る
1985		・GDP推計開始（MPSと併用）	
1987		・産業連関表作成開始	
1992		・資金循環表作成開始	・鄧小平の南方視察
1993	・推計廃止。若干の用語を併用	・『中国国民経済計算体系（試行案）』完成 ・『中国国民経済計算体系（試行案）』公表	・第三次産業センサス
1999		・『中国国民経済計算体系（試行案）』全面改訂開始	
2001			・WTO加盟
2003	・すべての用語を排除	・『中国国民経済計算2002』公表	

資料）許、李[2009]、李[2012]等を参考に筆者作成

④については（図表3-1）、改革開放の重点が都市部に移った1984年からSNA体系に基づく統計整備が始まり、1992年の鄧小平の南方視察（「南巡」）を受け「社会主義市場経済」の位置づけが定まった同年秋の第14回党大会後に作業は加速した（許、李［2009］145頁）。ソ連、東欧の計画経済国家で誕生し中国にも導入されたMPS体系（物的生産物バランス体系＝ A System of Material Product Balances）と併用された時期を経て、1993年にSNA体系へと一本化された。MPS体系は非物的サービス（金融・保険、不動産、科学研究、教育等）を第二次分配として処理する点が特徴だが、1993年の『第三次産業センサス』により第三次産業（サービス業）がSNAにより厳密に反映されるようになったほか、2001年末のWTO加盟後の『中国国民経済計算2002』の完成で統計はさらに国際基準に近づいた。

　計画経済の下では「工業生産を前年比〜％増」等の生産計画が立案され実行される。そうした「計画目標値」と資本主義下の「経済成長率」は根本的に異なるが、いずれも大衆からの支持を強化すべく、「国民の努力の賜物」などとしてしばしばプレイアップされる点は同じである。資本主義と社会主義が平等イデオロギーの産物であるゆえんである。

　これに対し、ポスト鄧小平時代（1997年〜）における経済成長率の最大の特長は、高成長が達成された場合、地方政府の「暴走」として中央政府がむしろ「沈静化」を図るのはもちろん、海外の批評家からは賞賛よりも批判の声が高まることである。これはきわめて特異な現象であり、改革開放期において生じたこの変化を軽視すべきでない。

　具体的な経済成長率が（「賞賛」ではなく）「重視」されている歴史が大衆民主主義・資本主義国家と比べて長くないのも、中国の特徴である。それは恐らく、1997年のアジア経済危機後の景気落ち込みを受け、首相に就任したばかりの朱鎔基が「目標」という形で「8％成長」を打ち出したときがはじまりである。以降、現在までほぼ毎年、そうした「目標」が発表されているのは周知の通りである。

　鄧小平は奇しくも、同じ1997年の2月に死去したが、1979年から1997年までを「鄧小平の時代」とみれば、その時代、重視されたのは「改革」であり「経済成長率」ではなかった。1989年の天安門事件後の保守的風潮を嫌った鄧小平は1992年に南方視察、すなわち香港や台湾に隣接する広東省や上海の視察を敢行し、「改革開放加速」のシグナルを国内外に送った。

第3章　汪洋の幸福論と「新しい社会」

鄧小平にとってそれは、李鵬が象徴する保守派を牽制するため「改革続行」、つまり「社会主義計画経済の改変」を意味する号令であり、「経済高成長」の実現ではなかった。しかし、結果的に見れば、その大号令は、1997年にアジア経済危機が起こるまで、「経済高成長」という形で具現化されるほかなかった。

李鵬後の二人の総理、すなわち朱鎔基と温家宝の特長は、経済成長率を構造調整や雇用確保と結びつけたことである。朱鎔基（首相在任は1998年3月〜2003年3月）は、1990年代半ばに伝統的な中国政治分析でいう「改革派VS保守派」の枠組みの有効性が失われた時期に誕生した最初の総理である。アジア経済危機直後の1998年3月に首相に就任した朱鎔基は、すぐさま「保八」（8％成長の達成）という概念を提示した*1。「保八」によって、鄧小平の「改革」を所与のものとして、成長率と物価上昇率、さらに失業率のバランスを図りつつ、「経済の質」を高めようとしたのである。当時から、経済成長率が国内外で注目を浴びるようになった理由が、そのような成長率と構造改革の連動性の出現である。ただし、1998年に「保八」は実現されず、後述する通り、その翌年の1999年から2004年まで目標に掲げたのは「7％成長」だった。

*1　朱鎔基は総理就任記者会見で自らの施政の抱負を「一つの確保、三つの実行、五つの改革」とまとめた。「一つの確保」とは、①1998年の経済成長率8.0％、②3.0％以下の物価上昇率、③人民元を切り下げない、という三つを同時に実施。「三つの実行」とは、①赤字の国有大中企業を苦境から抜け出させ、近代的企業制度を導入、②金融部門を徹底的に改革、③政府機構を改革し、40の省庁を29に削減し、職員も半減し分散させる。「五つの改革」とは、①食糧流通体制の改革、②投融資体制の改革、③住宅制度の改革、④医療制度の改革、⑤財政・税制の改革、である。なお、「8％成長、3％以下のインフレ」に関して、当時としては、インフレ率3.0％はきわめて低いが、インフレ抑制が構造調整の鍵と考えたためである。

しかし、朱鎔基の任期末期から温家平（首相在任は2003〜13年）の就任直後の時期、2003年頃から経済成長至上主義が顕在化した。それはWTO加盟後に特に激化した「地方の暴走」が原因だったが、①中央政府が公表する目標値と実績（図表3-2）、②地方政府が発表するGDPの合計額と国務院国家統計局が発表する全国GDP（図表3-3）、という二つの数値の乖離となって現われた。①はリーマンショック後に縮小したが、②はデータが

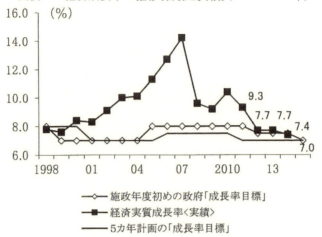

図表3-2 経済成長率の推移〔目標と実績〕(1998～2015年)

― 施政年度初めの政府「成長率目標」
― 経済実質成長率〈実績〉
― 5カ年計画の「成長率目標」

資料) 中国国家統計局、全人代発表数値等から作成

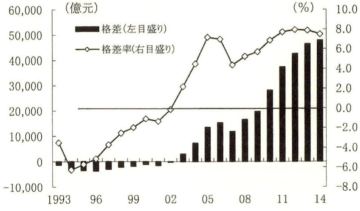

図表3-3 中央政府発表と地方政府発表（合計値）のGDPの格差の推移（1993～2014年）

注1)「格差」とは各地方政府発表のGDPの合計額－中央政府発表のGDP
注2)「格差率」とは(各地方政府発表のGDPの合計額－中央政府発表のGDP)／中央政府発表のGDP×100
資料) 国家統計局資料から作成

第3章　汪洋の幸福論と「新しい社会」

入手できる1993年以降としては2003年に初めて現われ拡大を続け、現在も大きなままである。ただし、②も習近平政権が取り組む汚職取締強化を含む構造改革の進展から、増加率では2013年、「地方」が「中央」に6年ぶりに落後するという逆転が起こった*2。また、2014年から中央政府が独自に「調整」を施し、「中央」が発表する経済成長率（実績値）を抑えるようになり、①の乖離幅のさらなる縮小に努めている。これらにより経済成長至上主義の短い歴史は、恐らく終わった。強調すべきは、大衆民主主義の存在しない中国では、経済成長至上主義が今後は現われにくいと予想されることである。

*2　2013年、31の省・直轄市・自治区が発表した名目GDPを合計した経済成長率は前年比10.0％増。全国レベルのそれは同10.1％増だった。地方の数字が中央のそれを下回ったのは2007年以来（同年にはそれぞれ同21.0％と同23.1％）。

　2005年の全人代で温家宝は成長率目標を7.0％から8.0％に引き上げ、「保八」が復活した。8.0％成長は2011年まで7年連続で保持された（2012年に7.5％に引き下げられた）。温家宝が「保八」を採った理由は、8.0％成長は雇用確保に必要というもので、その頃に増加した群体性事件（デモ、工場スト、暴動等）をにらみ、社会安定化への気配りが明瞭だった。

　しかし、「保八」が採用されるなかでも、リーマンショック後は別の経済成長至上主義が立ち現われた。それは中央政府レベルの問題としてより大きな政治的含意を有していた。2008年秋から2010年末まで大型景気対策事業が進められるなかで「既得権益層」が生成したのである。経済成長率そのものはひと桁が定着し安定成長への移行が明確になったが、当時から経済成長率が改めて注目されるようになった背景にあるのが、そのような政治的含意である。

　遡れば、「既得権益層」の起源は、上海を訪問地の一つとした鄧小平の南方視察（1992年）にある。その後、「改革開放発祥の地」である広東に代わり、南北・沿海部の中間点であり東西・長江の下流にも位置する、中国全土のヘソとしての上海が脚光を浴び始めた。いまから振り返れば、南方視察における鄧小平の改革開放全面化の号令は、上海が象徴する国内市場の開放を公約したWTO加盟（2001年末）後に結実し、同じ地方でも今度は内陸各地が主導する経済成長至上主義を招来した、といえる（図表3-4）。

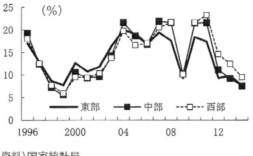

図表3-4 経済区域別の経済名目成長率の推移(1996～2014年)

資料)国家統計局

既述の通り(第2章2－1参照)、南方視察からWTO加盟までの間の第9次5カ年計画(1996～2000年)において江沢民は地域均衡発展戦略を打ち出したが、同戦略が内陸各地の高成長の追求を正当化したというのがふさわしい。

鄧小平の南方視察後に「経済発展の全土化」という名目で中国政治に内蔵された「経済高成長のポリティクス」を体現した人物が、上海に地盤を持つ江沢民にほかならない。上海市長(1985～88年)と上海市党委書記(1987～89年)を歴任した江沢民は1989年、天安門事件で失脚した趙紫陽に代わり党と軍(当時の中央軍事委員会主席)の頂点に立った。南方視察後の共産党大会と全人代で、中国はその体制を「社会主義市場経済」と位置づけることが決まった。

もっとも、経済政策担当である総理の李鵬(1987年11月～1988年4月まで国務院総理代行。1988年4月～1998年3月に総理)は当初、「保守派」らしく、「経済成長」より「安定」を選択した。第8次5カ年計画(1991～95年)、10カ年発展計画(1991～2000年)の年平均成長率を6.0%と定めた。経済成長率が1988年の11.3%から天安門事件が起きた1989年に4.1%、1990年に3.8%まで急落したことを思えば、十分に高率のように見えるが、鄧小平は不満を強めた。1995年3月の全人代では8.0～9.0%の成長率目標を立て、結果的に李鵬の当初目標は打ち捨てられた。この経済合理的理由なき引き上げをもって、共産党指導部にとって「8%成長」が達成すべき最低限の目標となる「鄧小平の掟」が確立された、と指摘する向きもある(肖[2015])。第9次5カ年計画(1996～2000年)期間中も目標成長率は8.0%成長に決まっ

第3章　汪洋の幸福論と「新しい社会」

た。朱鎔基が「何としても八％成長を達成する」と意気込んで、1998年に「保八」を打ち出したのもこの決定、もしくは「鄧小平の掟」があったからである。

　しかし前述の通り、朱鎔基は「保八」に自らの信念を込めた。このために朱鎔基は就任翌年には「鄧小平の掟」を破った。朱鎔基が総理に就任したのは1997年7月のアジア経済危機で経済成長が落ち込んでいた時期である（1996年の経済成長率は10.0％、1997年は9.3％、1998年は7.8％）。1998年3月の全人代で李鵬は目標値を8.0％に定め、新首相の朱鎔基は「保八」としてその目標値を引き継いだが、わずか1年後の1999年3月の最初の『政府工作報告』では7.0％へと引き下げた。それ以後の成長率目標も7.0％に据え置き、任期最終年の2003年3月の目標率も7.0％を保持した。

　経済成長率目標を引き下げたのは、言うまでもなく、朱鎔基が成長より構造改革を優先したためである。その意味で、就任時に「保八」に込めた意図は保持され続けたといえる。そして7.0％への引き下げが可能だったのは、鄧小平が死去（1997年2月）していた客観的条件があったためと考えるのに無理はない。

　これに対し、李鵬は「6.0％」と「8.0〜9.0％」の違いを説明しなかった。「6.0％では『社会主義市場経済』の推進に十分でない」との鄧小平の指示に従ったに過ぎないかもしれないが、鄧小平もその客観的な根拠を示したわけではない。だからこそ「鄧小平の掟」などとも言われる。

　朱鎔基の次の総理の温家宝（2003〜13年）は、2004年3月の最初の『政府工作報告』で7.0％の成長路線を踏襲したが、2005年は8.0％へ引き上げ、2011年まで8.0％を維持した。その7年間続いた路線も「保八」と呼ばれた。インフレ懸念から2012年には7.5％前後へと引き下げられ「保八」は終焉した。

　「保八」を構造調整の観点から打ち出した朱鎔基に対し、温家宝はその目的を雇用創出・維持、ひいては社会安定の確保とした。「1.0％の成長」で「100万人の雇用が創出される」というわけであり、そのために朱鎔基時代より高い成長率に固執した。

　これに対し、次の李克強（2013年〜）は、2013年の成長目標を7.5％前後に据え置き、2014年も同成長率を維持したが、2015年の成長目標を7.0％前後へと引き下げた。その理由として、当局が出現したと考える新たな景

気状況、その状況を受けて定められた経済政策の指針を意味する「ニューノーマル」を挙げた。

（２）「改革派」と「幸福派」

前述の通り、改革開放の中国において経済成長至上主義の種がまかれたのは、1992年の鄧小平の南方視察においてである。「改革派」（改革開放推進派）VS「保守派」（改革開放慎重派）という対立軸が有効性を失った時代状況において、朱鎔基は「社会主義市場経済の改革」という意味での「構造調整」を政策の中心に据えた。「改革」を所与とするなかで成立した新たな「改革派」と位置づけることができる。その新たな「改革」路線は温家宝に引き継がれ、構造調整や雇用確保を目的に「保八」が採用された。「改革」路線はさらに李克強に引き継がれている。ただし、李克強は下で述べる「幸福派」に近い。朱鎔基、温家宝、李克強の三人の総理の「改革」の中身に関する詳しい議論はすでに述べた（第１章２－２参照）。

経済成長至上主義が生成したのは、新たな「改革派」が誕生したのと同じ1990年代半ばである。それは地方が主導した。その経済成長至上主義はアジア経済危機でいったん終息したが、WTO加盟後に再び顕在化した。しかしそれもリーマンショックにより消失した。だが、経済成長至上主義は今度は中央政府レベルに潜在し始めた。その担い手は、大型景気対策事業のなかで生成した既得権益層である。

こうした流れのなかで見れば、次のような「幸福」に関する政治分析は示唆に富む。

気功を基にした法輪功に対する中国本土での弾圧に憤怒し、在米の法輪功中国人学習者らが米国で創刊した情報媒体『大紀元』によれば、2011年3月の全人代開幕を控えた1月、汪洋はいち早く「幸福広東の建設」を打ち出した。その他の地方の人代でも「幸福」はキーワードとなり、経済成長に代わる新たな政策指針になるのは確実とみられた。ところが、数カ月後に開幕した全人代の『政府工作報告』で温家宝が「幸福」にふれたのは一度のみだった。その「幸福」も「改革開放は強国を実現し、人民を幸福にさせるために避けては通れない道のり」と一般的な名詞として用いられたにすぎなかった。一方、「改革」は71回も言及された。記事は「幸福論」と「改革論」との「拮抗が、今後どのように展開され、そしていかな

る結末になるのか、注目に値する」と結ばれた。この分析に基づけば、汪洋の出現によって、中国の政治勢力には「改革派」（朱鎔基、温家宝）と「既得権益層」（「地方」に代わる新たな経済成長至上主義者で、江沢民がその代表的なイデオローグ）に加え、「幸福派」（汪洋ら。李克強は「改革派」ではなく、こちらに含めるのがふさわしいだろう）が加わったことになる。

「幸福派」の歴史は短く、「幸福論」が政策レベルで議論されるようになった時間も長くないが、「幸福論」の歴史はほぼ胡錦濤政権の誕生にまでさかのぼる。以下、「幸福論」の展開を振り返る。

（3）中国における幸福論の展開

「生活の質」「幸福感」「生活の満足度」など市民生活の主観的、質的評価を測定する試みは1980年代を通じて散発的に行なわれたが、本格化したのは21世紀に入ってからである。中国内における「幸福」関連の学術研究レベルの論文数の推移を見ると（図表3-5）、例えば「幸福感」をキーワードとした2001～13年を対象とする検索では（2013年は11月1日まで）、2006年（110件）以降に増加し、2011年（452件）に最多を数えた。2013年は246件にまで減少した。「生活の質」「満足感」「幸福感」「幸福指数」の四つをキーワードとした別の検索調査では（『中国学術文献総庫1980～2011年』）、同じく2005～06年に文献数は増加し、2011年まで増加を続けた。このように「幸福」研究は、2005年前後から増加し、2011年にピークを打ったが、人

図表3-5 中国国内での「幸福指数」に関する研究文献数の推移（2001～2011年）

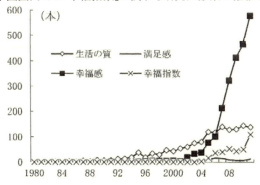

資料）邢（2014年）3～4頁。元資料は中国学術文献総庫（1980～2011年）

文・社会科学においてしばしばそうであるように、その調査・研究の動向は政策論としての盛り上がりと表裏一体の関係にある。そのような政策論としての幸福論の最も熱心な推進者が広東省トップとしての汪洋にほかならない。現在は、強力な経済成長至上主義者である「既得権益層」と対峙するゆえに、その遂行には一定の腕力を要する段階に入っているといえる。

政策論としての「幸福」論は、三つの関連の系譜が、第12次5カ年計画が始まる2011年に向けて徐々に焦点を結んだものと位置づけることができる（図表3-6）。

図表3-6 中国における"幸福"概念の導入と実践

年	内容
1983年	・「生活に質」に関する最初の研究として国家統計局が社会統計指標草案を起草
1985年	・*大規模な「主観生活の質」研究が始まる。米国の中国系社会学者の林南と天津社会科学院が合同で行なった天津での1000世帯を対象とする生活の質に関するアンケート調査。都市生活の「幸福感」調査の先駆*
1986年	・「生活の質」に関して北京市は「首都社会発展戦略の若干問題の研究報告」を発表。大きな影響力。これは前年の天津市での研究に大きな影響を受けた研究報告
1989年	・林南等が再び上海市民の「生活満足度」を調査 →しかしこの時点では中国で都市幸福研究は盛り上がらず
2004年	・シカゴ大学教授の奕元与と瞭望東方周刊が合同で国内6大都市で幸福感に関する大規模調査 →これを機に各種社会組織による都市市民の幸福調査が増加
2005年	・学界、政府、メディアで「幸福指数」(well-being index)に関する議論、研究、幸福実践が活発化 ・深圳市が和諧と幸福という人々の生活の質を操作可能な指標とすべく「和諧深圳社会創新工程」を開始。人々の幸福を地方政府の工作課題に組み入れた初の自治体に ・深圳の後、北京、西安などが相次いで幸福感の実現に向け操作化に着手
2006年	・11次5カ年計画始動（～2010年） ・北京統計局が北京市和諧社会状況調査報告を発表（2月）。幸福指数の測量規準を発表（9月末） →和諧社会指標評価体系において幸福感は北京社会の和諧を推し量る重要な指標に ・西安は政府工作報告で人民の幸福指数の引き上げに全力を傾ける強調。同市統計局は社情民意弁公室を組織

第3章　汪洋の幸福論と「新しい社会」

	・南京市は「緑色幸福観」の概念を提出
	・『解放軍報』が評論「幸福がやってくる」を掲載（2006年3月6日）。文章は間もなく「あなたは食べましたか？」に代わって「あなたは幸福ですか？」が日常の挨拶言葉になるだろうと結ぶ
	・春の第10回全人代第四次会議と政協会議で一部の省市指導者が人民の幸福指数を政府工作の査定に含めると発言。深圳社会科学院が都市幸福感の「個人幸福量表」を用いた調査結果を公表。同市の指数は63％に。深圳市は全国で先駆けて都市幸福感に着目し、2005年に国内初の「文明指数」を発表していた（指数のうち7つの1級指標の一つが幸福指数）。南京市社会科学院が「南京城郷居民幸福指数研究」事業を立ち上げ「南京城郷居民幸福状況調査アンケート」を実施。1500世帯を対象に調査を実施
	・新設の四川省統計局社情民意調査中心は大規模社会調査の実施を発表（4月5日）
	・胡主席、米エール大で講演し、独自の民主改革を強調しつつ「われわれは人を持って本とするを堅持し、人民のための発展、人民に依拠した発展を堅持」し、「人々のQOL（クオリティ・オブ・ライフ）を重視し、可能性と幸福指数を発展させなければならない」などと述べる（4月21日）　→中央の指導者が「幸福指数」の概念を用いた初の事例
	・元国家統計局の邱曉華が局内で「幸福指数」を研究。ただし彼が離任すると統計局内に設けられた関連の課題組は解体
	・国家統計局は記者会見で、今後わが国は幸福指数、社会和諧指数を新たな統計内容に採用すると発表（9月）
	→少なくない地方が幸福指数の研究を開始。一部の村や町では独自の「幸福指数」を考案
2007年	・党17回大会報告。社会建設と人民の幸福の関連を明確に提出。幸福社会の建設が各級政府の工作の重要目標に（10月）
	・寧夏は「幸福寧夏」の建設目標を提出
	・山東は「幸福山東」の社会活動を何度か実施
2009年	・全人代財経委員会「民生指数」課題チームが「中国人の幸福感調査」を実施 →後に広東省が参考にする
2010年	・温家宝は春節団拝会の講話で「新たな一年では我々はさらに努力し民生問題を解決しなければならない。知恵を出し就業機会を創出し、都市農村の収入レベルを高め、労働者一人一人の持ち味、長所を発揮させる。社会保障体系を改善し、人民群集の生活を改善し、医療、住居を提供し、人々の心配を軽減しなければならない。教育を改善し、教育の公平を確保し、教育の質を高め、子どもの進学、学習機会を確かなものとしなければならない。われわれの仕事のすべては人民生活に一層の幸福、尊厳を加えることである」（2月12日）

2011年	・温家宝は第11回全人代第三次会議の政府工作報告で「我々のすべきことは人民生活がさらに幸福になり、尊厳をさらに高め、社会公正を強め、和諧をさらに進めること」と強調（3月） →この言及により学界、政府、メディアに幸福に関する議論、研究、幸福実践がブームに ・瞭望東方周刊は中国市長協会とともに、22の具体指標を用いて評価体系を初めて作り、最も幸福感に満ちた都市調査を展開。12月30日に「中国で最も幸福感に満ちた都市」ランキングを発表 ・12次五カ年計画の国家行動指針としても採用されることが相まって両会で「幸福」が盛り上がる ・「両会」（全人代表と全国政治協商会議）で「幸福」がキーワードに。今年から始まる第12次五カ年計画期間では「幸福中国」の建設が政策方向に。全国に先がけて開かれた地方の「両会」（人代と政協）では「幸福」、「幸福指数」が熱心に議論 ・広東省は「幸福広東」をスローガンに打ち出し、北京市の第12次五カ年計画は「人民の生活をより幸福に」との文言を盛り込む。重慶市は農村住民の所得倍増目標を掲げ、貧富の格差の指標であるジニ係数の調整をいち早く計画に盛り込む ・2011年までに100以上の都市が「幸福城市」の建設目標提出
2012年	・湖北省は「努力建設幸福湖北」の目標を提示 →不完全な統計ながら、全国で少なくとも18の省レベルの自治体が幸福の概念を提出

資料）劉[2012]、元[2013]、鄭、崔[2014]、邢[2014]、羅[2014]等を参考に作成

　一つ目は、鄧小平が改革開放の目標として打ち出し、現在も追求されている「小康社会」の建設である。「小康」は「衣食が足りていくらかゆとりのある」を意味するが、特に「いくらかゆとりのある」という部分は、質や主観に関わる、きわめて曖昧な表現である。政策目標化するにあたり政府当局は、計量可能な指標を考案する必要に迫られたが、国家統計局は1991年、全国統一基準を設け指標を作成した＊3。これが質的、主観的な政策目標の計量化による指標化作業のはじまりである。

　＊3　「小康社会」の建設という目標は一般に、鄧小平が打ち出した「三歩走戦略」（「三歩走発展戦略」）と江沢民が提起した「新三歩走戦略」（「新三歩走発展戦略」）の二段階に分けられる。「三歩走戦略」は1979年12月に提起されたもので、1981年から起算し、1990年までの10年間にGDPを倍増し「温飽」（衣食が満ち足りた状態）を達成し、次いで1991年から2000年までにGDPを再び倍増し、1人平均額を800ドル程度として「小康」を実現する。さらに21世紀中頃までにGNPを4倍増とし、中進国レベルに引き上げる。

第3章　汪洋の幸福論と「新しい社会」

　「三歩走戦略」の達成が確実となり、もはや現実的な目標でないとして編成された江沢民の「新三歩走戦略」は1997年秋の共産党第15回大会で初めて正式に提出され、2002年の共産党第16回大会で最終的に固まった。第一歩は2001年から起算し2010年までの10年間の「第一歩」でGDPを倍増（人民の小康生活をさらに確実なものとする）、2010～20年の「第二歩」で2020年のGDPを2000年の4倍とし、2020～50年の「第三歩」で基本的に現代化を実現する。

　こうした「小康社会」の建設目標の推進に際して、国家統計局は1991年に①経済発展（1人平均GDP）、②物質的生活水準、③国民素質、④精神的生活水準、⑤生活環境の5項目16指標からなる全国統一基準を設け、そのうえで農村と都市それぞれの指標を作成した。

　二つ目は、米国社会学の在米中国人研究者を通じた中国への影響である。米国において2000年代半ばに「生活の質」に関する研究が盛んになったが、そうした「質」の計量化の手法が中国に持ち込まれた。1985年に在米社会学者の林南が天津社会科学院、続いて上海社会科学院と合同で「生活の満足度」に関するアンケート調査・研究を実施した。これは当時の米国社会学界で重視された「生活の質」の評価における「主観性」研究を踏まえた中国での実証研究である。同研究は中国の都市生活における「幸福感」に関する先駆的調査と位置づけられている。

　2004年にはシカゴ大学教授の奚元与と『瞭望東方周刊』が合同で国内六つの大都市において「幸福感」に関する大規模調査を行なったが、これを機に各種社会組織による都市市民の「幸福調査」が増加した。2005年には学界、政府、メディア等の間で「幸福指数」（well-being index）に関する議論や研究、実践が活発化した。

　広東省の深圳市は2005年、「和諧深圳社会創新工程」を開始し、「文明指数」を発表した（各種指数のうち七つの「一級指標」が幸福指数を含む）。これは市民生活の質を改善すべく「和諧」と「幸福」を操作可能とする企てだが、市民の「幸福」を地方政府の工作課題に組み入れた最初の自治体となった。深圳市の後、北京、西安などが相次いで「幸福感」を操作可能とする指数作成に着手した。

　三つ目は、第11次5カ年計画（2006～10年）の始動に合わせて2006年から始まった中央政府（国務院）の政策レベルでの調査・研究活動の系譜であ

る。科学的発展観に基づく和諧（つまり「人を本とし、和諧を追求する」）を掲げる胡錦濤がフリーハンドで策定しうる第11次5カ年計画に盛り込むべく、研究が本格化したのである。これを受けて、上記の二つ目の系譜と融合しつつ、幸福論は一層の全国的な盛り上がりを見せた。中央政府で幸福論をリードしたのが国家統計局局長を務めた邱曉華（1958年～。1999年9月～2006年3月に副局長、2006年3月～同年10月に局長）であり、2001年から本格的に「幸福指数」の研究・作成に取り組んだ（『香港経済日報』2011年年3月4日）。その着目と作業は、中国における「幸福」概念のプロモーターであり、政策化のパイオニアでもある胡錦濤によって直接に言及された。

　胡錦濤は2006年4月21日、ブッシュ大統領（当時）の母校であるエール大学での講演で「中国は他国の政治システムを引き写しにするような国ではない」と米国などが批判する民主化問題について反論し、「中国の伝統と文化」に根差す独自の民主改革を進めていると主張した。また、経済成長の実績を引いて「（現在の）政治システムが中国に合っている」と述べた。しかし、「人間の価値、権利、自由に関心を払い、生活の質（クオリティ・オブ・ライフ）、発展の潜在力、幸福指数に関心を払う」とも語った（鄭、崔［2014］116頁、「共同通信」2004年4月21日）。最後のひとことは、米国が誇る「民主化」と中国が自負する「経済成長」の両方を相対化してみせたものといえる。上述の枠組みを用いれば、「幸福」によって、「成長」（江沢民）と「改革」（朱鎔基、温家宝）の双方を相対化したといえる。

　邱曉華が収賄や「生活の乱れ」などを理由に逮捕、共産党からの除籍処分を受けると、統計局内に設けられた「幸福指数」に関する課題組は解体された（『香港経済日報』2011年3月4日）。しかし幸福研究の火が消えることはなかった。2007年10月の共産党第17回大会報告が社会建設と人民の幸福増進を明確に関連づけたことを受け、幸福社会の建設が各級政府の工作の重要目標となった。中央政府（国家統計局）が基準となる権威ある指数を生み出し得ない中、各種研究機関や地方政府が関連の研究や指数作成の主な担い手となり、小さな村や町すら独自の「幸福指数」を考案し始めた。

　さらに、2009年から全人代財経委員会の「民生指数」課題チームが「中国人の幸福感調査」を実施した。後に広東省が幸福指数を作成するに際して参考にした資料の一つがこれである。

　幸福研究が最大の盛り上がりを見せたのは2011年である。直接の契機と

第3章　汪洋の幸福論と「新しい社会」

なったのは、同年春の「両会」（全国人民代表大会と全国政治協商会議）である。2011年から始まる第12次5カ年計画期間に「幸福中国」を建設するという政治的な方向づけがなされることをにらんでのことである。汪洋が「幸福広東」の建設を打ち出したのも、2011年1月6日に開幕した広東省党委員会第10期第8回全体会議においてである。

　胡錦濤はその後の政協（中国人民政治協商会議）の座談会で、「優れた成績をもって中国共産党誕生九十周年を迎えよう」と呼びかけたが、これを受けて中国各地で、また各メディアは競って「中共九十周年の誕生日に幸福を捧げよう」という運動を繰り広げた。胡錦濤が「成長」、「改革」のいずれでもなく、「幸福」によって「第二の改革開放」に舵を切ろうとしたためと解せる。地方の「両会」では「幸福」や「幸福指数」が熱心に論じられた。先鞭をつけたのは汪洋の広東省であり、「幸福広東」をスローガンに打ち出した。北京市の第12次5カ年計画には「人民の生活をより幸福に」との文言が盛り込まれた。

　「幸福広東」の発表から間もない1月20日、『新華社通信網』など中国の主要メディアが、汪洋の「生産方式の転換と高度化を早め、幸福な広東を建設せよ」という長文を掲載すると、他の中国メディアも一斉に、国民の「幸福感」や「幸福論」を大きく報じた。2月14日、『新華社網』は「中国各地の第12次5カ年計画：幸福感とGDPとの共起」を掲載し、「幸福省」という広東省のスローガンは、「幸福武漢」「幸福瀋陽」「幸福山東」「幸福重慶」など全国各地の「幸福大躍進」を促し、幸福感と発展はすでに新しい「民意」になったと伝えた（「『幸福』という新しい政治スローガン」『大紀元』2011年3月28日）。

　不完全な統計ながら、2012年時点で、全国で少なくとも18の省レベルの自治体が幸福の概念を提出したといわれる（鄭、崔［2014］127頁）。省レベルに比して都市レベルではその数ははるかに多く、2011年時点で「幸福城市（幸福都市）」の建設を政策目標を掲げた都市は100以上にのぼったという（鄭、崔［2014］127頁）。

　ただし、「幸福広東」に至る短い前史がある。実は省レベルでGDPに代える、もしくはGDPを補完する程度において幸福の増進を最初に施政綱領に盛り込んだのは広東省ではなく、薄熙来が率いていた重慶市である。2010年6月、薄熙来は「重慶市民の幸福感を高め、今後5年で都市と農村

住民の所得の増加が全国平均を上回り、基本的に全面的な小康を実現する」と述べたほか、所得格差（分布）を示すジニ係数を第12次5カ年計画に盛り込み、地方政府の評価の重要指標とし、農村住民の所得倍増を目標に掲げた（『香港経済日報』2011年1月24日）。

このような前史から、「幸福広東」は薄熙来が推し進めた「紅色重慶」に対抗する汪洋の権力闘争の道具にすぎず、実質的な政策的意義は乏しいとの見方もある。

実際、「幸福広東」や「幸福指数」が中国全体に大きな影響を及ぼしているとは言えず、当の広東省にとっても今後の課題にとどまる。だが、過小評価することもできない。

第一に、胡錦濤の後任の習近平が「ニューノーマル」）の概念を用いて、実際的に幸福論を継承していると考えられる（「終章」を参照）。とくに幸福論が、改革開放の発祥地であり、習近平自らが「先行先試」の地（新たな政策の実験地）と位置づけた広東省で展開されている事実は重要である。

第二は、それではなぜ「幸福」が2010〜11年の時期に、将来を最も嘱望される（された）二人の政治家（汪洋と薄熙来）の「権力闘争」の焦点となったのか、逆に例えばなぜ単純な「経済成長」が争点にならなかったのか、という問いを設けることができる。その問いに対しては、経済成長至上主義を生んだ「第一の改革開放」の経験を踏まえ、胡錦濤が「第二の改革開放」へと舵を切る転換期だったからこそ「幸福」が「権力闘争」の焦点となったのだ、と答えることができよう。

（4）広東省の幸福指数

繰り返せば、華南政策の最終目標は幸福広東の建設である。それは双転移と珠江デルタ一体化を具体的手段とする「騰籠換鳥」を通じて実現がめざされている。

「幸福」は本質的に十人十色の主観的評価に関わる概念であり、GDPのような抽象度、形式度の高い経済学的概念・数値とは異なる。しかし、「幸福広東」も、実践的には世界の幸福論やGDPと同様の状況に置かれる。すなわち、「幸福」は主観的概念だが、政策目標に掲げるに際して数量化が必要になる。そうして考案された指標は、公表されたとしても市民にとってほとんど無意味だが、政策立案・遂行に携わる官僚や政治家にと

第3章　汪洋の幸福論と「新しい社会」

っては重大事となる——そのような事態である。実際、広東省においても、「幸福指数」が編み出されたのは政治家・官僚のパフォーマンス評価のためである。その評価の基本的な基準は、人民の幸福感を増進すべく、胡錦濤政権が掲げた「人をもって本となす」原則を堅持し、科学的発展観に基づいて職責を全うしているか、である。

「幸福指数」の発表はおおむね地味で、発表内容も簡素であり、マスメディアの扱いも小さい。これについて、①幸福指数が私利私欲の追及や一党支配、政府工作の正当性誇示の必要などから生じる経済成長至上主義を是正し、政治家・官僚のパフォーマンス評価を目的に編み出されたものなので、そもそも大々的に発表する性格のものではない、②発表数値がきわめて単純で理解も容易な経済成長率に対し、「幸福指数」は複雑で、また指数算出の方法論がなお模索段階にあることもあり時間的（例えば「前年比」等）、空間的（例えば「××省、××市と比べて」等）な比較に不適。従って、共産党・政府工作の対外PR手段としてインパクトに欠け、利用もしにくい、③特に中国において、「中立性」を装うことができるGDP値と異なり、方法論的にも政治敏感的な数値である、④広東省について、調査・研究、データ集計等は汪洋在任中に着手されたが、指数の完成と発表はすべて汪洋離任後となった、などの理由を挙げることができよう（広東省を含め中国だけでなく、国際機関、各国当局が発表する各種「幸福指数」についても、GDP関連値と比較して発表やメディアの扱いが低調との印象を受けるが、これは主に①と②に関わると思われる）。

　広東省政府が広東省統計局と国家統計局広東調査総隊とともに幸福指数の作成を開始したのは2011年1月である。幸福指数の編成のポイントは、評価指標（項目）の選定・点数化の方法、および各項目の獲得点数をどのように指数化するかの二点である。考案された手法を用いて試験的に算出した2009年値に対する市民などからの意見聴取を含め約9カ月間の編成作業を経て同年10月10日、省政府はHPで「幸福広東建設の評価指標体系」（しばしば「幸福広東指標体系」と略記される）を公表した（粤府[2011]123号）。省レベルで幸福指標体系を作成したのは、同省が全国で初めてとされる。その策定プロセスにおいて、「幸福広東指標体系」は、世界の大部分の幸福指数がそうであるように、アンケート調査を用いた主観指標を導入したところに特徴があり、その「主観指標体系」と「客観指標体系」の

二部から構成される（図表3-7）。

「主観指標体系」は「広東群集幸福感測評指標体系」と呼称され、約7,000世帯に対するアンケート調査に基づいて指標化される。「個人に対する幸福程度総体評価」という一つの総指標を設定し、その下に個人の発展、生活の質、知的生活、社会環境、社会の公正さ、政府サービス、生体環境など「1級項目（1級指標）」として計7項目、および「2級項目（2級指標）」として計36項目が設けられる。各項目は「非常に幸福」（100点）、「幸福」（80点）、「普通」（60点）、「不幸」（40点）、「とても不幸」（0点）の5段階で評価される。

他方、「客観指標体系」は、2011年の意見聴取結果に基づいて編成され、「幸福広東建設評価指標体系」の名称で発表された。就職・収入、教育・文化、医療衛生・健康、社会保障、消費・住宅、公用施設、社会安全、社会サービス、権益保障、生活環境など「1級項目（1級指標）」として10領域49項目、その下位の「2級項目（2級指標）」として49項目（うち共通指標が44項目、地域特性別の類別指標が5項目）を評価・集計する。指数化のポイントは二つある。

①経済発展が相当程度に異なった地域を同一基準で評価することを回避すべく、省の21都市を珠江デルタと東西両翼・北部山区の2地区に分類し、それぞれに異なった基準とウェイティングを設ける。例えば、珠江デルタのウェイティングは就職・収入が最大で14％、次いで生活環境で13％であり、社会保障、消費・住宅が12％などである。

②評価対象の49項目に対し、(a)「レベル指数」（水平指数）、(b)「発展指数」、(c)「総合指数」の三つの指数を設ける。政府工作の進捗状況の趨勢変化を取り込むためである。(a)「レベル指数」は各市の職務の現状を反映させるため当該年の実績を基に、(b)「発展指数」は各評価項目に関する過去1年間の職務の成果を反映させるため前年比に基づいて、(c)「総合指数」は(a)と(b)をそれぞれ40％と60％の比重で合成して作成される。三つの指数は同時発表される。

幸福広東指標体系の作成に当たっては、全人代財経委が編成した「指標体系」、浙江省の「民生指標体系」、および江蘇省江陰市の「幸福江陰」の指標体系が参考にされた。全省1万2,000余りの世帯にアンケート調査を実施する浙江省の「民生指標体系」は、「主観指標」における民生指標の算

第3章　汪洋の幸福論と「新しい社会」

図表3-7 「幸福広東」建設の評価指標一覧

【主観指標】

	一級指標	二級指標
1	個人に対する幸福度の総合評価	
2	個人の発展	仕事の満足度
3		収入の満足度
4		自分の将来展望の満足度
5		尊厳のある生活に関する満足度
6	生活の質	教育状況の満足度
7		社会保障水準の満足度
8		医療サービス水準の満足度
9		住宅状況の満足度
10		交通状況の満足度
11		社区(村)サービス施設の満足度
12		スポーツ健康の満足度
13		住民の旅行サービス満足度
14		休暇時間の保障の満足度
15	精神生活	交際の満足度
16		家庭調和の程度
17		文化娯楽生活満足度
18	社会環境	生産・創業環境満足度
19		社会の誠実度
20		消費環境の満足度
21		社会治安の満足度
22		社会文明状況の満足度
23		食品薬品安全の満足度
24	社会の公平さ	社会分配の公平さの満足度
25		苦情申し立て状況の満足度
26		司法の公正さの満足度
27		民主的意思決定への参加程度
28		選挙権の保障程度
29	政府の仕事	政府工作の効率に関する満足度
30		政府のサービス態度に関する満足度
31		突発事件処理に関する満足度
32		政府の公開性に関する満足度
33		清廉潔白な政治の満足度
34	生態環境	飲用水の質の満足度
35		大気の質の満足度
36		衛生状況の満足度
37		緑化建設の満足度

資料)広東省政府

【客観指標】

一級指標		比重(%)		二級指標				比重(%)	
		珠江デルタ	東部西部北部		広東省全体平均	珠江デルタ	東部、西部、北部	珠江デルタ	東部西部北部
A	職と収入	14	14	A1	農村住民1人平均純収入	農村住民1人平均純収入	農村住民1人平均純収入	30	30
				A2	城鎮住民平均賃金	城鎮住民平均賃金	城鎮住民平均賃金	30	30
				A3	城鎮最高最低グループ別収入比	城鎮最高最低グループ別収入比	城鎮最高最低グループ別収入比	10	10
				A4	農村最高最低グループ別収入比	農村最高最低グループ別収入比	農村最高最低グループ別収入比	10	10
				A5	GDPに占める労働者報酬の割合	GDPに占める労働者報酬の割合	GDPに占める労働者報酬の割合	10	10
				A6	城鎮登録失業率	城鎮登録失業率	城鎮登録失業率	10	10
B	教育と文化	9	10	B1	中高等教育就学率	幼稚園規範化達成率	中高等教育就学率	20	20
				B2	義務教育規範化学校カバー率	義務教育規範化学校カバー率	義務教育規範化学校カバー率	25	25
				B3	職業訓練者数が就業者に占める割合	職業訓練者数が就業者に占める割合	職業訓練者数が就業者に占める割合	25	25
				B4	1万人当たり公共文化施設面積	1万人当たり公共文化施設面積	1万人当たり公共文化施設面積	15	15
				B5	文化活動1人年平均参加回数	文化活動1人年平均参加回数	文化活動1人年平均参加回数	15	15
C	医療衛生と健康	9	10	C1	1000人当たり医療機関ベッド数	1000人当たり医療機関ベッド数	1000人当たり医療機関ベッド数	20	25
				C2	基礎医療機関外来診療件数比率	基礎医療機関外来診療件数比率	基礎医療機関外来診療件数比率	20	25
				C3	1万人当たりスポーツ施設面積	1万人当たりスポーツ施設面積	1万人当たりスポーツ施設面積	30	25
				C4	都市農村住民体質指標達成比率	都市農村住民体質指標達成比率	都市農村住民体質指標達成比率	30	25

第3章　汪洋の幸福論と「新しい社会」

D	社会保障	12	12	D1	1万人当たり社会福祉施設ベッド数	1万人当たり社会福祉施設ベッド数	1万人当たり社会福祉施設ベッド数	20	20
				D2	都市農村基本養老保険カバー率	都市農村基本養老保険カバー率	都市農村基本養老保険カバー率	20	20
				D3	都市農村三項基本医療保険参加率	都市農村三項基本医療保険参加率	都市農村三項基本医療保険参加率	20	20
				D4	外来労働者事故保険カバー率	外来労働者事故保険カバー率	外来労働者事故保険カバー率	20	20
				D5	最低生活保障標準と都市農村1人平均消費支出比率	最低生活保障標準と都市農村1人平均消費支出比率	最低生活保障標準と都市農村1人平均消費支出比率	20	20
E	消費と住宅	12	12	E1	住民消費者物価指数	住民消費者物価指数	住民消費者物価指数	30	30
				E2	城鎮発展型消費が消費支出に占める割合	城鎮発展型消費が消費支出に占める割合	城鎮発展型消費が消費支出に占める割合	20	15
				E3	農村発展型消費が消費支出に占める割合	農村発展型消費が消費支出に占める割合	農村発展型消費が消費支出に占める割合	20	15
				E4	農村低所得者住宅困難世帯改造完成率	ー	農村低所得者住宅困難世帯改造完成率	ー	20
				E5	城鎮公共住宅目標達成率	城鎮公共住宅目標達成率	城鎮公共住宅目標達成率	30	20
F	公共施設	6	7	F1	農村飲料水安全普及率	ー	農村飲料水安全普及率	ー	25
				F2	行政村運行旅客定期バス率	ー	行政村運行旅客定期バス率	ー	25
				F3	都市1万人当たり公共交通車両所有率	都市1万人当たり公共交通車両所有率	都市1万人当たり公共交通車両所有率	60	25
				F4	1万人当たり都市農村社区サービス施設数	1万人当たり都市農村社区サービス施設数	1万人当たり都市農村社区サービス施設数	40	25

G	社会安全	10	10	G1	生産安全事故死亡者数	生産安全事故死亡者数	生産安全事故死亡者数	25	25
				G2	食品・医薬品安全指数	食品・医薬品安全指数	食品・医薬品安全指数	35	35
				G3	1万人当たり治安・警察警告事件数	1万人当たり治安・警察警告事件数	1万人当たり治安・警察警告事件数	40	40
H	社会サービス	7	7	H1	1万人当たり免許所持社会工作者数	1万人当たり免許所持社会工作者数	1万人当たり免許所持社会工作者数	25	25
				H2	困難大衆救助カバー率	困難大衆救助カバー率	困難大衆救助カバー率	25	25
				H3	1万人当たり行政効率苦情数	1万人当たり行政効率苦情数	1万人当たり行政効率苦情数	25	25
				H4	信訪案件期限内解決率	信訪案件期限内解決率	信訪案件期限内解決率	25	25
I	権益保障	8	8	I1	民生重大決定世論調査率と証拠聴取率	民生重大決定世論調査率と証拠聴取率	民生重大決定世論調査率と証拠聴取率	20	20
				I2	行政内検討案件期限内解決率	行政内検討案件期限内解決率	行政再検討案件期限内解決率	20	20
				I3	司法案件法定期限内結審率	司法案件法定期限内結審率	司法案件法定期限内結審率	20	20
				I4	村事務公開民主管理モデル指標達成率	村事務公開民主管理モデル指標達成率	村事務公開民主管理モデル指標達成率	20	20
				I5	労働人事争議仲裁解決比率	労働人事争議仲裁解決比率	労働人事争議仲裁解決比率	20	20
J	居住環境	13	10	J1	森林カバー率	森林カバー率	森林カバー率	15	15
				J2	都市1人平均公園緑地面積	都市1人平均公園緑地面積	都市1人平均公園緑地面積	15	15
				J3	村落計画カバー率	村落計画カバー率	村落計画カバー率	15	15
				J4	都市の通年の大気二級以上の日数の比率	都市の通年の大気二級以上の日数の比率	都市の通年の大気二級以上の日数の比率	15	15
				J5	生活ごみ無害化処理率	生活ごみ無害化処理率	生活ごみ無害化処理率	15	15
				J6	城鎮生活汚水集中処理率	城鎮生活汚水集中処理率	城鎮生活汚水集中処理率	15	15
				J7	水機能区水質指標達成率	水機能区水質指標達成率	水機能区水質指標達成率	10	10
	-	100	100		-	-	-	-	-

資料）広東省政府

第3章　汪洋の幸福論と「新しい社会」

出において参考価値がある。江陰市（江蘇省無錫市管轄）の「幸福江陽」の指標体系は「良い仕事に就いている」「良い収入を家族が得ている」「良い環境に暮らしている」「良き心持ちで日々いる」「健康にすごしている」などの内容を含み、幸福評価において「有益な情報を含む」と考えられた。

　これまで広東省が公表した正式な幸福指数は、試験的指標である2009年値、および2010年～13年についてのものであり、それぞれ2012年～15年に調査・集計結果が発表された。2014年については調査が進行中である（図表3-8）。集計が比較的易しい「客観指標」の公表後に「主観指標」が発表されるのが通例だったが、2012年分から同時発表（2013年10月）となった。これら結果発表は、年次調査にもかかわらず定期的ではなく、発表内容も、上述の通り、比較的詳細な発表が行われた最初の2009年値と2010年値を除いて簡素である（図表3-9）。また、経済成長率については、「GDP拡大競争」が展開されるほど政治家・官僚を呪縛したが、幸福指数が彼らにどれほどの影響を及ぼしているか、推測するのは困難である。

図表3-8　広東省の「幸福指数」（幸福広東指標体系評価）の調査・編成作業の展開

時期	出来事
2011年1月	・「幸福指数」編成作業開始。そのプロセスで2009年幸福指数を試験的に算出
2011年10月	・指数化に必要な項目指標と評価体系を完成させ対外発表 →幸福指数を政治家・官僚の政治的業績審査システムに盛り込む
2012年2月	・広東省統計局と国家統計局広東調査総隊は「2010年広東群集幸福感測評調査状況」（主観指標体系評価）の調査結果を発表。また省内21市のレベル指数、発展指数、総合指数を初公表 →広東省で初めての幸福指数の総合評価報告
2012年2月	・「2011年建設幸福広東指標体系評価」（客観指標体系評価）の結果発表
2012年6月	・「2011年広東群集幸福感測評調査状況」の結果発表。同年2月の「客観指標体系評価」（「2011年建設幸福広東指標体系評価」）結果発表を受けたもの
2013年10月	・「2012年幸福広東客観指標体系評価」と「2012年幸福広東主観指標体系評価」の結果を同時発表 →「客観指標」と「主観指標」を初めて同時発表。これまで主観、客観指標の発表は一定の時間差が存在
2015年2月	・「2012年広東群集幸福感測評調査状況」と「2013年幸福広東主観指標体系評価」の調査結果を発表
2015年4月	・「2014年広東群集幸福感測評調査状況」の調査作業を実施

資料）関連報道を含む各種資料から作成

図表3-9 広東省の幸福指数の調査結果の概略

2010年	・収入や教育、衛生など10項目から幸福度を指数化する客観指数評価で、地域別トップは広州市の84.32。2位以下は東莞市(82.90)、珠海市(82.27)、深圳市(80.88)。総合評価指数については、珠江デルタ地域では広州市が83.79でトップ。第2位以下10位は東莞、珠海、深圳、仏山、中山、恵州、江門、肇慶。西北部では梅州市がトップで、第2位から10位は雲浮、湛江、韶関、汕頭、陽江、潮州、掲陽、汕尾、河源、清遠、茂名。上位の都市の多くが人々の予想とは異なる。住民1人平均GDPが省トップの深圳は、総合指数では珠江デルタ地域第4位にとどまる。その他各地級市の順位も住民1人平均GDPランクと一致しなかった
2011年	・主観指標である個人幸福感の総合評価は80.4で、総合評価では「比較的幸福」の程度。知的精神生活、生態環境、個人発展、政府サービス、生活の質、社会公平、社会環境の7項目の総合評価は76.7点と個人幸福感の総合評価点数を下回った
2012年	・客観指数では各地の幸福水準は引き続き安定的に上昇。珠江デルタの域内格差は縮小。東西と北部の改善も迅速。①幸福広東工作の水準は引き続き上昇。21の地級以上の市のうち18市の総合指数は前より上昇。20市のレベル（水平）指数は上昇。②短期的指標は改善。各種指数は引き続き上昇。珠江デルタ地区の不足指標は引き続き減少。珠江デルタの公共施設、社会安全総合指数は比較的大幅に上昇。東西と北部地区の消費、住宅、教育、文化、公共施設、医療衛生、健康の上昇幅は比較的大。③指標化された珠江デルタ内の協調性・安定性は改善し、東西と北部山区は基本的に安定
2013年	・汕頭は7大分類項目の満足度総合評価で80.22点、省内13位。前年比3.45ポイント、順位で3つ上昇。個人幸福感総合評価11位。個人発展、生活の質、知的精神生活の各項目の順位は大幅に上昇。個人発展では現在の仕事と生活の尊厳はそれぞれ8位と10位。生活の質について休暇状況は9位。知的生活方面では、家庭の調和は8位。人々の民主的な意思決定への関与状況では8位

資料）関連報道を含む各種資料から作成

2．新たな「社会管理」

　幸福広東の建設と一体的ともいえる政策が「社会管理の刷新」である。広東省は2011年秋に「幸福広東建設の評価指標体系」を正式決定したのに合わせ、同指標を政治家の業績審査体系に組み入れた。そしてその直前、幸福広東建設を提起してから半年後の2011年7月14日、『省党委と省人民政

第3章　汪洋の幸福論と「新しい社会」

府が社会建設を強化することに関する決定』(粤発[2011]17号) という社会管理政策を打ち出した。そうしたタイミングを鑑みれば、社会管理政策が幸福広東の建設と一体的に策定されたのは明らかである。

　中国に限らず、統計や指標を整備するのは、住民がそれらを求めているからというより、政策や政策担当者の目標レベルの設定やその評価において「基準」(狭義では「数値目標」) が必要だからである。

　今日の資本主義・民主主義国家の政府の仕事全体を「公共政策」と見れば、その具体的なサービスが提供される原則は、①市民生活にとって必要不可欠だが、業務の性格 (秘匿性、安全確保、公平性、公正性等) や外部効果が強く働くために商業ベースでは採算確保が難しく、それでも民間企業が供給しようとすればかなり高価なものとなる、②またそのゆえに、政府が供給者となった場合、そのサービスの質は、最大多数の人々がともあれ受容可能な水準で決まる、という二点を挙げることができよう。

　しかし、そうした公共政策は近年、変容を迫られている。「公共」の概念が変質しつつあるからである。「公共」の変容とそれに伴う「公共政策」の改革の必要性は、改革開放を通じて、社会主義計画経済を「民間」(主に市場) と「公共」(主に政府) とに仕分けすべく試行錯誤を続けてきた中国にも当てはまる。中国ではそのような「公共政策」の確定・改革作業を「社会管理体制の刷新」と呼び、胡錦濤政権第2期目、次の習近平政権への置き土産ともいえる第12次5ヵ年計画期 (2011～15年) において最重要課題の一つに位置づけられた。胡錦濤は2011年2月19日に中央党校で省部級幹部を集めて開催された「社会管理とその創新に関する専門議題検討班」の始動式典で講和し、流動人口 (農民工) と「特殊人群」(農民工以外の流動人口) の管理と彼らに対するサービスを改善し、人口基礎統計を再整備する必要性などを強調しつつ、社会管理の科学化の水準を高め、中国的特色を持つ社会管理体系の建設を促した。

　「社会管理体制の刷新」は現在では「(新型) 城鎮化」の概念が包含するが、遡れば、2004～07年の第一号文献で「城郷一体社会管理」(都市と農村の一体的社会管理) が提示された当時、それは共産党第16回大会 (2002年11月) で示された三農政策の文脈における「城郷経済社会協調発展」、特に都市と農村とが協調した社会発展と社会管理が強調されたのであり、都市化 (当時の呼称では「城市化」) とは無関連の政策だった。ただし、都市化

205

政策も同じ党第16回大会で確定していた。そのように別個の政策だった三農政策と都市化が、2008年には「社会主義新農村」の概念によって融合し、「工業化」ではない、社会発展に重点を置いた農村振興が「城鎮化」の概念によって構想されたのである（「社会主義新農村」の概念の形成過程は第2章2－2を参照）。続く2009年12月の中央経済工作会議（5～7日）では、戸籍制限緩和を通じ農民の中小城市と城鎮での就業と居住を進める城鎮化を2010年の重要任務と決議した。この決定を踏まえ、社会管理の刷新に関する専門的議論の幕を開く上述の胡錦濤講和が行われた。

しかし、広東省の「社会管理体制の刷新」を単なる上意下達の政策（中央の政策の地方での実施）とみることはできない。双転移と城鎮化政策の関係と同じく、社会管理の刷新策の原型もしくは政策のテスト地は広東省にあり、その経験に基づいて全土レベルの政策へと展開された、という道筋も考えられるからである。

「社会管理の刷新」が求められている要因として三点を指摘できよう。①グローバル化の進展により人々の価値観が劇的に多様化する中、平等性、均質性を原則とする伝統的な公共政策の有効性が薄れ、「幸福」が本質的にはらむ「個別性」をどう政策で実現するかが課題にのぼっている、②中国に関しては、〈都市－農村〉の二元構造の打破をめざす双転移や城鎮化が戸籍制度改革を主要な手段として実施され、（「都市市民」とも「農民」とも異なる）「公民」概念の確立を要請する人口流動化がすでに常態化している――である。加えて、①との関連において、③公共サービスの個別化や財政逼迫等からサービスが有償化されるか料金が上昇し、それに伴い、貧困層の増加も相まって、「公共料金」の支払いに困難をきたす人々が増える恐れがある、などの要因も挙げられよう。以下、これらの要因を検討し、中国における「社会管理の刷新」の問題を考察する。

（1）社会管理の刷新

資本主義・民主主義国家では、公共政策の見直し、または「社会管理の刷新」は、受益者負担の拡大を別にすれば、次のような形で進行していると考えられる。①規制緩和（自由化）を通じた公的業務の民間移譲・委託や国有・公営企業の民営化、②個別的な需給マッチングを円滑に実現する制度設計、③サービスや料金設定の柔軟性や独創性を発揮可能な個人（ま

第3章　汪洋の幸福論と「新しい社会」

たは零細事業者）を供給者とするための「規制緩和」などである。具体的な制度設計としては、教育など人材育成・開発、情報共有のためのネット・インフラや都市設計、コミュニティ建設、セーフティネットの整備、ポジティブリストからネガティブリストへの移行、有償サービス提供のための政府機能の公益法人化、NGOやNPO、さらに各種業界団体の活動自由化・支援強化などを挙げることができる。

　このような公共政策の見直し、または「社会管理の刷新」を迫る歴史的潮流のなかで誕生し、注目されてきたのがメーカーズといえる。メーカーズを結節点とするネットワークが、きわめて個別的な要求を満たす、「新たな公共」を形成するのである。そのネットワークは幸福感にあふれ、安定秩序を保っているはずである。繰り返せば、それは一対一関係が基本単位であるネットワーク（つまりフラット＝等距離関係の開放体系）によって私（個別）と公（全体）とが調和する、なお萌芽段階ながら新たな市民社会の姿といえる。

　中国において「社会管理」の刷新を唱導したのは胡錦濤である。胡錦濤が「和諧社会」、そして汪洋が「幸福広東」のイメージとして見据えたものは、迫り出したフラットな関係（ネットワーク）に基づく社会のことを言うのではないか、その「新しい社会」管理のために「新たな公共」が求められているのではないか、その実践的課題を「社会管理の刷新」と呼んでいるではないか、というのが本論の問題意識である。

　今日の資本主義・民主主義国家の歴史が教える通り、現代の国民国家の原型は資本主義の発展がもたらす大衆社会である。本来的に不安定な大衆社会は、民主主義原理の発動によって、つまり平等イデオロギーの実践である普通選挙を通じて国民国家に転化し、社会は安定を得る（国民統合）。しかし中国では、大衆社会が未成立な段階で、かつ普通選挙ではなく、社会主義革命という平等イデオロギーの実践として私有財産を暴力的に否定することで「人民の国家」を樹立した。改革開放の進展により、国家と社会の間の「隙間」が拡がりつつある近年では、その「隙間」をどのように埋めるかについて模索が続いている。例えば、一方ではNGO、NPO、ネットコミュニティなどを認め、人々の要求の専門性、個別性を満たす「新たな公共」を推し進めるが、他方でそれらを暴力的に抑圧する。

　広東省における「社会管理体制の刷新」も、遡れば都市部での単位の解

体により生じ、近年では農村人口流動化により拡大した「隙間」への共産党の介入をどの程度に、どのように限定するか、そして価値観多元化（メーカーズの生成）にどう対応するか、その意味での「公共の再構築」作業を指すということができる。

「社会管理体制の刷新」に向けた汪洋の熱意は次のような報告からもうかがえる。汪洋は2011年6月初旬、省代表団を率いてドイツ、イタリア、ギリシャの3カ国を訪問した。事前には「世界五百強企業」の数社を訪問し、産業構造調整の観点から大規模な商談も行われるともみられたが、実際は社会管理を含め政治的に敏感な話題ばかりで内外の中国・広東ウォッチャーを驚かせた。ドイツでは議会に設けられた市民の意見受付委員会や社区を視察した。ベルリン南部の新ケルン社区では、同社区が人工的に組織されたものとの説明を受けた。ケルンの事情は、外来人口や民族などの点で人口構成が複雑で、社会管理の困難が大きい広東と似ていると感受された。汪洋は「経済、人口において中国最大の広東は、都市化、工業化が高速度で発展するなかで都市と農村の発展格差が次第に拡大し、民生・社会の問題や矛盾が日増しに深刻化し、社会管理の課題は一段と重要性を高めている」と視察後に語った（「幸福広東騒乱、考験汪洋仕途」『香港経済日報』2011年6月14日）。

また、汪洋は2012年6月14日までシンガポールやオーストラリアを訪れたが、シンガポールでは、労使関係や住民自治などの説明に耳を傾けた（「中国広東省トップ汪氏、市場重視の改革主導」『日本経済新聞』2012年6月16日）。

このような海外視察の文脈において城鎮化や双転移を捉え直せば、それらは〈都市－農村〉二元構造を溶解し、都市（労働、経済）と農村（居住、社会）が融合する「コミュニティ」を形成する政策である、それが中国語で言う「新型城鎮化政策」なのだ、と解釈することもできよう＊4。

> ＊4　汪洋が単に経済成長を追求するのではなく、経済を社会的文脈において理解しようとする政治家であるのは次のような記録からも明らかである。2012年5月5日午前、汪洋は訪中した日本の細野豪志環境大臣（当時）と広州市で会談したが、細野は自らのブログに「大亜湾原発のある広東省を訪れたもう一つの理由は、汪洋書記と会談すること」であり、「汪洋氏とは環境問題や災害対応などの関心分野が重なっており、個人的な連携を確認することもでき

第3章　汪洋の幸福論と「新しい社会」

ました」(「環境共同体」細野豪志ブログ2012年5月7日) と記した。中国では「アジアの重要な先進国である日本は経済成長、社会管理、環境保護、特に原子力危機への対応において良いノウハウを持っており、広東省としても学び、参考にしたい」と汪洋が述べたと『広州日報』は伝えた (『人民網日本語版』2012年5月7日)。

(2) 汪洋の憤慨

　汪洋が政権終了期に熱心に取り組んだ「社会管理体制の刷新」とは、共産党という政治組織ではなく、社会自身に社会秩序の回復・維持の役割をより積極的に果たさせる制度設計を指すといえる。そうした「社会管理体制の刷新」を考えるうえで、汪洋が「珠江デルタ一体化」の実施に関連して行った「重要講和」が参考になる (『深圳商報』2012年8月9日)。「重要講和」は2012年8月8日、省政府が広州で開催した「四年大発展」と銘打った『珠江デルタ綱要』の進評会 (進行評価会) で発表された (「四年大発展」の「四年」とは、既述の通り、『珠江デルタ綱要』の実施から4年目、つまり2012年を指す)。「重要講和」のポイントは、珠江デルタの各地方政府は、大胆に思想を解放し、一党支配と戸籍制度の下で肥大化した既得権益 (本書の論点で言い直せば「都市既得権益」) を手放せということだが、その実現手段は二つに大別することができる。

　第一は諸侯化の打破である。行政区画が市場の合理的資源配分を歪める状況を徹底的に打ち破る。三大経済圏がモデルとなり、他の都市の発展の先導的役割を担う。また、三大経済圏間の協力関係も強化し、それにより各経済圏の発展の方向性を改善しつつ、相互補完体制を構築する。さらに、珠江デルタと「汎珠江デルタ」(広東省に近接する別の省・自治区)、および「大珠江デルタ」(省内の珠江デルタの外側) との発展協力関係を強化し、珠江デルタの核心的な競争力と影響力を高めつつ、周辺地区の発展を加速する。

　第二は、珠江デルタ一体化の加速である。それに関して地方政府に対して三点を要求する。すなわち、

　①一体化の内容を正確に理解する。一体化は主に、社会管理と社会サービス、市場経済運営 (規則・手続き)、インフラと生態環境の建設・管理の一体化を指す。

②政府職能を積極的に転換する。社会管理、社会サービス、生態環境保護、法治秩序の保持を重要課題とする。

③社会主義の制度的優勢と政治的優勢を発揮する。社会主義体制の下で職能転換を推進し、珠江デルタが備える諸資源で行政の壁を突破し、科学的に有効な配置を進め、人間と物の流動性をさらに円滑化、秩序化、合理的なものとし、総合的な競争力をもつ国際級の大都市圏を建設するよう努める。広東の特色を持つ地域一体化の道を着実に進む。

指導者の「重要講和」はしばしば中国メディアで公表されるが、その内容はおおむね非公表である具体策を確実に実行せよ、との部下に対する「意識改革」の呼びかけである。しかし、上述の重要講和の口調はかなり強い。そこからうかがえるのは、「珠江デルタ一体化」が2020年に終了を予定する中期的な『珠江デルタ綱要』の実現手段であるにもかかわらず、リーマンショックに抗う短期的な景気対策のための「開発事業」に矮小化されようとしていることに対する憤りと危機感である。

先にふれた通り、珠江デルタ一体化（その手段としての三つの経済圏建設）と双転移は衝突しかねないリスクをはらむ。経済圏の核を構成する都市は既存の大都市である一方、双転移が形成をもくろむのは「城鎮」の建設だからである。

「珠江デルタ一体化」を既存大都市のもう一つの「開発事業」と捉えるのであれば、社会管理の刷新を語る必要はない。農民工の低賃金の固定化と土地収奪により党・国有企業幹部らに莫大な利益をもたらす大都市の利権構造を、双転移を通じて打ち壊し、城鎮を建設するがゆえに「人」を本位とする新たな社会管理が求められるのである。実際、2008年10月に打ち出された「社会主義新農村」で原型が生まれ、2014年3月の『国家新型城鎮化（発展）規画綱要（2014〜2020）』で完成した「新型城鎮化」の考え方では、一貫して都市と農村の「一体的な社会管理」（城郷社会管理一体化）が強調されている。社会管理の刷新が必要になるのは〈都市－農村〉の二元構造が溶解するからである。

汪洋の危機感は別の発言にもうかがえる。上述の「重要講和」の3カ月前の2012年5月初めに開かれた広東省第11回党大会の政府工作報告（5月9日）において、汪洋は「人民を幸せにするのは党と政府の責任である。人民の幸福が党や政府からの恩賜だという誤った認識を改めるべきだ」と強

第3章　汪洋の幸福論と「新しい社会」

い調子で語った。幸福追求は人間個々の内的欲求であり多様である。党・政府が実施する一元的な「開発事業」が幸福をもたらすわけではない。必要なのは「開発事業」ではなく、新たな社会管理の思惟なのだ、と訴えたのである。その思惟が城鎮の思想であるのは言うまでもない。

　実は珠江デルタ一体化は、リーマンショック後に打ち出され、黄華華広東省省長が景気対策としてその迅速な実施を訴え、温家宝首相（当時）も、2009年第1四半期の経済指標を憂慮し広東省訪問（4月19～21日）を決め、同政策の実施を急ぐよう指示した経緯がある（『香港経済日報』2009年4月23日）。珠江デルタ一体化を「開発事業」としては位置づけていない汪洋との温度差は明白である。

　このようにみれば、珠江デルタ一体化と双転移が、一枚のコインの表裏の関係にある政策であることが改めて理解できる。すなわち、「双移転」を通じて低コスト構造を固定化し都市利権の源泉たらしめている〈都市－農村〉の収奪構造を打破することが、自ずから〈都市－都市〉の分断状況（諸侯化）を解消する、すなわち「珠江デルタ一体化」を導く。その結果として形成されるのは、情報・知識を創造・表現する〈人〉を結節点とするネットワーク、もしくはメーカーズの集合体（城鎮）である。ネットワークの形成促進のための、自治体の枠を超えたインフラ（通信や道路）相互接続などの基盤整備、「経済サービス化」、そして政府職能の積極的転換が必要であるのは、汪洋の「重要講和」や新型城鎮化の綱領文書が示す通りである。

（3）広東省の新型城鎮化

　2014年に北京中央政府が城鎮化工作会議での議論を経て『国家新型城鎮化2014～20年』を発表して以降の広東省の動きは迅速だった。同年および翌2015年に、主なものだけで次のような政策文書が立て続けに発表された。

　①広東省の実情にあった城鎮化政策を策定すべく、省は新型城鎮化工作会議を開催し、省の新型城鎮化政策の基本方針を示した『中共広東省委広東省人民政府の新型城鎮化の発展を促進することに関する意見』（粤発〔2014〕13号）をまとめ、続いて『広東省新型城鎮化計画（2014～20年）』（意見徴収稿）を策定した。9月3日から18日まで15日間、市民からの意見徴収が実施された。

②『広東の東西北部地区の地級中心都市地区の拡充を推進する工作方案』を策定。

③省住房城郷建設庁『広東省新型城鎮化"２５１１"試点方案』を制定。「２５１１」とは、二つの地級市、五つの県区、十の建制鎮を新型城鎮化「総合試点」として指定し、十類項目を新型城鎮化「専項試点」として選択することを指す。

④都市・農村の編成改革計画を模索すべく『珠江三角州全域空間計画（2014～20年）』を策定。これにより、都市と農村を網羅する生産、生活、生態の各要素の統一的アレンジ、および珠江デルタの科学的な改善・発展案の制定、さらに国際クラスの都市群の空間戦略、政策方針、具体行動、重大項目等を策定。

⑤2015年4月、住房・城郷建設部と広東省政府が『都市・農村計画建設体制改革を共同で進める試点省の建設についての協力協議』に署名。政府部委と省政府が協力する新たな協力形態と強調される。

⑥2015年4月8日、広東省人民政府弁公庁「『広東省新型城鎮化"２５１１"試点方案』の通知」（粤弁函〔2015〕178号）を伝達。全省新型城鎮化"２５１１"試点工作を有効かつ確実に推進するために制定。

これらのうち最も重要な文書は『広東省新型城鎮化計画（2014～20年）』（意見徴収稿）と『珠江三角州全域空間計画（2014～20年）』の二つである。前者は全国レベルの新型城鎮化政策を地方の実情に合わせ策定する広東省版であり、その根本的な考え方は、戸籍制度改革および基本的公共サービスの都市と農村の統一に基づく城鎮建設を通じた「人の都市化」である。後者はより大規模な既存都市の相互連関を進める全国レベルの都市空間配置に関する主体功能区計画（第11次5カ年計画終盤の2010年6月に提起）の広東省版である。両文書は合わせて「二つの計画」と呼ばれる場合もある（「広東住宅城郷建設年度報告発表、先行先試探索広東特色ある新型城鎮化」『南方日報』2016年1月22日）。

広東省の新型城鎮化政策で特徴的なのは、政策内容というより、上で示したように中央政府の文書が発表されて以降のきわめて素早い動きである。その迅速な対応は、双転移を進めていた同省は、新型城鎮化の遂行において直面する問題と課題の大きさに気づいていたからと考えられる。「２５１１」方式を選んだり、『都市・農村計画建設体制改革を共同で進める試

第3章　汪洋の幸福論と「新しい社会」

点省の建設についての協力協議』(2015年4月) により省政府部委と省政府が協力協定を結ぶ特異なアレンジを行ったりしたのは、広東省の新型城鎮化には相当の不確実性や困難が認められ、強い専門性が求められることを示唆する。また、だからこそさかのぼれば、双転移が広東省で真っ先に着想されたのだともいえる。

　そうした困難は二つある。

　第一は、都市部における圧倒的な数の外来人口である。2010年の第6次人口一般調査によれば、全省6,903万人の都市常住人口のうち、広東戸籍を持たない人口は「過半の3,000万人以上」(広東省統計局『広東新型城鎮化現状問題と対策』2014年12月9日) を数え、全国総数に占める割合では25％余りに達する (広東省統計局『産業構造転換・高度化が広東経済の発展を推進する～第11次5カ年計画期以上の省全体と珠江デルタの構造転換と高度化状況分析』2014年12月18日)。彼らの市民化や住宅建設などに要するコストは莫大である。本書の問題意識として冒頭で述べた通り、広東省珠江デルタの比較的大きな街を訪れると独特の「殺伐さ」を感じるが、それは何より外来人口の多さのためといえる。数年で故郷に帰る出稼ぎ労働者が過半を占める街に「落ち着きがない」のは当然である。

　『広東省新型城鎮化計画2014〜20年』によれば、2020年までに農業転移人口と外来務公工人員 (農民工以外で広東に居住する外来人口) の合わせて1,300万人を都市戸籍に転籍し、常住人口城鎮化率を73.0％程度にまで引き上げる。2014年末時点で、省平均の常住人口都市化率は68.0％、珠江デルタに限れば同84.03％である (なお、「常住人口城鎮化率を73.0％程度にまで引き上げる」という表現は原文のままだが、これは常住人口のうち広東省の都市戸籍を持たない1,300万人に都市戸籍を提供することで5ポイントの引き上げを実現する、という意味と考えられる)。

　第二に、珠江デルタの一部都市への人口集中が顕著である一方、新型城鎮化政策が城鎮化の重点対象とする小城鎮が未発達であることである。広東省統計局によれば、人口400万人以上の特大都市は2、200〜400万人の都市は2、100〜200万人は7、50〜100万人は6、20〜50万人は4、小城鎮は1,132を数える。この結果として、珠江デルタの都市は中国で最も人口稠密な地域となっている。2014年末の珠江デルタの常住人口都市化率は84.03％であり、すでに中進国水準 (80.0％) にある。大都市では交通、住宅の

213

ボトルネックが表面化し、環境悪化、失業率上昇などの「大城市問題」が出現している（広東省統計局『広東新型城鎮化現状問題と対策』2014年12月9日）。

　これに対し、第6次人口普査（2010年）によれば、1,132の小城鎮の合計人口が省の都市総人口に占める割合は24.19％で、全国平均の39.72％、江蘇の36.32％、浙江の39.24％を大きく下回る。つまり、小城鎮の規模が小さく、人口増加率も緩慢で、インフラは薄弱であり、その結果として産業集積と人材が限定的である。すなわち、小城鎮の総合的な「人口負担能力」は弱体である。逆に見れば、城鎮化のコストが莫大にのぼる。また、「人の都市化」というより「土の都市化」に傾斜する懸念がある。

　翻って、城鎮化の推進条件は、省（直轄市、自治区）の人口分布状況に従い、三つのパターンに分けて考えることができる。①常住人口と戸籍人口がほぼ一致する状況、②常住人口＜戸籍人口の状況、③常住人口＞戸籍人口の場合である。①は江蘇省、②は出稼ぎを送り出す内陸省でありいずれも国家新型城鎮化の試行地に指定された、③は遠方からの出稼ぎ（外出農民工）を多数受け入れる主に広東省である。①に該当する江蘇省が選ばれた事実は新型城鎮化の狙いが「人間の都市化」にあることを雄弁に物語る。常住人口と戸籍人口がほぼ一致するにもかかわらず、またただからこそ「都市化」（城鎮化）を試行するからである。②はまず広東省等への出稼ぎを呼び戻し、そのうえで近郊に建設する城鎮に移住させる二重の手続きが必要になる。胡錦濤政権が進めたような高賃金政策や住宅建設を含む公共事業などがその手段となるだろう。③は主に広東省の問題だが、その解決は最も難しいといえる。②に該当する内陸省（外出農民工の送出地）に農民工を戻しつつ、上で述べたような「巨大鎮」を縮小する必要があるからである。しかし、「巨大鎮」の縮小は現実的には困難である。

　大型の鎮の存在を踏まえ、新型城鎮化政策の具体化手段として打ち出されたのが「鎮改市」（「鎮昇市」とも呼ばれる）である。「鎮改市」は2014年7月の『国家新型城鎮化総合試点通知』で発表された＊5。同『通知』によれば、各省は異なったレベルにおいて非県級政府所在地の重点鎮を選び、「試点鎮」に指定する。10万人以上の建制鎮については4つを限度として市を設置する。巨大都市への人口集中を避けるためである。

　＊5　国家発展改革委員会、財政部、国土部、住宅建設部など11の部委が連名で

第3章　汪洋の幸福論と「新しい社会」

　2014年7月、『国家新型城鎮化総合試点通知』を発表した。
　「鎮級市」の発想は、2010年2月に浙江省温州市の党委初期が提起したときが始まりである。最初の鎮級市の設置は、同年9月、山東省が3〜5年の間に省内に20以上の鎮を小城市（小規模都市）に育てると発表したときである。同年12月には浙江省が先行試点として27の鎮に市級の経済・社会管理権限を基本的に認めた（「広東新型城鎮化建設の新たな突破　大鎮強鎮は"鎮級市"へ昇格」『小康』2014年10月15日）。広東省は当時、具体的な発表を行わなかったが、2014年に発表された広東省の新型城鎮化計画の意見徴収稿は「鎮改市」を実施する旨を謳った。
　広東省には中国有数の「巨大鎮」が存在する。東莞市虎門鎮、仏山市南海区大瀝鎮、東莞市長安鎮、仏山市順徳区北滘、広州市増城新塘鎮、仏山市順徳区楽従鎮、中山市小欖鎮、仏山南海区獅山鎮、東莞市厚街鎮、東莞市常平鎮、東莞市常平鎮が広東の「鎮域経済総合発展力」の上位10である。東莞と仏山にそれぞれ4つが立地するが、それは外資企業の進出や加工生産・輸出型の地元企業の成長により多数の外来労働力（出稼ぎ）が就労するためである。広東省ほどの規模はないが、多くの韓国企業が進出する山東省や台湾企業が工場を構える浙江省も同様の背景を持つ。GDPについては、2013年の最大鎮は仏山市南海区獅山鎮（803億元）であり、潮州（798億元）や河原（720億元）、汕尾（710億元）、雲浮（623億元）など4つの地級市を上回る。
　広東省に見られる「巨大鎮」は経済力は強大だが、公務員数が少なく日常業務の多くは契約職員が対応するなど政治的権限が小さい「財大権小」が特徴である。基層工作が手薄となるので、鎮のボス的人物に鎮の管理を依存しがちとなる。広東省の新型城鎮化計画の「意見徴収稿」では、「鎮級市」を実施し、「巨大鎮」に経済・社会管理権限を付与する旨が記された。
　全国レベルの政策指針では、建制鎮と小城市の移住制限を全面的に開放するものの、とりあえず人口10万人以上の建制鎮の市へ昇格は4つを限度とする。広東省では『広東省新型城鎮化"2511"試点方案』に従い、10の建制鎮を新型城鎮化「総合試点」に指定する。上に示した東莞の長安、虎門、厚街、仏山の容桂、獅山、大瀝の6つが「鎮昇市」の最有力候補といわれる（「広東新型城鎮化建設の新たな突破　大鎮強鎮は"鎮級市"へ昇格」

『小康』2014年10月15日)。その選択基準は常住人口数に加え、経済規模などとされる。

巨大な鎮を持つ広東省の状況は、新型城鎮化政策が打ち出されたもう一つの背景を示唆する。〈都市－農村〉二元構造の溶解だけでなく、〈都市－農村〉二元構造が産み出した〈農村－農村〉二元構造の打破がそれである。内陸出身の外出農民工の多くは広東省を主とする沿海東部に向かうが、彼(彼女)らを受け入れる製造工場の大部分は農村に立地する(近年では上海など大都市のサービス業への農民工の就労が増加している)。〈都市－農村〉二元構造は、広東省などの状況を考えれば〈農村(内陸中西部)－農村(沿海東部)〉二元構造でもあり、その意味で戸籍制は中国全土で「農村分断」構造をつくり出し、低賃金の内陸出身農民工を受け入れる巨大鎮において膨大な既得権益を産み出した。そうした既得権益は、沿海東部と内陸中西部との経済格差はもちろん、国際競争が激化するなかで華南経済圏の衰退を招いたが、主に沿海東部の巨大鎮が〈農村(内陸中西部)－農村(沿海東部)〉二元構造から得られる利益はなお大きい。

前述の通り、新型城鎮化を進める最も重要な手段は戸籍制度改革だが、中国の戸籍には「身分」と「地理」の二つの現実的な機能がある。「身分」(都市戸籍と農村戸籍)の統一が実現できたとしても、比較的長く地域開発戦略(労働集約製品の輸出主導の経済発展)に基づいて改革開放政策が展開された歴史もあり、「地理」的な差異は残る。その差異は沿海東部の大規模農村(巨大鎮)の既得権益として守護されがちとなる。

現状、珠江デルタでは双転移の進展が見られる。双転移が本格的な新型城鎮化につながるかは今後の見所である。巨大鎮の既得権益は、莫大な各種コスト(小城鎮の建設、内陸出身農民工の帰郷、巨大鎮の多数の外来人口の市民化、住宅、インフラ建設等)と併せ、珠江デルタにおける新型城鎮化の遂行において乗り越えなければならない大きな壁と考えられる。

2. 中国における「社会」の再形成

胡錦濤以降の中国にとって、経済高成長はもはや重要課題ではない。それに伴い政策目標も変わった。その新たな政策目標の具体化といえる華南政策は、所得増大や所得分配を第一義的目的とする経済政策でも、単なる

第3章　汪洋の幸福論と「新しい社会」

経済・産業構造調整でもない。「和諧」（「調和」）の名で「格差問題」に取り組んではいるものの、その目的は「平等」の達成ではなく、多様性の実現を通じた社会の安定化である、そうした考え方から個人の主観性を重視する幸福論が提起され、「社会管理の刷新」が求められている――。この発想はどのように導き出されたのだろうか？　この問いに対する回答として最もふさわしいのが、恐らくは「新たな社会」の出現といえる。

　既述の通り、グローバル化は、量的に計測せざるを得ない「平等」から、質的に評価するほかない「多様性」へと人々の幸福感の根拠を変える。換言すれば、グローバル化は社会秩序の原理を「政治・経済」から「社会」へと転換する。こう考えれば、近年増加している都市部での街頭デモや工場ストについて、「不平等」（所得格差）への反発であり、「社会不安」の現われなどとする理解が浅薄なものであることがわかる。それらはむしろ、多様性を本来的な特徴とする「社会」による、「平等イデオロギー」に対する「抗議活動」と解釈できるからである。

　そうした「社会」の代表的な構成員が新世代農民工といえる。2004年頃にその存在が「発見」された彼らこそネットワーキズム（潜在的多元主義）の担い手である。そして新世代農民工が展開する「抗議活動」こそ〈都市－農村〉の二元構造を溶解するダイナミズムというのがふさわしい。政府にとっては、二元構造が瓦解した後に現われる「社会」（城鎮の集合体）をどう管理するかが最も重要な政策の一つとなる。それを「社会管理の刷新」と呼べば、〈都市－農村〉の二元構造の打破と「社会管理の刷新」の二つこそ、中央政府が全国的政策として策定し進めている「城鎮化政策」の要諦と言うことができよう。

1．「社会」の再形成

　翻って、これまで中国で「社会」が語られることは皆無に等しかった。従って、「社会」の存在を前提とする「所得格差」や「中間層」が議論されることもほとんどなかった。そうした議論の前提となる社会階層が体系的に論じられたのは、中国社会科学院の研究チームによる調査レポート、陸学芸主編『当代中国社会階層研究報告』（社会科学文献出版社、2002年1月）が最初であり、それ自体が「タブーを破った」として大きな反響を呼

び起こした。というのも、社会主義国家とは、「(労働者が搾取された) 近代社会」を解体し国家に吸収した体制だからである。

マルクス主義は「近代社会」(資本主義の生成、成熟とともに成立したブルジョア市民社会もしくは資本主義社会) を否定すべき存在と捉え、労働者の蜂起によって消滅されるべきものと位置づけた。中国史においてブルジョア市民社会が存在したとは考えにくいが、国民党が足場を築いた20世紀前半の資本主義社会が、政治的、経済的に中国共産党にとって消滅されるべきものと考えられたのは間違いない。資本主義社会を破壊した革命後は、労働者を意味する「人民」は共産党によって代表され、その共産党が国家を代替する「人民独裁」体制が構築された。ここにおいて、社会は国家(共産党)内部に埋没し、社会と国家(共産党)はイコールで結ばれた(社会主義国家の建設)。

また、中国の社会主義革命は、賃金労働者(工業)の進展に比して、農民と農業が人口と産業の多くを占めるなかで行われた。社会主義国家の建設においては、戸籍制度によって農村と都市を政策的に分断し、人民は都市では「単位」に、農村では「人民公社」に所属した。いずれも1980年代前半に解体されたが、戸籍制は1958年に施行され現在も実施されている。戸籍制の当初の主目的は、都市部へ食糧を安定供給するためだったが、改革開放に転じ、農業生産の頭打ちや都市部の食生活の多様化などでその目的が果せなくなると、次第に都市部の人口急増を回避する「都市保護」が主目的となった。西洋史において「社会」とは、不特定多数の人間により商工業が営まれる近代都市社会を指すことを思えば、そのような戸籍制の点からも、中国において「社会」は近年まで存在し得なかった。

中国人の伝統も指摘できよう。家族・親族が人間関係の基本単位であれば、相互に「他人」である人間が構成する近代都市社会は生まれにくい。改革開放後に始まった一人っ子政策が家族の絆をさらに強めた結果、近代都市社会の形成を阻害したとも考えられる。

(1) 社会再形成の要因

とはいえ、改革開放後、社会主義国家(人民独裁)や伝統社会(家族)とは別個の実体としての「社会」(近代都市社会)が徐々に姿を現わした。

中国の近代都市社会の形成(もしくは「再形成」)は、1984年に改革が農

第3章　汪洋の幸福論と「新しい社会」

村から都市へと拡大し、軽工業の担い手として出稼ぎが沿海東部に流入したことが契機となった（第4章1も参照）。先にもふれた通り、広東省の珠江デルタが開放され、主に労働集約的な衣料品や玩具、電子産業等の香港資本が、主に広東省に特徴的な来料加工貿易（委託加工貿易）の形態で進出した（第2章1を参照）。同時期、人民公社の解体など農村改革の進展から余剰が表面化した労働力が出稼ぎとなって流入した。しかし、戸籍制に基づく契約により3年程度で農村へ帰ったので、厳密な意味での都市化は起こらなかった。同様の出稼ぎの流入は1990年代、上海周辺の華東で、その後は東北部、さらに内陸部でも起こった。しかし、その頃から近代社会（都市社会）の形成（再形成）の兆候も見え始めた。その背景として五点を指摘できる。

　第一に、戸籍制や都市就労規制の緩和により、もしくはなし崩し的に農民戸籍者でも都市に比較的長く居住するようになった。

　農村戸籍と都市戸籍に分かれる中国では、農民戸籍のまま現地（郷鎮＝農村）で農業以外の職業で、もしくは現地以外で6カ月以上働く農民を「農民工」と呼ぶ。統計上その農民工を「外出農民工」と「現地（本地）農民工」に二分する。

　また人口について、「都市人口」は「都市常住人口」と「都市戸籍人口」の二つの統計が存在するが、都市常住人口が都市戸籍人口を大幅に上回り、その差は次第に拡大している（逆に、「農村人口」では「農村常住人口」が「農村戸籍人口」を大幅に下回る）。その差の多くを占めるのが、農村戸籍のまま都市に就労・居住する農民工である。戸籍人口はある都市（農村）に居住する者のうち当該都市戸籍（当該農村戸籍）を持つ居住者数をいうのに対し、常住人口は戸籍人口に当該都市（農村）に半年以上居住する外来人口を加えた総人口を指す。

　戸籍地と居住地が異なる人々は「流動人口」とも呼ばれるが、彼らが最初に注目されたのは1989年の春節（年初の中国正月）明けである。広東省広州市を主とする沿海東部の大都市への大規模な出稼ぎラッシュが起こったからである。大規模な出稼ぎラッシュは「盲流現象」と呼ばれたが、出稼ぎの規範化が進むと「民工潮」と名前が変わった。

　都市形成が顕著に進展したのは、「民工潮」が一段落し、都市に定住する外出農民工が増え、就業者総数に占める外出農民工の割合が約42％へと

急伸した2002年頃からと考えられるが、注目すべきは以下の二点である。

①就業者総数に占める外出農民工の割合は、2010〜11年に44.2%を記録して以降は増加ペースが鈍化している。一方、現地農民工は相対的に早いペースで増加を続けている（前図表2-4参照）。2010年には農村就業者数に占める非農業従事者が農業従事者を上回ってもおり、当時の本地農民工の増加ぶりを裏づける（本地農民工の定義を改めて記せば、戸籍のある村［郷と鎮］の内部で自営業を含め農業以外で働く農民戸籍者）。

②外出農民工の増加ペースは減速しているが、常住人口の増加幅はなお大きい。これは「挙家農民工」、つまり働き手以外を含む一家での都市移住が増えているためと考えられる。

この①と②は、2010〜11年頃から〈都市－農村〉の二元構造を溶解する本格的な都市化が進行したことを示唆する。同時期には常住人口都市化率（都市常住人口／総人口）が50％を超えた。

第二に、胡錦濤政権が進めた経済・産業構造転換政策（高コスト政策を含む）の結果、2006年頃から沿海東部から中西部へ労働集約型産業の移転が進んだ。2008年秋のリーマンショック後の中西部や農村部での大型景気対策事業、およびその後の外需の急回復を受け、沿海東部では「民工荒」（深刻な労働者不足）が表面化したため、労働力を求め特に労働集約産業が中西部へ一段と移転した。その結果、中西部の中小都市を中心に都市人口が増加した。

2009年頃からの沿海東部での「民工荒」の深刻化は、上述した2008年10月の共産党第17期中央委員会第3回全体会議（三中全会）の決定を受け、〈都市－農村〉一体化政策がある程度、進捗したためともいえる。農民が都市市民化すれば、それまで働き口を提供してきた大都市で就労する動機づけは弱まる。その結果として発生する「労働力不足」は、労働力市場の形成を促し、さらなる「労働者不足」と賃金上昇を生み出す。

第三に、21世紀に入ってからの経済発展と改革（住宅改革、社会保障改革）は、都市経済において「家計」部門を形成した。生存のための支出（食費や光熱費、住宅費等）以外の、欲望に基づく消費がライフスタイルの一部となる消費社会が出現し、同時に残余の所得を将来に備えて貯蓄する「家計」が生成した。消費は自分にふさわしいライフスタイルを考える習慣を形づくる。また、1998年に国による住宅の分配制度が廃止されたこと

で、「家計」の最大資産である住宅の所有が進んだ。このように「家計」は一定の自己洞察を通じて経済への発言力を強めただけでなく、従来の社会統制のための共産党支配体制では及ばない、道路・歩道整備、違法駐車取締強化、清掃・ごみ収集、安全、その他インフラ等の「都市公共サービス」の需要を高めた。「家計」はそれらの量的、質的不足、行政の怠惰等に対して敏感に反応するようになった。

　第四に、リーマンショック後の大型景気対策事業を受け、2008年末頃から「乱開発」とも呼べるほど不動産開発が活発化し、行政区分では農村でありながらも農業が営まれない、実質的な都市化がさらに進行した。前述のとおり、1990年代後半から地域開発戦略が「均衡発展」へと転換し、2005～08年に社会主義新農村の概念が検討、確定されたことでも開発は全土化していた。不動産開発プロジェクトは都市既得権益層（地方政府、国有企業）の一大利権と化した。当時の都市化政策は、習近平－李克強政権により「土の都市化」と批判的に呼ばれるようになった。

　第五に、1990年代半ば頃から「新世代農民工」が台頭し、農民工の主流になりつつ、実質的な都市化の牽引役となった。改革開放後の初代出稼ぎ（「旧世代農民工」）を親に持つ「出稼ぎ第二世代」である彼らは、「八〇后」、「九〇后」とも呼ばれる。改革開放世代であり、一人っ子世代でもある。農業経験はほとんどなく、農村に戻る意識が乏しく、都市戸籍取得は困難であることを承知したうえで友人らと部屋をシェアするなどして都市に住み続ける。都市のファッションやライフスタイルにあこがれることもあり、サービス業に職を求める傾向が強い。このように農民工は、新世代農民工の台頭と相まって、就業場所を内陸や農村近郊の中小都市から沿海東部の大都市まで全土的に拡大しつつ、そして都市での就労期間を長期化しつつ、「（近代）社会」を急激に形成しているといえる。

（２）急増する群体性事件
　このような「社会の再形成」は「群体性事件」の増加となって現われている、と考えることができる。以下、街頭デモ、工場ストなどを意味する群体性事件の動向を整理し、中国における「（近代）社会」の生成を検討する。
　中国において集団抗議行動は「群体性事件」と呼ばれる。群体性事件の

明確で統一的な定義はないが、とりあえず複数の人間が関与する街頭示威行動とする。件数についても公式統計がなく、中国国内での報道基準の統一性や香港の人権団体などの情報収集、集計方法にも疑いが残るが、それらの問題はおく。

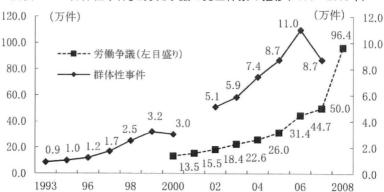

図表3-10 「群体性事件」と労働争議の発生件数の推移（1993〜2008年）

注1）労働争議の2008年は前年の未決案件を含む
注2）張（2013）が『中国労働年鑑』と「中国労働網」を基に引く労働争議件数に関する公式統計によれば、2006年31万7,000件、2007年35万件、2008年69万3,000件、2009年68万4,000件、2010年12万9,000件
資料）宇野（2005）、張（2013）、各種報道に基づく

　群体性事件は2003年頃までは6万件弱だったが、2006年には一気に11万件余り（11万1,230件）となり、2008年は前年並みの約9万件となった（図表3-10）。2009年は前年比若干減少したが、事件は重大化したと伝えられ、2011年には約18万件にのぼったとも報じられている＊6。2009年の『党的建設辞典』に「群体性事件」という語が初めて収録されたが（『中国新聞網』〔北京〕2009年9月4日）、これはその頃に、共産党の辞典の編集者にとっても無視できないほどの社会的出来事になったためと考えられる。こちらも公式発表があるわけではないが、各種報道は、汪洋が着任直後に広東省において群体性事件、なかでも労働争議が急増したことを示している（図表3-11）＊7。

　＊6　報道を引けば「中国各地で発生している暴動を含めた抗議活動が昨年（2011年…引用者注）1年間に約18万件に上ったことが中国政府の内部調査で分

第 3 章　汪洋の幸福論と「新しい社会」

図表3-11　広東省各地の労働争議の概況（2008年）

地域	時期	傾向等
省全体	2008年上半期	3万9,767万件（約2.6倍）
広州	2008年1月1日	3倍
	2008年2月1日	2倍
	2008年5月4日（労働紛争調停中裁法施行後の最初の出勤日）	広州市で1日に受理された仲裁申請は540件（通常の3倍）以上
深圳	2008年1～5月	1万9,784件（3.5倍）
珠海	2008年5～6月上旬	11倍
東莞	2008年1～3月	4倍以上
恵州	2008年5～6月	多少増加
佛山	2008年1～3月	1.8倍

資料）日本貿易振興機構『広州ニューズレター』2008年8月20日号（元資料は各種報道）

かった。関係筋が24日、明らかにした。国営通信、新華社系の中国誌が2008年に『06年に9万件超』と報じて以降、発生件数は明らかにされておらず、5年間で抗議活動が倍増、社会の不安定化が進んでいる」（「共同通信」2012年9月24日）。また、香港に拠点を置く民間団体『中国労工通訊』を引いて2008年に発生した群体性事件が12万7,000件との報告も散見される。なお、「群体性事件」という名称について、今日、「群発性事件」などとも呼ばれるが、新中国成立後、その表現は規模やその事件を取り巻く状況などに従い四段階で変わってきたとの分析がある。すなわち、第一段階は1950～70年代末までで「群集閙事」（群集の騒動）と呼ばれた。これは少数の人々が何らからの意思表示のため一時的に集合した状態を指す。第二段階は1980年代半ばの時期で「治安事件」と言及された。これは抗議運動が一定度合法化されるなかで「非合法的行動」か判断を迫られる行動を指す場合に用いられた。第三段階は1980年代末から1990年代末までの時期で「突発事件」と呼ばれた。これは文字通り「突発性」を強調する表現である。第四段階は1990年代末から21世紀初頭で「群体性治安事件」などと呼ばれた。これは参加者が不特定多数者に増大し、かつそうした群集行動の法的位置づけを問うた名称である（王［2010］22～23頁）。現在は「多数者」や「突発性」、「一時性」という意味をはらむ「群体性事件」や「群発性事件」が用いられる場合が多い。

＊7　広東省で2008年1～6月に受理された労働争議件数は3万9,767件。これは前年同期比2万4,338件増で、増加率は157.7％にのぼる。そのうち珠江デルタは、

省全体の96.5%を占める前年同期比160.1%増の3万8,381件に達した。とくに深圳が目立ち、年初めの5カ月に受理された争議案件は前年同期比250%増の1万9,784件で、増加分だけで前年1年間の受理総数を超えた（労働政策研究・研修機構［2008］）。

2006〜09年頃に群体性事件が急増し、重大事件化し、さらに2012年までに2008年比倍増したとも伝えられるのはなぜだろうか？

群体性事件の増加原因としてしばしば語られるのが、出稼ぎ（農民工）を主とする労働者の労働条件（収入や就労環境）への、ひいては自己の境遇全般への不満である。しかし賃金は、むしろ群体性事件が急増した2006年頃から大幅に増え始めた。農民工と都市賃金労働者、都市自営業者との所得格差もその頃から縮小した（都市内部の所得格差の縮小）。同時期、中間層の形成も進んだ。その購買力の向上ぶりは目覚しい。M.K.ホワイトは、貧富の格差の拡大による農民の不満の膨張が、群体性事件の増加原因という根強い見方を明確に否定した*8。

> *8　M.K.ホワイト（Martin King Whyte）が2004年に31の省に住む約3,000人を対象に行ったサーベイによれば、「都市居住民よりも農村居住者の方が、不平等の現状に対しむしろ寛容的」（Whyte［2010］Chap.6）である。ホワイトはこの結果に基づいて「農民が憤慨しているとしても、その主因は1978年以来拡大し続ける不平等ではない」（Whyte［2010］p.115）。角崎信也によれば、「現時点では、農民の格差増大に対する強い不満が『群体性事件』の発生や増加に直結していることを示すデータは存在しない」（角崎［2013a］）。

それでは同時期、「社会不安定化」の現象と見なされるストやデモが増加したのはなぜだろうか？　また、群体性事件の増加は、「社会不安定化」の現象というより、言論表現の自由が強く制約された中国においてはむしろ画期的なこととプラス評価すべき事柄ではないだろうか？　それは「言論・表現する個人」（これこそ「メーカーズ」である）が生成してきた証左と言えないだろうか？　さらに、群体性事件について、多様性を本来的な特徴とする「社会」による、「平等イデオロギー」に対する「抗議活動」と解釈することはできないだろうか？

（3）群体性事件の分類と背景

それらの回答を探るにあたり、群体性事件を発生原因や背景等から整理した公式統計があれば有益だが、それらは入手できないし、存在するかも

第3章 汪洋の幸福論と「新しい社会」

不明である。ただ、関連の報道や現地研究者の分析は散見される。

例えば、現地報道によれば、2005年に群体性事件の約7割が農村を発生場所とした（China Daily, August 22, 2005）。農民や農民工の抗議行動は同年に8万7,000件発生した（農村と都市を発生場所とする群体性事件の合計）。これに対し近年では、賃金の引き上げ要求や不払いなどに起因する都市労働者（主に農民工）によるストライキ、環境汚染に反対する都市住民の示威行動などが増加し、事件はその発生原因も抗議主体も多様化する傾向にある（角崎［2012］、角崎［2013a］）。

陸学芸らの2010年代の論考によれば、群体性事件を原因別に見れば、土地収用・立退きが約50％、環境汚染・労働争議が約30％、その他が約20％である（陸［2012］）。これに基づけば、2010年代でも農村、農民関連が半数を占めた。さらに、同時期の于建嶸の考察によれば、群体性事件のうち農民問題が30〜40％に達する（于［2011］45頁）。県や郷鎮など村レベルの地方幹部による土地収用を原因とする事件は、農村における事件総数の約65％を占めた（2009年）。

群体性事件について、その発生原因や発生場所に従い、以下のように分類・整理することができよう。それらは「（近代）社会」の形成（再形成）もしくは「都市化」を促進している要因として上で整理した五つの要因と時期においても重なる。すなわち、

①2000年代に沿海東部から内陸部に工場を移転または増設したEMS（電子機器受託製造サービス）を含め、労働集約産業で発生する工場スト等の労働争議。
②土地・不動産開発や環境汚染を招く工場進出反対など比較的大規模な都市部における生活防衛運動。
③最も多数を占めるとみられる農村部での土地収容や立ち退きなど、不動産開発に対する抗議行動。
④反政府・反共産党や反日を明確に訴える都市部での政治的抗議・示威運動、

である。以下、上述した分類別に若干詳しく述べる。

①について、労働争議は2005〜06年に増加し、2008年は前年比ほぼ倍増した。それ以降の発生件数は不明だが、群体性事件が2012年に2008年比倍増したとも伝えられることを思えば、労働争議もかなり増加したと推測さ

れる。

　2005年以降の時期は、中国が「世界の工場」の名を確立した時期にあたる。その最大の立役者の一つである台湾系EMSのホンハイは、2004年頃から分散投資を開始し、2007年に最大工場のある深圳から昆山、武漢等に5万人以上の雇用を移した。リーマンショック後の2009年からは、沿海東部で確保が難しくなった低賃金労働力を求め、内陸、東北の四川省、重慶市、湖北省、山東省等への工場移転を加速した。そうした内陸、東北部への工場建設は、沿海東部への出稼ぎ減少傾向が定着した2010年から「北上・西進」計画などとも呼ばれるようになった。台湾系EMSが中国で業容を拡大したのは、既述の通り、ICT機器が頻繁にモデルチェンジが行なわれ、なおかつ価格引下げの圧力を最も強く受ける貿易財の一つなので、大量の低賃金労働力を必要とするからである。ホンハイグループで工場ストが頻発したのは工場進出が内陸へも拡がったその頃、2010年である。2008～10年は中西部において公共事業も増大した。リーマンショックまで遠方（沿海東部）への出稼ぎの送出地となっていた内陸部、および深刻な労働者不足から賃金上昇圧力が強まるなかでもなお遠方（内陸）からの短期出稼ぎを雇用し続けた数少ない沿海地域である広東省で、奇しくも同時期に生成した「生活者」が反発や抗議の意思を表わしたというのがふさわしい*9。

　　*9　朝日新聞の集計では、外資企業の労働ストは、2010年5月から2カ月間で少なくとも43社で、そのうち日系企業が32社だった（「中国、外資でスト多発　日系が7割、ネット・携帯で連鎖」『朝日新聞』2010年7月30日）。日系企業が多いのは、経営管理が欧米や香港、台湾企業ほど厳しくないとか、ヒエラルキーが曖昧なので、「やり得」だという意識が労働者にあるのではないかなどと言われる。

　②は住宅価格の高騰や住宅価格の変動、環境問題や乱開発に敏感に反応するマイホームを所有する都市市民の台頭に関わる。国による住宅の分配制度が1998年に廃止され、住宅の私有が進んだことはすでに述べた。土着化する都市市民は、各種許認可権を持つ行政や主な事業主である国有企業への不満をしばしば街頭示威行動によって表現する。

　③は農村収奪や農民搾取に明確に不満を表わす、第二世代農民工と入れ代わって出稼ぎ後に農村に戻った主に第一世代農民工に関係するといえる。

第3章 汪洋の幸福論と「新しい社会」

　主に農村を舞台とする群体性事件の背景には、中国特有の〈中央－地方〉関係があるとの分析がある（角崎［2013a］）。すなわち、a）栄敬本らが提出した考え方である「圧力型システム」（Pressurized System）（角崎［2012］）、b）政策執行の「分権性」（地方裁量権）、および c）「抗争的」政治空間の三つである。このうち「『抗争的』政治空間」（c）は、「政策執行の『分権性』」（b）を享受する地方幹部のパフォーマンスを監視、牽制するため中央政府が地方レベルの住民の抗議運動を容認する体制を指す。「圧力型体制」（a）とは、下級幹部にGDP増大等を任務として強制する人事考課制度をいう。これにより、地方官吏は自らの昇進・昇給に結びつく経済高成長路線を選択し、その開発資金を賄う最も容易な方法として、公有である土地の収容・転売に傾斜しがちとなる。土地、不動産への執着は2004〜06年に廃止された農業税に代わる収入源確保の必要性から一気に強まった。しかし、それによる土地の強制収用や乱開発は農民の反発を招いた——。

　しかし、〈中央－地方〉関係に着目するこの分析は、なぜ群体性事件が2006年頃から農村だけでなく、大都市や中小都市にも拡がりつつ、そして動機も多様化しつつ増加したかの説明としては不十分なように見える。そしてそれは群体性事件の担い手への視点が欠落するためであるように思える＊10。実際、担い手に注目すると、興味深い事実が発見できる。すなわち、2006年頃に増加した群体性事件が基本的にすべて第二世代農民工（農村の一人っ子世代）、もしくは農民でなくとも都市の「一人っ子世代」に関連していることである。一人っ子世代は改革開放世代と言い換えることもできる。「第二世代農民工」（新世代農民工）の存在が2004年に「発見」され、以来その言葉が学術界や政府文書で使われるようになったことを思い起こせば、その事実はなおさら重要である。

　　＊10　群体性事件をその担い手で分類すれば、①税費負担、強制的農地収用により権益を侵害された農民、②居住地からの立退きの強要や環境汚染にさらされた都市居住者、③賃金の支払い遅延や不払いに憤る労働者、④待遇に不満を抱く退役軍人、⑤中国共産党の民族政策に不満を抱く少数民族等を挙げることができる（角崎［2013a］）。

　都市部の群体性事件において、第二世代農民工が大きな注目を集めた事例の一つは反日運動である。最初の大規模な反日運動は2005年、国連安保

常任理事会への日本の加盟反対の声が高揚したときだが、2010年、日本への抗議運動が再び起こった。ホンハイグループで労働者ストが起こったのと同じ年である。

　同年9月18日にまず北京と上海、香港で最初のデモが起きた。いずれもごく小規模で、短期間に終息した。成都、綿陽、重慶では10月、「当局公認」とみられる激しいデモが起きた。成都では2,000人以上が集まり、日系スーパーの窓ガラスが割られた。西安、杭州、鄭州では同月、自生的と見られる抗議運動が発生した。

　2005年4月にも反日デモが起こったが、そのときは大学生を含む1万人以上が上海の日本総領事館を包囲した。騒乱状態は数時間続き、関与者は10万人とも推計された。これに対し、2010年のデモが沿海東部で低調だった理由の一つは、政治的抑圧である。当時、北京では共産党第17期中央委員会第5回総会（五中総会。第12次5カ年計画等が討議）、上海では万博、広州ではアジア大会が開かれていた。中国政府としては、そのような重大イベントの開催地で大規模な群衆行動を許すわけにはいかなかった。

　他方、内陸（中西部）では規模が拡大した。反日運動が起こった地域を地図上で点検すると、西安、鄭州、宝鶏、綿陽、成都、重慶など内陸の主要都市が南北を縦断するように並ぶ（図表3-12）。また、その地域の都市人口、農村人口、工業生産額、都市世帯可処分所得、農村世帯純収入を2005年と2009年（抗議運動が起こった前年）について比べると、反日デモとの関連から興味深い事実が見て取れる。すなわち、都市人口の増加が激しい、農村人口の減少が激しい、工業生産額の伸びが大きい、都市可処分所得の伸びが大きい、農村純収入の伸びが大きい、新興の中小都市ほど反日デモが激化した。

　その5年間は主に胡錦濤政権の高コスト政策により、さらにリーマンショック後の2009年は沿海東部での就職難による帰村者の増加の要因が加わり、台湾系EMSを含め、内陸中小都市への工場移転が進んだ。これに伴い、内陸農村から広東省珠江デルタを主とする遠方への出稼ぎが減少し、その一方で出身農村の近郊都市への出稼ぎが増加した（「現地農民工」の増加）。リーマンショックは双転移と同じ効果をもたらしたのである。反日デモが起こったのは、そのような中小都市においてである。これについて、「職住接近」した「生活者」の立場から天下国家を論じるメンタリティー

第3章　汪洋の幸福論と「新しい社会」

図表3-12　2010年の反日運動の展開

場所	日	反日、抗議デモの規模
北京	9.18	・日本大使館近くでのデモは最大200人規模。大使館正門前には50人前後。報道陣よりも少ない
	10.18	・大使館近くに20～30代の若者を中心に約40人のデモ
上海	9.18	・日本総領事館近くで最大で200人（読売新聞は30人前後）
深圳	9.18	・繁華街で約100人
瀋陽	9.18	・約30人
香港	9.18	・日本総領事館等で約200人
成都（四川）	10.16	・2,000人以上。日系スーパーの店舗窓ガラスが割られる
西安（陝西）	10.16	・大学生を中心に数1,000人
杭州（浙江）	10.16	
鄭州（河南）	10.16	・大学生が大部分
綿陽（四川）	10.17	・若者らによる大規模なデモ、日本車等を壊す。市内の公園に数100人規模の若者が集結。日本料理店や日系の家電店などを襲う
宝鶏（陝西）	10.24	
重慶	10.26	・200人規模の反日デモ。後に500～600人が日本総領事館が入るビルに乱入しようと警察隊ともみ合う

資料）各種報道を整理

が生まれたため、とは考えられないだろうか。反日デモもしくは反日に衣を借りた反政府デモは、「民主主義」の胎動とも、そしてイノベーションを生むダイナミズムと同様のそれと考えることもできるのではないだろうか。

　以上のような整理と問題意識から群体性事件の増加原因をさらにまとめれば、2006年頃から進行した、土地開発の全土化（全土的な都市化＝工業化の進行）とともに生成した開発至上主義（経済成長至上主義）と、農民工経験者（一人っ子世代である第二世代農民工とその親である第一世代農民工）および都市戸籍の一人っ子世代が形成し始めた「新たな社会」の間の「ギャップ」の顕在化——と言うことができよう*11。そうした「新たな社会」について言い換えれば、「労働」と「居住」が身体内で融合した「生活者」としての農民工経験者（帰村した第一世代農民工とハンディのある条件での都市永住を覚悟した第二世代農民工）、および（文革中の下放体験を持たず）都市生活しか経験のない同じく「生活者」としての都市市民（都市一人っ子世代）が大多数を占め始めた社会、とでもいえようか。「新たな社会」は、

「生活」を脅かす行政や開発至上主義に怒りを爆発させるのである。

*11 このような「新たな社会」に着目した分析は、実は、リーマンショック後に急増した。ただし、そのほとんどすべては、2010年頃にルイスの転換点に到達し（構造的な労働力不足と賃金上昇に伴う経済・産業構造調整の必要性）、かつ少子高齢化（現役世代の社会的負担の増加）の段階に至り、その二つが同時進行しているがゆえに、もしくは「中心国のワナ」にはまりつつあるために、中国は強い成長制約圧力に直面しているとする、危機感に彩られた「経済分析」である。国家統計局は2012年の15〜59歳の生産年齢人口が9億3,727万人であり、前年比345万人減少したと発表している。総人口が増えるなかで生産年齢人口が減少するのは史上初のことである。本文では、異論も少なくない、ルイスの転換点に達したとする議論を含む「経済分析」から離れ、全国規模で進行している双転移的な動態（人口流動性の低下、職住一致・近接状況）により生成しつつある「生活者」、そしてそうした動態を政策とした戸籍制の解体を通じた新型城鎮化に注目することで、むしろポジティブに捉え直した。すなわち、沿海東部から内陸部への産業移転を含む「都市化の全国化」（農村での乱開発、都市での労働力不足）を背景に、「生活者」を構成する「帰村した第一世代農民工」（高齢化のベクトル）と「一人っ子世代である第二世代農民工と都市市民」（少子化のベクトル）が声を上げ始めた。こうした声は、民主化（複数政党制や普通選挙の導入とは限らない）やイノベーションに資する、と。このような考え方は、中国政府・共産党が現在の〈中央－地方〉関係を維持する限り、「都市化」（土地開発の全土化）が進展するなかで群体性事件は増えてゆくだろうとした分析と相通ずる（角崎［2013a］）。中国は単に「経済高成長」が困難になる時代ではなく、〈開発〉（政治・経済）と〈社会〉、もしくは〈資本〉と〈身体〉（「都市」と「農村」、「労働」と「居住」が融合した身体）とがせめぎ合う時代を迎えた、それゆえに「経済高成長」に代わる国家目標を探索し始めた、従って新たな未来像が生まれる可能性も出てきている、と言うべきであろう。

注目すべきは、「生活者」の考え方は「就地就近就業」をめざして汪洋が進めた双転移の考え方と一致することである。従って、「生活者」を「メーカーズ」と言い換えることもできよう。

（4）新世代農民工

2006〜09年頃に群体性事件が急増し、重大事件化した最も大きな背景の一つとして「新世代農民工」（第二世代農民工）の台頭を指摘したが、ここ

第3章　汪洋の幸福論と「新しい社会」

で「新世代農民工」について考える。改革開放世代で一人っ子世代でもある新世代農民工の存在が、沿海東部において民工荒（労働者不足）が表面化するなかで「発見」されたのは2004年である。群体性事件が急増したのはその2年後の2006年である。主に新世代農民工が結婚し子どもを持ち、一家で都市に移住し就労することで、なし崩し的に都市化が進んだのは2010～11年頃からである。「農民工」（農村出身の出稼ぎ）という言葉が初めて登場したのは、新世代農民工が「発見」される20年前、新世代農民工の親の世代の出稼ぎブームが起こった時期における、中国社会科学院の雑雄『社会学通訊』（1984年）においてである。新世代農民工が「発見」された時期、その親の世代である1980～90年代の農民工は対比的に「第一世代農民工」や「旧世代農民工」、「老一代農民工」などと呼ばれるようになった。第一世代農民工が1980年代後半から順次帰村し、育てた子供の世代が新世代農民工である。

　新世代農民工が北京中央政府レベルで注目を集めたのは2010年、中央一号文献『城郷発展力度の統御をさらに強め、農業農村発展基礎をさらに進めることに関する若干の意見』において"八〇后"、"九〇后"の農民工を初めてそう呼んだときである。同年1月には総理の温家宝（当時）が北京考察工作の際、「若い農民工の都市生活への融合を進める」と発言した。統計的な把握が試みられたのは『新世代農民工の数量、構造、特徴』（2010年3月19日）においてである。国家統計局は2008年末に「農民工統計監測調査制度」を整備し、農民工の実態調査を開始したが、同定期調査の補足的位置づけとして2009年、主に農民工を送り出す10の省を選んで新世代農民工に関するサンプル調査を行った。その成果が『新世代農民工の数量、構造、特徴』である。この他にも2010年には、青少年の教育・宣伝や組織化に関わり、胡錦濤の出身母体である共産党青年団に近い労働組合である中華全国総工会の広州市支部と『広州日報』が合同で同市の新世代農民工を対象にサンプル調査を実施した（4月）。また、中華全国総工会の新世代農民工問題課題グループは「新世代農民工問題に関する研究報告」（6月21日）を発表した。中華全国総工会は翌2011年にも同様の報告書を公表した（2月20日）。これらはリーマンショックの影響が中国にも及び、大型景気対策事業が始まった2008年頃から新世代農民工問題が重大な検討課題となり、温家宝の発言にうかがわれる通り、2010年には〈都市－農村〉二元構

造の改革が明確な政策課題になっていたことを示唆する。

都市永住志向を持つ新世代農民工は、主として彼(彼女)らと農村に残される第一世代(「独居老人」)、そして新世代農民工と農村に残されるその子ども(「留守児童」)の二つの親子関係に照明を当てた。それは農村部でも進行する少子高齢化問題にほかならない。

しかし、リーマンショック後に新世代農民工が北京中央政府で注視されたのは、景気後退や少子高齢化問題のためだけではない。恐らく、新世代農民工が、進行する少子高齢化問題を含め「新たな社会」の生成を当局に気づかせたためである。リーマンショック後の状況が、単なる一時的な景気後退とは認識されなかったことは、後に(2014年5月)習近平政権がその状況を「ニューノーマル」(新常態)と呼び、政策立案・遂行を規定する新たな外部条件と位置づけたことから明らかである。

国家統計局の新世代農民工に関する調査報告では、上記の『新世代農民工の数量、構造、特徴』と同局の定期調査『農民工監測調査報告(2013年)』が利用できる。『新世代農民工の数量、構造、特徴』では、調査対象の新世代農民工について、2009年に半年以上故郷の村を離れ農業以外の職に就いた(「外出農民工」と呼ばれる)、1980年以降に生まれ就労時点で16歳以上だった農村戸籍の労働者とした(つまり調査時点で16歳以上30歳未満)。2009年の調査時点で外出農民工は1億4,533万人を数えたが、そのうち新世代農民工が58.4%(8,487万人)を占めた。2013年調査では、外出農民工総数は1億6,610万人で、うち新世代農民工が60.6%を占め、人数で初めて1億人を上回った(1億61万人)。ここに現地農民工(2,467万人)を加えた新世代農民工の総数は1億2,500万人余りで、農民工総数(2億6,894万人)の46.6%を占めた。以下、両『調査報告』に基づいて、新世代農民工の姿を描き出し、その社会的、政治的含意を検討する。

第一世代農民工は、大部分が単身で沿海大都市に稼ぎに出、製造業や建設業で職を得た。1980年代半ば〜90年代半ばが第一世代農民工の最盛期であり、その10年間、「民工潮」(出稼ぎブーム)と形容されるほどの規模に膨らんだ。戸籍制度の縛りのため3年程度で故郷の農村に戻る「職住不一致」の状態にあり、都市部に長期的な住所を持たないので「流動人口」とも呼ばれた(現在もそう呼ばれる)。特に1980年代の第一世代農民工は、生産請負制などから農業所得が順調に増加した時代の出稼ぎであり、農業収

入の減少や郷鎮企業の衰退から故郷の農村（郷鎮）での所得が伸び悩んだ新世代農民工と比べ、困窮感、切迫感は乏しかった。これに対し、新世代農民工は以下のような特徴を持つ。

・近年の大学数の増加などもあり、比較的高学歴である。大学卒、同等以上が第一世代で1.4％であるのに対し、新世代農民工では6.4％に達する（2009年調査）。
・農民工全体としては、大都市からの産業（企業）移転や公共事業の増加、高賃金政策などから、前述の通り、出身の村（郷鎮）により近い内陸中小都市で働いたり出身の村で農業以外の職に就いたりする趨勢が鮮明である（前図表2-4、前図表2-6参照）。新世代農民工については、沿海東部のシェアは2009年に72.3％に達し、農民工全体平均の62.5％を大きく上回った。また、沿海東部で就労する農民工全体に占める新世代農民工の割合は同年に61.4％に達し、全国平均（58.4％）を上回った。ただし、データの公表のある2009年と2013年を比べると、東部が72.3％から64.8％へ低下した一方、中部が12.9％から17.7％へ、西部が14.4％から17.2％へ上昇した（図表3-13）。新世代農民工における「就地就近就業」の進展ぶりは劇的とすらいえる。

図表3-13 新世代農民工の就労地

	2009年			2013年（参考）	2014年	2015年
	全農民工平均	新世代農民工		新世代農民工	全農民工平均	
			各地区の外出農民工のうち新世代農民工が占める割合			
	シェア(%)	シェア(%)	(%)	シェア(%)	シェア(%)	シェア(%)
東部	62.5	72.3	61.4	64.8	59.9	59.4
中部	17.0	12.9	54.7	17.7	21.1	21.5
西部	20.2	14.4	49.8	17.2	18.7	18.8
(その他)	0.3	0.4	―	0.3	0.3	0.3
合計(全国平均)	100.0	100.0	58.4	100.0	100.0	100.0

注）農民工とは外出農民工を指す
資料）農民工調査（2009年、2013年、2015年）、新世代農民工調査2009年

- 収入への不満は強いが、都会生活そのものへの憧れが強いので、残業代獲得のため黙々と働くわけではない。専門を追求しキャリアアップを図るわけでもない。物質的に比較的恵まれた改革開放世代、かつ一人っ子世代であり、残業や３K（きつい、きたない、きけん）職業を嫌う。特殊技能も有していないため転職を繰り返しがちとなる。
- ほぼ全員が携帯電話を持ち、自分専用のノート型PCを持つものも少なくない。2010年初夏から工場ストが各地で連鎖的に発生したが、それも同年までの5年間に携帯電話やノート型PCの価格が急速に低下し、情報共有が容易になった要因が大きいと指摘される。

『農民工監測調査報告（2013年）』も上と同様の特徴を挙げるが、さらに、
- 新世代農民工が最初に「出稼ぎ」に出る平均年齢は21.7歳であり、第一世代農民工の35.9歳と比べるときわめて若い。
- 新世代農民工の87.3％が農業経験をまったく持たない。
- 就労先は製造業は39％、建設業が14.5％、卸売・小売が10.1％、住民サービス・その他サービスが10.0％である。第一世代農民工は製造業が26.5％、建設業が29.5％、卸売・小売業が10.9％、サービス業が10.6％だった。建設業での就労比率が著しく低い一方、製造業でのそれが高いのが新世代農民工の特徴である。
- 1カ月の消費生活支出は939元で、第一世代と比べ19.3％多い。工場が提供する宿舎以外に住むことを好むため住宅支出が全体の60％余り（567元）を占めるのが理由である。
- 2013年に故郷に持ち帰った現金は1万2,802元で、第一世代より29.6％少ない。

このように新世代農民工は、農村戸籍でありながら農業経験が皆無に等しいこともあり、村外での就労を短期的な所得獲得手段である「出稼ぎ」ではなく、ほとんど永久的な「都会生活」そのものと捉えているといえる。新世代農民工のその考え方や特性を踏まえれば、中国で近年、「社会不安」の現われと指摘される群体性事件の増加は、特定の外部状況の出現そのものというより（例えば、低賃金や賃金格差、重労働を含む「劣悪な労働環境」それ自体ではなく）、その状況と関わる1980年代、1990年代生まれ世代の台頭がより本質的な原因であるいうのがふさわしい。ストや自殺事件に遭遇した台湾系EMS・ホンハイの郭台銘会長が嘆息した通り[12]、賃金が

第3章　汪洋の幸福論と「新しい社会」

年率20％以上のペースで上昇する客観状況のなかでむしろ群体性事件が激化したのである。

＊12　台湾系EMS・ホンハイの郭台銘会長は、自社工場での相次ぐ労働者の自殺やストを受けた2012年6月の同社株主総会で、「中国大陸では現在、工場労働者が大変不足している。しかも1990年代生まれの若者は製造現場で働きたがらない。残業代をたくさん払ってもそうだ」「中国の若者は過去に先進国の若者が歩んだ道を通っているのだ」と嘆くような調子で語った（同社では2010年春、わずか3カ月間に12人もの工場従業員が飛び降り自殺した）。

　新世代農民工は都市定住志向が強いゆえに、NGO、NPOなどの社会活動に進んで参加し、内陸部においては反日運動なども主導し、台湾系EMS等の大規模工場やその他の外資企業においてストを敢行する。しかし、都市定住や安定した都会生活が確約されているわけではない。政治的な主義主張に基づくもののように見える言動の裏には漠とした不安心理がつねに存在する――。こうした認識を持つがゆえに、胡錦濤政権は2004年の新世代農民工の「発見」を受け、単なる農業収入、農村所得の増加ではなく、しかし大都市への永住を認めるわけでもなく、農民の市民化を含め、農村近郊の中小都市での「生活の質」（QoL）の改善をめざす「社会主義新農村」の建設を2005～08年に模索し（しかしリーマンショック後の大型景気対策事業により「社会主義新農村」の建設が単なる「土の都市化」[不動産開発事業]へ矮小化されてしまった反省を踏まえ、また新世代農民工に関する実態調査を2009年に開始し）、2011年に新型城鎮化を構想したのではないだろうか。胡錦濤がその任期のほぼ全体を通じて科学的発展観を掲げ、脱・経済成長至上主義を図り、「幸福」追求に舵を切ったのも、新世代農民工の台頭に「新たな社会」の生成を見て取ったからではないだろうか。

2．「新しい社会」

　中国における「社会不安」を考える際には、実は「社会」そのものを検討する作業が不可欠である。というのも、われわれが言う「社会」は通常、生産手段を持たない、相互に他人である無産労働者が「平等イデオロギー」の具現化である客観的規範（価格と政策）に従い秩序を形成する「ブルジョア資本主義社会」（近代市民社会もしくは近代大衆社会。または単に

「近代社会」とも呼ばれる）を指すが、そうした「ブルジョア資本主義社会」を打ち壊し、共産党一党支配国家に吸収したのが中国（中華人民共和国）だからである。

　社会が不在の社会主義国家で「社会不安」が生じることはあり得ない。ならば、われわれが目撃している群体性事件とはいったい何なのだろうか？　中国人民はなぜ街頭に出て声を上げるようになったのだろうか？　それが改革開放後に進行した「社会」の再形成の証左だとすれば、再び姿を現した「社会」とは、解放（社会主義革命）前の社会と同じ、もしくは類似した近代資本主義社会（ブルジョア資本主義社会）なのだろうか？

　この問いは実は世界共通の問題といえるのではないか。既述の通り（第1章2）、グローバル化により、米欧や日本等で成立した大衆社会、それに基づいて成立した「大衆国家」が動揺を始めた。ならば「ポスト大衆社会」（「ポスト大衆国家」）はどのような社会なのか？　資本主義先進諸国で出現した「新たな社会」は、中国において再び姿を現した「社会」と同様の社会なのだろうか？

　中国において再び「社会」が現れたのは、既述の通り、改革開放後の1980年代半ば以降、明確には1990年代半ば以降である。だが、2000年代に入り、「社会」形成は新たな段階に入ったように見える。そうした「社会」形成の契機は、改革開放後の1980年代以降に生まれた第二世代農民工の台頭といえる。上述のような街頭デモや工場ストの主な担い手が彼らである。彼らの台頭こそ「社会不安」の原因であり、汪洋をして華南政策を、そして胡錦濤や習近平政権をして城鎮化または新型城鎮化を推進させた最大要因といえるのではないだろうか。

　三農政策の必要性が強く認識され、都市と農村の一体化を軸とする国作りが本格化したのは2004年だが、新世代農民工の存在が「発見」されたのも同じ2004年である。中国政府は改革開放後も、「社会安定」と「経済発展」の要諦とされた農村と都市の物理的、心理的分断線を設けたが、新世代農民工は、そうした分断線を易々と乗り越えることで、劇的な社会変動を引き起こしていると考えられる。彼らの動向は〈都市－農村〉の二元構造を溶解するダイナミズムにほかならない。

　ところで、21世紀に入り生成したそうした「社会」は実際のところ、「平等イデオロギー」の究極的産物である社会主義・計画経済を否定し、

第3章　汪洋の幸福論と「新しい社会」

なおかつグローバル化のなかで生成しているがゆえに、きわめて流動的で多様性に富んだ、歴史的前例のない「新しい社会」のように見える。彼らが欲するのは「平等」ではなく、「幸福」ではないだろうか。そのような「新しい社会」形成の胎動を指してわれわれは「社会不安」と呼んでいるのではないだろうか。

（１）「個と全体」の調和問題

　さて、ここで中国から目を転じ、これまで暗黙裡に都市化または工業化の「モデル」と考えられた西側諸国の近代社会の形成を振り返る（図表3-14）。これは「ポスト大衆社会」、そして中国の「新たな社会」を理解するうえで必要な作業である。

　近代は「社会の発見」とともに始まった。それは資本主義が拡大するなかで「社会」が本質的に不安定な存在として認識され、その「不安定な社会」をどのように安定化させるかという問題意識が近代意識を形成し、「近代社会科学」や「近代人文科学」を誕生させたからである。

　その「社会安定化問題」は「個と全体の調和」という命題に換言可能である。「個と全体の調和」という命題は長らく静的、数学的な「調和問題」だったが、18世紀末から19世紀前半の第一次産業革命（英国での工業化）後の資本主義の時代においては動的、価値評価的な問題へと変質した。その結果、「社会安定化問題」はしばしば「格差問題」や「不平等問題」としても論議されるようになった。その議論の一つのピークが、19世紀末から20世紀前半に労働運動の高揚を背景に盛り上がった資本主義における所得分配問題をめぐる貧困化（窮乏化）論争である（木村［2008］1〜2頁）。

　そうした人間の問題を「社会」の問題として捉え、体系的に論議した最初の論客が、さかのぼればアダム・スミスである。また、資本主義社会について「階級社会」という不平等社会として理解したのが、言うまでもなくカール・マルクスである。

　アダム・スミスの前史には、トマス・ホブスやジョン・ロックらがいる。その議論は社会の「自然状態」を想定するところに特徴があり、その「自然状態」をどう評価するかの違いが異なった議論展開を導いた。「自然状態」を「戦争状態」と考えたホブスは社会安定化のため外部に「国家」（リヴァイアサン）を構築すべきだと考えた。ロックはむしろ「国家」と

図表3-14 資本主義の到来を受けた「個と全体の調和問題」(社会の安定問題)の思惟

	人物	出来事と代表的な著作	(資本の動向)	社会秩序
		《予定調和》という問題の発見		
17世紀	トマス・ホッブス (1588〜1679)	『リヴァイアサン』(1651年)	(「資本」の萌芽)	市民社会(＝完全市場) <市民>の発見
		《予定調和》の終焉		
18世紀末	アダム・スミス (1723〜90)	第一次産業革命(動力革命) 『道徳情操論』(1759年) 『国富論』(1776年)	(「資本」の増殖)	(<労働者>の生成)
19世紀末		第二次産業革命(複製革命)	(「資本」の充満)	大衆社会 <大衆(労働者)>の発見
	カール・マルクス (1818〜83)	『資本論(第1部)』(1867年)、『同(第2部)』(1885年)、『同(第3部)』(1894年)		資本に搾取される大衆(労働者)
	マックス・ウェーバー (1864〜1920)	『プロテスタンティズムの倫理と資本主義の精神』(1904〜05年)		官僚制を構成する大衆(労働者)
	フレデリック・テイラー	『科学的管理の原理』(1911年)		組織的人間(消費する人間)としての大衆(労働者)
	ホセ・オルテガ・イ・ガセト	『大衆の反逆』(スペイン語: La rebelión de las masas、1929年)		
	ジョン・メイナード・ケインズ (1883〜1946)	『雇用・利子および貨幣の一般理論』(1935〜1936年)		失業する大衆(労働者)
20世紀末	ダニエル・ベル (1919〜2011)	『イデオロギーの終焉——1950年代における政治思想の涸渇について』(1960年)	(「資本」の越境)	<大衆>の分散;構成者の異質化
		『資本主義の文化的矛盾』(1976年)		管理社会化と対抗文化(労働者)
		《予定調和》の復活‥‥		
21世紀		第三次産業革命(IT革命)		<大衆>の再編;開かれた組織化(ネットワーク化)

資料)筆者作成

第3章　汪洋の幸福論と「新しい社会」

いう装置を本来的に理性的な存在である社会で統御する必要を説いた。

スミスは社会を理性的、平和的なものと捉えた点でロックに似ているが、「市場」（交換や取引）の概念を持ち込んだ。経済学的社会論を展開した初めての思想家たるゆえんである。スミスは、（単なる外在的な「価格」という指標を通じて物品の取引が行われる場所ではなく）、個々人の「内面」が共有され利己主義＝利他主義と結ばれる自然調和的な社会として「市場」を理解した。

スミスの代表作『諸国民の富』は第一次産業革命の黎明期である1776年に出版されたが、産業革命の影はなお皆無だった。生産と取引の主体は生産手段を所有する自営業者であり、彼らの労働（生産）の成果である生産物は市場参加者のすべてによって、その機能や品質等を含め完全に理解され、交換され、そのプロセスそのもの（市場原理）によって社会は安定化すると考えた。その意味において、価格は選択状況における唯一絶対の指標ではなかった。そうした牧歌的または空想的とも言える「古典派経済学」が成立し得たのは、「社会」について、その「社会構成員」もしくは「市場参加者」が特定少数ゆえに成員交代がほとんどない閉鎖体系として理解されたからである。この事情は、今日のNGO、NPOについて、個別的な目標を共有する、特定の成員から構成される閉鎖組織でありながら、開放性を含意する「市民社会」としばしば呼ばれるのと似ている。

これに対し、産業革命を資本主義社会の幕開けと捉え、資本主義では「市場の失敗」と同時に、いわば「社会の失敗」も表面化する、と理解したのがカール・マルクスである。マルクスは、社会を――内面共有や市場原理によって自然調和が達成される存在ではなく――対立的存在、つまり階級社会として理解した。第一次産業革命からおよそ100年が経ち、生産手段を占有する資本家階級が生まれる一方、無産者はその身体を資本家に差し出し貨幣化されるほかない。無産労働者は貨幣の下、均質化され、一つの労働者階級を形成する。すなわち、「社会の失敗」とは階級的矛盾である。

（2）市民社会から大衆社会へ

「社会の失敗」はしかし、20世紀に入り、米国において階級的矛盾とは別の形でも顕在化した。雇用不安（失業）や金融不安（インフレを含む）と

いう生産要素市場の不安定化である。これに対し、労働者階級の蜂起ではなく、民主的な「大衆国家」が経済に関与することで「社会の失敗」は是正可能だとする思想家が現われた。ケインズがその代表的論客である。労働者は欧州大陸においては搾取される階級的存在かもしれないが、少なくとも階級的伝統を持たない新大陸である米国においては、人々は本質的に平等である。彼らは労働し、所得を得、納税し、消費し、貯蓄もする「国民」なので、国家が財政や金融政策を通じて有効需要（投資と消費）を喚起すれば、社会問題（失業）は解決可能である。また、倫理的にも、資本主義市場経済において、社会的正義・公正を実現し、社会的安定を確保するため政府は積極的に経済活動に関与すべきである――というのがその考え方である。この考え方の背景にあるのは、二つの産業革命を経た20世紀前半における大衆社会の完成である。

ケインズに代表される大衆社会時代の社会認識においては、社会は経済に、さらに政治に包含される「大衆資本主義社会」である。その社会は、相互に異質であると了解可能な程度の数の個人が形成する市民社会と異なり、余りに数が膨大であり自分以外を質的、個別的に理解することが不可能となるので、その人間の集まりを集合体として数量的に把握するほかなくなる。逆に見れば、社会は数量的ロジック、すなわち外部的な「神の目線」を通じて塊（かたまり）として把握され（社会の経済的理解）、そのゆえに安定化をめざし操作可能な対象となったのである（社会経済の政治的理解）。

大衆社会（大衆資本主義社会）を数量的ロジックで操作するのは大衆国家である。大衆社会においては社会と国家は対峙しない。大衆国家は複数政党制と普通選挙という多数決に基づく数量化メカニズム、換言すれば質的に異なる意見の意見集約メカニズムによって成立し、機能するからである。その大衆国家は、大量生産・大量消費体制（大企業体制）を支援し、さらに国富の安定的増大と雇用創出のため経済活動に介入し、所得再分配政策によって平等社会を建設することで、自らの存在を正当化しつつ、社会と国家の秩序維持を図る。

世界で最も典型的な大衆社会が成立した米国では1910年代、大企業体制が支える大量生産・大量消費体制が成立した。人々は生活時間と生活空間が類似する、数量的に把握される匿名の大衆となっただけでなく、大衆を各種政策によって操作する政府を選択可能な国民ともなった。

第3章　汪洋の幸福論と「新しい社会」

　マルクスの理論が一つの運動として活路を見出したのも、実はこの20世紀前半に世界各地で成立した大衆社会の時代においてである。言うまでもなく、世界で最初の社会主義国家は、『資本論』の出版から半世紀以上が経った1922年に成立したソビエト連邦である（1905年ロシア第一革命、1917年ロシア2月革命）。膨大な数の「大衆」（無産労働者、賃金労働者）が生まれるなかで理論からイズム（運動）へと昇華していたマルクス主義は、生起する社会・経済の諸問題は、もはや資本家階級というより、巨大組織（官僚機構と企業）を骨肉として強力化していた国家そのものに起因すると考え、資本主義国家の転覆を企図した。

（3）「フラット社会」の秩序原理

　民主化（普通選挙の実施）により安定し、普遍的存在とも考えられた大衆社会（＝大衆資本主義国家）はしかし、1970年代頃から変容を始めた。1990年代に入るとその変化は決定的となった。同じく「平等イデオロギー」の具現化である社会主義も、1990年前後にほぼ完全に陳腐化した。その背景にあるのはグローバル化といえる。

　グローバル化について、人々の価値観が劇的に多様化する事態と定義すれば、そうしたグローバル化は大衆社会に変容を迫る。その変容プロセスは、上述の国民統合（大衆資本主義国家の形成）の逆転現象と言える。すなわち、グローバル化により、①政治・経済（質の数量的解決）と社会の分離が進行し、②国家と社会の離反が帰結する。人々の価値観の多様化は、数量的に掌握される画一社会を溶解し、個をベースとする「質的社会」を生成するが、その結果、国家はそうした価値多様化社会の操作に困難を来たすようになる。有権者の数に比してごく少数の代議士を選出し、さらに彼らの多数決によって意見集約を図る主流の民主主義は、民意反映メカニズムとして十分な役割を果たせなくなる*13。また、大量生産大量消費体制が機能不全に陥ることで、企業はダウンサイジング（従業員削減と資産圧縮）とリストラ（事業再編）を加速させる。失業率は高止まりし、法人税収は減少するか伸び悩み、財政資源が欠乏するようになる。所得格差が拡がるなか、財政支出のみが増加し、財政は一段と逼迫するようになる。こうして、普通選挙と大量生産大量消費体制が形成した「中流階層」は崩壊を始め、「平等主義イデオロギー」の動揺が生じ、大衆民主国家の安定

維持が困難になる。ここにおいて改めて「個と全体の調和」問題が浮上する。しかし、この「調和（不調和）」問題を「格差社会の到来」と否定的に捉え、「平等」を目標とするケインズ的解決またはマルクス的解決を求めるか、もしくは新たないわば「フラット社会の誕生」と肯定的に捉えるかで、恐らく見方は真っ二つに割れる。現状は「格差社会の到来」と見る向きが多いと思われるが、筆者は後者の「フラット社会の誕生」プロセスにあると考える。

*13　グローバル化が進展するなかでの代議制民主主義の動揺については、待鳥［2015］等を参照。待鳥によれば、1989年の冷戦構造の崩壊は、政党を基本とする代議制民主主義の動揺の始まりを告げるものとなった。冷戦構造下の議会においては、西側陣営では経済成長（所得増大）を前提とし、福祉（所得分配）の有り様で政党が対立した。しかし冷戦構造の終焉で「反共」、「福祉」は説得力を失った。冷戦構造の終焉はまた、「経済成長最優先」の下で覆い隠されていた本来的な価値観の多様性を明るみに出した。こうしたなかで前景化したのが熟議民主主義である。政治家や官僚など職業的な政策決定者や研究者のような専門知識を持つ人々のみが政策決定・遂行を担う事態、また「多数者の専制」（多数派の意思が少数派を圧迫し、基本的人権も侵害しかねない事態）への危機感から、時間はかかっても一般の市民が討論や意見交換を行い、納得ずくで意思を決定する方法論が熟議民主主義である（5頁、78〜79頁）。

既述の通り（第1章2－2）、非数量化された世界、すなわちすべてが「質」から構成される世界においては、「序列」（ヒエラルキー）という概念が成り立たず、従って「平等」という概念も存在しない。代わって生成するのは「等距離（関係）」もしくは「無距離（関係）」という概念である。そうした人間関係における「等距離」（「無距離」）状態を「フラット」と呼ぶことができよう。「序列」が成立するのは、その系の構成員の数が固定（特定）されているからだが、それとは対照的に「フラット」は構成員が「潜在的に無限」、すなわち「未特定」という意味で真に開放体系である。そのような、ある体系の未知の開放性ゆえに、外部からの衝撃に柔軟に対処し、「耐久力ある秩序」を保つ、との観点はすでに述べた（第1章2－2「潜在的多元主義」参照）。

大衆社会（＝大衆資本主義国家）の変容を「格差社会の到来」と否定的に捉えるのは、そうした「格差」をもたらす「平等主義イデオロギー」の終

第3章　汪洋の幸福論と「新しい社会」

焉を、歴史的必然ではなく、むしろ政策選択の失敗の産物と捉えるからである。その政策とは、新自由主義とも呼ばれる、行政主導で進められる各種規制緩和措置である。そのゆえに格差拡大はそうした政策が内在する固有の欠陥と観念される。だが、新自由主義的政策は、平等イデオロギーそれ自体の終焉という大きな歴史的必然の産物と捉えるべきである。そう理解することで、「格差」は「多様性」と読み替えることができるのである。

（4）中国の市民社会論

　中国についても同様のことが言えるのではないだろうか。「平等イデオロギーの終焉」、すなわちメーカーズもしくは「生活者」を結節点とするフラット社会の生成という世界史的なダイナミズムが群体性事件の頻発を引き起こしている、と。換言すれば、「社会不安」を引き起こしている、と。すなわち、「社会不安」の根本にあるのは、価値観の劇的な多元化をもたらすグローバル化である。主に中国の若者は、突如として眼前に現われた、フラット社会の特徴である「選択肢過多」の風景にとまどい、同時に「（物質的）豊かさ」や「（金銭的）平等」などを含め従来の枠組み（「選択なき自由競争」もしくは「囚人の競争」）に誘導しようとする「旧勢力」、すなわち既得権益層の営為に憤怒を覚え、デモやストに打って出ているのではないだろうか。

　このことを農村側から見ることもできる。先に、主に農村を舞台とする群体性事件の背景には、〈中央－地方〉関係、具体的には「圧力型体制」がもたらす、乱開発など地方政府の経済成長至上主義があるとの分析を紹介した。同時に、その分析は、制度要因のそれにとどまり、群体性事件を担う主体への視野が欠落しているとも指摘した。農村の群体性事件におけるその主体とは主に、出稼ぎに出ていた都市からすでに帰村し農村に残されている旧世代農民工である。都市部で働く新世代農民工と併せ、彼らを「発言・行動する農民」へと転換した時代背景がグローバル化にほかならない。

　以下、中国におけるフラット社会の形成の傍証として、「市民社会」の生成について述べる。

　先述のとおり、中国における「社会」形成の歴史はごく短いが、その「社会」について近年では、「市民社会論」の名で論議するケースが目立

つ。「市民社会」とはNGOやNPO、ボランティアのような市民組織や社会団体の活動を指す＊14。被災地に多くの市民組織が自主的に駆けつけ救助や支援にあたった四川省汶川地震が起こった2008年が「市民社会」元年と言われる。

> ＊14 「市民社会論」と称してNGOやNPOを論述する、中国に関する近年の少なくない論考について若干コメントすれば、そのアプローチはミスリーディングであるように思われる。NGOやNPOは「参加」（メンバーシップ）を成立条件とする「組織」であり、あるがままの人間関係の総体を意味する「社会」とは異なる。また、結社の「目的」を有する点でも「社会」とは異なる。NGOやNPOが勃興する時代と状況の考察こそ、「市民社会論」の名にふさわしいのではないだろうか。

歴史的に整理すれば、1990年代の半ばから末に設立されたNGOは第一世代（初代）と呼ばれる。「草の根NGO」とも位置づけられ、1993年設立の「自然之友」が嚆矢とされる。この初代NGOの特徴は、何よりも「カリスマ性のある知識人リーダーの存在」である（李妍[2012]14〜15頁）。これに対し、2002年以降に設立されたNGOは、研究者や関係者の間で「第二世代NGO」と呼ばれ、一般市民が結社の段階からより積極的に関与するようになった。「草の根NGO」の生成は、それまでの共産党による「統治」では十分でなくなり、「公共サービス」が必要になったことを示す。そのような条件が形成されたがゆえに、住民運動（群体性事件）が頻発するようにもなったと考えられる。

「多分野にわたる社会問題」が解決を迫られる喫緊の課題として目の前に突きつけられるなかで、「自らの生きるスタイル」を求める人々が登場した。彼らに「新たな価値と理念、スタイルを提示し、供給する存在としてNGOが一歩進んだ成長のチャンスを迎えた」（李妍[2012]30〜31頁）という説明は、デモやスト参加者の心象風景のようにも映る＊15。このような中国の状況は恐らく世界普遍的なものである。

> ＊15 日本を含む先進諸国に見られるようなシェア（共有）や自助・自足型ライフスタイルは、中国においてまだ活発ではないが、大都市部を中心に近い将来、急速に普及すると思われる。例えば、「白タク」。配車アプリ「滴滴出行」の人気は中国におけるC to C型ビジネスのさらなる拡大可能性を示している。

言うまでもなく、NGOやNPOは政府や企業が社会の需要に十分に応え

第3章　汪洋の幸福論と「新しい社会」

られなくなったがゆえにその存在感を高めた。政府は公正・公平の観念や時間に制約され（余りに個別的な問題には対応できない）、企業は営利組織ゆえの限界（代金支払い能力のない人物や組織にはサービス提供は不可能）を持つ。すなわち、組織の開放性、活動内容の専門性・継続性等を特徴とするNGOやNPOの活動余地が拡大している点に着目し、その歴史的状況そのものをフラット社会の形成の胎動と理解すべきではないだろうか。そうだとすれば、中国を含め、ほとんど世界的にNGOやNPOが存在感を高めた時代に、やはり世界同時的にデモやストが多発するようになった、換言すれば「社会不安」が高じたのは、当然のことのように見える。

第4章
華南経済圏から華南政策へ

　華南政策の誕生の背景を考えるうえで、その前史である華南経済圏について検討することは有益である。華南経済圏は先富論と「経済」（所得増大）が社会的安定を実現すると考える鄧小平思想の代表的な産物だからである。広東省はその思想に魅惑された農民工の最大の受け入れ先でもあった。

　ただし、改革開放の総設計士とされる鄧小平も、当初から華南経済圏の建設を意図したわけではなかった。それは広東省と香港との地理的近接性、血縁、地縁関係に加え、賃金、地代の高騰に直面していた香港の経済・産業構造調整圧力、広東省で率先して採られた規制緩和措置等が合致して形成された自然発生的な分業関係といえる。そうした歴史的例外性や偶然性にもかかわらず、華南経済圏は、改革開放後の最初の地域開発戦略である「沿海発展戦略」を導き出すモデルとなった。華南経済圏はまた、城鎮化政策以前つまり都市と農村の分断のうえに短期出稼ぎに依存して経済発展を進めた「都市保護主義」の代表的な成功例でもある。

　華南経済圏について、その誕生、発展、衰退のプロセスを六つの段階に分けて考えることができる（図表4-1）。そのうち、1984年の第二段階から1996年頃までの第三段階を華南経済圏の「発展期」（初期と加速期）、1996年頃から2003年頃までの第四段階を「衰退初期」、2003年から2008年頃までの第五段階を「衰退加速期」、第六段階以降今日までを「華南政策の模索・実践期」と位置づけることができる*1。

　*1　陳振光は珠江デルタの発展を三段階で捉える。すなわち、①1980～98年の「前店後廠」（「前」つまり香港は「店舗」であり、販売などサービスを担う一方、「後」つまり広東省は「工場」であり製造を担当するという分業を意味）段階、②1998～2003年の珠江デルタの「『自組織』モデル段階」、③2003年以降の「粤港澳区域融合モデル」（広東省・香港・マカオ融合モデル）段階である。第二段階はアジア通貨危機や中国本土の開放政策の深化により、広

東省において製造業のグレードアップや経済サービス化が進行し、それに伴い内需が拡大した。2002年末にまず広東省で「発見」されたSARS（重症急性呼吸器症候群）は内需の重要性に気づかせ、その傾向に拍車をかけた。③の段階は「全体として、2003年のSARS発生後に広東省、香港、マカオの協力と協調関係が実質的な進展をみせる段階に入り、さらに2009年の珠江デルタ発展要綱で新たな段階を迎えた」（陳［2014］280～289頁）。この段階的理解は筆者の分類と基本的に一致する。第二段階目として広東省の「香港からの自立」、すなわち「『自組織』モデル段階」を特に抽出したところに特徴がある。

図表4-1　華南経済圏の進化の六段階

	時期	立地	成長産業	特徴
1	1980～84	（香港＋）深圳経済特区	衣料、雑貨、電子、玩具、	
2	1984～ ＜発展初期＞	香港＋珠江デルタ(1) [特区外]	衣料、雑貨、電子、玩具	→来料加工貿易
3	1990～ ＜発展加速期＞	香港＋珠江デルタ(2) [特区外]	小型家電	→来料加工貿易と進料加工貿易 →香港経済サービス化
4	1996～ ＜衰退初期＞	香港＋珠江デルタ(3) [特区外：東莞]	IT、電子	→転廠（部品産業の集積）と進料加工貿易 →香港の中間階層の"解体"（両極化）
5	2003～ ＜衰退加速期＞	（香港＋）珠江デルタ(4)[広州、仏山]	自動車部品、完成車	→中国の一般貿易と香港のオフショア貿易増加 →加工貿易規制強化
6	2009～	香港＋珠江デルタ全体	"サービス"	→「華南政策」へ

資料）筆者作成

第4章　華南経済圏から華南政策へ

1. 華南経済圏の形成と変容

　珠江デルタが香港企業との結びつきをテコに急速な発展を遂げたのは、労働集約型の香港企業が深圳経済特別区の外側の珠江デルタに進出し始めた1984年以降である。発展史の第2段階以降である。その牽引役は、香港では「委託加工貿易」、中国では「来料加工貿易」と呼ばれるビジネスモデルであり、1997年前後までの10数年間、華南経済圏を形成する原動力となった。

1．珠江デルタの優位性

　香港政府統計局は1989年から委託加工貿易の統計を発表し始めた。1980年代後半から1990年代前半にかけて拡大を続け、看過できなくなったことが背景にあるが、対中地場輸出と対中輸入に占める委託加工貿易のシェアから判断して、1997～98年にピークを打ったと考えられる（図表4-2）。

図表4-2　香港の貿易に占める委託加工貿易のシェア（1989～2014年）

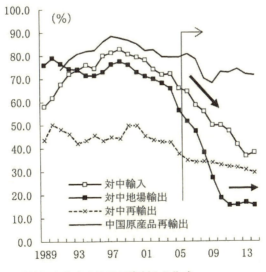

資料）香港政府統計局資料から作成

249

現地の加工工場に委託する形態での「中国進出」は、海外からの直接投資による法人設立ではないため、その数を正確につかむことが難しい。

中国政府の調査によれば、2006年に9万社（工場）が加工貿易に従事し、そのうち7万社（工場）が広東省に立地する。広東省で加工貿易に従事する人数は1,600万人にのぼる。中国の貿易総額の47.0％余りを加工貿易が占める（HKTDC［2007］）。

また、香港工業総会（HKFI）が2002年4月に実施した調査によれば（「貿易・製造業」として香港に登録された12万3,000の法人＝HKM&T＝を対象）、2001年末時点で52.0％に相当する6万3,000社（そのうち7,000社＝35.0％＝が製造業として、5万6,000社＝55％＝が貿易業として登録）が中国で何らかの製造事業を展開し、その直接、間接の雇用者数は1,100万人以上にのぼる。6万3,000社の香港での雇用者数は47万7,000人なので、香港の1人に対して、中国で23.5人を雇用している計算になる。

事業形態別では、6万3,000社の半分弱の2万7,000社が現地法人（FFEs = Foreign Funded Enterprises）の形態で直接に工場を運営し（うち広東省は2万1,300社）、約300万人を雇用する。工場の所有権は有さないが、香港企業が工場経営、生産管理等を行なう「その他の契約形態」が3万200社を数える。さらに、2万8,000社が現地地場企業や進出外国企業に生産を委託する等の形態で中国生産に従事する（複数回答）。

中国での雇用者のうち、広東省が約1,000万人を数え、事業形態別では、現法が475万人、三来一捕等が504万人である。広東省でも珠江デルタが大部分を占め、5万7,500社が操業し、直接、間接の雇用者数は約960万人を数える。

珠江デルタの工場立地では、東莞市が1万8,100（社、工場）、深圳が1万5,700、広州市が4,900、恵州市が3,500、中山市が3,000など、多くの香港市民の故郷である珠江デルタ東部が大部分を占め、残余も同様の傾向を指摘できる（HKFI［2003］）。

これらの情報を総合すれば、広東省（大部分が珠江デルタ）で加工貿易に従事する香港企業を主とする「企業（工場）」は5〜7万（社・工場）を数える。事業形態では、その半分弱が現地法人で*2、自社生産や他社からの受託生産に従事し、残余が現地資本を含む他社所有の工場で経営・生産管理等に従事しつつ生産、受託生産するか、そうした工場に完全委託してい

第4章　華南経済圏から華南政策へ

ると言えようか。直接、間接の雇用者は最大で1,000万人程度といえる。
　＊2　近年の中国での報道でも、例えば「統計によれば、広東省にある2万5,000社の加工貿易企業」という紹介の仕方をしている（「加工貿易レベルアップ　中国政府が「貿易大国」から「貿易強国」への転換を後押し」『中国網日本語版（チャイナネット）』2015年11月10日）。「2万5,000社の加工貿易企業」とは現地法人を設立している加工貿易企業を指していると考えられる。

　上記の二つのデータのうち、中国政府調査のそれは2005～06年頃のピーク時に近い数値と考えられる。2005年頃から珠江デルタの外資企業の「閉鎖・撤退」問題が表面化し始めたため、現在は相当程度に少ないのは確実と考えられる。

（1）経済特区から特区外へ

　華南経済圏の発展の第一段階は、深圳、珠海、汕頭(スワトー)への経済特別区の設置である。減免税など各種の貿易・投資優遇措置を実施することで、「同胞」と見なす香港を主とする外資企業を誘致し、輸出を促進することで経済的飛躍をめざす、北京中央政府の改革開放政策の最も初期の具体策である。

　経済特区に与えられた優遇策は、計画経済の政策変更直後としては大胆なものだったが、対内直接投資と輸出拡大を通じた経済発展という北京中央政府の狙い通りの成果が実際に現われたのは、むしろ経済特区の外側の珠江デルタ開放後である。珠江デルタ（経済特区外）への直接投資（FDI）導入額は1985年から増え始め、1988年以降、より鮮明には1994年以降に急増した。三つの経済特区のなかで最大の深圳では1997年以降、特区外が特区内を上回るようになった＊3。最大の誘致対象だった香港企業家は、経済特区に適用された各種優遇措置を商活動の自由を奪う「中央政府の規制」と捉えたからである。また、経済特区は文字通り、東西を海で、南北を鉄条網で隔離した特区だったため、特区外（内陸）への波及効果（資本、技術、人材、情報等）が乏しかった要因もある。
　＊3　深圳では1995年に特区内の6.2億ドルに対し、特区外が6.9億ドル、1997年はそれぞれ7.3億ドル、9.4億ドルとなった（広東省統計局、広東省計画委員会［1998］）。

　貿易でも、同様の「特区より特区外」という傾向が見て取れる。輸出に

ついて、最大の経済特区である深圳では1990年代に入り、特区外が増加し、1995年までに特区内を上回った（特区内は89億ドル、特区外は116億ドル）。1990年代に逆転は起きなかったものの、珠海と汕頭は1995年から特区外が相対的に増加した。

　既述の通り、「三来一捕」（「来料加工貿易」の正式名称）の第一号は、経済特区ではなく、改革開放政策が正式決定される前の1978年9月に東莞虎門鎮で操業を開始した香港企業だった。これが中国政府・共産党を疑いつつも、改革開放政策の恩恵にあずかりたい当時の香港企業家の心象風景をよく表わしている。第一号は珠江デルタの順徳市（現在の仏山市）の工場という異説もあるが、いずれにせよ香港中国人（広東人）の最大出身地の一つであることに違いはない。地縁、血縁的な結びつきが、制度（優遇措置）に勝る、中国進出の動機づけを与えたのである*4。「自然発生的に生まれた華南特有の商形態」と言われるゆえんだが、以下、「三来一捕」について若干詳しく述べる。

　　*4　香港工業総会（HKFI）が2002年4月に実施した調査によれば（「貿易・製造業」として香港に登録された12万3,000の法人＝HKM&T＝を対象）、早くも1976年までに3.8％が広東省に工場を設立していたと推計される（HKFI［2003］）。

　「三来一捕」もしくは香港で言う「委託加工貿易」は、前述の「前店後廠」の分業体制を作り出したビジネスモデルだが、自社工場で生産と輸出に従事するのではなく、現地の村（郷・鎮）が建設した工場を賃借し、原材料を無為替（代価を支払わない）、無税（関税、増値税・消費税が免除）で香港から持ち込み、現地で雇った農民工（出稼ぎ）を使って生産加工し、加工品の全部を発注元（原材料の輸出元）である香港に持ち帰り、香港から主な最終発注元である米国、欧州、日本等の企業に輸出（再輸出）する。このように委託加工貿易では、香港－珠江デルタ間の貿易・生産プロセス全体が保税状態で行われるところに特徴があるが、柵などで封鎖管理されるわけではないので、しばしば密輸（脱税）の温床になりかねないと指摘されてきた。逆に、低コスト、低リスクで中国ビジネスを展開しうるのも、そうしたビジネスモデルの法的な曖昧性ゆえである。

　委託加工貿易が華南のみで大規模に発展し、ひいては華南経済の形成を導いた要因について、次のように整理することができる。

第4章 華南経済圏から華南政策へ

①農村部や経済特区に続いて、1984年から珠江デルタを含む都市部でも改革が始まり、貿易・投資優遇策を享受できる沿海開放14都市が指定された（珠江デルタでは広州と湛江）。これに伴い、計画経済時代に軽視されていた労働集約的な軽工業が急速に発展した。

②先行していた人民公社解体を含む農村改革により、農村には余剰労働力が生まれていたが、珠江デルタがそうした農村出身無産労働者、つまり農民工（出稼ぎ）の大きな受け皿となった。入境や居住、就労の制限があり、居住や就労がエリートや特権階層に限られた経済特区と異なり、珠江デルタでは低廉な若年労働力を自由かつ大量に雇用できる。

③戸籍制度のため出稼ぎの雇用は数年（2～3年）契約であり、賃金上昇を抑制できる。途中解雇も容易なので、企業は受注状況に従い雇用調整が容易である。

④隣接する香港では人件費や地代等が上昇し、経済・産業構造調整圧力が強まっていた。

⑤農村地帯を柵で囲んで人工的に建設され、中国全土から人が集まる経済特区（深圳経済特区）と異なり、珠江デルタはもともと広東人が生活を営んでおり、とくに東莞市を中心とする東部の都市一帯は大部分の香港人（広東人）の故郷でもある。血縁、地縁に基づく人的ネットワークが保持されているほか、広東語も共通である（経済特区では北京官語の方が通じやすい。1980～90年代半ば頃まで、香港人の多くが北京官語をしゃべれなかった）。

⑥中小規模が大多数の香港企業にとって、ほぼ直接投資による法人設立に限定される経済特区は初期投資や納税、各種手続きに関連する金銭的、事務的負担が大きい。「賃貸工場」であれば低コスト、低リスクで活動可能である。

⑦最大市場である米国をはじめ、主な発注元である先進諸国の経済が好調を維持した。

一方、委託加工貿易を通じて、香港企業が米国、欧州、日本など先進諸国の企業と中国工場の「仲立ち」をした形になったのは、発注元にもそのメリットが大きかったからである。たとえば、

⑧英国植民地（1997年6月末まで）として先進国の商習慣に慣れ親しんだ香港人と英語で交渉できる。

⑨英国の法制度が整備された香港において外貨決済が可能である。

⑩香港企業は少量の良品を比較的低価格で柔軟に生産・供給できる。
⑪港湾、空港、金融など香港の優れた交通インフラを利用できる。
⑫国家統一対象である「同胞」が享受しうる「政治的特権」を含め、香港企業は税関をはじめとする広東省当局と独自の関係を保つ、

などである。このように委託加工貿易では、商談や生産契約、発注元への販売（輸出）、代金の受け取り・支払いなど「サービス部門」は香港で行われる。このため委託加工貿易モデルは「前店後廠」（香港に店を構え［販売し］、広東に工場を設ける［生産する］）とも呼ばれる。

さらに、社会主義の旗をおろさない中国側にとってもメリットがある。

⑬主に香港企業が展開する委託加工貿易というビジネスモデルは、先進諸国の外資企業が主導権を握るゆえに起こりかねない急速な体制変動に歯止めをかけることができる。皮肉にも、その結果、広東省は後に「独立王国」と国内外で批評される事態にもなった。もう一つ、

⑭海外の中国ウォッチャーから「（広東省そして華南が）中国を変える」と冷戦期特有の「期待」をもって論評されたことも、華南経済圏の対外宣伝効果を高め、より多くの外資を吸引し、受注も成功させた、という要因を指摘できよう。

（２）来料加工貿易から進料加工貿易へ

　上述の通り、珠江デルタにおける外資企業の「閉鎖・撤退」問題が表面化し始めたのは2005年頃からである。しかし、さかのぼれば1990年代後半から、華南経済圏は質的変容を始めていた。それは今から振り返れば、華南経済圏の終わりの始まりを告げるものだった、ということができる。この時期が先の分類における第四段階に当たる。

　まず、その変化は、来料加工貿易に代わり進料加工貿易が活発化したことに表われた（図表4-3）。当然だが、来料加工貿易の衰退は香港統計で見る委託加工貿易の減退と同時進行的である（前図表4-2）。

　主に香港企業が広東省珠江デルタの現地中国系加工工場に組み立てを委託する来料加工貿易は、香港から部材を保税輸入し、広東省で組み立て、全量を香港に輸出するビジネスモデルだが、それが可能なのは完成品に使用される部材点数が限定的で、リードタイムが比較的長いからである（図表4-4）。業種や品目では、定期的（ほぼ季節ごと）に大体の生産品目と生産

図表4-3 広東省の貿易形態別シェアの推移(1987～2014年)

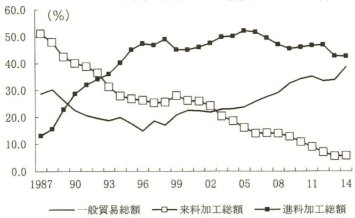

――― 一般貿易総額　―□― 来料加工総額　―■― 進料加工総額

資料)広東省政府統計局

図表4-4 加工貿易と一般貿易の特徴

	加工貿易		一般貿易
	来料加工貿易	進料加工貿易	
主な実施主体	内資来料加工廠	内外資企業(法人格)	内外資企業(法人格)
資金 代金決済 有・無	無	無、有	有
決済地	香港	香港、中国本土	中国本土
税　　　　　関税	免除	免除、支払い	支払い
増値税・消費税	免除	免除、支払い	支払い
原材料の仕入先(輸入先)	加工契約相手先である香港企業(原産国不問)	香港、第三国、中国本土	香港、第三国、中国本土
生産物の「販売先」(輸出先)	加工契約相手先である香港企業に"戻す"	香港、第三国、中国本土	香港、第三国、中国本土
その他	(品質、納期管理厳格)	品質、納期管理厳格　在庫管理、資金管理重要	品質、納期管理厳格　在庫管理、資金管理重要

資料)筆者作成　　　　　強　　　　　　　　　　　弱
　　　　　　　　　　　　　　　香港との関連　　　→

数量が決まる繊維、雑貨、玩具等である。
　これに対し、進料加工貿易が増加したのは、使用する部材（中間財）の点数が多く、リードタイムが比較的短く、値下げ圧力が強く、さらに生産量やスペックの変更も頻繁であるPCや携帯電話を主とする電子機器、ICT製品の需要が急増したためである。背景にあるのは、コンシューマ向けで、なおかつネットワーク対応を特徴とするマイクロソフト社の新OS、Windows95の発売である。関連の組立てメーカーは、品質を確保しつつ、リードタイム短縮やコストダウンのため可能な限り現地調達し、そして仕上げた完成品を迅速かつ正確に顧客に送り届ける必要が生じる。自ずから部材メーカーへの品質、コスト、納期等の要求は厳しくなる。部材メーカーはこれに対し、組立てメーカーに近い場所（珠江デルタの同一都市内等）で、独資（外国企業の100％出資）の自社工場かそれに近い生産体制を整え、応じる。
　伝統的な繊維・雑貨製品についても、現地生産コストが上昇するなかで、リードタイムの短縮と相まった少量多品種化の流れ、高級素材の使用など生産品の高度化、最終顧客からの一段の価格引下げ要求等から、進料加工貿易形態に切り替えるケースが現われた。
　組み立てメーカー、部材メーカーのいずれにせよ、進料加工貿易では、中国に設立した現地法人が生産と販売に従事する。直接に従業員を雇用し、技術やノウハウを持ち込むので、品質、納期、在庫、資金等の管理を厳格化でき、ひいては総合的にコスト管理が可能となる。一方、輸入する原材料の代価を支払うため運転資金をはじめ経営コストが膨らむ。こうして、中国国内での資金取引や在庫リスクを極力回避しようとする香港や台湾企業に代わり、日本企業が存在感を高めた。なかでも外資部材メーカーは一層の受注増をめざし、国内販売に制約のない「一般貿易」に従事可能な現地法人を設立するようにもなった。この結果、広東省は1990年代末までに、電気・電子、ICT機器関連の部材メーカーの世界でも指折りの集積地となった。現地生産に加え、部材産業をほとんど持たない香港に代わり、電気・電子、ICT機器関連部材を生産する韓国、台湾、ASEANの日系企業などからの部材調達（輸入）も増えた＊5。電気・電子機器関連部材の現地生産については、地場中国本土系の参入も見逃せない。仏山市等の部材メーカーは次第に、自動車部品製造へと多角化し、華南経済圏としては「衰

第4章　華南経済圏から華南政策へ

弱」が明らかになった第五段階以降の広東省経済で一定の存在感を示すようになった。
　＊5　中国の貿易収支の変化も、来料加工貿易から進料加工貿易や一般貿易主体の貿易構造への変化を反映する。日本から基幹的部品を輸入、また台湾や韓国、ASEAN（主に日系をはじめとする外資企業）からも主要部品を輸入し（これは対日本、対台湾、対韓国、およびASEANのシンガポールとの間で貿易赤字として現出）、広東省で加工し、省内の組み立てメーカーに販売し（その加工部品をいったん香港に輸出する場合はその結果、対香港貿易の黒字幅が拡大。そして再び輸入するゆえに中国の対中貿易赤字が拡大）、その部品を用いた最終製品が米国等に輸出される（対米貿易黒字の拡大）。

　進料加工貿易は、来料加工貿易と同じく、部材を保税輸入（関税、増値税・消費税免除）すればその生産品（中間財）は輸出義務が生じるが、一定の手続きを踏んで関税や増値税・消費税を支払い、また加工貿易企業が特例的に認められる「転廠」（直訳すれば「工場間を転がす」）のアレンジを用いれば、国内販売も可能になる。生産された部材（中間財）は日系組立てメーカーをはじめ、台湾系EMS（電子製品受託製造サービス）、中国本土系ICT機器セットメーカー等に販売される。

　電気・ICT機器の生産数量の増大を受け、来料加工貿易でも中国本土での部材生産と中国本土向け販売に乗り出す企業が増加した。手続きがきわめて煩雑な転廠とは対照的に、香港経由での販売は比較的簡便なので、そうした来料加工貿易形態での「国内販売」は進料加工貿易と合わせ加工貿易全体の対中輸出の増加となって現われた。すなわち、中国本土原産品（主に部材）の中国本土向け輸出を指す「中中貿易」（中国－中国貿易）が増大したのである（図表4-5）。中中貿易を代金決済地域別に見れば、広東省が過半を占める。

　中国が「貿易大国」として台頭したのは、この1990年代後半の時期である。中中貿易、進料加工貿易、一般貿易形態での電子・電気、ICT機器関連部材の香港向け輸出、同完成品の第三国向け輸出が中国の輸出拡大を牽引した。

　一般貿易、進料加工貿易および中中貿易の拡大とは、繰り返せば、ICT革命の進展（PCや携帯電話需要の急増）に伴う中国における電子・電気産業の発展、とくに部品産業の集積の進行、およびWTO加盟による中国本

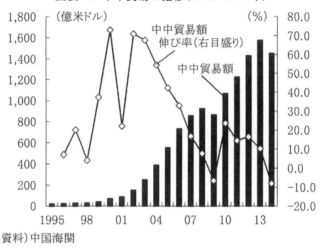

図表4-5 中中貿易の推移(1995〜2014年)

資料)中国海関

土市場の開放・拡大等の反映だが、香港(部材と完成品の再輸出)と広東省(加工輸出)との分業が形成した華南経済圏の解体が進行中であることをも表わす。

　香港の統計でみる委託加工貿易は1997〜98年にピークを打ったと考えられるが(既述)、2005年頃からその減退にはさらに拍車がかかった。これは胡錦濤政権が進めた来料加工貿易(委託加工貿易)に対する規制や環境規制の強化、賃金上昇等の高コスト政策、さらに汪洋が広東省に着任した2007年末以降は、形成が進み実施に移された華南政策の影響が次第に現われたためと考えられる。ただし、委託加工貿易の減退は2011〜2013年頃に底を打った様子がうかがえる。これは高機能素材を使った衣料品や雑貨、多品種少量品目など一部の高付加価値品は、むしろその生産と管理技術・ノウハウを持つ香港(企業、人)を介した委託加工貿易が求められているためと考えられる。また、委託加工貿易の姿をとった中国本土への「違法送金」が存在するためとも推測される。

（3）香港経済のサービス化
　広東省⟷第三国の進料加工貿易や一般貿易の増加に伴い、香港の産業構造にも変化が現われた。来料加工貿易(委託加工貿易)に代わり、進料

第4章　華南経済圏から華南政策へ

　加工貿易や一般貿易が増えるに従い、香港では通関されず、港湾や空港が利用されるだけの「貿易」が増加した。さらに、港湾や空港すら利用されず、生産品は広東省珠江デルタを主とする生産者から最終バイヤーへ直接に輸出され、香港（企業）はその仲介サービスを提供するのみの「貿易」も発展した。これにより香港の産業構造は、製造業（来料加工貿易＝委託加工貿易に関連するサンプル製造、珠江デルタの工場の生産管理等）もしくは貿易業（来料加工貿易＝委託加工貿易のための再輸出業務が主）から、サービス業中心のそれへとさらなる変化を遂げた。この動向は、「ポスト華南経済圏」時代における香港の活路の一つの形態ともいえる。

　来料加工貿易を含め「再輸出」では、香港関税区内に到着した貨物は香港で通関され、そのうえで第三国に輸送される。貨物の所有権は、来料加工貿易では香港企業が終始（中国本土で加工され香港に持ち帰られるまで）、また一般的な再輸出では一時的に持つ。これに対し、通関されない「貿易」は、「オフショア貿易」（Offshore Trade in Goods）と呼ばれる（貨物が物理的に香港関税区内を通過しても通関されない場合を含む）。書類や決済のみを当地経由で行ういわゆるリインボイシング（Re-invoicing）による貿易取引で、三国間貿易とも呼ばれる。

　第三国←広東省の場合、貨物は陸路もしくは海路により保税状態で香港に到着し、香港の港湾や空港で船舶や航空機に積み直され、最終目的地に運ばれる。第三国→広東省の場合、貨物は海路もしくは空路により保税状態で香港に到着し、香港の港湾や空港からトラックや船舶等に積み直され、広東省に運ばれる。香港においては貨物の代金ではなく（貨物代金を支払うのは貿易統計に反映される一般的な商品貿易）、貨物を運ぶ輸送サービスに対して料金が発生する。すなわち、再輸出は商品貿易であるのに対し、オフショア貿易はサービス貿易である。香港のサービス貿易統計は1980年を参考年として発表が開始されたが、オフショア貿易が1990年代後半から増加した趨勢を踏まえ、1999年を参考年としてより詳細なサービス貿易統計の発表が始まった。オフショア貿易について、政府法定機関であるHKTDC（香港貿易発展局）がその数量を集計・推計し発表しているが（1988年から3年ごと）、2002年から香港政府統計局が独自に集計・推計し定期発表するようになった。金額ベースで、HKTDCの推計（HKTDC[2002]）では2000年までに、香港政府推計（HKSAR[2013]）では2002年頃に再輸出と

オフショア貿易が逆転した。しばらく両者は均衡していたものの、2008年からオフショア貿易が大きく上回り始め、2013年までにその差は、オフショア貿易に対する再輸出の割合で見れば、約7割の水準にまで拡大した。また、HKTDCの調査では、オフショア貿易のなかでも「トランスシップメント」より「直接貿易」の増加の方が顕著である。いずれにせよ、1997年の香港の主権返還後（同年のアジア経済危機後）の5年間ほどの急激な貿易構造の変化を物語る*6。

 *6 財貨が関連する香港のサービス貿易（主に広東省珠江デルタの生産地・調達先と第三国・地域との間で、香港企業に当該財貨の所有権が移動することなく、香港企業が何らかの形で関与する取引）は多様な発展を遂げており、しばしばそれらの呼称が定義とともに変更される。例えば、香港政府統計局は当初、そうした財貨が関連する香港のサービス貿易を「国際貿易に関連するサービス輸出」（SERIT＝Service Exports Related to International Trade）と呼んだが、次に「オフショア貿易」と呼称するになった。「オフショア貿易」のうち、「通し船荷証券」（Through B/L）の下、香港関税区内で貨物の積み替えを行なう取引を「トランスシップメント（Transshipment via Hong Kong）」と呼ぶ。これに対し、香港では積み替えも行なわれず、香港以外の生産地・調達先から直接に第三国・地域に輸送される取引形態について「直接輸送」（Direct Shipments）と呼称している。

香港政府はオフショア貿易を二種類に分ける。①マーチャンティング（Merchanting）と②マーチャンタイジング（Merchandising for Offshore Transactions）である。このうち、マーチャンティングが7～9割を占める（2002～13年）。

①マーチャンティング（Merchanting）

香港外の関係者の間で、財貨が香港域内に出入りすることなく売買される財貿易に関連するサービスを指す。例えば、香港企業〈A〉が中国本土企業〈B〉から製品を100ドルで購入する。製品の所有権は〈A〉に移る。〈A〉は第三国の最終的な買い手〈C〉に売却し、その製品代金として120ドルの支払いを受ける。所有権は〈C〉に移る。〈A〉は差額の20ドルが総利益となる。製品は〈B〉から〈C〉へと直接に輸送される。

②マーチャンタイジング（Merchandising for Offshore Transactions）

香港外の売り手と買い手に代わって、彼らの要求（例えば、サンプル提供を含む製品調達、品質管理、数量確保、価格や納期交渉、追加注文、その他）に

第4章　華南経済圏から華南政策へ

従って売買のアレンジを行う。例えば、香港企業〈A〉が売り手である中国本土企業〈B〉からサービス料として8ドルを得る。また香港企業〈A〉は第三国の最終的な買い手〈C〉からサービス料として12ドルを得る。香港企業〈A〉はコミッションまたはサービス料として合計20ドルを得る。製品の所有権は〈A〉に移動しない。製品は〈B〉から〈C〉に直接に運送され、製品の代金は〈C〉から〈B〉に直接に支払われる。〈A〉が得た利益は香港を源泉としないので非課税となるので、香港ではいわゆる商社機能を強化する貿易企業が増えた。

このようなオフショア貿易の増大に伴い、広東省（特に広州市）では高度な輸送サービスである「国際複合一貫輸送」（International Multimodal Transport）に従事する企業が増加した。「国際複合一貫輸送」は、同一の運送人が二つ以上の異なる輸送手段を用いて、貨物の引受（生産工場）から引渡し（最終顧客）まで単一のB/L（Bill of Landing）、つまり「通し船荷証券」（Through B/L）で一貫して運送する貨物輸送サービスを指す。

2．中国の国際化とグローバル化

1990年代後半に華南経済圏の変容（第四段階）を導いた進料加工貿易の増加は、広東省のインフラ（港湾、空港施設と同関連施設へのアクセスのための道路網）の充実を前提条件とすれば、中国の改革開放政策そのものに軌道修正を迫る世界規模の歴史的、構造的変化を反映したものということができる。それは今から振り返れば、華南経済圏の終焉の始まりだった、と位置づけることもできる。

構造変化の背景として三点を指摘できる。①2001年末のWTO加盟にみられる中国経済の国際化。それによる内外資差別の原則撤廃、国内市場の本格的開放。現象面ではこれは一般貿易の増加となって現われる。②1990年代後半から世界規模で進展したICT革命（＝情報通信技術革命。デジタル革命）およびグローバル化。これは同じく進料加工貿易の増加として反映される。③恐らくはそれらへの対応として策定された第11次5カ年計画（2006～10年）に具現された胡錦濤の和諧政策（最低賃金引き上げ、労働者保護、環境規制強化、加工貿易規制等の高コスト政策に基づく経済・産業構造調整）である。和諧政策は先富論に基づく「鄧小平の改革開放」から「第二の改革

開放」への転換を告げるものともいえる。これにより華南経済圏、個別的には広東省と香港は抜本的な対応を迫られた。他方、同時期以降、同じ要因（市場規模、ICT革命への対応、コスト、さらに社会の安定度等）により華東（上海、江蘇、浙江）や内陸中西部が注目された。

（1）中国経済国際化の"逆風"

まず①について述べる。遡れば、2001年末のWTO加盟による内外資の競争条件の平等化、国内販売規制の緩和、および華南経済圏の形成要因の一つだった「特殊政策・柔軟措置」が介在する余地をも狭める諸制度の透明性の向上（商慣行の規範化、法治の強化）等は、「低賃金労働力＋外資優遇策＋輸出＝華南経済圏」という方程式を打ち壊す契機となった。一方、WTO加盟により華南は、中国製品の世界への輸出窓口から中国市場への輸入窓口に変貌する、という事前の見通しは、ほとんど幻想に近いことも明らかになった。潜在的な市場規模は大きいものの、恐らくは香港等からの密輸品の流入の歴史に起因する流通構造の不透明さ、伝統的に国内販売に従事する内外資企業の少なさ、そして広東省と周辺省の経済格差が大きく、拡大可能性の観点から疑問符の付く市場性などがその理由である。

そのほとんど唯一の例外は、むしろ上海を含む華東だった。そのためWTO加盟は、比較的広い国内市場を有し、有力な地場企業も多い華東台頭のきっかけともなった。「中国のサービスセンター」として、「解放」（社会主義革命）前のサービス産業の伝統もある上海が香港のライバルとなって立ち現われた。2001年、HKTDCは、WTO加盟を受けて中国のサービスセンターとしての台頭が見込まれる上海がGDPの規模で2015年に香港を追い抜くというレポートを発表した。香港の経済不振が長引くなかで発表された政府法定機関の報告書のネガティブな含意を持つ結論は、若干の驚きをもって受け止められた。

また、前述の通り、中国での台湾企業の生産規模が拡大すれば、台湾当局やリスクを嫌う投資家への配慮、節税対策等から、書類上の投資元（台湾本土から見て投資経由地）や資金管理地は主にカリブ海のタックスヘブンとなり、「中国・香港」ではなくなる。逆に、中国のWTO加盟を受け、台湾企業の台湾本土回帰を促す一方、中国市場開拓を後押しするため台湾当局が大陸政策（中国政策）を緩和したことも、香港には逆風となった。

第4章　華南経済圏から華南政策へ

（2）ICT革命とグローバル化

　次に②について述べる。何度か述べている通り、グローバル化について、個人の価値観が劇的に多様化する事態と定義すれば、グローバル化はICT革命を促進し、ICT革命は逆に個人の価値観の多様化をさらに推し進める。
　そうしたICT革命の最大の物質的側面は、電気・電子機器のデジタル・ネットワーク対応である。これにより中国製造業の消費財生産の分野において、台湾系のEMS（電子製品受託製造サービス）の存在感が著しく高まった。EMSはOEMやODMの形態により、電子機器を受託製造する業態を指す（OEM＝Original Equipment ManufacturingまたはOriginal Equipment Manufacturerの略語。相手先ブランドでの生産。ODM＝Original Design Manufacturingの略語。委託者のブランドでの設計・生産）。
　最も知名度が高いEMSは恐らく、台湾系のフォックスコン（Foxconn Technology Group＝富士康科技集団）である。親会社は1974年に設立されたホンハイ（Hon Hai Precision Industry＝鴻海精密工業）で、2005年までに世界最大のEMSへと成長した。中国では「富士康科技集団」に加え「鴻海科技集団」の社名でも活動し、1988年に深圳の龍華に進出したときが始まりである。1993年から中国生産を本格化し、2003年からは中国の輸出総額の6％程度のシェアを持つ、中国最大の外資系輸出企業に躍り出ている。「貿易大国」や「世界の工場」として中国が台頭したのは、この1990年代後半から2000年代前半、フォックスコンが急成長を始めた時期である。部材産業の集積を伴う進料加工貿易や一般貿易の形態で生産に従事する同社などが中国の輸出構造を変えつつ、中国製電気・電子機器の世界需要を膨らませたのである。
　ICT革命をデジタル・ネットワーク機器の大規模な普及による社会システムの変容とみれば、その発展においては、外部効果が働くネットワークの規模が最も重要な要素となる。その結果、短期間に大量かつ低価格でネットワーク機器を生産するEMSという新たな業態が、モジュール型生産の進展、部品産業の集積を伴って、急成長を遂げる。ネットワーク機器生産における規模の経済性、ネットワークの外部効果により、生産品の価格はつねに下落圧力にさらされる。そうした価格下落圧力がさらなる生産規模を求め、結果としてEMSの一段の成長を促す。特定の生産品生産では、金型や高度設備、経験豊かな技術者を必要とするが、同時に、生産スペッ

クと生産数量の頻繁な変更により生産調整が活発であるため、大量の低賃金労働者（出稼ぎ）を雇用する。そうした人材や労働力を有する中国、とくに広東省はEMSにとってきわめてふさわしい進出地となる。実際、中国初の台湾系EMSであるフォックスコンが最初の投資地として選んだのは広東省だった。

　しかし、ICT革命は、華南経済圏の新たな段階への移行だけでなく、その終焉へ向けた変容をも促した。すなわち、電子部品の現地生産、現地調達の活発化は、皮肉にも、華南経済圏を牽引した委託加工貿易（来料加工貿易）を後退させた。これは中小の香港製造企業の淘汰、および工場の賃貸に収入を依存する郷鎮（村）の衰退を招きつつ、華南経済圏を華南経済圏たらしめている香港と広東省の分業関係が衰退したことを意味する。

　委託加工貿易に代わり、加工貿易の中心に躍り出たのは、進料加工貿易である。広東省の進料加工貿易は電子・電気関連の部材企業が牽引した。生産された部材（中間財）はEMSをはじめ国内ICT機器セットメーカーに販売される。これにより、中国原産品の中国向け輸出を指す「中中貿易」（中国－中国貿易）が増大する（前図表4-5参照）。中中貿易の拡大とは、全体として電子・電気産業の発展、とくに部品産業の集積の進行を示す。

　主に香港企業が従事する委託加工貿易は、香港から部材を輸入し、広東省で組立て、全量を香港に輸出するビジネスモデルだが、それが可能なのは、季節ごとにほぼ生産品が決まり、部材点数が少なく、またリードタイムが比較的長いからである（前図表4-4参照）。業種や製品では繊維、雑貨、玩具等である。これに対し、ICT機器組み立ては、低付加価値産業ながら、使用する部材（中間財）の数が多く、生産量やスペックの変更が頻繁である。部材メーカーに求められる品質、コスト、納期等の管理は厳しい。従って、部材メーカーは、自社工場かそれに近い環境で生産し、セットメーカーに販売する必要が生じる。進料加工貿易は、輸入する原材料の代価を支払うため生産コストは膨らむものの、自前で生産管理ができるので、そうした要求に応えることができる。また、委託加工貿易と同じく、部材を保税輸入すればその生産品（中間財）は輸出義務が生じるが、「転廠」や一定の手続きを踏めば、内販も可能になる。従って、進料加工貿易は、品質、コスト、納期等を厳しく管理できる中小規模の電気・電子関連の部品メーカーに採用されやすい。自ずから、香港や台湾企業に代わり、日本企

第4章　華南経済圏から華南政策へ

業が存在感を高める。

　進料加工貿易や転廠の増加は、香港の金融（貿易決済）、インフラ、再輸出機能がより少なくしか使われなくなる点で、香港や香港企業、そして華南経済圏にはマイナス要因だが、広東省の製造業にとってはグレードアップという見方もできる。だが、部品メーカーは組み立てメーカーなしには存在できない。実際、次に述べる通り、部材産業の集積を牽引した主な組み立てメーカーであるEMSは、2004年頃に表面化した「民工荒」（労働者不足）や賃金高騰、さらに国内販売強化を受け、広東省から内陸部や華東に徐々に生産拠点を分散または完全移行した*7。その動向は、後にもふれる通り、委託加工貿易に対する2006年以降の規制強化と相まって、華南経済圏の衰退を決定的なものとした。

　　*7 「民工荒」（労働者不足）問題が表面化したのは、2004年5月1日付『新華時報』が珠江デルタ、長江デルタで農民工が不足している事実を初めて報告したときである。同問題について国務院労働社会保障部が同年8月に実態調査を実施し、制度的差別、低賃金、低福祉が供給を制約している主因であると結論づけた。労働者不足問題はリーマンショック後の景気回復が鮮明化した2009年後半に改めて注目を集めた。この頃から「民工荒」は単に景気循環や労働力需給のミスマッチの問題ではなく、ルイスの転換点に達したためであり、中国の経済成長を制約する構造問題であるとの観点が前景化し始めた。

　香港企業については、その本領である少量多品種生産能力を活かすべく、成熟市場である香港でニッチな需要を満たす選択肢もある。しかし、土地、不動産価格がきわめて高価で、600万余りの人口しか有さない香港に工場を移す（戻す）のは現実的でない。

　1990年代後半から、大型EMSを含め、台湾企業の投資先は広東省から分散するようになった。台湾企業は1980年代に繊維、雑貨等の生産では福建省の経済特区へ、1990年代の電気・電子部品や製品の生産では、主に広東省の深圳経済特区外に投資した。しかし、1990年代後半にノート型PCの世界需要が急増し、生産受託が増加すると、業容を拡大しつつ華東へ投資するEMSが増えた。広東省を拠点とするEMSはほぼフォックスコン一社だが、これは同社が金型や部材も生産し（「垂直統合型」生産）、そのゆえに比較的早い時期に中国（広東省）に進出したからであり、また香港とのつながりを重視する日本の部材メーカー等から高級部材の提供を受けつ

つ多種多様なデジタル機器を柔軟に受託生産可能な稀有なEMSだからである。これに対し、後発のノート型PC組立てを主要業務とする台湾企業は、江蘇や浙江など華東に進出した。広東省と比べた場合の治安の良さ、低賃金労働力の集めやすさ、かつて国民党政府が置かれていた（南京市）、低付加価値部材を量産可能な地場大型企業が集積し、比較的安価での調達が容易等がその理由に挙げられる。ホンハイも2004年頃から投資先の分散を加速した。

このように、ICT革命およびEMSの台頭は、華南経済圏の繁栄のピークをもたらしたが、同時にその終焉の始まりを告げるものでもあった。

（3）EMSへの反乱

中国におけるEMSの歴史は1988年にさかのぼるが、世界的な注目を集めたのはリーマンショック後の2009年頃と比較的最近のことである。世界的注目とは、中国初の台湾系EMSであるホンハイ（フォックスコン）に対する注目である。その理由をいくつか挙げる。

①需要の一巡やリーマンショック後の景気後退から、従来型のデジタル機器の世界需要が落ち込むなかで、iPhone、iPadなど米国アップル社の新製品の生産を相次いで受注した。ヒット商品を連発するアップル社の主な生産委託企業として知名度を一気に高めた。

②しかし経済・産業構造調整策（高コスト政策）や世界景気の回復から、2009～10年に沿海東部の製造工場で人手不足（「民工荒」）が深刻化し、賃金が上昇した。また生産コスト引き下げ要求が強いにもかかわらず要求される品質水準が高いため、利益効率の悪いアップル社からの受注が増えるに従い、利益効率が悪化した。その結果、a）比較的低廉な労働力の安定確保と新たな市場を求め、中国内陸部や中国以外への工場移転・新設を加速、b）EMSの枠を超える、販売サービス事業など利益効率の高い新たな事業展開に踏み出す、という決断を迫られた。

a）については、2007年に最大工場のある深圳から昆山、武漢等に5万人以上の雇用を移したが、2009年に入り四川省、重慶市、山東省、湖北省等への移転を加速した。そうした工場移設は、2010年から「北上・西進」計画などとも呼ばれるようになった。ホンハイの「北上・西進」が呼び水となり、他のEMS、関連部材メーカーの進出（工場移転を含む）が進み、

図表4-6 中国の電子情報産業の生産販売額の経済区域別シェア推移（2010～2015年）

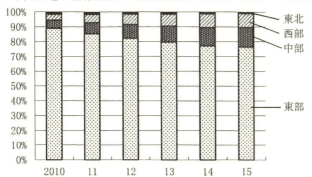

資料）国務院工業情報化部『電子情報産業統計公報』各年版から作成

2010年以降、中西部において電子情報機器の生産が増大した（図表4-6）。

　b）については、たとえば、ア）製品多角化、イ）小売りへの参入、ウ）自社ブランド品の開発・製造・販売、エ）基幹部品の内製化等を挙げることができる。

　言うまでもなく、販売に責任を負わず、低コストでの大量生産に特化してきたEMS企業にとって、これらの事業展開は衰退のリスクと紙一重である。

　③深圳工場が2010年に大規模ストに見舞われ、従業員の自殺が起こったのに続き、内陸部の工場でも相次いで労働争議が発生した。労働争議の頻発について、EMSに対する発注元からの価格引下げ圧力に対し、中国の労働市場が「売り手市場」（労働力不足）へと変化していたことで、賃上げや雇用条件の改善について要求を強めたためとも理解されるのは既に述べた通りである（第3章2－1参照）。

2．華南政策の形成

　以下においては華南政策の成立プロセスを検討する。華南政策は、『珠江デルタ綱要』が国務院で採択された2008年末から幸福広東の建設が提起された2011年1月までの間に発表、実施された諸策全体を指すが、中国の政策決定過程を知ることはまったく不可能か絶望的に困難である。その場

合は歴史学の手法が参考になる。明らかにしたい事柄に関連すると思われる出来事を複数の時間軸に沿って注意深く整理し、同時に相互のつながりを検討する。縦と横の関連性が明瞭になり一本の大きな流れとなって立ち現われれば、ある事柄は明らかにされたと見なされる。

　華南政策について同様のアプローチをとれば、次の二つの政策的潮流が広東省トップの汪洋によって融合され、形成されたものと理解することができる。すなわち、

　①北京中央政府による一連の香港支援策。1997年7月に表面化したアジア経済危機、2001年の米国での9.11同時多発テロ、2008年の世界金融危機など、奇しくも中国への主権返還直後から断続的に香港を襲った外的衝撃、および2001年末の中国のWTO加盟を受けた外資政策の変更等を踏まえて実施された香港支援策である。CEPAと「7領域14項目の香港支援策」（七個方面採取共十四條措施）がそれを代表する。

　ただし、華南経済圏の衰退を踏まえ、主権返還からしばらくの間、北京中央政府に頼ることなく、香港は独自の産業政策に活路を見出そうとしてもいた。特別行政区の初代行政長官（1997年7月1日～2005年3月12日）の董建華は特定産業の育成策を打ち出した。董建華がCEPAの締結に傾いたのは、中国のWTO加盟（2011年末）に伴う外資優遇策の消失に危機感を強めた香港財界の圧力を受けたためである。就任時にCEPAが存在した第二代行政長官の曽蔭権の第1期目（2005年6月21日～2007年6月30日）も、香港が求めた政策と北京中央政府が提供した政策との本質的なミスマッチやサービス産業の開放拡大に対する北京中央政府の一定の躊躇などから、CEPAは香港経済支援の切り札にならなかった（後述）。CEPAが機能し始めたのはV（第5次補充協議、2008年7月）により、汪洋が率いていた広東省に実効範囲がほぼ限定されつつ、同省が打ち出した改革案とCEPAが結合し、華南政策を形成し始めて以降である。

　②広東省の競争力強化、経済・産業構造調整策。胡錦濤政権の和諧政策を踏まえ、2003年から準備が始まり2004年から実施に移され、2006年3月における第11次5カ年計画の採択を受けて加速した。張徳江党委書記（当時）によって推し進められた汎珠江デルタ構想、産業移転政策が代表例である。和諧政策は2004年秋に正式に打ち出されたが、2001年末の中国のWTO加盟、ICT革命の進行（グローバル化）を踏まえた政策といえ、胡錦濤

が初めてフリーハンドで策定した第11次5カ年計画（2006～10年）において体系的に示された。

このように、汪洋が広東省に着任する2007年末までの約10年間、広東省と香港は別々に「ポスト華南経済圏」への対応策を模索していたといえる。その両者は汪洋の英知により融合に至ったと言うことができる。

1. 中央政府の香港支援

皮肉にもというべきか、1997年の香港返還後、北京にとって香港は「利用」というより「支援」の対象へと変わった。そうした香港支援策は、中国本土と香港の間のFTA（自由貿易協定）であるCEPA（2003年6月末調印、2004年1月実施）が始まりである*8。CEPAは次第に香港と広東省の間のFTAという性格を強めて行く。

> *8 「香港支援」は、これより以前、1997年の主権返還前後の「資産バブル」までさかのぼる、と言えなくもない。主権返還を演出すべく、中国政府は中国本土から香港への資金流入を促したと言われており（一説では財政資金だけで約400億元、香港ドル換算で428億香港ドル。香港証券取引所の1997年第3四半期の売買額の3％に相当）、株価、不動産価格は過去最高水準にまで高騰した。1997年、香港証券市場のハンセン指数、ハンセン指数1日上昇率、年間出来高、株式発行を通じた資金調達額（約2,480億香港ドル）等が軒並み過去最高を更新した。民間住宅価格は各グレード平均前年比約41％上昇した（1998年は同前年比29％下落）。もっとも、中国マネーの流入が事実だとしても、それは「香港支援」というより主権返還に関連する一時的な「セレモニー」の一部という捉え方もできる。その理解では、中国政府がメンツを保つために打ち出した「自らに対する支援策」と言う方が適当かもしれない。

北京にとって香港が「支援」の対象となった理由として、次の四つを挙げることができよう。すなわち、①1997年のアジア経済危機、2001年の9.11米国同時多発テロ、および2003年第2四半期のSARS（重症急性呼吸器症候群）の発生*9等を原因とする香港経済の不振、②華南経済圏の後退に伴う香港経済の中長期的な先行き不透明感の強まり、③政治改革に関して一定の回答を見出すことを迫られていた董建華・行政長官の香港市民の間での不人気もしくは弱体なリーダーシップ、④華南経済圏の退潮や中央政府の和諧政策への対応として広東省が独自に注力し始めた競争力強化策、経

済・産業構造調整策、などである。
  ＊9　SARS（重症急性呼吸器症候群）は2002年11月16日、中国南部広東省で非定型性肺炎の患者が報告されたのに端を発し、北半球のインド以東のアジアとカナダを中心に32の国地・域へ拡大した。香港での感染は2月に九龍のメトロポールホテルに宿泊した広東省の医師で、ここを発生源に3月頃から世界的な罹患者の広がりをみせたと考えられている。中国では初期に305人の患者（死亡例5人）が発生し、2003年3月の始めには旅行者を介してベトナムのハノイ市での院内感染や香港での院内感染を引き起こした。同年3月12日にWHO（世界保健機関）は全世界に向けて異型肺炎の流行に関する注意喚起（Global Alert）を発し、本格的調査を開始した。3月15日には、原因不明の重症呼吸器疾患としてSevere Acute Respiratory Syndrome（SARS）と名づけ、「世界規模の健康上の脅威」と位置づけ、異例の旅行勧告も発表した。同年7月5日、WHOが最後のSARS伝播確認地域である台湾の指定を解除し、SARSの終息を宣言。終息宣言までに感染者数8,098人、死者774人が発生した（以上は主に日本の国立感染症研究所HPによる）。

　このうち①について若干説明すれば、2001年第3四半期から2006年第2四半期まで失業率が5％以上を推移する中、HSBCなど大手銀行はさらなるコスト削減を図るべく単純事務作業を広東省へ移転した。サービス産業でも空洞化懸念が強まり、デフレスパラルの様相を呈した（総合消費者物価指数は1999年から2004年まで前年比マイナスを記録した）。

　②について繰り返せば、華南経済圏を後退させた主因はICT革命と中国のWTO加盟である。WTO加盟は、a）外資企業に対する優遇策の廃止、b）国内市場の開放により、大きな後背地を抱える上海が台頭し、中国のサービスセンターとしての香港の役割が後退、c）中国の諸制度の「世界標準化」が進み、中国と世界を結ぶゲートウェイとしての役割が相対化される——などマイナスの影響を及ぼすからである。

　ようやく手にした「中国香港」が困難に直面する状況で、主権国の道義的責任やメンツの保持の点から、北京中央政府が「支援」の手を差し伸べるのは自然の成り行きといえる。

（1）CEPAの締結

　WTO加盟を控えた2000年初め、財界組織である香港総商会はWTO加盟の香港企業に対する影響調査を実施した。外国企業の誘致目的に導入さ

第4章　華南経済圏から華南政策へ

れてきた各種優遇策の段階的廃止に対する懸念が相次いだことを受け、その代替策としてFTA締結を提案した。中国人民の「同胞」として、不文律的慣行を含む外資優遇策を大々的に享受してきた香港にとってその影響は他国にもまして大きい。董建華行政長官（当時。香港特別行政区の行政首長）のほか、中央政府にも要望を伝えた。これを受け、董建華は2000年11月に中央政府にFTAを提案した。中央政府は「本土の経済的利益にかかわらず前向きに検討する」意思を表明した。

　2003年第2四半期のSARS（重症急性呼吸器症候群）による急激な内需不振も、香港が北京に支援を要請し、また北京が早急に香港支援策を打ち出す条件をつくった。

　その支援策が中国初のFTAであるCEPAだった。関税率の引き下げやサービス自由化（サービス貿易の規制緩和、直接投資分野の優先的開放）が盛り込まれたが、即効性の点で、特にSARSの打撃が大きかった観光・小売業の規制緩和（中国本土市民の香港個人旅行の解禁）が歓迎された。7月末に広東省の四市（東莞、中山、江門、仏山）で、続いて北京・上海で解禁された。

　ただし、CEPAはFTAとしては、その後に中国が主に途上国との間で締結した「WTO＋」の規制緩和措置を明記したFTAより概して低次元である。そうした背景からCEPAは、毎年夏に他のFTA締結国に与えられながらCEPAに盛り込まれなかった自由化措置を「補充協議」（supplement）の形で追加するのが慣例となっており（実施は通常、翌年1月）、ここからCEPAは「生きたFTA」（積み上げ方式）とも呼ばれる。そうした「補充協議」により順次追加される自由化措置を享受できるのは、先進国を主とする第三国企業の香港法人を含む「香港企業」（HKSS＝Hong Kong Service Supplier。以下、「香港サービス企業」と記す）なので、その自由化領域は中国本土にとっての貿易・投資のセンシティブ領域と捉えることもできる。従って、CEPAは開放深化や先進諸国とのFTA締結に備え経験を蓄積する役割を担っていると位置づけることができる＊10。「香港サービス企業」にとっては中国本土のセンシティブ領域に進出する準備やテストケースとなり、それにより香港は中国のゲートウェイとしての地位を改めて強化できる。CEPAはその意味でも中長期的な香港支援策として機能する。

　＊10　例えば、CEPAIV（第4次補充協議）とCEPAV（第5次補充協議）におい

て、チリとASEANに与えられた自由化措置が導入されたのに続き、CEPA Ⅵ（第6次補充協議）にはパキスタンに与えられた三つの自由化措置が盛り込まれた。

具体的には、Ⅴ（第5次補充協議）では、鉱業（合作による石油・天然ガスの採掘のみ）、および関連した科学技術コンサルティング・サービス（鉄・銅・マンガンの試掘探査サービス。「香港企業」は合弁・合作・独資の形でサービスを提供可能に）の二つの分野が新たに加わった。

また、中央政府はⅣ（2007年1月1日発効）において、11分野を追加し範囲を大きく拡大（累計38分野）すると同時に、既存17分野と併せ累計28分野において40の自由化措置を実施した。このうち9分野については、CAFTA（中国ASEAN自由貿易協定）を通じてASEAN諸国に付与した優遇措置だが、CEPAにも追加して盛り込んだ。

この後も、Ⅵ（2009年10月実施）では、鉄道、研究開発の2分野が追加され、Ⅶ（第7次補充協議）では、技術試験・分析・製品試験サービスと専門デザインサービスの2分野が加わり、累計で44分野（業種）となった。さらに2011年12月13日に締結されたⅧ（第8次補充協議）では3分野が追加され、対象分野は47へと拡大。併せて13分野で一段の規制緩和が実施された。続く2013年8月29日にはⅩ（第10次補充協議）が締結された（2014年1月1日発効）。

（2） CEPAの初期的効果

しかし、「香港サービス企業」にとって、財の貿易はともかく、サービス分野への特に初期の直接投資に関して、CEPAが外資優遇策を代替するほどの効果を持ったとは言い難い。関税率ゼロの香港原産品の対中輸出額は、同品目数の増加もあり、劇的ではないが着実に増大し、その対中輸出額は2014年、地場輸出全体の44％にまで増大した（図表4-7）。しかし、サービス投資（香港サービス企業＝HKSSの資格申請）は2004年に「物流」や「卸売り」分野を中心に大きな盛り上がりを見せたもののすぐに減少に転じた（図表4-8）。CEPAⅤにより広東省における「先行先試」（試験的な先行実施）が始まった2009年以降、その申請数はさらに減少したが、それはむしろ中国側（主に広東省）当局との事前調整体制が整ったためとみられている。

CEPA締結と同時期に発生したSARS（重症急性呼吸器症候群）の要因を除けば、サービスを中心にCEPAが大方の期待ほどには機能しなかった

第4章　華南経済圏から華南政策へ

図表4-7　財貿易関税率ゼロ品目数と香港原産地証明の状況推移（2005～2015年）

	2005～06	2007～08	2009	10	11	12	13	14	15
香港原産地証明のある香港製品関税率ゼロ品目数	1,407	1,537	1,585	1,621	1,633	1,746	1,788	1,809	1,818
香港原産地証明申請数	16,544	21,836	10,861	13,028	14,287	14,274	14,473	15,172	14,090
同承認・発効数	16,025	21,493	10,687	12,686	13,997	14,011	14,211	14,909	13,833
該当金額（億香港ドル）	56.2	92.5	54.5	72.0	89.0	97.0	96.0	102.0	79.0
同金額が香港地場輸出に占める割合（％）	13.8	26.6	20.4	23.1	29.0	37.3	38.7	44.0	38.7

資料）香港特別行政区政府税関『年報』各年版、香港貿易統計を基に作成

理由として、五点を指摘できよう。

①全体的背景として、一国両制のアレンジに制約され、なおかつ香港の伝統的な経済運営に関する自由主義的アプローチの継続を『基本法』にも盛り込んでいた北京中央政府には、香港の内政に介入する躊躇がつねに存在する。例えば、北京中央政府は第11次5カ年計画（2006～10年）において「金融、海運、観光、情報等のサービスの発展を支援し、金融・貿易・海運の国際センターとしての地位を保つ」と明記し、香港を初めて国家計画のなかに位置づけたが、具体策はなく、「精神的支援」にとどまった。

②こうした背景から、北京中央政府は香港経済への介入を目的に学習しようとする動機づけが一貫して乏しい。

③むしろ北京中央政府は、民主化問題（政治改革問題）で窮地に陥る董建華行政長官に対する「政治的支援」もしくは「精神的支援」としてCEPAを急造し、発表した面もある。そのため、実際の効果を十分に調査・研究して実施したわけではない。

④CEPAで主に恩恵を得るサービス業について、「香港サービス企業」の一角を占める香港地場企業に関して、不動産や小売など伝統的なサービス産業をほぼ独占する華人系財閥企業は独自の人脈や地方政府などとの個

図表4-8 香港サービス企業(HKSS)証明の業種別申請数推移(2005～2015年)

	業種	2004	05	06	07	08	09	10	11	12	13	14	15
1	法律	6	4	4	0	1	2	1	0	1	1	2	1
2	会計、監査	0	0	0	1	1	0	0	0	0	1	0	0
3	建築専門Sービス	41	17	13	14	2	5	6	2	1	0	2	0
4	医療	1	0	0	0	1	3	6	5	4	0	2	7
5	計算機・ICT	0	8	4	3	1	2	0	0	1	0	0	1
6	不動産	8	9	0	1	4	2	1	0	1	2	0	1
7	広告	47	23	5	9	13	3	7	4	10	7	10	5
8	市場調査	0	0	0	0	0	0	0	0	0	0	0	0
9	管理コンサル	20	6	4	4	0	0	2	1	4	3	4	1
10	採鉱・試掘	0	0	0	0	0	0	0	0	0	0	0	0
11	自然科学・工学研究	0	0	0	0	0	0	0	0	0	1	0	0
12	公用事業	0	0	0	0	1	0	0	0	0	0	0	0
13	人材派遣	0	17	16	12	33	16	15	9	13	14	5	4
14	建設・清掃	0	0	0	0	0	0	0	0	0	0	0	0
15	撮影	0	0	0	0	0	1	0	0	1	0	1	0
16	印刷	0	0	0	0	0	4	12	42	35	16	5	4
17	翻訳・通訳	0	0	0	0	0	0	0	0	0	0	0	0
18	会議・展示	11	4	0	1	0	0	4	0	1	0	2	0
19	電信付加価値	17	3	1	4	5	2	3	2	3	2	2	2
20	電信	0	0	0	0	0	0	1	0	0	0	0	0
21	視聴覚	6	5	9	3	3	4	8	7	10	6	8	4
22	卸売り	281	42	7	3	1	1	3	2	2	1	7	3
23	環境	0	0	0	0	0	0	1	0	0	0	0	0
24	保険	3	0	0	0	2	2	2	0	3	2	1	2
25	銀行等	2	0	2	1	1	0	1	0	0	0	0	0
26	証券・先物	0	3	3	1	0	1	1	1	0	0	4	17
27	社会サービス	0	0	0	0	0	0	0	0	0	0	0	0
28	旅行	1	2	3	4	6	8	5	3	4	2	3	2
29	文化・娯楽	0	0	4	0	2	2	3	4	3	4	4	3
30	スポーツ	0	0	0	0	0	0	0	0	0	0	0	0
31	物流	720	212	57	83	77	22	32	49	21	32	31	15
32	航空運輸	0	3	8	57	38	20	16	25	24	25	18	11
33	商標代理	0	2	2	2	2	0	1	2	0	1	1	0
34	専門設計	0	0	0	0	0	0	0	0	0	0	0	0
35	学際研究・実験	0	0	0	0	0	0	0	0	0	0	0	0
36	製造業関連サービス	0	0	0	0	0	0	0	0	0	4	1	0
37	図書館・博物館	0	0	0	0	0	0	0	0	0	0	0	0
38	農林水産サービス	0	0	0	0	0	0	0	0	0	0	0	0
39	行政・支援	0	0	0	0	0	0	0	0	0	2	2	3
40	教育	0	0	0	0	0	0	0	0	0	1	1	1
41	個人・ペット・家事	0	0	0	0	0	0	0	0	0	0	0	0
42	その他商業サービス	0	0	0	0	0	0	0	0	0	3	2	1
43	その他専門サービス	0	0	0	0	0	0	0	0	0	0	0	0
44	その他研究開発	0	0	0	0	0	0	0	0	0	0	0	0
45	リース	0	0	0	0	0	0	0	0	0	0	1	3
46	通信	0	0	0	0	0	0	0	0	0	0	0	0
47	その他健康関連	0	0	0	0	0	0	0	0	0	2	2	0
48	葬送	0	0	0	0	0	0	0	0	0	0	0	0
49	複製	0	0	0	0	0	0	0	0	0	0	0	0
50	債権買取	0	0	0	0	0	0	0	0	0	0	2	1
51	出版	0	0	0	0	0	0	0	0	0	0	0	0
52	技術検査・分析	0	0	0	0	0	0	0	0	0	0	0	0
53	保安	0	0	0	0	0	0	0	0	0	0	0	0
	合計	1,164	360	142	203	194	100	132	159	141	133	123	94

資料)香港特別行政区政府工業貿易局提供資料から作成

第4章　華南経済圏から華南政策へ

別交渉によりすでに中国本土で事業を展開する一方、より高度なサービス業に従事する香港地場系企業は少ない。

　⑤上述の通り、FTAとして、CEPAがその締結後に中国が主に途上国との間で結んだ「WTO＋」のそれよりおおむね低次元であることに見られる通り、高度サービス業を展開する「香港サービス企業」のステイタスを獲得した先進国企業に対するサービス開放に中国政府は本音では慎重である。その慎重さは官僚主義となって現われ、「香港サービス企業」に市場開放される財・サービスの種類と中国本土の開放地域の組み合わせが複雑かつ煩雑であり、特に支援が必要とされた中小企業は人材や資金等の制約もあり使い勝手が悪い。

　⑥このように香港支援としてのサービス開放に消極的な中国本土に対し、実際に支援が必要だったのは香港の製造業である。しかも、香港製造業を窮地に追い込み華南経済圏の衰退を決定的としたのは、ほかならぬ中国本土の経済・産業構造調整を目的とした和諧政策や第11次5カ年計画である（来料加工貿易規制、人民元レート増価、環境規制、労働者保護強化、最低賃金引き上げ等を含む）。すなわち、CEPAは香港支援策としては本質的にミスマッチであり、中国本土の経済・産業構造調整策としても「改革（の必要性）」と「現実（的慎重さ）」の狭間で、腰が引けたものとなっていた。

　このうち③は、関連の諮問文書が提出された2002年9月から2004年9月の立法会選挙まで香港を揺るがした基本法第23条（国家安全条例）をめぐる騒動を指す。

　2003年7月1日に約50万人もの市民が同法案に反対するデモ行進を決行した。これに対し、CEPA調印は大規模デモが予想された2日前の6月29日である。北京は「景気が悪い時期に政治的に敏感な法律の制定は難しい」として景気回復を優先するアプローチに変わっていたのである。董建華長官も結局、「経済回復が優先」として9月初頭に法律草案を撤回した。この北京中央政府の景気最優先姿勢への転回は、香港のメディアから「経済救港論」（香港の政治的危機を経済が救済する）と名づけられた。

　しかし、このような場当たり的とも受け取れる「香港支援」は、2008年から劇的に変化する。香港と中国本土との関係を分断的なものと捉えたうえで、香港の求めに応える形で、北京中央政府が香港を一方的に救済しようとする「香港支援」に代え、サービス産業を軸に、「香港支援」と中国

275

本土とくに広東省の改革とを関係づけるアプローチが採用され始めたのである。すなわち、CEPAは2009年1月に発効したCEPA V（2008年7月30日調印）以降、広東省とその他の中国本土地域との間で規制緩和に関して濃淡を付けるようになり、その結果、「香港サービス企業」は、隣接する広東省市場へのより自由なアクセスを得ただけでなく、「ポスト華南経済圏」時代の関係再編を模索していた華南（香港＋広東省）の一方の担い手として中長期的な将来展望を描くことができるようになったのである。

さらに、2011年1月に発効したCEPA VIIでは、香港が優位性を有するとして香港政府が重点産業に指定した六つの産業、すなわち「教育」、「医療サービス」「検査・認証」「環境」「技術革新」「文化・クリエイティブ産業」の中国本土市場へのアクセスに関して一段の開放を認めた。香港の産業政策と結びついたわけで、CEPAは「華南の産業政策」の性格を強めたのである。

CEPAは2014年にさらに進化する。国務院商務部と香港政府は同年12月18日、「広東省と香港がCEPA（経済貿易緊密化協定）の枠組みの下でサービス貿易の基本的な自由化を実現する協定」（英語では「New agreement signed under the framework of CEPA to achieve basic liberalisation of trade in services between Guangdong and Hong Kong」。以下、「広東協定」と呼称）に調印した（2015年3月1日施行）。「広東協定」は、香港サービス企業を対象に広東省が153のサービス項目を開放する（開放項目はWTOのサービス貿易分類全体の95.6％に相当）。CEPAの一段の拡大・深化をめざし、中国本土が初めて国民待遇とネガティブリストの方式で調印した自由貿易協定である。

さらに2015年11月27日、北京中央政府と香港政府は「広東協定」を基に、自由化の程度や範囲のさらなる拡大を図る「CEPA サービス貿易協定」（CEPA "Agreement on Trade in Services"）に署名した（2016年6月1日施行）。それにより、「広東協定」で試験導入された自由化措置の大部分について、その対象範囲を中国本土全域に拡大した[*11]。香港サービス業の対中投資規制が大幅に緩和されることから、香港を経由する海外企業の対中サービス貿易・投資の促進や円滑化が期待されている。

   *11 ネガティブリストの制限措置を緩和するとともに、ポジティブリストの越境サービスおよび文化・通信サービスに28項目の自由化措置を追加。「サービ

第4章　華南経済圏から華南政策へ

ス貿易協定」により、WTOによるサービス貿易分類全体の95.6％にあたる153分類に属する中国本土のサービス貿易分野が、香港のサービス業に全面的あるいは部分的に開放される。

　このようにCEPAは2008年以降、「香港支援」が特に広東省との関係においてサービス分野で実施されることで、「香港支援」を通じて広東省の経済・産業構造調整を推し進め、さらには中国全土の改革にもつなげるという両方向的な政策手段ともなった。そのダイナミズムは習近平－李克強体制発足後にさらに鮮明化した。サービス産業、とくに高度サービス業が香港経済の活路であるのは間違いないが、その事情は広東省を含む中国本土の沿海東部地域でも同様である。CEPAにそのような質的変化が生じた背景には、言うまでもなく汪洋の2007年末の広東省トップへの就任と『珠江デルタ綱要』の策定がある。

（3）「支援」から「政策」へ

　香港「支援」を広東省の改革開放の深化と結びつけるアプローチの採用に関しては、一定の前史がある。それは北京中央政府から香港への一方的な「支援」から、主に広東省と香港を一体的として捉えたうえでの「華南の構造改革」、さらには「中国全土の構造改革」を図る「政策」へと変質してきた何段階かのプロセスと換言できる。既述の事実も含め、そのプロセス（前史）を改めて整理する（図表4-9）。

　①「支援」の開始（同図表4-9の段階「A」参照）。自由港かつ各種産業の保護政策も皆無に近い香港と中国本土とのFTAにおいては、香港がほぼ一方的な「WTO＋」の受益者となることから、CEPAは香港支援の意味を持つ。

　香港「支援」は拡大する。2006年3月の第10期全国人民代表大会第四回会議で採択された第11次5カ年計画では、香港に関して「金融、海運、観光、情報などのサービス業の発展を支援し、国際金融・貿易・海運の各センターとしての地位を維持する」との記述が盛り込まれ、香港が初めて中国本土の国家計画に組み込まれたと注目された。もっとも、具体策が打ち出されたわけではなく、「精神的支援」にとどまった。

　②「支援」から「政策」へ。この後、香港支援は中国本土の改革に引き付けたアプローチへと実際に変化する。2008年7月、CEPAVに盛り込ま

図表4-9 香港支援策の展開

	段階	内容	背景
1997			・香港返還、アジア経済危機[7]
2001			・米国同時多発テロ[9.11]
			・中国のWTO加盟[12]
2003	A	・CEPA(経済緊密化協定)締結[6.29]	・SARS[上半期]
2004		・CEPA実施[1.1]	・50万人デモ[7.1]
2006		・「第11次5カ年規画(2006～10年)綱要草案」が第10期全国人民代表大会第4回会議で採択。香港に関して「金融、海運、観光、情報などのサービス業の発展を支援し、国際金融センター、貿易センター、海運センターとしての地位を維持する」との記述が盛り込まれる[3]	
2007			・輸出増値税還付率引き下げ[7]、44号文献(加工貿易制限類商品目録)[8]
2008			・「中華人民共和国労働契約法」(新労働法)実施[1.1]
2008	B	・CEPA第5次(V)補充協議調印[7.30、2009.1.1実施]。広東省とその他の中国本土地域との間で規制緩和に関して濃淡がつく	
		・温家宝首相、訪問先のロシアで金融、インフレ対策、サービス業など5分野での香港支援を表明。2カ月後の「7領域14項措置」(「7個方面採取共14條措施」)に盛り込まれる[10.29]	・リーマンショック[9.15]
		・「7領域14項措置」(「7個方面採取共14條措施」)[12.19]	
2009		・温家宝首相、海南島で開かれた博鰲(ボアオ)アジアフォーラムに参加するため同地を訪れた曾蔭権香港政府行政長官と会談。金融業、本土の香港系企業支援、観光業、本土のサービス業開放の「4分野6項」の追加支援策を伝達[4.18]	
		・CEPA第6次(VI)補充協議調印[5.9、10.1実施]	

第4章　華南経済圏から華南政策へ

2011 2013 2014	C	・李克強副首相が香港訪問[8.16〜18] ・第16次粤港合作聯席会議[9.16] ・第17次粤港合作聯席会議[11.6] ・香港の曽俊華（ジョン・ツァン）財政長官と高燕・国務院商務部副部長が、香港と中国本土の経済貿易緊密化協定（CEPA）の枠組みの下で「本土が広東省と香港のサービス貿易の自由化を基本的に実現する協定」（広東協定）に調印[12.18]	
2015		・香港と北京中央政府は「サービス貿易協定」に署名[11.27、2016.6.1実施]	

資料）筆者作成

れる規制緩和措置の適用について、広東省を優先する方針へと軌道修正された（既述）。これ以降、CEPA補充協議の内容は、主に「粤港合作聯席会議」（＝ The Hong Kong-Guangdong Co-operation Joint Conference）において香港と広東省当局との話し合いで決められるようになった。当初は北京中央政府が香港支援を目的に策定したCEPAは、そうすることで『珠江デルタ綱要』を補完し、拡充する役目を担うようになったのである。CEPAに続く第二弾の具体的な香港支援策として、リーマンショック直後の2008年12月19日に中央政府が発表した「7領域14項目の香港支援策」（図表4-10）には、その2日前に公表されていた『珠江デルタ綱要』が盛り込まれた（前図表4-9の段階「B」参照）。2009年4月には、『珠江デルタ綱要』を全面実施する旨が改めて明記されつつ、金融業、観光業、その他のサービスの開放拡充と本土の香港系企業支援の「4分野6項目」（図表4-11）の追加支援策が発表された（前図表4-9の段階「B」参照）。翌5月には同「追加支援」における規定を踏まえ、ＣＥＰＡⅥが調印され（図表4-12）、広東省を主とする金融、観光の一段の開放策が打ち出された（前図表4-9参照）。

　③「政策」の深化。CEPAが、サービスを軸として広東省の、続いて中国全土の改革開放の深化をめざす新たなFTAのフレームワークと位置づけられることで、「華南政策」はさらに高い次元に引き上げられた段階といえる（前図表4-9の段階「C」参照）。その考え方が明らかになったのは、李克強副首相（当時）が2011年8月16〜18日に香港を訪問した際である。次期首相と目されていた李克強の来訪目的は「第12次5カ年計画と両地の経済貿易金融協力発展フォーラム」への出席だったが、同フォーラムで金

- 両地域の金融協力

1、条件を満たす企業に香港における人民元での貿易決済を許可。広州市など広東省の4市および上海市の企業と香港企業との人民元建て決済を試験実施

2、香港での人民元需要に対応するため、人民銀行と香港金融管理局は通貨スワップ協定を締結し、必要なときは香港に資金を提供。これを受け、2009年1月、香港金融管理局と中国人民銀行はスワップの最大額を2000億人民元とすることで合意

3、中国本土機関が香港のプラットフォームを利用し、国際金融業務を展開することを奨励。中国投資公司、国家開発銀行等の機関が香港に支店の新設、拡大することについて、中央政府は積極的に支持

4、中国本土の企業が香港市場に上場することを支持し、関連部門が香港上場に関する政策措置を研究。今年、香港に上場する企業は前年比倍増。香港上場許可を得た企業は市場環境の好転を待っている状況

- インフラ建設の加速

5、中央政府は、香港－珠海－マカオをY字型の橋で結ぶ、総工費は380億元の「港珠澳大橋」の早期着工を目指す。温家宝総理は早ければ早いほど良いと述べているが、2009年末までの着工が見込まれる

6、中央政府は香港と深圳飛行場を結ぶ鉄道、広州・深圳・香港高速鉄道、および皇崗－文錦渡のボーダー管理所の改修工場を推進

- 香港と珠江三角州の経済協力

7、国務院は『珠江デルタ地区改革発展計画綱要』を採択し、広東・香港・マカオの三地区が協力を深化させ、国際クラスの大都会圏を形成し、規模を持ち、ハイテク、環境破壊の少ない先進地区へと発展させることに同意

8、香港企業がBOT(建設、運営、移転方式)で深圳鉄道の第4路線を請け負うことを支持

9、香港と深圳がボーダー区域を共同で開発することを支持

10、香港と中国本土のコンテナターミナル埠頭が機能を相互補完し、ともに発展するよう積極的に推進。香港が国際的な流通センターとしての地位をさらに確かなものとするよう支援。中央政府は中国大陸と香港が互いに利益を得、リスクを分担し、優位性を補完するよう鼓舞し、共同発展の原則の下、珠江デルタのコンテナ埠頭建設を展開し、秀逸で密接な協力体制を構築

- 中小企業の困難の緩和

11、中央政府はすでに大陸本土の中小企業の支援策を打ち出したが、全ての措置は香港系中小企業をも対象とする。増値税還付率を既に3度引き上げたが、更なる調整を実施。労働法制を改善し、経営コストを軽減。加工貿易企業の内販の便を向上。中小企業の資金調達を支援

- 「個人遊」の拡大

12、広東省深圳市に3年以上居住する非広東籍住民を対象に、祖籍地に戻ることなく深圳内で香港ビザが取得できるようにし、かつこれまで49都市に限定してきた個人旅行の解禁都市数を増加。一定条件を満たす深圳籍を持つ住民に1年間有効の香港複次ビザを発給。現状、深圳戸籍を持つ常住人口は220万、深圳の常住人口は860万人以上で、いずれも香港の観光・小売業を下支

第4章　華南経済圏から華南政策へ

```
え
・サービス産業の香港への開放を拡大
  13、中央の関連部門は短期内に香港政府と研究と検討を進め、開放をさらに
  進め、来年に予定されるCEPA第6次補充規定の調印を早期に実現
・その他
  14、中央政府は食料品、水、電気、天然ガス等を安全・安定供給
```

資料）香港特別行政区プレスリリース「行政長官の北京への職務報告終了後の記者に対する発言の全文」2009年12月19日香港特別行政区政府広報局。新華社電（2009年12月19日）等報道を整理

図表4-11「4領域6項目」の支援策」（2009年4月）

金融業	①国務院財政部は、香港の人民元預金の範囲内での、中国本土の金融機関による債券発行を促進 ②本土の香港系銀行の香港での人民元建て債券発行を積極的に推進 ③国務院財政部は香港での人民元建て国債の発行を検討
本土の香港系企業支援	④香港の銀行が本土に持つ支店・現地法人から香港系企業が融資を受ける際、企業が香港に保有する資産を担保とすることを認める。まず上海市と広東省で試行 ⑤香港系加工貿易企業の製品の内販をさらに支援
観光業	⑥本土の旅行ツアーが香港を本拠とする客船で香港経由台湾に旅行することを認める
サービス業開放	⑦本土と香港はCEPA VIを締結し、『珠江デルタ地区発展改革計画要綱』を全面実施。珠江デルタの教育、職業訓練、会計等の業界の香港への開放を拡大。例年は下期に締結するCEPA新ラウンドを今年は景気対策として5月に前倒し調印

注）公式発表を整理した上図表では「4領域7項目」だが、これは人民元関連業務が二つとして分類・発表されているため

融、経済・貿易、交通インフラ、観光、食料、エネルギー、医療サービス、教育など計36項目の「香港支援策」が発表された。ただ、「香港支援」が「華南政策」の域をも凌駕したことは、36項目のうち金融関係が最も多い12項目を占め、さらに人民元に関連する内容が7項目に及んだことに暗示された。香港を「人民元の国際化」の橋頭堡とする、すなわち人民元オフショア業務センターとして発展させ、新たな金融危機への備えとする、という最高レベルの国家戦略の役割を華南政策が担い始めたのである。李克強がその金融を含め、香港と中国本土とのサービス全般の貿易自由化を2015年までに実現するという方針を明らかにしたことも、当時の中国本土の

図表4-12 CEPA Ⅵ（2009年5月9日調印、10日1日実施）

本土からの台湾ツアー客滞在	先に認めた客船による香港立ち寄り許可をさらに規制緩和し、台湾ツアーの経由地として香港を組み込むことが可能に。最大14日間の香港滞在を許可
銀行拠点の開設条件緩和	広東省での銀行「支行」（営業所）設立の地理的制限を撤廃。これまでは「分行」（支店）を開設した都市でしか支行を開設できなかったが、今後は広東省内の諸都市に展開可能に。分行の場合は資本金1億人民元が必要だが、支行の場合は0.1億人民元で開設可
証券分野開放	香港の証券会社が、本土の証券会社と合弁で広東省に投資コンサルティング会社を設立可能に。また香港株を組み込んだETF（株価指数連動型上場投資信託）の中国本土での上場検討を盛り込む。現在は規制されている中国本土の個人投資家による香港株への投資がETFを通じて可能になれば、香港の株式市場の活性化に資する

資料）第6次補充文書から筆者要約

　サービス開放レベルを思い起こせば、「支援」はもちろん「華南政策」の領域を超えたというのがふさわしかった。李克強は「支援策」のなかで、香港への食料の安定供給といったインフレ対策にも言及した。
　この後に開かれた第16次粤港合作連席会議（2013年9月16日に香港で開催）においては、李克強が香港訪問中に明らかにした香港と中国本土とのサービス貿易自由化を2015年までに実現するとのスケジュールを1年前倒しで実現する旨が合意された。第17次粤港合作連席会議（2014年11月6日に広州市で開催）では目標であるサービスの年内自由化についての最終調整が行われた。こうして李克強の香港訪問から約3年にわたる話し合いが「広東協定」となって結実した。その約1年後には中国全土を対象とする「CEPAサービス貿易協定」が結ばれた。
　③への変化の背景には、胡錦涛に近い李克強の首相就任と習近平－李克強体制の成立がほぼ確定したことがあるとみて間違いないが、②の段階に見られる質的変化をもたらした最大要因は、2007年末に汪洋が広東省トップとして着任したことといえる。「7領域14項目の香港支援策」（B段階）に盛り込まれた全く新しい政策は、リーマンショックを受けた時限的な中小企業対策のみだが、何より注目すべきはここに『珠江デルタ綱要』が含まれたことである。この事実は、「7領域14項目の香港支援策」の狙いが、

第4章　華南経済圏から華南政策へ

「香港支援」を「華南政策」と定義し直し、広東省にその政策遂行の任を負わせることにあったことを暗示する。北京中央政府は恐らく、改革開放政策が新たな段階に入り、そしてリーマンショックが華南全体を襲うなかで、CEPAのような香港に的を絞った一方的な支援はもはや有効でなく、香港と広東省が一体として活路を見つける必要があると判断したと考えられる。この意味で、5カ年計画を除けば、「7領域14項目の香港支援策」は、中央政府が策定した最初で最後（つまり唯一）の「華南政策」に関する文書とも位置づけられる。

このような画期的ともいえる発想転換の背後で、広東省自体の構造改革の推進を強く訴えていた汪洋の画策があったのは想像に難くない。香港側もこの時までに、香港の将来を広東省の将来と結びつける考え方を固めていたといえる。

2．和諧政策の再考

華南政策の形成について、中国本土の側から眺めたら、どのような景色が見えるだろうか？　改めて述べれば、21世紀に入り、広東省や北京中央政府の胸中に急速に膨らんできた問題意識は、次のようなものだったといえる。政治は不断に流動化する社会を安定化し、その安定を維持する英知だが、改革開放の進展のなかで再び姿を現した「社会」を安定的に保つ政治的対応は、どのようなものになるのだろうか——。この問題を強く意識したのは、群体性事件（工場ストやデモ）の増加に直面した胡錦濤と汪洋である。胡錦濤と在任期間が一部重なる、汪洋の前任者である張徳江も広東省の改革の必要性を感じたが、それはほとんどもっぱら産業高度化や高付加価値化など経済的・産業的観点からの問題意識だったといえる。

第1章で見た通り、社会が本来的に内包する秩序維持力に着眼した胡錦濤は、改革開放期の中国において鄧小平と並ぶ独創的な政治指導者と考えることができる。その胡錦濤思想の展開である和諧政策の最大の「被害者」は広東省もしくは香港を含む華南経済圏だが、逆に胡錦濤の和諧政策こそ華南政策の生みの親だったといえる。恐らく、汪洋は和諧政策が広東省（正確には「鄧小平の改革開放」の産物である華南経済圏）に決定的なダメージを与えることを広東省赴任時に理解し、そのゆえに迅速に華南政策の

策定に動いたと考えられる。この意味で、胡錦濤とは完全に意思疎通が図られていたとみるのがふさわしい。

華南政策の遂行において最大の障害となるのは、農村の犠牲のうえに都市や工業部門において繁栄を享受している、地方政府、国有企業、軍等の既得権益層である。しかし、既得権益層だけではない。民主化（ブルジョア民主主義）推進勢力も大きな抵抗勢力となる。ブルジョア民主主義は「平等イデオロギー」を根本思想とするので、多様化（「質的格差」）の実現を図る華南政策とは相容れないからである。20世紀の呪縛ともいえる「平等イデオロギー」を振り払おうとした政治指導者が胡錦濤と汪洋であり、既述の通り、彼らとブルジョア民主主義との摩擦は温家宝と汪洋の間で実際に表面化した。

各方面に「敵」を持つ華南政策は北京中央政府の政策的支援なしは遂行し得ない。「双転移」も「珠江デルタ一体化」も高コスト政策なしには実現しない。最低賃金引上げ、環境規制や加工貿易規制の強化、為替切り上げ等のコスト引き上げ策は、中央政府の政策領域である。この意味で、華南政策は支持者である胡錦濤らとその他の中央政府指導者との間の権力闘争を潜在的に内包する。人的関係でも、胡錦濤と汪洋は、中国共産主義青年団（共青団）出身であることもあり、緊密な関係を保つ。華南政策の生みの親である汪洋の思想を理解するには、胡錦濤の思想と政権内での立ち位置を検討することも重要である。

（1）科学的発展観と和諧

2002年初冬に胡錦濤が共産党総書記に、2003年春に温家宝が総理に就任し、胡錦濤政権が成立した。胡錦濤政権が推し進めたのは、「科学的発展観」に基づく「和諧社会」（調和社会）の建設である。

「和諧」はおおむね「調和」や「協調」などと日本語訳され、その実現手段としてしばしば「格差是正」、「平等」や「均衡」（の達成）などが挙げられる。「先富論」から「共同富裕論」への転換を意味するとも言われる。しかし、少なくとも第11次5カ年計画が始動した2006年前後からの「和諧」の達成手段は、「平等」でも「格差是正」でもない。目標達成のためのアプローチはむしろ逆である。「経済成長」の名の下に利得構造を固定化する既得権益層を打破し、個人の知識や創意工夫に基礎をもつ経済

第4章　華南経済圏から華南政策へ

・産業構造に転換し、人々の選択の幅を拡げ、そうすることで社会の安定（調和）を図る——。この意味で和諧政策の思想は、華南政策はもちろん、胡錦濤が最後の大仕事として2011年から策定を進めた「新型城鎮化政策」の考え方と等しい。

そうした意味での「和諧」の実験地が広東省だったといえる。既述の通り、華南政策は国（中央政府）レベルの政策なしには成立しない。「双移転」の実現において最も重要な手段は、賃上げをはじめとする高コスト政策である。また、珠江デルタの改革を重点とする華南政策は、同じく広東省政府の管轄外である中国特別行政区・香港との関係強化なしには成り立たない。

だが、和諧政策が当初の目論見通り実行できたかは全くの別問題である。2008年秋のリーマンショックは、社会安定化手段として旧来の「経済」（具体的には4兆元規模の大型景気対策）の援用を求める巨大圧力を形成したため、むしろ和諧とは逆の結果を生むことになったからである。

翻って、「和諧」という言葉は、2002年11月の第16回共産党大会で江沢民（総書記）が使ったときにさかのぼる。江沢民から「和諧」という言葉を引き継ぐにあたり、胡錦濤は独自の思想である「科学的発展観」を拠り所として「和諧」を自らの概念とした。経済成長至上主義（闇雲な経済成長）を戒め、「以人為本」（人間を根本とする）とし、経済発展の質を重視することで、安定的で持続可能な発展を図る「戦略思想」へと転換したのである。

「科学的発展観」は2003年10月の第16期中央委員会第3回全体会議（三中全会＝三中総）で採択された。「科学的発展観」の最も包括的な公式の定義は、「五つの統一的企画」である。すなわち、①都市と農村の発展、②各地域間の発展、③経済と社会の協調的発展、④人と自然の調和のとれた発展、⑤国内の発展と対外開放という「五つのバランス」の「統合発展」である。

2004年9月、共産党第16期中央委員会第4回全体会議（四中全会＝四中総）が開催され（16～19日）、胡錦濤により「和諧社会」の理論が正式に提出された。市場経済、民主政治、先進文化の「三位一体」から、和諧社会の建設を含む「四位一体」へと施政方針が拡充された。この後、胡錦濤が2005年年頭の短い挨拶のなかで重ねて強調し、同年3月の両会（全人代、政

協会議)で今後の国づくりの方針として注目された。

「和諧社会」の概念が「社会主義和諧社会建設」という行動指針として正式に固まったのは、2006年10月の共産党中央委員会全体会議においてである。2020年までに①法治を確立、②地域間格差の拡大を是正、③社会保障制度の完備、④道徳と文化的資質の向上、⑤資源利用の効率化などを実現する、がその内容である。2012年11月に発表された胡錦濤にとって最後の党大会『報告』では、前2007年大会と同様、「『科学的発展観』の貫徹による『和諧社会』建設の重要性」が繰り返し説かれた。科学的発展観という言葉は前回が21回、今回も15回使用された(「激烈な権力闘争を象徴した幕開け 胡主席、持論の『科学的発展観』を連呼」『産経新聞』2012年11月8日)。

これら「科学的発展観」と「和諧社会」の議論から明らかなのは、「和諧」は日本語訳の通り、「調和」や「協調」を意味する概念であるにしろ、「格差是正」の意味はごく一部を構成するにすぎない。まして日本でしばしば強調される「平等」を意味するわけではまったくない、という重要な事実である。

このように「和諧」を理解したうえで、「格差(是正)」問題を「和諧」のなかで捉えれば、「格差(是正)」の実態は〈都市－農村〉の二元(分断)構造(の打破の企て)、というのが最もふさわしいだろう。和諧概念の形成と並行して、2004年以来の第一号文献において12年連続で「三農問題」が取り上げられている事実を思い起こせば、この理解に無理はない。また、このような〈都市－農村〉の二元構造の打破に引きつけた解釈は、和諧社会建設の目標の一つとして「地域間格差の拡大是正」が挙げられていることとも整合的である。「地域間格差」も、凝視してみれば、都市(市民)の既得権益を固定化する〈都市－農村〉の二元構造の結果といえるからである。

「和諧」について、「格差是正」イコール「平等」化と意味づけし、中国が直面する課題を「平等なる繁栄」(所得増大と所得格差是正)を通じた社会的安定の確保と捉えれば、その手段は比較的簡単である(ケインズ経済学的な経済安定成長と所得再分配政策)。しかし、「和諧」の意味を上述のように理解すれば、実は「平等なる繁栄」が社会的安定を保証する、という20世紀を席巻した政治経済思想は中国において一度も採用されたことがない、という重要な事実に気づく。思い起こせば、改革開放に舵を切った中

第4章　華南経済圏から華南政策へ

国で最初に採用された政治経済思想は、毛沢東主義を否定し、所得格差を積極的に肯定する「先富論」(鄧小平) なのである。この意味で和諧はむしろ、薄熙来が毛沢東主義によって夢想し、そして江沢民が国家資本主義によって企図し、温家宝がブルジョア民主主義によって構想した「平等社会」への批判思想と位置づけるのがふさわしい。「和諧社会の建設」によって胡錦濤がめざしたのは、社会はその秩序維持のため、「政治・経済諸制度」(「数量的平等」の基準となる政策や価格などの外部的規範) に依存しないそれ自身のロジック、すなわち (多様性ゆえの)「調和」や「協調」のロジックを持つ——という斬新な思想に基づく政策にほかならない。

　この観点から眺めると、胡錦濤時代に推し進められた「経済・産業構造調整」や「内需拡大」を経済的な概念と捉えることも誤りであることがわかる。三農政策や高コスト政策によって経済成長率を意図的に押し下げようとした政策からも、それは明らかである。「経済・産業構造調整」や「内需拡大」によってめざされたのはむしろ、経済 (所得) が伸び悩んだ場合でも社会が安定できるような「非経済的社会」の建設である。そのような経済成長至上主義からの脱却思想は「以人為本」、すなわち人間に着目した双転移と幸福広東の建設を打ち出した汪洋の思想と完全に一致する。

　このように和諧政策を理解すると、WTO加盟後の貿易・投資環境の変化や大きな後背地を持つ長江デルタとの競合激化、華南経済圏の衰退、2004年後半からの原材料コストの上昇などに直面した広東省の対応として張徳江が進めた汎珠江デルタ構想 (2003年7月から準備し、2004年5月に第1回汎珠江デルタ区域フォーラムを開催) や産業移転政策 (2005年3月〜) などは、和諧政策よりも、江沢民が進めた、沿海東部と内陸部の所得・経済格差の是正を目的とする均衡発展戦略の文脈において捉えるのがふさわしいことがわかる (前図表2-11と前図表2-12参照)。張徳江時代の政策が広東省全体を前提とし、珠江デルタに的を絞ったものでなかったこともその傍証となるだろう。

　人脈の点でも、張徳江が副首相兼任で重慶市党委書記に就いた人事などは江沢民の意向といわれており、両者の関係は深い。時期的にも、和諧の最初の体系的な政策が、胡錦濤がフリーハンドで策定した唯一の5カ年計画である第11次5カ年計画 (2006〜10年) であることを思えば、張徳江の汎珠江デルタ構想と産業移転政策は、和諧政策を十分に反映したものではな

かった、という捉え方がふさわしいと考えられる。

　ともあれ、胡錦濤の和諧政策は、最低賃金制等の高コスト政策、第11次5カ年計画、三農政策、2011年以降（第12次5カ年計画期以降）は城鎮化政策の策定となって具体化された。さらに、注目すべきは、和諧政策の根本思想は習近平政権にも引き継がれていると考えられることである*12。そして忘れてならないのは、そうした政策は、全国を対象としながらも、大量かつ安価な労働力と各種優遇措置のうえに成立する生産・輸出形態である加工貿易に依存する華南に最も大きな影響を及ぼす。それについて恐らく胡錦濤はじめ中央指導部は事前に十分に理解していたに違いない、という事柄である。

　　＊12　2015年10月26日から29日まで開催された五中全会（中国共産党第18期中央委員会第5回全体会議）では「五つの発展理念」が提示されたうえで、第13次5カ年計画（草案）などが可決された。翌春に正式採択された第13次5カ年計画にも盛り込まれた「五つの発展理念」とは、イノベーション（innovation）、協調（coordination）、グリーン（green）、開放（openness）、共享（inclusive）の各「発展」（development）を意味するが、それらを「和諧」（harmony）の発展理念と捉えることも十分に可能である。

（2）広東省長の憂慮

　第11次5カ年計画（2006～10年）が始動した時期には、広東省で「和諧政策の悪影響」が表面化した。当時の黄華華広東省長（2003年1月就任、2011年11月辞任）は2008年12月30日の同省政治協商会議常務委員会で、広東は中央政府の輸出規制強化の直接的な影響を受けた初めての省となったと述べた（*Guangdong Economy Hit by Beijing's Policies, says Governor,* South China Morning Post, 1 January 2009.）。影響が明らかになったのは2007年上半期である。広東省政府中小企業局によれば、閉鎖した工場は2007年1～9月期に7,000以上にのぼった（*Guangdong Economy Hit by Beijing's Policies,* says Governor, South China Morning Post, 1 January 2009.）。既述の通り、1990年代後半以降、機械・電気・電子部品産業の集積や広東省でのインフラ整備により華南経済圏は後退したが、和諧政策により、華南経済圏は衰退へ向け決定的な段階に入ったといえる。

　黄華華はこれに先立つ2008年7月に北京で開かれた省長会議（Governors'

Panel)で、これ以上の輸出規制策は広東経済にさらなるダメージを与えるので、その政策を不安視していると温家宝に訴えていた。3〜5年程度の幅で見れば規制強化を通じた加工貿易の高度化は必要だが、急ぐべきでない。すなわち、現状が続けば、国全体の合計の40％以上、数にして約4万8,000の工場をもつ広東省は、輸出の37.5％に相当する1,513億ドル、1,300万人分の雇用が失われる——。

　この発言の後に開かれた上述の同省政治協商会議常務委員会では、「中央の政策について意見を述べるのは気が引けたが、何らかの発言をしなければ広東の人々に罪意識を感じた」とすら述べた。黄華華は同省出身の客家であり、香港と台湾企業に対しても同情的と見られていた。黄華華によれば、このような自らの率直な意見に対し、温家宝が理解を示したことが、輸出政策の再調整につながった。

　黄華華が2009年1月に発表を予定した「政府活動報告」によれば、同年の経済成長率目標は8.5％、輸出伸び率はゼロ。広東省は海外からの受注が半減し、受注があっても銀行融資を受けるのが難しい状況にある。工場の大規模閉鎖は否定したが、失業率は2008年1〜9月期平均の2.6％に対し、2009年通年平均は4.0％まで上昇することが見込まれる。2009年上半期が最悪期であり、後半は回復が予想される（*Guangdong Economy Hit by Beijing's Policies*, says Governor, South China Morning Post, 1 January 2009.）。

（3）汪洋の一貫性

　政治派閥に関して、黄華華は汪洋と同じく、胡錦濤の権力基盤である共産主義青年団出身の「団派」に属する。しかし、黄華華の言動は、汪洋が繰り返し述べた経済・産業構造高度化に関する発言と対照的である。これは「ブルジョア民主主義者」である温家宝と胡錦濤、そして温家宝と汪洋との関係と似た構図だが（第1章2－2「汪洋の立ち位置」参照）、「何らかの発言をしなければ広東の人々に罪意識を感じた」と心中を吐露した黄華華と異なり、汪洋が広東省出身ではないことで「冷酷」になれた要因が大きいと考えられる。広東省ではまた、2009年の夏から秋にかけて陳紹基・前広東省政治協商会議主席（閣僚級）、許宗衡・前深圳市長（同市党委副書記）らが汚職容疑などで相次いで拘束され、失脚したが、これについて改

革を前進させるべく、現地に根付く「広東閥」を一掃するためとの解説もある（South China Morning Post, 6 June 2009）。

　汪洋は就任後の2007年末から労働集約的、低付加価値の製造業の淘汰について北京中央政府（胡錦濤）と歩調を合わせたが、金融危機の影響が顕在化した2008年9月半ば以降も重ねてその考えを強調した。香港、台湾企業が求めた高コスト政策の停止要求も頑なに拒否した。リーマンショック後の汪洋の発言を紹介する。

- 2008年11月、汪洋は同省湛江市を視察した際、「倒産している企業は生産力が立ち遅れ、市場によって淘汰されているのだ。政府はこれら企業を救わない」などと発言。
- 2008年12月8日『人民日報』に汪洋は寄稿し、落後した生産力を盲目的に救済してはならないなどと述べた。その文章は、リーマンショックの影響が最も大きかった同省で、どのように社会的安定を確保し、産業構造転換を推進するかなどの点で内外の注目を集めた。

　同寄稿によれば、リーマンショックは広東省に生きた教訓を与えている。同省は安価な土地と労働力を使った労働集約産業を発展させてきたが、金融危機で淘汰が進んでいる一方、構造転換が進展し、自主創新を図る企業は危機を果敢に乗り越えつつある。もし厳しい現状がなければ、広東が発展モデルを転換し、科学的発展を実現することにおいてより大きな困難と時間を要するに違いない。

　双転移を果敢に進め、騰籠換鳥をしっかりやり遂げなければならない。その過程で失業問題に留意すべく社会保障機能を発揮させなければならないが、決して落後した生産力を救援することがあってはならない。広東は全力で金融危機に対応すると同時に、科学発展観に立脚し、エネルギー高消費、高汚染項目の除去に取り組む。過去の発展経路に戻ってはならず、「経済安定、比較的迅速な成長保持」と「自主創新能力の向上促進、伝統産業の高度化の促進、現代産業体系建設の促進」が対立的であってはならない。成長の保持は往々にして落後した産業の支援と同一視されるが、これは大きな間違いである*13。

　　*13　労働力の移転とともに、双転移の一方を構成する産業移転の推進手段として「省級産業移転工業パーク」を位置づけるのであれば、同パークは受け皿としては機能していないという評価はできる。例えば、香港系、台湾系企業

第4章　華南経済圏から華南政策へ

は珠江デルタの工場を省内東西・北部山区に移転するというより、多くが閉鎖・廃業を選ぶか、もしくは少数ながら中国本土の内陸に移転するか、稀にベトナム等の東南アジア諸国への移転を選択する。広東省からの完全撤退を選ぶのは、東西・北部山区における移転企業の受け皿である産業移転工業園区の地代と労賃は相対的に低廉でも、移転条件として課される技術開発投資（労働や土地の利用の節約要件）や環境対策のコストがかさむからである。

受け入れ側の東西・北部山区すら、もはや企業を選別するのである。

目の前の危機は過去の帰結であり、求めるのは科学的発展に基づくチャンスである。「三つの促進」、つまり自主創新能力、伝統産業高度化、現代産業体系建設の促進を実現する。「経済安定、比較的迅速な成長保持」の観点から最近、広東者は「新十大工程」計画を提起した＊14。すなわち、危機を受けた内需拡大であり、それはまた発展・開発モデルの転換加速を意味する。

　＊14「新十大工程」。第11次5カ年計画における総合運輸、エネルギー供給、水利、石油化学等の重化学工業、サービス産業の発展、環境・生態系保全など10の重点投資分野を指す。重要プロジェクトは233項目、総投資額は1.5兆元である。

1997年のアジア金融危機後、広東は10数年にわたり高速発展を遂げてきたが、現在は減速し、調整局面にある。技術集約段階へ飛躍するには正常な状況である。経済への政治介入を控え、積極的に市場にゆだね、「先行先試」を奨励する。思想解放は改革創新の前提である。改革創新は発展転換の基礎である。全国レベルの大局から推進中の広東の改革・発展・転換を見なければならない――。

特に、産業高度化、重工業化の推進による産業発展、国際競争力の強化をめざし、電子通信、電気機械（機械・家電）、石油化学工業、紡績・服装、食品飲料、建材、造紙、医薬、自動車の9産業・10分野の振興に重点を置く。なかでも、石油化学工業について、製油・精製施設の整備・拡充のため5大プロジェクトを計画し、毎年1,500万トンずつ精製能力を増加させる予定。加えて、エチレンの生産量増加のため5つのプロジェクトを推進する。さらに、自動車や鉄鋼、現代サービス分野も振興を図るが、広東省が今後最も重視している分野は、重化学工業と現代サービス業である。

（4）汪洋の叡智
　中国のWTO加盟を経て、リーマンショックが襲うなかで、香港は対処療法的な「支援」以上の包括的な「政策」を北京中央政府に求めるようになっていた。「支援」の代表的事例はCEPAであり、「政策」のそれは「7領域14項目の支援策」に盛り込まれた『珠江デルタ綱要』である。それは〈北京中央政府＋香港〉のベクトルから、〈広東省＋香港〉のそれへの変化ともいえる。その変化のプロセスにおいては、香港は当初（張徳江の時代）、焦燥感に突き動かされて広東省にアプローチしたが（このあたりの詳しい議論は第5章1－1参照）、汪洋の時代、逆に広東省が積極的に香港を迎え入れるようになった。
　そうした転回が生じたのは、何より汪洋の叡智のゆえ、と考えることができる。北京中央政府の香港支援策と広東省の経済・産業構造調整策の二つを結びつけ、華南政策へと昇華させた功労者が汪洋といえる。そして2008年秋からのリーマンショック後の大型景気対策事業を通過するなかで、騰籠換鳥（メーカーズ創生）と幸福社会の建設という華南政策を構成する二つのエッセンスが、第12次5カ年計画（2011～15年）や新型城鎮化政策という中央政府レベルの政策に反映されたと考えられることは既述の通りである。
　汪洋の知力は何より、広東省を珠江デルタとそれ以外の地域（北部山区と東西両翼）に二分し、広東省が直面する問題の在り処を、遠方からの農民工（出稼ぎ）にその経済が依存する珠江デルタと見定めたところにある。そうした珠江デルタへの着目は二つの具体策として展開された。この二つは前任者の張徳江との最大の違いでもある。すなわち、
　①中国本土の政治家の誰もが関与することをためらう特別行政区である香港との関係強化を、躊躇することなく広東省自身の改革深化の観点から推し進め、香港をしばしばライバル視する珠江デルタの諸都市もそうしたアプローチを受け入れると考えた（例えば『珠江デルタ綱要』）。
　②第1章でも述べたように、社会安定化のロジックが政治・経済から社会そのものへと変化するグローバル化の潮流を認識したがゆえに、単なる「所得の増大」（工業化）や「所得格差の是正」ではなく、〈都市－農村〉の分析軸の上に、人間に着目した双転移を構想し、珠江デルタにおけるメーカーズの創出と幸福の充足を企図した、である。

第4章　華南経済圏から華南政策へ

　まず、②について述べる。汪洋が「華南政策」の一部を構成する『珠江デルタ綱要』を構想し始めたのは、2007年12月の広東省着任直後からだったと伝えられている。広東、香港、マカオを含む「珠江デルタ経済区構想」は、既存の西部大開発と中部6省経済区に性格が類似しており、「国の政策的支援を受けることは可能だろう」と考えたとされる（「粤港澳経済区汪洋構思解読」『香港経済日報』2008年7月24日、「粤港澳経済区　温總取態關鍵」『香港経済日報』2008年7月28日）。ここからわかるのは、汪洋は少なくとも就任当初は香港（およびマカオ）との関係強化を地域開発戦略の流れのなかに位置づけていた、そして就任当初からそうした関係強化を目論んでいた、という二つである。しかし実際に打ち出された双転移は、地域開発戦略というより後の新型城鎮化に近い。そして汪洋政権後期の幸福論の立ち位置は、明らかに経済成長重視の地域開発戦略と対極にある。このような意味で、「珠江デルタ経済区構想」は地域開発戦略から新型城鎮化へ、第11次5カ年計画から第12次5カ年計画への過渡期のアイデアと位置づけるのがふさわしいだろう（もっとも、新型城鎮化は双転移から学ぶべきところがあるとする中国本土の識者の論考に見られる通り、新型城鎮化の思想は双転移のそれになお及んでいない。双転移が目標として屹立しているという見方の方が正しいだろう）。

　次に前者（①の「香港との関係強化」）については、広東省政府はもちろん、北京中央政府内でもタブー視されてきたが、中国のWTO加盟（2001年末）、地域経済統合（FTA＝自由貿易協定）が勢いを得た当時の世界的潮流、そして胡錦濤の権力基盤の安定化、香港側が求めて実現したCEPA締結など一連の流れは、その躊躇を相当程度に取り払った。

　そうした躊躇が、広東省－香港関係に限ってほとんどなくなったのは汪洋の広東省トップへの就任後である。アジア経済危機を受け香港が経済的苦境に直面した際、北京中央政府は香港にFTAを提案したが、香港政府（董建華行政長官）は、香港が世界に誇る自由貿易主義や一国両制の観点からこれを拒否した。その後、香港経済界に押され香港政府はCEPAの締結に動いたが、その進捗は限定的なものにとどまった。その状況が変わったのが、CEPAV（第5次補充協議、2008年7月29日署名、2009年1月実施）により広東省の改革と結びついたときである。

　これが『珠江デルタ綱要』の策定と発表（2008年12月国務院承認、2009年1

月公布)を踏まえた措置であるのは明らかである。CEPAが北京中央政府による香港救済策であることを思えば、中央政府(胡錦濤)と広東省(汪洋)との関係がいかに親密であるかが理解できる。

既述の通り、ICT革命とWTO加盟という外的環境の変化、それをも踏まえた和諧政策により華南経済圏は後退した。これに対し、張徳江は広東省を軸とする国内雁行型発展の展開、具体的には汎珠江デルタ構想と産業移転により、広東経済を新たな次元へと引き上げようとした。中央政府に支援を求め始めていた香港当局は、この動きに焦燥感を抱き、広東省との関係強化を進めた。しかし、その後に着信した汪洋は、むしろ同省の方から香港との関係強化を図った。広東省全体ではなく、珠江デルタに的を絞った内部的改革、すなわち価値多元化を確保する「サービス」化こそ「幸福社会」を実現する省の活路と考えたからである。香港のサービス産業を珠江デルタの改革に活用すべく、北京中央政府の香港支援策であるCEPAを自省の改革と結びつけ、同時に(人間の情報創造能力を発揮させる)双移転と(情報の持つ自己拡張性を通じて諸侯経済を打ち破る)珠江デルタ一体化政策を打ち出した。WTO加盟後の規制緩和環境や高コスト政策を受け、香港が珠江デルタを先導する、という改革開放初期の力学を珠江デルタの主要都市が改めて受け入れるとの読みもあった。

香港の側においても、行政トップの変化という強い追い風が吹いた。行政・政治経験を持たず、また名門財閥の御曹司として政治的序列関係に敏感である余り、北京中央政府の顔色をうかがいがちだった董建華に代わり、経済的パイの拡大を最重要課題とする経済官僚の曾蔭権が就き、後に「務実政治」(日本語に直せば「実務型政治」)と呼ばれる淡白な姿勢で政治・行政運営に努めたことで、特に米国経済の先行き不透明感を強めたリーマンショック後は、広東省との関係強化への躊躇がなくなった。

次に②(社会安定化のロジックの政治・経済から社会そのものへの変化)について述べる。1997年のアジア経済危機やリーマンショック後の外需不振は短期的影響のようにも見えたが、WTO加盟やグローバル化の流れは中国、特に広東省に根本的な経済・産業構造調整を迫っていた。胡錦濤はその歴史の要請に和諧政策で応えたが、汪洋が着目したのもその歴史的動態である。すなわち、農民の賃金を低水準で固定化する〈都市－農村〉二元構造を溶解しない限り、広東省から周辺地区への産業移転は機能しない。

第4章　華南経済圏から華南政策へ

それどころか経済成長はむしろ農民の不満を高め社会不安定を誘発する、という認識である。そこで政策の焦点を省内未発展地区や周辺の低所得地域ではなく珠江デルタに絞りつつ、北京中央政府による戸籍制度改革と高コスト政策の援護射撃を受けつつ双移転と珠江デルタ一体化を打ち出したのである。広東省ひいては中国がさらに前進するには、工業化ではなく社会改革（〈都市－農村〉二元構造の打破）が必要だ、そのためには広東省周辺地区との関係強化ではなく珠江デルタを軸とする広東省内部（珠江デルタ）の改革が必要だ——という二点は張徳江との決定的な相違点である。

このように、胡錦濤の和諧と汪洋の改革を結ぶ鍵は、「サービス」化がすなわち価値多元化実現と社会安定化の条件であるとの認識である（第1章1－2の「サービスの意味」参照）。換言すれば、単たる製造業のグレードアップという経済問題から、「サービス」産業の振興は価値観多元化に資する、すぐれて社会問題であるとの考え方である。ただし、次章で述べる通り、香港側がそうした認識を持っていたとは考え難く、その点で香港と広東省は同床異夢の関係にあったというのがふさわしい。

第5章
香港域内の政治力学と華南政策

　華南政策が成立した要因は、広東省政府の主体的努力や北京中央政府と広東省政府との協力関係だけではない。香港政府の北京中央政府、広東省政府、香港域内の各種勢力への働きかけも同様に重要である。
　香港政府を動かした要因は大別すれば三つあるだろう。一つは、中国の経済面における自由化の進展である。中国が自由度を増せば増すほど、中国経済と世界経済に果たす自らの役割が相対化され、存在意義が薄れる、というのが香港が背負う歴史的宿命である。
　中国における自由化の進展を表わす大きな出来事として、華南経済圏の動揺とWTO加盟を挙げることができる。既述の通り、華南経済圏の六段階の発展史における第四段階、すなわち1990年代後半から、国内販売規制の緩和や将来的な廃止をにらんだ来料加工貿易の規制強化、ICT関連部品産業の集積等に伴い、進料加工貿易や転廠が拡大し、香港と広東省の経済的連動性が希薄化し始めた。さらに、国内外企業の競争条件の同一化、国内市場の開放等を約束した2001年末の中国のWTO加盟は、華南経済圏に対する大きな逆風となった。
　もう一つは、張徳江政権が本格着手した広東省の経済・産業構造調整である。その目標である経済サービス化や高付加価値化は、香港とは切断された内需拡大のベクトルを持つ。
　最後の一つは、汪洋の広東省党委時代に鮮明化したグローバル化の進展である。1997年のアジア経済危機、欧米経済依存の脆弱性を再び認識させたリーマンショック（2008年秋〜）、さらに欧州債務危機（2009年10月〜）は、米国と欧州に販売市場を求める華南経済圏の将来展望を決定的に曇らせた。グローバル化の産物であるフラットな関係の生成（これが華南政策の目標でもある）も、典型的な大量生産・大量販売モデルである華南経済圏の終焉が近いことを示した。
　このような中国の動向から感知されるようになった孤立感、そして広東

省が独自に経済・産業構造調整(もしくは汪洋時代は「騰籠換鳥」)に動き始めたことに対する焦燥感が、香港政府をして中国、特に広東省との積極的な一体化(localization)を急がせた要因といえる。

しかし、注視すべきは、そのような「対中一体化」(もしくは「対中関係強化策」。香港の中国語メディアでは「粤港大融合」=「広東・香港大融合」等が用いられる)に関する香港政府の判断ではない。むしろそのような「対中一体化」を容認した香港域内の政治力学の変容こそ本質的である。政治力学の変容とは、政府、政界、財界が弱体化するなかでの、街頭示威行動(デモ、政治集会)の活発化とその変容にみられる世論の「強大化」といえる。すなわち、一国両制の制約と北京中央政府の意向から国政レベルの普通選挙の全面実施に関して制約のある香港においては、「世論」は数量化(均質化)を通じた意見集約メカニズムである投票というより、市民の直接的、すなわち数量化・集約化されない、多様な政治的意思の表明手段である街頭示威行動の形態において鮮明に表出されるが、それだけではない。香港では中国での天安門事件を受けた1990年代に街頭示威行動が一気に活発化したが、21世紀に入りそれは「お祭り」的色彩を濃くした。換言すれば、街頭示威行動で表出される市民の要求は多様化し、民主化や経済成長は数多くの要求の一つにすぎなくなった。価値観多元化により、普通選挙を含む近代的な意見集約メカニズムの有効性が低下するのがグローバル化の重大な帰結であるとすれば、1990年代以降の香港における街頭示威行動の活発化と変質は、国政レベルにおいて普通選挙の伝統を持たず、またその導入可能性が今後ともほとんど見込めない香港であるがゆえにきわめて鮮明に現出している動態なのだ、と理解することができる。

既述の通り、グローバル化の重大な帰結は「政策」の有効性の低下である(例えば、だからこそ人々の多元化した要求に対応可能なNGOやNPOの活動余地が拡がっている)。曽蔭権の行政長官第2期目に形成が進んだ華南政策もしくは「対中一体化」が香港市民に「受容」されたのは、グローバル化が進展するなかで、街頭示威行動のお祭り化に見られる通り、「政策」を決定・遂行する「政治制度そのものへの無関心」が香港市民の間で進行したためと考えられる。

本章では、はじめに華南政策をめぐる香港政府の動向を述べ、続いて香港の政府、財界、政界、世論の力関係の変化について論述する。

第5章　香港域内の政治力学と華南政策

1.「香港－広東省協力体制」の形成

　香港では1980年代を通じて、運輸やコンテナ処理、貿易金融など製造業をサポートするサービス業が発展したが、華南経済圏（つまり製造業に基づく広東省との経済分業体制）の退潮が明らかになるなかで、雇用と経済成長を維持、拡大するためには、製造業と無関係か、関係の薄いより高次のサービス業を発展させる必要性が生じた。そのためには、中国本土側（北京中央政府）の高度な政治判断が求められる規制緩和措置が不可欠となる。こうして、金融センターとしての香港の一段の深化を図るべく人民元国際化を推し進め、金融関連サービスを広東省を含む中国本土で展開し、大陸本土から香港への旅行者増加のためビザ発給要件を緩和する等の措置を盛り込んだCEPAが北京中央政府に提案された（その後のCEPA「補充協議」を含む）。

　CEPAだけではない。その後、2007年頃までに香港政府は大別して二つの方針を明確にした。すなわち、①中国、特に広東省とのサービスを主とする経済関係のさらなる強化のうえに華南のサービスセンターとしての地位の確認を中央政府に求める、②「香港独自」の産業政策を実施する、である。そして、①に関してその目標達成のため採用した政策手段も二つあった。a）広東省との関係再構築、b）中国の国家事業である五カ年計画への参画、である。香港側には、b）を通じて a）を堅固なものにするとの皮算用があった。主眼は a）にあった。また②も、実際には、そのような広東省との関係再構築なしには効果的な「香港の産業政策」にはならないとの認識があった。

　結論を先に述べれば、経済的パイの拡大を通じて所得格差を是正するという当時の香港行政首長の曽蔭権が目標とした政策は、本人が認めた通り、全体として失敗した。だが、それが香港にとって不幸な事態とも言い難い。というのも、華南政策がめざすフラットな関係世界の創出を通じた幸福の充足とは、そのような「経済政策」を無効化するグローバル化の力学のうえに達成されるものだからである。

1．香港特別行政区と広東省の協力関係

　まず、①について述べる。香港と北京中央政府はもちろん、香港と広東省の間ですら、公的レベルで関係強化を図ったことは1997年の主権返還まで皆無に近い。英国植民地時代にも接触は存在したが、香港への水供給、ボーダー管理など、人道上、保安上の不定期的連絡にとどまった。改革開放直後の1979年3月に当時のマレー・マクレホース香港総督（在任期間1971～82年。Sir Murray Maclehose）が北京を訪問したが、これは実に1949年以降の歴代香港総督による初めての中国（中華人民共和国）訪問だった。

　1982年の主権返還交渉開始後の関係も政府レベルでは、同じく香港への水供給や環境保護、ボーダーをまたぐインフラ建設事業等の実務的な調整作業にとどまった。唯一の例外と言えるのが、1981年6月に国務院が承認し、1982年に始動したボーダー管理を目的とする「粤港境界連絡制度」である。主権返還交渉の開始を控え不法移民の増加の懸念から設けられた初の公式連絡チャネルである（図表5-1）。

　1980年代後半から形成が進んだ華南経済圏も、香港政府の後押しがあったわけではない。改革開放の深化を背景に市場原理が導いた自然発生的な国際分業の産物である。主権返還後は、一国両制の制約から、目的が何であれ、北京中央政府が主導して香港に接近することは難しい（主権国として北京中央政府が香港特別行政区政府に指示や命令を出すことはある）。こうした香港－中国関係は主権返還後、香港－広東省を軸に次第に変化して行った。そのあたりの状況をよく示すのが、2008年12月に改革開放30年記念行事の一つとして広東省と香港の六大メディアが選んだ「広東・香港合作十大ニュース」である（図表5-2）。スポーツ交流、ビジネス、民生問題に関する政府間協議、インフラなど両地域の関係が多層化して行ったことが理解できる*1。

　*1　その後、両地域の関係は共同での政策立案・実施レベルへと深化した。2015年時点で、広東省－香港、広東省－マカオの協力関係は四つの次元に分類可能である。①CEPAとその補充規定、関連文書、②『珠江デルタ綱要』、③『広東省・香港協力枠組み協議』、『広東省・マカオ協力枠組み協議』、④南沙、前海、横琴三大戦略プラットフォーム、中国（広東）自由貿易試験区。これらに加えて広東省－香港マカオ協力メカニズムは三次元で実施されている。

第5章 香港域内の政治力学と華南政策

①指導者のハイレベルでの接触、②「聯席工作会議」を含む広東省・香港、広東省・マカオの聯席会議、③専責（専門責任）小組（広東・香港間には30の小組が存在）（寥［2015］77～108頁）。

主権返還後の香港と広東省との関係は、2008年末の国務院による『珠江デルタ綱要』の採択を挟んで二段階で整理することができる。①1998年の粤港合作連席会議の設立から2008年末の『珠江デルタ綱要』の国務院での採択まで。この時期は曽蔭権政権の第1期目（2005年6月～2007年6月）を含む。②それ以降である。この段階はほぼ曽蔭権政権の第2期目（2007年7月～2012年6月）にあたり、曾の後任である梁振英政権の第1期目（2012年7月～2017年6月）でもある。この段階には2010年の「『広東省・香港協力枠組み協議』（中国語で『粤港合作框架協議』。以下、必要がない限り『枠組み協議』）の発効を含む。

図表5-1 香港と中国大陸との間における主な経済協力枠組み

成立実施年	名称	所轄官庁＜各代表者＞	
		香港側	中国大陸側
1982年	粤港境界連絡制度（国務院承認1981.6）	政制事務局＜同局長＞	広東省＜副秘書長＞
1990年	粤港環境保護連絡グループ	環境食物局＜同局長＞（現・環境運輸工務局）	広東省環境保護局＜同局長＞
1994年	クロスボーダー基建協調委員会	規画地政局＜同局長＞（現・房屋規画地政局）	国務院香港・マカオ弁公室香港経済司＜司長＞
1998年	粤港合作連席会議（設立3.30）	政務長官、行政長官	副省長、省長
1999年	内地・香港SAR商業貿易連携委員会	工商局＜同局長＞	国務院対外貿易経済合作部＜同副部長＞
2009年	珠三角企業転移専題小組	－	－
	珠江三角州地区改革発展規画綱要連絡極方会議	政務司	副省長
	推進『綱要』協調小組	政務司	副省長
	その他、両地区の協力のための20以上の議題小組秘書処	政制・内地事務局	省政府秘書長・省港澳弁主任

（出所）香港経済日報［2009］、竹内［2004］より筆者作成

図表5-2 香港と広東省が関係する10大ニュース

1	1978年9月15日	・三来一捕の第一号である香港信孚手袋廠と広東東莞虎門鎮太平竹器廠が設立した太平手袋廠が操業開始
2	1979年1月12日	・第1回"省港杯"サッカー大会が広州で開催(1978年12月7日に広東省と香港が協議書に調印し、1979年から毎年元日と春節期間にそれぞれで試合開催を決定)。広東電視台と香港電視が相互に実況中継。この後、スポーツ、文化、学術等の交流活発化
3	1979年1月	・香港の招商局が蛇口に中国で初めての輸出加工工業区を設置
4	1979年	・広九鉄道開通(広州と香港九龍を直通で結ぶ客車)
5	1983年	・広東省旅遊局と霍英東氏が合弁で建設した広州白天鵝賓館が正式開業(新中国建国後の初の合弁での高級ホテル、中国内で初の5つ星ホテル)
6	1989年12月	・広東省と香港両政府が『供水協議』に調印。広東省は東江―深圳供水計画拡張工事を実施。1995年から香港の飲料水問題が完全に解決
7	1998年3月	・北京中央政府は広東と香港の粤港合作聯席会議制度を承認。初の両地域間の協力メカニズム。2003年から両地区の行政首長が主宰する制度へと格上げ
8	2003年初め	・広東省と香港でSARS(新型急性肺炎)が発生。6月に広東省、香港、マカオが『粤港澳三地突発公共衛生事件応急合作協定』を締結し、協力体制を構築
9	2003年6月29日	・香港・中国経済貿易緊密化協定(CEPA)正式調印。同年7月、広東省4市からの香港への個人旅行を解禁
10	2008年	・広東省は広東、香港、マカオの緊密合作区の建設を提起。経済、社会、文化、科学技術、教育、衛生等の交流協力促進。人材、資金、貨物、情報の円滑な流通を実現

注)改革開放30年記念行事の一つである、広東省、香港の6大メディアが選んだ「広東・香港合作10大事件」『新浪広東』2008年12月8日など

(1) 1998～2008年末

　主権返還翌年の1998年から、香港と広東省の接触が活発化したのはもちろん、インフラ建設の協力事業を含む共同政策の実施を北京に求めるというまったく新しい動きが始まった。長官(「司」)、もしくはそれ以上のレベルでの定期的、包括的な意見交換の場である「粤港合作聯席会議」や「内地・香港特別行政区(SAR)商業貿易連携委員会」等の各種合同委員会がそれである(前図表5-1)。それは北京の指示に基づくというより、そ

第5章　香港域内の政治力学と華南政策

して単なる不定期の実務的打ち合わせというレベルを超えて、広東省と香港の双方が、中長期的な経済・産業構造調整や体制改革に関して互いを必要としたからである。これらのうち「中央政府が承認した最も重要な広東と香港の協力メカニズム」（廖［2015］79頁）が粤港合作聯席会議である。

粤港合作聯席会議は、中国本土を取り巻く外部環境の変化や北京中央政府の香港政策、香港と広東省の関係をめぐる政策変更などに伴い質的変化を遂げた。そうした出来事で特筆すべきは、①中国のWTO加盟決定（それを受けた2001年7月の第4回会議）、②CEPAの締結（2003年8月の第6回会議）、③CEPA V（第5次補充規定）の広東省パイロット措置（2008年8月の第11回会議）、④『珠江デルタ地域改革発展計画綱要（2008～20年）』の策定（2008年8月の第11回会議と2009年8月の第12回会議）、⑤『枠組み協議』の締結（2010年9月の第13回会議）、および⑥第12次5カ年計画の採択（2011年8月の第14回会議）の六つといえる（図表5-3）。

図表5-3　香港と広東省の協力体制の推移

粤港合作聯席会議			主な出来事	香港行政長官	広東省省長
第1回	1998年	3月30日		董建華 （1997～）	
第2回	1998年	9月24日			
第3回	2000年	9月25日			
第4回	*2001年*	*7月25日*	中国のWTO加盟（2001.12）		
第5回	2002年	3月15日			
			『CEPA』（2003.6.29調印）		
第6回	*2003年*	*8月5日*			黄華華 （2003～）
第7回	2004年	8月4日			
第8回	2005年	9月28日		曾蔭權 （2005～）	
第9回	2006年	8月2日			
第10回	2007年	8月2日			
			CEPA V（2008.7.29調印） →広東省パイロット措置導入		

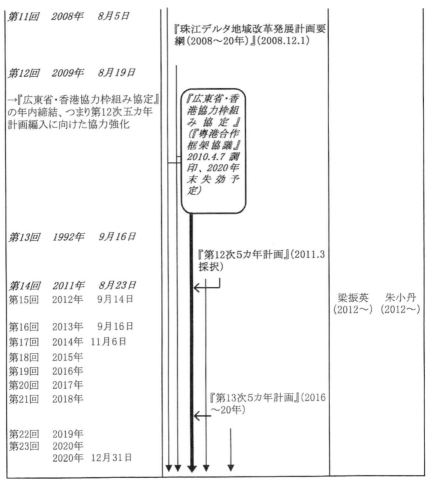

資料）筆者作成

　①と②については既述の通り、中国のWTO加盟（決定と実際の加盟）や米欧経済の不振による返還後2度目の景気後退もあり、2001年頃までに香港財界の間では、香港の中長期的な経済安定成長のためには中国との関係強化、香港への優遇策の継続的適用が必要との認識が強まった。そうした財界の働きかけが香港政府を突き動かし、最終的にCEPAが誕生した（2003年6月29日調印）。香港政府はまた、CEPAとは別に広東省との経済協力

第5章　香港域内の政治力学と華南政策

強化に本腰を入れ始めた*2。香港特別行政区のシンクタンクである中央政策組が民間シンクタンクの一国両制研究中心に広東省珠江デルタとの合作に関する調査研究を委託したのがこの頃、張徳江が汎珠江デルタ構想を提示（2003年7月24日付文書）した直後の時期である（一国両制研究中心［2004］）。既述の通り、汎珠江デルタ構想は翌8月、広東省発展計画委員会（現在の広東省発展改革委員会）が提唱し、広東の他、福建、江西、広西、海南、湖南、四川（重慶市を除く）、雲南、貴州の9省（自治区）が集まって連絡会議が開かれたことで具体化に向けて動き始めた（8〜9日に会議開催）。

*2　曽蔭権政務長官（香港政府の最上級の行政職）は2001年7月の粤港合作聯席会議第4回会議の後、政府行政署が管轄する粤港合作統合調整小組（広東省香港の協力調整小グループ）の設置を決めたと発表した。具体的な関連政策の着実な実現をめざすためで、曽蔭権政務長官は「今回の小組の設立は粤港経済協力の新局面を開く。香港政府が粤港協力に全力を傾ける決意の表われである。わたしは香港が新たな挑戦を果敢に受け止め、中国本土のWTOに加盟がもたらすチャンスを確実にものにすることを希望する」と述べた（「粤港合作聯席会議代表的談話全文」香港特別行政区政府新聞公報2001年7月25日）。

さらに、董建華香港特別行政長官は2003年1月8日の再任後初の施政方針演説で、「広東省との一体化をさらに推し進める」と香港と珠江デルタとの連携強化について初めて公式に言及した。

他方、同時期には、中国本土の特に内陸部の地方政府（省レベル、省内の市など各級政府）も沿海部に位置する広東省、ひいては香港との関係強化に意欲を見せ始めた。その理由の一つは、中国のWTO加盟に対する危機感である。というのも地方政府は、「内外資分断体制」（国内市場保護主義と外資企業への各種優遇策を通じた輸出振興）の下、内資、外資企業の双方から利を得てきたからである。だが、WTO加盟はこの利得構造を揺るがす。すなわち、外資企業への内国民待遇の付与や国内市場の開放により、地方政府が支援する企業（国有、集団企業等）と外資企業との競争が激化するほか、外資企業に対する各種「優遇策」（内資企業にとっては「逆差別」）の取消しを迫られる。外資企業の事業縮小や完全撤退、事業所移転等は税収や各種費用、賄賂を含め、地方政府の「収入」に打撃を与える。第二の理由は、WTO加盟前後の北京中央政府による香港支援策である。

このような動きを見て、地方政府は、（内資企業や外資企業の「保護」では

なく）広東省、さらには香港との関係強化を通じて国際化や規制緩和の衝撃を乗り越えようとした。構造調整の圧力を受け、また和諧の要請にさらされていた広東省において、張徳江の下で汎珠江デルタ構想が進展した一つの背景が、このような内陸を主とする地方政府の切迫感であることは先にもふれた。広東省内でも珠江デルタの市レベルの地方政府は、それまでのような香港との競争姿勢（例えば、深圳の国際金融センター化、その他都市の空港や港湾の新規建設や拡張を通じた香港との競合）を後退させ、妥協的態度を示すようになった。

　このような地方政府の諸侯化を溶解する国際化、グローバル化のベクトルは、汪洋によって徹底的に純化され、珠江デルタの構造調整という形で活用された。

　『珠江デルタ要領』発表前には、画期的な発表が行われた。2007年10月10日の香港の行政首長である曽蔭権行政長官による『施政方針演説』である。同『演説』は、広東省と協力して進める4件の「越境インフラ事業」を含む「十大インフラ」計画を明らかにしたほか、第12次5カ年計画（2011～15年）への参加を打ち出した（図表5-4）。4件の「越境インフラ・プロジェクト」とは、広州—香港間の高速鉄道「広深港高速鉄路」、香港—珠海市—マカオ（澳門）を海上橋梁で結ぶ「港珠澳大橋」、香港と深圳の空港協力、そして深圳とのボーダー周辺の河川敷にある立ち入り制限エリア共同開発である。その4件の「越境インフラ・プロジェクト」は結局、すべて第12次5カ年計画に盛り込まれた「七つの広東省・香港・マカオの協力による重要プロジェクト」に含まれた（図表5-5）。

　香港の歴史において中国本土と協力して進める具体的なインフラ事業がリストアップされたのは初めてであり、また計画経済の名残である5カ年計画への参加を表明することも前代未聞の出来事だった。その発表について曽蔭権は、中国本土が演じることが難しい香港ならではの役割を長く果たしつつ、国策に積極的に関与し、華南地域の発展の趨勢に合わせることが香港の長期的発展に有利であると説明した。

　香港が5カ年計画へ参加する意思を明確にしたのは実はその1年前である。2006年9月に香港政府のシンクタンクである中央政策組が主催して開かれた経済サミット「中国第11次5カ年計画と香港の発展」（既述）では、実施中の第11次5カ年計画に対し、いかに香港の商機を開拓できるかを探

第5章　香港域内の政治力学と華南政策

図表5-4　2007/2008年度施政方針演説で提示された10大インフラ・プロジェクト

1	南港島線(東部区間)	・2011～15年:金鐘と海怡半島を結ぶ全長7キロ
2	沙田－セントラル線(鉄道)	・2012～20年:九龍東部を経由、海底トンネルを含む全長17キロ
3	屯門－チェクラプコック連結路と屯門西バイパス	・2016～17年に段階的に完了:深圳湾公路大橋(西部越境ルート)と香港国際空港を接続
● 4	広州－深圳－香港高速鉄道(広深港高速鉄道)香港区	・2010～15年:広州、東莞、深圳を香港から1時間圏内に
● 5	香港－珠海－マカオ大橋(港珠澳大橋)	・2016年完工予定:財資金調達方法の検討を短期内に完成
● 6	香港－深圳西部快速線	・両空港を鉄道で結ぶなど空港協力を検討
● 7	落馬洲緩衝区	・落馬洲の立ち入り制限エリア(深圳河河川敷)を開発
8	西九龍文化地区	・芸術・文化施設は2015年から段階的に供用開始
9	啓徳(カイタク)開発計画	・第1バースは2013年、第2バースは2014年供用開始
10	新規開発地区	・2017～22年、2019～24年:新界北部での2つのニュータウン開発

注)●は越境インフラ・プロジェクト
資料)施政方針演説、香港特別行政区政府　駐東京経済貿易代表部パンフレット『未来をつくる』を基に作成

図表5-5　第12次5カ年計画に盛り込まれた7つの広東省・香港・マカオの協力による重要プロジェクト

		第12次五カ年計画における事業名称	香港側の事業名称(香港管轄事業)
●	1	香港－珠海－マカオ大橋(港珠澳大橋)	→香港－珠海－マカオ大橋(港珠澳大橋)
●	2	広深港客運専線(広州・香港間高速鉄道)	→広州－深圳－香港高速鉄道(広深港高速鉄道)香港区
●	3	港深西部快速軌道線(香港・深圳空港間鉄道)	→香港－深圳西部快速線
●	4	蓮塘／香園囲税関・出入境管理所	→落馬洲緩衝区開発
	5	深圳・前海開発	
	6	広州・南沙新区開発	
	7	珠海・横琴新区開発	

注)●は香港の2007/08年度施政方針演説で提示された10項目のインフラ事業のうち「越境インフラ・プロジェクト」に相当する事業

った。香港が関連する事業が国家計画に盛り込まれれば、事業進行の優先度や資金調達などで大きなメリットが期待できる。だが、国家事業で有利な位置を確保するには策定過程からの積極的な参加が必要となる。このためサミット開催後にまとめられた「行政長官に対する報告と行動綱領」では、香港が一国二制度の原則の下で、どのように次の第12次5カ年計画に参加可能かを検討することを求める旨が提案された。2007年10月の『演説』で示された方針はこの時の提案に基づいている。

同『演説』において、曽蔭権は、翌2008年から第12次5カ年計画の起草作業が始まり、2010年第4四半期に草稿が完成する見通しなので、香港は中央政府の関係部門との連絡を強化し、適切な体制を整備し、一国二制度の原則の下、できるだけ早い時期に第12次5カ年計画の起草作業に関与すると述べた。その具体的な関与の仕方を示した文書が、次に呼べる『枠組み協議』である。

(2) 2009年～

上述⑤の『枠組み協議』は、華南政策の一部でもあるが、広東省－香港関係の歴史を通じて最も重要な文書の一つであり、少なくとも同文書が失効する2020年末まではそうであり続ける。『枠組み協議』は、1998年の粤港合作連席会議発足後、国務院が承認した広東省と香港の協力に関する初の文書であり、中国のWTO加盟（上述①）、CEPAの策定（同②）、CEPA補充規定の広東省パイロット措置（同③）、『珠江デルタ地域改革発展計画綱要（2008～20年）』（同④）のすべてを統括する意味を持つ。華南政策の遂行に関して、少なくとも第13次5カ年計画（2016～20年）が終わる2020年まで決定的な役割を果たす。これに伴い粤港合作聯席会議も、『枠組み協議』に従い、『珠江デルタ要領』をどう具体的に進めるか、「華南」が5カ年計画にどう関与するかを話し合う場となった。

『枠組み協議』は、香港の曽蔭権行政長官と広東省の黄華華省長が2010年4月7日、北京で調印して発効した。約1万2,000字、11章50条から成る『枠組み協議』は、曽蔭権によれば、粤港合作聯席会議の開催を確認した1998年の文書を除けば、香港と広東省の実践的な協力について定めた初の綱領文書である（香港『文匯報』2010年4月7日）。有効期限は2020年12月末までで、各年度の重点工作については毎年協議する。

第5章　香港域内の政治力学と華南政策

『枠組み協議』は、『珠江デルタ綱要』策定を受け、2009年3月の全人代会期中に曽蔭権、汪洋、黄華華が会談した際、『珠江デルタ綱要』を2011年春に全人代で採択が予定された第12次5カ年計画に反映させるべく、2009年末までに起草を終え、中央政府に働き掛けることで合意していた。

広東省と香港の協力関係をどう進めるかの全体的枠組みを作った『枠組み協議』が必要だったのは、香港返還がはらんだ一種の逆説を乗り越えるためである。すなわち、英国植民地時代の1978年末に始まった中国の改革開放政策は、香港と広東省が資本主義的原理（収益最大化）に従い自然発生的に連動する条件をつくったのに対し、1997年の香港返還は、一国両制という両地域の連動性を妨げる政治的障壁を築いた。そうした一国両制の制約がある以上、中国政府、実質的には広東省政府が策定した『珠江デルタ綱要』によって香港を一方的に縛ることはできない。盛り込まれた個々のプロジェクトや数値目標等を含め、『珠江デルタ綱要』に対する香港側のコミットメントを明確にする必要がある。すなわち、香港と広東省が『珠江デルタ綱要』に関して完全に協力的であることをより上位の別の文書で確認し（両地域の代表者の署名）、北京へ提出し、対外的に明示すれば、北京中央政府にしてみれば5カ年計画のような国策への香港の関与を正当化でき、香港にしてみれば華南における香港の主導的地位を広東省に認めさせることができる。

『枠組み協議』には広東省と香港の協力に関して「新たな突破」として八つの領域が示され、そのうえで発展の「六つの大方針」（「六大定位」）が提示された（図表5-6）。これにより、協力して進める具体的なインフラ事業等が示されたが、最も注目すべきは華南における各種経済機能の分業が明確化された点である、しばしば広州や深圳との競合が指摘された華南の国際金融センターとしての香港の地位が確認されたほか、空港や港湾など主要インフラをめぐる広東省の諸都市との競合を回避する内容も明記された。

『枠組み協議』の発効を受け、第12次5カ年計画の策定に香港側がどう関わるかを話し合うため、香港政府政制・内地事務局の林瑞麟（Lam Sui-lung, Stephen。在任期間は2007～11年）局長が2010年7月5日、他の6部門代表とともに北京を訪れ、国家発展改革委員会の担当官と会談した。香港政府が5カ年計画策定に関して提案したのは次の三つである（香港政府広報局プレス・リリース「政府政制・内地事務局局長、北京でメディアと会見」2010

図表5-6「広東省・香港協力枠組み協議」

【「新たな突破」を達成した八つの領域】
- 金融
- 医療サービス
- 教育訓練
- 交通
- 税関、通関
- 製造業、科学技術革新
- 環境保護、エコロジー建設
- 区域専門計画

【発展の六つの大方針】
- 国際クラスの新たな経済区域の建設
- 香港の金融システムを軸とする金融協力区域の建設
- 国際的な先進的な製造業、現代サービス業の基地の建設
- 人、物、情報、資金の往来と流通を促し、低コストで高効率の国際的な航空ハブ、海運センター、物流センターを建設
- 全国でも最先端のエコロジー体系を構築し、良質な生活圏を建設
- 香港と珠江デルタ主要都市の共同発展を促進し、国際クラスの都市群を形成

資料)「広東省・香港協力枠組み協議」第1章第2条

年7月5日。発表された中国語及び英語リリースより)。

①中央政府が引き続き香港の国際金融センター、貿易・海運センターの地位向上を支援することを望む。

②香港が市場規模5,000万人以上の珠江デルタ、続いて4億人の汎珠江デルタのサービス業を開拓できる政策を中央政府が採用することを求める。

③『枠組み協議』で最も重要な役割分担の原則を5カ年計画に盛り込むよう求める。

さらに、曽蔭権行政長官も同年末（12月20～23日）に定例の「香港施政報告」のため北京を訪れたが、5カ年計画に香港（華南）を盛り込むよう胡錦涛や温家宝、および5カ年計画策定の責任を負う国家発展改革委員会幹部等に強く訴えた。

曽蔭権によれば、上記の林瑞麟が提案した三点を含め、大別して以下の四点について提案を行った（香港政府広報局プレス・リリース「行政長官、北京でメディアと会見した際の発言」2010年12月22日。発表された中国語リリースより。また同「行政長官、北京でメディアと会見した際の質疑応答全文」2010年12

第5章　香港域内の政治力学と華南政策

月22日の中国語及び英語リリースも参照）。

　①香港が中国の最も重要な国際金融センターである旨を確認。国際的な金融業務を遂行可能で、中国の国際化における重要な金融拠点を提供する。

　②香港は中国の資本市場の重要な一部を構成する旨を確認。オフショア人民元業務の中心であり、中国の金融改革、金融発展戦略で重要な役割を担う。

　③CEPAの枠組みにおける現在の広東省パイロット措置（先行実施措置）を他地域にも拡大し、中国の現代サービス業の発展、産業構造改革を後押し可能な旨を確認。

　④広東省と香港は協力関係、相互補完を強化し、深圳・前海地区＊3にCEPA以上の措置を導入するなどして中国の地域経済発展を促すことを確認。

　いずれも高度サービス業が活路である香港にとって決定的な重要性を持つ。北京中央政府は2011年3月に採択された第12次5カ年計画において、『枠組み協議』に基づく広東省と香港との協力関係強化、珠江デルタの一段の自由化、CEPA広東省パイロット措置の活用などについて一章を設け、曽蔭権が北京中央政府に求めた上記のすべてを盛り込んだ。5カ年計画で香港が言及されたのはもちろん、「華南」（「粤港澳」）として論及されたのも前例のないことだったが、これにより香港は広東省との分業（競合回避）について中央政府のお墨付きを得た。上述の④については、翌年に発表されたCEPA Ⅸ（第9次補充協議、2012年6月29日締結、2013年1月実施）＊4に初めて5項目の「前海地区パイロット措置」が盛り込まれた（図表5-7）。今後の華南政策は、第12次5カ年計画、第13次5カ年計画（2016〜20年）の大方針の下、『枠組み協議』に従って遂行されることが見込まれる。

　　＊3　本文でも述べた通り、香港政府と広東省政府が協力して香港の中国本土の5カ年計画（第12次5カ年計画）への組み入れを北京中央政府に働きかける旨を約し、そのアプローチの仕方を定めた『広東省・香港協力枠組み協議』（『粤港合作框架協議』）が2010年4月7日、北京で署名された。署名式に立ち会った香港問題の最高責任者の習近平国家副主席（当時）は「金融分野における広東省と香港の一体化がウィン・ウィンの効果をもたらす」と述べ、両地域の金融一体化の重要性を強調し、「特区中の特区」という表現で深圳経済特別区への新たな金融特区の建設を提案した。その4カ月後の同年8月、北京

図表5-7 CEPAの変容：広東省との関係強化と香港の産業政策との連動性

CEPA付属文書	締結	関係強化と連動性の誕生	重要な背景	
① CEPA V	2008年7月（翌年1月1日施行）	広東省パイロット措置導入	・珠江デルタ地区改革発展計画綱要（2008年12月） ・香港の6大重点産業決定（2009年4月）、同確定（同年9月）	曽蔭権政権の第二期目（2007～2012年）
CEPA VI	2009年5月（翌年1月1日施行）			
② CEPA VII	2010年5月（翌年1月1日施行）	香港の6大重点産業との連動	・広東省―香港協力枠組み協定（2010年4月） ・第12次5カ年計画採択（2011年3月）	
CEPA VIII	2011年12月（翌年1月1日施行）			

①CEPA付属文書および広東省と前海地区パイロット措置の数

CEPA付属文書	措置の総数	広東省パイロット措置	前海地区パイロット措置
CEPA V	32	25	―
CEPA VI	29	9	―
CEPA VII	35	7	―
CEPA VIII	32	7	―
CEPA IX	43	17	5

(資料) CEPA文書

②香港の6大産業とCEPA付属文書

CEPA付属文書	6大産業					
	教育	医療	検査計測・認証	環境	文化・創造	技術革新・科学技術
CEPA IV		○		○	○	○
CEPA V		○		○		
CEPA VI		○			○	
CEPA VII		○	○			
CEPA VIII		○				
CEPA IX	○	○	○	○	○	

(資料) CEPA文書

第5章 香港域内の政治力学と華南政策

中央政府は「前海金融特区全体発展計画」を承認し、翌2011年3月の全人代で同計画は国家プロジェクトとして第12次5カ年計画に組み入れられた。
＊4『CEPAIX(第9次補充協議）～香港サービスへの恩恵』香港貿易発展局（TDC）2012年

（3）曽蔭権と汪洋

香港と広東省の関係緊密化が急速に進展したのは、国際化やグローバル化により華南経済圏が衰退し、両地域が焦燥感、危機感を募らせたからだけではない。実践面では、双方の政府人事が重要である。最も注目すべきは、曽蔭権の香港政府行政長官（行政首長）への、汪洋の広東省党委書記への就任である。これは、北京中央政府の対香港政策が、CEPAという北京中央政府の香港に的を絞った対処療法的な「支援」から、「7領域14項目の香港支援策」、さらには『枠組み協議』という広東省との関係強化を通じたより戦略的な「政策」へと変化した背景を探るうえでも重要である。

中国本土との経済関係強化を図る香港の政策は、上述した2007年10月の『施政方針演説』に見られる通り、曽蔭権の行政長官第2期目（2007年7月～）に一気に鮮明化した。しかし、注意すべきはそのアプローチの質的変化である。すなわち、2005年3月まで約8年にわたり行政長官を務めた董建華のように、北京中央政府とCEPA締結について交渉したり、中国本土との抽象的な関係作りを模索したりするのではなく、広東省との具体的な「経済関係」強化に動き出したのである。それは、2006年9月に開かれた経済サミット「中国第11次5カ年計画と香港の発展」（既述）に見られるような、香港の5カ年計画への組み入れに傾注した曽蔭権の行政長官第1期目とも異なる。

香港－北京のラインで物事を進めた董建華時代や自らの第1期目と異なり、曽蔭権が第2期目において、広東省政府との具体的な経済関係強化に動き始めた理由は不明である。ただ、それが北京中央政府の「助言」に基づいていた、と推測できる「状況証拠」は少なくない。それらを時間に従って整理すれば次の通りである（図表5-8）。

広東省との越境インフラ事業と第12次5カ年計画への参加意思を明らかにした2007年10月の施政方針演説で曽蔭権は、第12次5カ年計画の起草スケジュールを踏まえ、中央政府の関係部門との連絡を強化し、香港はでき

313

図表5-8 香港政府(曽蔭権政権)と広東省政府(汪洋政権)、北京中央政府の動向

時間	香港	広東省	北京中央政府
2006年9月	・経済サミット「第11次五カ年計画と香港の発展」		
2007年7月	・曽蔭権行政長官就任(第2期)		
2007年10月10日	・曽蔭権『施政方針演説』(10大インフラ発表、うち4つが広東省関連)。第12次五カ年計画参加を表明	・汪洋が広東省に着任(12)。『珠江デルタ綱要』起草開始	
2008年			・北京中央政府、第12次5カ年計画の起草開始(〜2010年第4四半期)
2008年7月	・CEPA「補充規定Ⅴ」(2009年1月実施)で「広東省パイロット措置」=広東省の「先行先試」へ軌道修正		
2008年12月	・北京中央政府『珠江デルタ綱要』発表(「7領域14項目の香港支援策」の一つ)		
2009年3月	・曽蔭権、汪洋らが会談し、第12次五カ年計画起草終了前の『広東省・香港協力枠組み協議』締結を合意		
2010年4月7日	・『広東省・香港協力枠組み協議』調印		
2011年3月			・第12次五カ年計画採択

資料)筆者作成

第5章　香港域内の政治力学と華南政策

るだけ早期に同計画の起草作業に関与すべきだと述べた。その直後には汪洋が広東省に着任し、『珠江デルタ綱要』の起草に着手した。『珠江デルタ綱要』は中国の地域開発戦略文書として初めて特別行政区である香港との関係強化に言及した。その『珠江デルタ綱要』は2008年12月に中央政府が「7領域14項目の香港支援策」のなかで発表した。『珠江デルタ綱要』の発表を受け、2009年3月の全人代会期中に曽蔭権、汪洋らが会談し、同年末までに『枠組み協議』の起草を終えるとのスケジュールを固めた。2008年7月にはCEPAⅤ（2009年1月実施）に盛り込まれる規制緩和措置の適用について、広東省を優先する方針（「広東省パイロット措置」＝広東省の「先行先試」）へと軌道修正した（その結果、北京中央政府が策定したCEPAは『珠江デルタ綱要』に統合される形となった）。

　このような2007年秋頃を起点とする、香港と広東省の関係緊密化に関する展開は、胡錦濤の右腕である汪洋の広東省トップへの就任（正確には「就任の内定」というのがふさわしいだろう）を踏まえ、北京中央政府が香港（曽蔭権）に対し、広東省との協力関係強化を「助言」したとの推測を可能にするのではないだろうか。

　「助言」が与えられ、それを香港が「受容」したタイミングに関して、外部環境の変化を挙げられるかもしれない。2007年前後は、経済・産業構造調整を目的とする各種改革の影響が華南経済を直撃した時期でもある。同時期は中国のWTO加盟を踏まえた第11次5カ年計画の実施を受け、来料加工貿易や環境規制の強化、人民元レートの増価、労働者保護、最低賃金引き上げ等から中国の輸出環境が著しく悪化し、華南経済圏は終焉を迎えつつあった。そうした時代転機を受け、財界とともに「支援」を求めた董建華と異なり、曽蔭権が「香港経済」の抜本的な構造転換を促進する「政策」を北京に求めた、と推測したとしても無理はないだろう。実際、北京の香港「支援」のアプローチは変化した。2007年秋から香港と広東省の政府レベルの人的交流が急激に活発化したが、香港から中国本土または広東省に関係強化を求めた曽蔭権政権の第1期（広東省カウンターパートは張徳江）と異なり、むしろ広東省が香港の「取り込み」に意欲を見せ始めたのである。

　香港の行政首長は毎年の施政演説後に北京を訪れ、過去1年間の施政と今後1年間の方針を報告する「北京施政報告」を義務付けられているが、

曽蔭権は施政方針演説後の2007年11月、再任後初めての「北京施政報告」（21〜23日）を行った。24日には広州に直行し、当時の張徳江党委書記と黄華華省長と会談した。今後とも定期的な北京施政報告後に広東を訪問したいとの希望を伝えた。続く2008年1月3日には招待を受け、広州で党委書記に就任（2007年12月）したばかりの汪洋と会見した。2カ月で2度目の同省訪問となった。その7カ月後の2008年8月4日、汪洋は広州で曽蔭権と会談を行ったが、これは就任後、実に4度目のものだった。汪洋は同会談で「過去30年にわたり広東と香港の協力は巨大な成果を収めたが、新たな歴史環境において、『先行先試』の伝統的政策に従い、両地域の協力関係を一段と強化するよう中央はとくに最近、明確に要求している」と強調した。「広東省と香港、マカオの協力に関する広範囲にわたる研究の後、中央、広東省、香港、マカオ、そして政府から民間レベルまで、三者の協力について新たな認識が得られている」と述べたうえで、「（中央政府は両地域が）新たな歴史条件の下で協力関係をさらに深め、香港の繁栄と安定、広東の持続的発展、そして国家の発展を進めることが十分に重要であるとの認識で一致している」と述べた（『文匯報』2008年8月5日）。この発言は明らかに当時、『珠江デルタ綱要』の策定が進んでいたことを踏まえたものといえ、また北京が香港（曽蔭権）に示した「助言」の存在を暗示する。

翌2009年には、汪洋と曽蔭権は合計5度会談した。この親密ぶりについて汪洋は「（会談回数は）前年比25％増と経済成長率よりも高い」「両者の関係が一段と緊密化している証拠である。未来はさらに明るい」と冗談まじりに述べた（『文匯報』2010年4月8日）。

人事は概して組織の論理の産物だが、それ自体が歴史の必然の場合もある。汪洋と曽蔭権の同時代における並存は、華南政策を求めた時代状況の要請だったとみることもできる。

2．香港の産業政策

ところで、経済的困難に直面した香港政府や財界が行ったのは、北京中央政府に支援を求めたことだけではない。1990年代後半の華南経済圏の後退を背景に、不動産を主とする資産価格の上昇効果に依存しがちな香港経済の構造問題が浮上するなかで、主権返還時から、「優位産業」（国際競争

第 5 章　香港域内の政治力学と華南政策

力を有する産業）を特定するという形で独自の産業政策に活路を見出そうとしていた。

（1）自由放任主義の「微調整」

　翻って、英国植民地としての香港は、規制や財政、政策金融を通じて特定産業の保護・育成を図るという意味での産業政策を実施したことはほぼ皆無である。内外資企業間、各種産業間の無差別主義の原則に加え、起業・廃業の容易さ、低率で簡潔な税制、自由港（フリーポート）政策、均衡財政主義（借金せずに収入の範囲内で支出する）などを含め全体的な経済的レッセフェール（自由放任主義）が保たれている。1983年には香港ドル為替の米ドル連動制が導入され、金融、財政政策がより制約されるようになった。レッセフェールが保持されてきた理由は比較的明白である。すなわち、

　①1997年まで約150年にわたり英国植民地であり、なおかつ1970年代半ばまで、香港住民の過半は香港を「仮の宿」と見なす中国大陸出身者であり、「政治」（民意）が存在しなかった、

　②1960年代まで農漁業と単純な中継貿易、小規模商業以外に産業が存在しなかった、

　③きわめて面積狭小（平野部はさらに極小）であり、産業発展の余地が制約されている。また面積狭小であるゆえに情報共有が容易であり、市場メカニズムが円滑に機能しやすい、

　などである。

　これらの点から、中国特別行政区となった1997年以降、政府が公然と市場介入（産業政策）を試みようとしたのは大きな変化といえる。しかし、実際のところ、そうした「市場介入」も、自由放任主義の「微調整」と呼ぶのがふさわしい。「微調整」にとどまるのは、経済問題を含め、「香港の政治化」を嫌う北京中央政府の意向も働いている*5。

　　*5 『基本法』は105条から119条において、財政 金融 貿易 公商業に関して主権返還前の諸制度の保持を規定している。例えば、財政均衡主義（第107条）、低税率政策（第108条）、自由港政策の継続（第114条）、資本移動の自由を含む自由貿易政策の保持（第115条）などである。

　改めて、「微調整」に至るまでの香港の経済・産業運営を振り返れば、

三段階で考えることができる。

〈第1段階〉レッセフェールが「政策」として明確に打ち出されたのは1960年代である。政府財政長官のジョン・ジェイムズ・カウパースウェイト（Sir John James Cowperthwaite。1915年～2006年。在任期間は1961年～1971年）が「自由放任」を意識的、政策的に実施した。日本軍による占領終結後の香港政府の課題は植民地の戦後復興だったが、1945年に香港に戻ったカウパースウェイトが目撃したのは、政府の関与なしに経済が急回復する姿だった。財政長官時代の総督だったロバート・ブラック（Sir Robert Brown Black。在任期間は1958年～1964年）の下、香港は英国政府へ予算承認を得る必要のない財政自主権を獲得した。また、1960年代初頭は中継貿易に加え、軽工業が勃興しつつあった。経済運営に関する香港政府の自主権は強く、成長経済にあって市場に関与する必要性も乏しかった。選挙のない行政主導の政治状況もそのままだった。カウパースウェイトは、政府の経済への干渉を回避すべく、経済統計の作成を最小限にとどめもした。

〈第2段階〉もっとも、1960年代前半、中国大陸での大躍進政策（の失敗）による難民流入により、香港の人口は急増し、住宅建設や教育拡充が進められた。「微調整」が決定的になったのは、1970年代のマレー・マクルホース総督（Sir Murray Maclehose。在任期間は1971～1982年）の時代である。香港北部の新界地区での公共住宅や地下鉄建設、9年間の義務教育など、より組織的に公共事業が進められ、工業屯（工業団地）も建設された。香港で最初の個別産業支援策ともいえる工場団地は、1970年代末から1980年初頭に建設された。市価を大きく下回る価格で土地（使用権）を提供する同団地は、香港のコストアップ（人件費や地代・家賃の高騰）を背景に、工場ビルで操業する労働集約的な製造業が主流だった香港において、比較的重く大きい設備を用いる製造業（資本集約的産業）を誘致・育成する目的で九龍半島新界地区の3カ所に相次いで設けられた（最初の大埔工業屯は1975年10月に建設が決定し1978年に落成）。

香港左派（中国共産党シンパ）は1967年、中国大陸での文革に呼応して暴動を起こした。同時期には、公務員や警官の汚職が深刻化し、香港生まれの増加に伴い、住宅・生活環境や失業等に対する不満も高じた。政府は社会不安が深刻化する事態を恐れた。また、植民地支配の継続を脅かしかねない米中関係改善も進んだ。内外環境の変化を受け、政府は植民地とし

第5章　香港域内の政治力学と華南政策

ての安定統治をめざし、公務員の現地化を図りつつ、公共事業や教育、社会福祉を拡充し、区議会レベルで直接選挙（普通選挙）を導入した。このような1970年代以降に進められた「香港の香港化」政策は、「脱植民地化行政」とも呼ばれる*6。

*6「脱植民地化行政」については、Peter Harris（1978）、Peter Harris（1988）、Norman Miners（1991）、Michael E. Degolyer（1998）等を参照。

このようにレッセフェールが「微調整」された経済運営について、マクルホース総督時代に財政長官を務めたフィリップ・ハドンケーブ（Philip Haddon-Cave。在任期間は1971〜1981年）は、「『レッセフェール』はしばしば使われる形容だが、不十分である」として「積極的不介入主義」（Positive Non-interventionism）と呼んだ。その言葉は最初、1979年9月の「過渡期の香港経済」と題する演説中に示され、翌1980年12月に香港工業総会における演説で明確に表明された。この後、主権返還の決定（1984年）や主権返還（1997年）、華南経済圏の衰退などを背景に香港経済の先行きに関する議論が活発化する中、「積極的不介入」の言葉が改めて言及されるようになった。

〈第3段階〉後により詳しく述べる通り、「微調整としての産業政策」は主権返還後の董建華初代行政長官時代に鮮明化した。その事情は曽蔭権、梁振英両行政長官時代においても同様だが、曽蔭権は一歩進んで「積極的不介入」を公式に否定した。

香港政府は2006年9月11日、経済サミット「中国第11次5カ年計画と香港の発展」*7を香港で開催したが、会議終了後の記者会見で「香港政府が先導して中国本土の国家計画に組み込まれるような会議を開くのは『積極的不介入』と矛盾しないか」と問われた曽蔭権は、「『積極的不干渉』は政策方針ではない」、「ハドンケーブはそのような概念を提唱はしたが、それ以降の財政長官が実際に依拠したのは『大きな市場・小さな政府』という方針だった」と述べた。近年の教科書で「香港政府は『積極的不干渉政策』を実施している」との表現があるとの質問には「間違いだ」と明言した。

*7 香港の将来問題について、香港政府のシンクタンクである中央政策組などが主催し、外部の有識者や中国政府高官等を招いて公開で討論する会議は主権返還後の一時期、盛んに開かれた。2006年9月11日の「中国第11次5カ年計

画と香港の発展」もその一つ。曽蔭権が同年5月18日に開催計画を発表し、後に33人のメンバーが発表された。会議では中国本土との連携・協力関係強化、および国際ビジネスセンターとして金融、物流、観光、ICT産業を発展させる方針を確認した。その後、①金融サービス、②商業・貿易、③海運・物流・インフラ、④専門サービス・情報通信・科学技術・観光の4つの専門部会でアクションプランが検討された。同アクションプランは2007年1月15日に行政長官への提言「行政長官に対する報告と行動綱領」として公表された。

　この発言が大きな反響を呼び起こしたことを受け曽蔭権は、同9月末の中文大学における講演で「ハドンケーブの実務的な経済政策は、今日見る香港の発展の基礎を築いた。過去30年間、香港政府は賢明な財政政策を保持し、様々な調査結果は、香港は現在も最も自由な経済体系であることを示している。しかし『積極不関与』（積極的不介入‥引用者注）という5文字は矛盾も抱えている。すなわち、『大市場・小政府』がよりふさわしい形容である」と述べた。この発言はさらなる議論を招来したが、政府スポークスマンは、先の発言の真意はこれで十分に明瞭である、とコメントした。

　曽蔭権の発言に対し、新自由主義者として一世を風靡し、長年の香港信奉者として知られるミルトン・フリードマンは同年10月の『アジアン・ウォールストリート・ジャーナル』紙に「香港モデルの死」と題されたエッセイを寄せた。そのなかで、香港を成功に導いた「積極不関与」政策が放棄されたことは残念である、放棄後の香港はもはや自由経済の輝きの象徴ではない、香港政府が過度に経済に干渉することを恐れる、などと失望と懸念を表わした。フリードマンはまた、曽蔭権が新たに進めようとする幼稚園バウチャー制から私立幼稚園を排除するのは間違ったやり方だと批判した。

（2）より大きな「微調整」の背景

　香港の「産業政策」について、繰り返せば、伝統的な内外資非差別や経済的「自由放任主義」の基本方針は保たれており、一定の産業政策が実施されたとしても、それは「微調整」の範囲にとどまる、という評価こそふさわしい。これは公益組織が発表する「経済自由度」に関する世界ランキングで、香港が21年連続でトップの地位にあることが物語ってもいる*8。

*8　2015年1月に米国のヘリテージ財団と米紙ウォール・ストリート・ジャーナ

第5章　香港域内の政治力学と華南政策

ルが発表した「世界の経済自由度指数」で、香港は21年連続でナンバー・ワンとなった。同調査は1995年に調査を開始し、近年は世界178カ国・地域を対象に実施している。調査項目は、"財産権の保護"、"汚職の少なさ"、"政府支出の少なさ"、"財政の健全性"、"ビジネスの自由度"、"労働の自由度"、"通貨の自由度"、"貿易の自由度"、"投資の自由度"、"金融の自由度"の10項目で、世界銀行、国際通貨基金、英エコノミスト・インテリジェンス・ユニット等の統計情報を援用しつつ、100点満点で採点する。

だが、主権返還前後からより活発に「微調整」が行なわれ始めたことは疑えない。その理由として三点を指摘できるが、重要なのは二点目と三点目である。

①少子高齢化の進行、華南経済圏の終焉、主権返還後の香港に対する世界の目線の変化への懸念、アジア経済危機の発生など香港経済を取り巻く客観情勢が不安定化した。

②香港経済の「政治化」。すなわち、統治者に一定の無責任さが容認された植民地時代と異なり、「高度な自治」の運営責任を持つ行政長官（行政首長）を選挙で選ぶ制度が導入されたことで、行政長官候補者は「経済政策」を公表する必要が生じた。2012年までの5度の選挙（1度は補欠選挙）においていずれの候補者も、不動産開発に依存する香港の単一的な産業構造を転換し多元化する必要性、および高付加価値のイノベーション型新産業の育成を通じた経済発展の新たな牽引役の創出を訴えた。というのも、行政長官選挙は選挙人の大部分が親中国の財界人や専門職従事者に限定される間接選挙だが、行政府は立法府の牽制を受ける。住民による直接選挙が拡大実施されるようになった立法会（立法府）での重要法案の円滑な審議・可決をにらみ、行政長官候補者は選挙公約として「産業政策」や「社会政策」を打ち出さざるを得なくなった。間接選挙の選挙人も同様であり、立法会議員や世論の目を気にせざるを得ない。こうして主権返還後から香港経済の「政治化」が一気に進行した（羅［2014］）。董建華だけでなく、リーマンショックが襲った曾蔭権時代はもちろん、梁振英時代も同様である。彼らはいずれも当選後、公約に従って、経済・産業政策を具体的に検討する行政長官直属の委員会を設立し、産業政策の策定を進めた*9。

*9 設立した委員会は次の通り。董建華は創新科技委員会（1997年〜）、曾蔭権は経済機遇委員会（2008年〜）、梁振英は経済発展委員会、金融服務発展委員

会（2013年～）。

③グローバル化の進展。1997年のアジア経済危機と2008年のリーマンショック、さらに2009年以降の欧州債務危機への対応として、各政権において「産業政策」が打ち出されたことは、奇しくも主権返還後の香港の外部環境を構成するグローバル化の進展を物語る。しかし、それは世界経済の不安定度が増し、華南経済圏の衰退も決定的になったという意味ではない。上述の通り、主権返還後の政治制度の変更により、経済、社会を含め香港は全体として「政治化」したが、同時期に進展したグローバル化は、民意を著しく強大化した（繰り返せば、民意の「強大化」とは、グローバル化の定義に従って、価値多元化を指す）。香港政府は強大化する民意に応えるべく、主権返還とほぼ時期を合わせ、「経済介入」を含め何らかの政策を――それが効果を発揮するか懐疑的ではあっても一種のポーズとして――打ち出さざるを得なくなったのである。

（3）主権返還後の産業政策

主権返還後の各行政長官の産業政策（優位産業の選定）を振り返れば、以下の通りである（図表5-9）。

まず董建華は、新産業育成策として、中薬港とサイバーポート計画を打ち出した。漢方薬産業の育成を図る中薬港は、かつての工場団地と同様、土地・建物の安価での提供が主要な政策手段だが、大学が実質的な運営主体という事情もあり、研究資金も提供されている。サイバーポート計画は、世界の有力ICT企業誘致のための民間企業による施設建設であり、政府は土地を安価で提供した。その後は、人材獲得のための就労ビザや居住権取得要件の緩和（シリコンハーバー）、観光施設への政府出資（香港ディズニーランド）等の新たな政策手段が採用された。

一方、董建華時代の財政長官である梁錦松（Leung Kam Chung, Antony）は、2002年3月6日に発表した2002～03年度予算演説で、金融、物流、観光、工商業支援・専門サービスを香港の「四大支柱産業」に特定した。これは「WTO＋」の規制緩和措置を盛り込むCEPA締結を見据え、従来から香港が競争力を持つ産業を改めて認定したものといえる。

このような香港独自の「自由放任主義の『微調整』としての産業政策」が華南政策へと変質したのは、曽蔭権政権の第2期（2007～2012年）である。

第5章　香港域内の政治力学と華南政策

図表5-9　香港の優位産業の選定

総称(名称)	時期	産業分類	選定主体・発表	メモ
中薬港	1999.7.6	ハイテク	・香港政府工業署(1997年施政方針演説で発表)	10年で香港を国際的な漢方薬研究センターに育成
サイバーポート(数碼港)	1999.3	ICT、ハイテク ※「10年後を視野にいれたハイテク産業の育成」	・財政長官予算案演説(行政会議で最終決定[1999.4.27])	
シリコン・ハーバー	1999.7.5	ICT	・科学技術創新委員会 ・施政方針演説[1998.10.7]	中国内地から人材を輸入してウエハー技術の開発拠点
香港ディズニーランド	1999.11	観光	・香港政府	1999年11月2日建設発表、2005年9月12日開園
4大支柱産業	2002	金融、貿易・物流、観光、工商業支援・専門サービス	・2002～03年度予算演説[3.6]	従来から優位性を持つ4大産業を強化し支柱産業に
6大産業(優位性を持つ6つの産業)	2009.4.3	検査計測・認証、イノベーション科学技術、文化・クリエーティブ産業、環境保護産業、教育サービス	・経済機遇委員会第4回会議[4.3] ・施政方針演説で確定[9]	長期的な競争力維持を目指し、新産業の振興を検討

資料) 筆者作成

2009年4月3日には、「経済機遇委員会」が第4回会議で「香港の長期的な競争力維持」のため「優位性を有し振興を図るべき新産業」として「六大優勢産業」を指定した。六大優勢産業とは、①検査計測・認証、②医療サービス、③イノベーション科学技術、④文化・クリエイティブ産業、⑤環境保護産業、⑥教育サービスである。曽蔭権は同年9月の施政方針演説でこの提案を承認し、新たな重点育成産業として確定した。六大優勢産業はいずれも製造業への依存が乏しい、新たな内需型の知識・情報集約型産業であるところが特徴である。

経済機遇委員会は、リーマンショックにより、四大支柱産業のうち金融業、貿易業（物流）、観光業の三つが打撃を受け、香港の経済・産業基盤の脆弱性が改めて明らかになったとして、2008〜09年施政方針演説において「リーマンショックの影響の評価と対策を検討すべく」設置が発表された。民間委員10人で構成され、行政長官が主宰する。2008年11月3日に第1回会議が開かれ、2009年6月22日の第5回会議を最後に解散した。

　いずれも製造業に関連する、20世紀型産業ともいえる四大支柱産業を重視した董建華時代と異なり、六大優勢産業はすでに華南政策の特性を備えている。一つは知識・情報集約的な高度サービス業に特徴的な個別的な需給マッチング、もう一つは華南を対象とするようになったCEPAとの明確な連動性である。後者について、2008年7月に署名されたⅤ（第五次補充協議）以降、CEPAが『珠江デルタ綱要』を補完し、拡充する役割を担い始めた。Ⅴ（第5次補充協議）に基づき、2009年10月から計9件のパイロット措置が広東省で始まった。さらにCEPAと珠江デルタ綱要を含む華南政策の綱領文書といえる『枠組み協議』(2010年4月) が、第12次5カ年計画への「香港と広東省を合わせた華南としての合同参加」を北京中央政府に求める狙いをもっていた背景は既述の通りである。

　広東省でのパイロット措置は、Ⅴ以降の補充協議に必ず盛り込まれるようになったが（前図表5-7参照）、2011年1月に発効したⅦ（第7次補充協議、2010年5月締結）では新たな展開が見られた。香港が優位性を有するとして香港政府が2009年9月に重点産業に指定していた上述の検査計測・認証、医療サービス、イノベーション科学技術、文化・クリエイティブ産業、環境保護産業、教育サービスの六つの産業の中国本土、とくに広東省への一段のアクセスが認められたのである（前図表5-7参照）。とくに「技術試験・分析・製品試験サービス」では中国強制製品認証（CCC）制度を香港のサービス事業者に初めて開放した。もう一つの追加的開放分野である「専門デザイン・サービス」が、香港の「文化・クリエイティブ産業」を育成する観点から含まれたのは言うまでもない（このあたりの議論は第4章2－1も参照）。すなわち、「香港の産業政策」はもはや域内完結ではなく、実態的に「華南の産業政策」として実施されるようになったのである。

第5章　香港域内の政治力学と華南政策

2．華南政策の形成・受容と香港政治のダイナミズム

　華南政策の形成と香港におけるその「受容」に関して、香港の政府、政界、財界、市民（世論）の4者の政治力学の変化も大きな影響を与えているといえる。

　「政治」について、政策立案と遂行を担う政治家と官僚、またそれらに影響力を及ぼす経済人などを批評する勢力として民意が生成し、それぞれが利害を主張し、また調整を図る事態と定義すれば、今日に連なる「香港政治」の源流は1970年代までさかのぼることができる。「政治」形成を推し進めた歴史的出来事は、（中国本土ではなく）香港生まれの増加、英国植民地政府の「脱植民地化行政」の推進、中米、中日国交正常化など脱冷戦の進行、中国本土の改革開放への転換（1978年末）などである。それらを背景そして外的条件として、香港の主権返還をめぐる中英交渉が開始（1982年）され、主権返還が決定した。中国政府と英国政府（および香港の英国植民地政府）に対峙し、民意の実現をめざす政界勢力として「民主派」が台頭したのはこの時期である。

　民主派の課題は一貫して、中英が最終合意した一国両制に基づく香港の「高度な自治」を、主権返還後に中国本土との関係においてどのように実現するかにある。「高度な自治」の実現とは、実践的には国会レベルの議員と行政首長の選出における「普通選挙」（以下、1人1票に基づく直接選挙の意味で用いる）の最大限の実施を指すので、その課題は「（香港の）民主化」とも呼ばれる。

　政府、財界、市民（民意、世論）、政界の4者の力関係は、中国の国際化とグローバル化が進展するなかで、1997年の主権返還以降、とくに2001〜2012年の「曽蔭権の時代」に大きく変わった。「曽蔭権の時代」とは、曽蔭権が政府行政職ナンバー・ワンの政務長官職に就いた2001年から、政治職トップの行政長官就任を経て同職を任期満了で退いた2012年6月末までの時期をここでは指す。その特徴は①経済的パイの拡大の追求、②行政主導の政治実践という二点にある。ここで言うグローバル化も、本論の他の箇所と同じく、「人間個々の価値観が劇的に多様化する事態」という意味で用いている。

　曽蔭権は任期を通じて、所得・資産格差を是正すべく経済的パイの拡大

に注力し、その手段として「香港の産業政策」の「華南の産業政策」への転換に努めたが、それが結果として華南政策を育んだ。これに対し、広東省の汪洋はグローバル化の力学を利用し、所得増大（経済成長）を最優先課題に掲げる主流の「政策」を破壊しつつ、むしろ「幸福」の増進に努めた。両者が華南政策をめぐり同床異夢の関係にあったのは疑えない。しかし、政府レベルで同床異夢の関係にあり、香港において所得・資産格差の是正が進まなかったとしても、市民レベルにおいて香港が不幸になったと結論づけることはできない。

以下、香港政府、政界、財界、市民（世論または社会）の4者の力関係の変化を論述する。そうした政治的展開は〈政府－世論〉、〈政府－財界〉、〈政界－世論〉の三つの関係に分けて検討することができる。次いで、華南政策が形成され、香港市民に「受容」された「曽蔭権の時代」をまとめる。

1．「内政」をめぐる軋轢

本項では〈政府－世論〉と〈政府－財界〉の各関係を論述するが、重要な観点は香港における中国人高級官僚（香港政府上級公務員）の市民からの高い人気もしくは社会的信任度の高さである。これは行政首長選出や立法会議員選挙における普通選挙の拡充、つまり「民主化」への希求が強いように見えるなかでも、（政治主導ではなく）「行政主導」の継続を指向する市民の選好として現われる。続いて主権返還後の香港において財界の影響力が強まったとの論調も散見されるが、そうした見方は誤りである旨を述べる。香港における「民主化」は単なる選挙制度の動向分析だけでは語り尽くせない複雑さを内包する。

（1）〈政府－世論〉関係
〈政府－世論〉関係で最も象徴的な事例は、香港政府ナンバー・ツーの陳方安生（Chan Fang On Sang, Anson）政務長官の辞任、および彼女の後任として財政長官（香港政府行政官ナンバー・ツー）から政務長官（香港政府行政官ナンバー・ワン）に昇進し、さらに香港政府の首長である行政長官に就いた曽蔭権の動向である。

第5章　香港域内の政治力学と華南政策

　政府－世論の力関係の変化は政府内の人事に現われた。中国のWTO加盟と同じ2001年、香港市民に人気が高く、官僚の間でも比較的人望の厚かった政府ナンバー・ツー（行政官ナンバー・ワン）の陳方安生政務長官が辞任し、代わってナンバー・スリー（行政官ナンバー・ツー）だった曽蔭権財政長官が5月に就任した。異動そのものは玉突きだが、奇しくも同人事は、「香港の政治的自治能力と経済的自活能力を高め、しかし過度に政治化することなく、中国との違いを保つ」という1970年代以来の「脱植民地化行政」の終わりを告げるものとなった。

　英領植民地時代最後の約30年間の香港の「脱植民地化行政」では、「内務」が誕生した。植民地としての安定維持のため、社会保障の拡充や区レベルの普通選挙等を通じて、中国本土とは異なる「香港の自治能力」を高めようとするもので、陳方のような中国人女性行政官が――徒に敵をつくることなく内務を高いレベルで完遂すると見込まれ――重用された。一方、パクスブリタニカの後退に伴い、香港の主要貿易・投資相手国が宗主国である英国から米国や日本に変化し、香港が「アジア四龍」の一龍として経済的にも躍進するなかで「外務」が生まれ、総督および財政長官がその任務を担当した。この結果、英本国の国力の低下や地理的な遠さなどから、香港はあたかも独立国のように振る舞った。

　もう一つの変化は1970年代から徐々に現れた。それは中国の存在感の増大である。米中雪解けが進み、1970年代末に中国が改革開放に転じ、1982年から香港の主権返還をめぐる中英交渉が始まり（1984年に1997年主権返還で交渉妥結）、1984年頃から華南経済圏の形成が進むと、中国本土との関係を定義し直す必要が生まれた。しかし、実際には1997年の主権返還後ですら、香港の「高度な自治」を保障する「一国両制」のアレンジもあり、中国本土との関係が「内務」なのか「外務」なのか曖昧な状態が続いた。ところが、2001年末の中国のWTO加盟とその後の中国の経済的躍進は、中国本土との関係を「〈中国を含む世界〉と香港との関係」の文脈で再定義することを香港に強いた。換言すれば、中国本土が世界経済と同じ土俵にのぼるWTOに加盟したことで、香港の「外務」は、中国本土との経済を含む諸関係の調整という「内務」にほとんど吸収されたのである。

　この外部環境の変化は、香港政府の人事にも大きな影響を与えた。香港政府の職務においては、1997年7月の主権返還から2001年末の中国のWT

O加盟まで、首長である行政長官（Chief Executive of Hong Kong）は、一国両制にふさわしい北京中央政府との関係の在り様を模索するとともに、中国特別行政区・香港のアンバサダーとして諸外国を訪問するなど「外務」を担当し、その一方で、行政官最高職位である政務長官（Chief Secretary for Administration）が「内務」を取り仕切るという暗黙の役割分担があった。

　しかし、中国のWTO加盟により「外務」が「内政」化することで、その役割分担はほとんど意味を失った。これに伴い、行政長官と政務長官の職務が重複し、意見対立が目立つようになった。その対立は、選挙で選出されるようになった政治家である行政首長と官僚の摩擦、経済（中国本土との経済関係強化）と政治（香港の民主化）の軋轢と相まって、ときに増幅化されつつ表面化した。そうした「内政」をめぐる意見対立が最も先鋭化したのは、主権返還後の香港で結論を出すべき重要課題とされていた二つの「内政問題」、すなわち民主化（選挙制度改革）と『基本法』第23条の立法化問題（国家安全条例の制定問題）である。主権返還時に政務長官に任命された陳方安生は2001年4月に同職を辞し、経済官僚トップ（行政職ナンバー・ツー）の曽蔭権が代わってその職位に就いた（2001年5月1日〜2005年5月2日）。

　この出来事に現われたのは、主要職務が「外務」から「内務」へと変わった行政首長（行政長官）と伝統的に「内務」担当である政務長官との内政運営の主導権に関する意見対立である。より具体的には、植民地時代（特に自らが高級官僚として活躍を始めた1970年代からの「脱植民地化行政」時代）からの伝統である官僚の提案に基づく政策決定を意味する「行政主導政府」（Executive-led Government）を保ちたい陳方に対し、北京中央政府の意向を気にするがゆえにトップダウンでの意思決定体制に変更したい董建華・行政長官との意見対立である。言い換えれば、総督が最高意思決定機関である行政評議会の委員（高級官僚を含む）の助言の良き聞き役に回り、総督諮問機関と位置づけられていた議会が忠実にその助言役を果たした「脱植民地化行政」の時代と同じく、特別行政区においても、行政府（行政首長）と立法府の双方から比較的自由な官僚主導の政策決定を望んだ陳方に対し、董は大臣（長官）職を同長官の任命職とする「高官門責制」の導入を通じて、政府の意思決定を「政治主導」に変えようとした。

第5章　香港域内の政治力学と華南政策

　北京中央政府が任命する行政長官が北京中央政府の意向に逆らえないのは当然だが、高官問責制の下では大臣（長官）も北京中央政府の顔色をうかがいがちとなる。こうして政治主導は「北京主導」（北京中央政府が香港の政策立案や遂行を主導する）に変質する。すなわち、選挙で選ばれる行政首（政治）の施政の方が、官僚（行政）のそれより「非民主的」になる、という逆説を香港政治ははらむ。実際、後にもふれる通り、市民の間での官僚の人気は、彼ら（彼女ら）が現役時代であれ政治家に転進した後であれ、官僚の背景を持たない行政首長より高い。

　政治家と高級官僚との摩擦は、董と陳方との間だけでなく、董と任志剛（Yam Chi kwong, Joseph）香港金融管理局総裁（香港金融管理局＝HKMAは中央銀行に相当し、同局長は中央銀行総裁に相当）の関係にも見られた（ただし、各国の中央銀行総裁と同じく、香港金融管理局総裁は公務員ではなく準公務員）。

　主権返還後、香港金融管理局と中国金融当局は、主に米ドルに連動した香港ドルの安定を目的に良好な関係を維持していた。それは主権返還後の北京中央政府の政治的干渉を回避し、香港の金融・通貨政策の独立性と香港ドルの国際的信認を確保すべく、金融政策担当部署を官僚機構から切り離して香港金融管理局が設立（1993年4月に「香港外為基金管理局」から改組成立）された経緯を思い起こせば皮肉とも、目論見通りともいえる。ともあれ、北京中央政府も香港金融管理局との日常的な接触を歓迎した。こうした「蜜月」関係はしかし、民主化や基本法第23条問題等をめぐり世論と立法会の突き上げを受け、北京中央政府の意向との板挟みになった董と香港金融管理局、具体的には同局設立以来のトップである任局長との関係がギクシャクする理由ともなった（任は2009年9月末退任）。

　陳方との対立原因が政治（内政）だったのに対し、こちらは政治（香港の民主化）に関して窮地に陥った行政首長が、自らの主要「内務」の一つとなった経済（中国本土との経済関係の調整という「内政」）で手腕を発揮できず、むしろその分野で「暴走」していると見なした「官僚」への反発を強めた事例である。

　社会福祉政策に長く関与してきた陳方は、金融ひと筋の任志剛に比してはるかに世論、政界に同情的で、公務員を辞した後はしばしば民主化促進をめざす街頭示威運動に参加すらした。そのように思想、その表現スタイ

329

ルに違いがあるとはいえ、陳方や任に共通するのは、香港の運営は世論や政治組織の思惑に影響されるものであってはならない。政策は「中立」的なもので、その担い手は官僚であるべきだ、という強烈な信念とプライドである。そして皮肉なことに、「議会主導」への変化を嫌う北京中央政府も、官僚主導の政策立案・運営を「行政主導の継続」として歓迎した。

(2)〈政府－財界〉関係

既述の通り、「曽蔭権の時代」、香港は単なる「支援」以上の包括的な「政策」を北京中央政府に求めるようになった。そのような「支援」の最初で最後の包括的な具体策が2003年に調印されたCEPAだった。

香港がCEPAを北京に求めたのは、中国のWTO加盟により香港企業が享受する優遇策が取り消され、また中国のゲートウェイとしての香港独特の地位が失われると憂慮を強めた財界が、製造業とは関係の薄い、高度もしくは斬新なサービス業の発展に資すると見なした新たな優遇策の実施を望んだからである。それは金融業における人民元業務や中国人民を対象とする観光業、および中国本土での各種サービス業の展開等だが、すべて（香港政府ではなく）北京中央政府の大胆な規制緩和措置を必要とする。

そして、華南経済圏の形成を牽引したのが主に香港中国人が経営する中小規模の製造業だったのとは対照的に、こうした高度サービス業は1960年代末から1980年代にかけて香港域内の不動産事業で蓄財し、次第にコングロマリット化した、中国本土出身の創業者が率いる財閥系企業、および植民地時代から活動する英国系企業を含む外国企業がほぼ独占する。香港財閥系企業は1980年代以降、改革開放の遂行を任せることができる心強い同胞として鄧小平の寵愛を受けた。また主権返還以降、「親中派」の財界人が多くを占める選挙委員会が行政首長を選出する仕組みが導入された。実際、初代行政長官の董建華は上海出身の大手海運会社の二代目だった（会社はOOCL＝The Orient Overseas Container Line、東方海外貨櫃航運公司）。2001年の陳方安生政務長官の辞任、曽蔭権財政長官の同職への就任に伴い、財政長官職に抜擢されたのは、JPモルガン・チェース銀行アジア太平洋地区会長である梁錦松だった。このような経緯や背景から、主権返還前後から、香港財界の政治的発言力が強まったと考える論者もいる（例えば、竹内[2003]、竹内[2004]）。

第5章　香港域内の政治力学と華南政策

　しかし、そうした見方は正しくない。事実はむしろ反対である（倉田［2009］第1章なども参照）。CEPAについても、香港総商会という外国企業にも開かれたサービス業の会員が多い経済団体の提案により誕生したが、それは財界の発言力強化を意味しない。その理由をひとことで言えば、北京中央政府、香港政府、香港政府行政首長が等しく、強大化する香港の世論と向き合う状況が現われたからだが、より具体的には5つの理由に基づく。

　①選挙のない植民地時代、財界は市民の背後で政府に大きな影響力を及ぼし得たのに対し、行政首長選挙が制度化された返還後は、財界は強大化した世論による監視を報道や街頭示威行動の形で受けざるを得なくなった。

　②香港政府も同様である。間接選挙とはいえ、首長の選出プロセスは相当に透明化されており、財界人を無条件に厚遇することができなくなった。

　③主権返還後の香港財界は、改革開放後に北京中央政府から得ていたほどの寵愛を享受できなくなった。「香港の安定と繁栄の維持」を内外に公約した以上、北京中央政府は香港市民の声をより重視する必要が生じたからである。

　④奇しくも、改革開放の牽引役として香港の財界人を他の誰より重視した鄧小平が主権返還直前に死去した（1997年2月）。

　⑤政治指導者との私的関係から事業を行うようなビジネス・スタイルは、中国本土の経済市場化の進展と香港企業の経営者の世代交代により、有効性を失った。

　例えば、財界人の支持を受け行政首長となった董建華が最初の施政方針演説で打ち出した政策は、住宅価格抑制策（目標として公共・民間合わせ毎年8万5,000戸の住宅を建設等）、および不動産開発に依存しない経済・産業構造への転換をめざす新産業の振興策だった。主権返還前から高騰した住宅価格に憤懣を強めた世論を懐柔するためだが、同時期に襲ったアジア経済危機から不動産価格が下落に転じたこともあり、それら政策は高値で購入していた住民に加え、董建華を行政長官に推した財閥系企業の不評を買った[*10]。

　　[*10]　これ以降、香港経済の構造転換の必要性、財政収入への影響、財閥系企業
　　　への配慮、世論の反応の4項関係のなかで、住宅政策は歴代政権のいわば鬼門
　　　となっている。

また、曽蔭権の任期満了に伴う2012年の行政長官選挙において、北京中央政府は最終的に、長く次期指導者として育ててきた唐英年*11を見限り、梁振英*12を支持した。香港で指折りの繊維メーカーの御曹司である唐英年に対し、梁振英はきわめて裕福な不動産コンサルタントで「隠れ共産党員」ともマスメディアで言及される人物だが、財閥系の不動産開発や製造企業トップが主流を構成する香港財界にあっては傍流に位置する。

　　*11　唐英年（1952～、Tang Ying-yen, Henry）。香港生まれ。一時は財界を基盤とする自由党の有力幹部だった。2007年から2011年まで香港政府ナンバー2の政務長官を務めた。2012年3月の行政長官選挙に立候補し、有力候補と目されたが、夫人の邸宅に約200平方メートルの地下室を無許可で建設していたことがマスメディアに報じられ、選挙では得票数285票、得票率25.2％で梁振英に敗れた。報道は唐英年の落選を謀った政治勢力の情報リークに基づくものとみられている。

　　*12　梁振英（1954～、Leung Chun-ying）。1985年から1990年まで基本法諮問委員会の秘書長を歴任。主権返還後は不動産コンサルタント業を営む。1999年7月から2011年9月まで行政長官の諮問機関である行政会議の委員。2003年からは北京中央政府の全国政治協商会議香港地区委員を務めた。2012年7月1日から香港の行政首長である行政長官。2012年3月に行われた同長官選挙では689票、60.87％と同選挙としてはきわめて低い得票数と得票率にとどまり、選挙委員会の大部分を占める親中国・親政府人士の間でも評価が割れていることを示した。

　さらに、主権返還以降の香港の行政首長は、香港市民に加え、「香港の安定と繁栄」の維持を内外に宣言した北京中央政府の顔色をうかがう必要も生じた。「香港の安定と繁栄」を維持すべく北京中央政府が香港の一般市民の声を重視する以上、香港政府が財界のみを厚遇することはできない（「親中派」の政党や政治組織も同様の問題に直面している。北京中央政府や香港財界の意向だけでなく、世論に留意せざるを得ないからである）。

2．価値観多元化時代の政治

　本項では〈政界－世論〉関係を取り上げるが、注目すべきは、政界における「民主派」の動向である。1990年代に圧倒的な世論の支持を集めた同派は、21世紀に入り不協和音を奏で始めた。

第5章　香港域内の政治力学と華南政策

　本章の最初で述べた通り、香港政治の内部的ダイナミズムは、1970年代前半の胎動期を経て、「高度な自治」を求める「民主派」の生成により1970年代末から1980年代初頭に生まれたが、その展開は4段階に分けて考えることができる。すなわち、

　①1970年代末から1980年代初頭、左派（中国共産党系）と右派（中国国民党系）という20世紀に特徴的なイデオロギー闘争を反映した抗争状況が終焉を迎えるなかで、香港の「高度な自治」の実現を求める「民主派」が生成した。

　②1989年の天安門事件、および1990年初頭の香港『基本法』制定に至る議論から「高度な自治」の実現に対して疑念を強めた民主派は1990年、香港初の政党として香港民主同盟を結成した。1992年には同同盟への対抗として民主建港協進聯盟（通称「民建聯」。設立時の名称は「民主建港聯盟」）が設立された。これにより香港政治のアクターは、『基本法』にも明記された「高度な自治」の定義と実践をめぐり、「民主派」と「親中派」に大きく色分けされることになった。

　③1997年の主権返還を挟み、2004年までに「民主派」は主義主張に従い「汎民主派」へと多元化した。「親中派」は相対的に強い求心力を保ち続けているものの、主権返還を受けて「親政府派」へと転換するなかで＊13、それまで同じ「親中」陣営を構成していた労働者と財界との根本的な利害対立が表面化し、左派系労組は離反の動きを見せるようになった。それに伴い「親政府派」も、労働者の支持をつなぎ止めるべく、時に政府提案に反対の意思を示すようになった。「汎民主派」と「親政府派」に属する政党や政治団体は、争点により、議会での法案採決や選挙において協力関係すら築くようになった。

　　＊13　主権返還により香港が中国の一部になったのに伴い、「親中派」の名称は矛盾をはらむとして「親政府派」の名を用いる香港メディアが現われた。「親政府派」は「親中国政府派」や「親香港政府派」の意味がある。「親政府派」は中国語では「建制派」＝ Pro-establishment Camp である。ただ、主権返還前の「親中派」＝ Pro-China Camp や「北京派」＝ Pro-Beijing Camp の名称も用いられている。

　④2010年頃から香港独立指向、もしくはそのメンタリティーを共有し、前面に押し出す「本土派」（Localism Camp）が市民からの一定の支持を集

め始めた。2014年秋の雨傘運動はその支持層が当時の大学生や高校生、すなわち主に主権返還前後に誕生した「ポスト返還世代」であることを鮮明に印象づけた。

　以下、香港政治の内部的ダイナミズムを明確に伝えると考えられる民主派の動向を中心に述べる。民主派がめざす最大公約数的目標は（特に民主派のなかでも最も伝統ある香港民主同盟が発展的に改組・成立した民主党の目標）、国政レベルの選挙（国会議員と行政長官の各選挙）での普通選挙の完全実施だが、そうした選挙制度改革こそグローバル化の力学を最も強く受けると考えられるからである。これに対し「親政府派」（親中派）は、民主化（国政レベルの選挙での普通選挙の完全実施）それ自体に反対するのではなく、自決権を持たない香港においてそもそも普通選挙それ自体が無意味と考える。そのゆえに、普通選挙の有効性を失わせるグローバル化の進展に伴い、民主派が求心力を失う一方、「親政府派」（親中派）は香港市民からの支持を一段と磐石なものにしているといえる。

（1）民主派の求心力と遠心力

　元エリート官僚である陳方を自陣営に取り込んだ民主派の本流を構成するのは、同じくエリートである。民主派のもう一方の最大勢力である非エリートの民主派（例えば中立系労働組合）との間には、実は大きな隔たりがある。この隔絶は華南経済圏が揺らぎ、経済的繁栄の継続に対する不安が頭をもたげるなかで徐々に民主派陣営の亀裂となって表面化した。

　香港民主同盟の創設発起人に代表されるエリート主義の民主派（「民主派本流」と呼ぶ。以下同じ）はさかのぼれば1980年代にその源を持つ。主に法律家や大学教員など知識人（その少なくない人々は英米の大学に留学し、外国の市民権や国籍を持つ）から構成される彼らは、中国が提起した主権返還後の香港統治の基本方針としての「高度な自治」に賛同し、主権返還にも賛成した。中国と英国の主権返還交渉（1982〜84年）を経て、民主派本流の中心的なメンバーは中国政府により、主権返還後の中華人民共和国香港特別行政区をつかさどる最高法規『基本法』の制定（1985年4月〜1990年2月）に携わる基本法起草委員や基本法諮問委員にも任命された[*14]。

　*14　1985年4月10日、「中華人民共和国香港特別行政区基本法起草委員会」が設立、同年7月に発足した。同委員会委員の59人のうち、香港側委員は23人を数

第5章　香港域内の政治力学と華南政策

えた。同会はまた香港の委員に委託する形で、香港において各界代表180人から成る「基本法諮問委員会」を発足させた。

しかし、基本法起草段階において、「高度な自治」を制度的に保障するはずの主権返還後の選挙（議会と行政首長）をめぐり北京中央政府との意見の相違が明らかになった。基本法制定作業が最終段階を迎えていた1989年夏に起こった天安門事件（中国本土での民主化運動弾圧）は、「高度な自治」を約束した北京中央政府への疑いを決定的に強めた。

他方、1986年以降、若年労働者の失業率が急伸し（図表5-10）、インフレが高進するなかで労働者全体の所得格差が拡大した（図表5-11）。その主因は、急激に進んだ産業構造変動（1980年代後半以来の広東省への工場移転と香港域内の経済サービス化）による労働力需給のミスマッチといえるが、若年労働者や転職が難しい労働者はそれを政治的にも解釈した。すなわち、不動産や小売業を中心とする内需型産業において価格支配力を持つ財閥系企業に肩入れしがちな英国植民地政府、そして北京中央政府の顔色をうかがいがちな財界人が行政首長に任命された主権返還後の香港政府の政策が就職難や所得格差拡大の原因である。従って、多数を占める労働者の意思が尊重される「高度な自治」の完全実施こそ窮状を脱する唯一の途だ、と。

彼らの実際の投票時における政治選択は不明だが、労働力人口の増加ほどには伝統的な左派系（中国共産党系）や右派系（中国国民党系）の組合員数が増加していないのは確かである。労働者の世代交代を背景に、上述の諸問題の解決をめざし、明確に民主派支援を目的に設立された中立系組

図表5-10　香港の製造業就業者数の割合と年齢別失業率推移(1979～2015年)

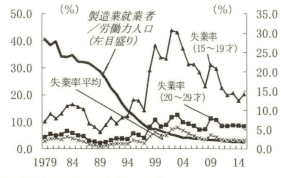

資料）香港政府統計局資料から作成

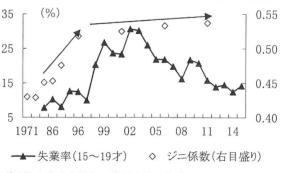

図表5-11 若年労働者の失業率とジニ係数の推移

資料）香港政府統計局資料を基に作成

合（独立系組合の連合組織）も同様であり、著しく組合員数を増やしているわけではない＊15。香港政府は左派系、右派系、中立系の連合組合組合員数や労働組合組織率（労働組合員数／就業者数）などのデータの公表を1998年値を最後に停止しており、厳密な分析は不可能である。ただ全体として、労働者の世代交代や「高度な自治」への期待という点で、独立系組合の組合員や、絶対数が急増した労働組合非加入の労働者は、心情的には多少なりとも民主派支持勢力であると推測される。

＊15 左派の香港工会聯合会（HKFTU。1948年設立）、右派系の港九工団聯合総会（HKKKTU）、主権返還後に親台湾系組合・人士の受け皿となった港九労工社団聯会、中立系の香港職工会聯盟（HKCTU。1990年設立）、そして公務員工会聯合会はすべて業界・業種ごとに組織されている労働組合の連合組織である。2014年の組合員数を推定すれば、総数は79万人、そのうち左派系のHKFTUが32万4,000人（41％）で最大、中立系が11万9,000人（15％）、右派系が4万5,000人（6％）。残余の独立系（単独）労組について香港政府は「中立」的な公務員と教員が大部分と発表してきた。2014年の残余の約30万人（約40％）の内訳について、教職員組合である香港教育専業人員協会が約5万人の会員を擁する最大の単独労組であることが知られている。従って、残る約25万人はより小規模な独立系（単独）労組に所属しているとみられる。

民主派について、このように本流を構成するエリート勢力、および非エリート勢力に二分して考えれば、民主派本流の代表的論客が法廷弁護士の李柱銘（Lee Chu-ming, Martin。1938年～）、および元英文雑誌女性記者の劉慧卿（LAU Wai-hing, Emily。1952年～）である。いずれも英国留学経験

第5章　香港域内の政治力学と華南政策

と英国籍をもつ。そして非エリート勢力（労働者勢力）を代表する論客は、中立系労働組合を支持基盤とする劉千石（Lau Chin-shek。1944年～）である。恐らく人間関係（関係する人間の国籍を含む）に関してその中間に位置するのが、香港で最初の「中立系」市民活動家の一人である教育者の司徒華（Szeto Wah。1931～2011年。香港生まれ）である。

劉千石は天安門事件から1年後の1990年9月、中立系連合労組である香港職工会連盟（HKCTU）を発起人の一人として組織し、設立後は初代主席となり、翌年の立法評議会選挙で当選を果たした*16。1989年の天安門事件を受けて香港で組織された「香港市民愛国民主運動支援連合会」（支連会）の発起人の一人で、同会幹部を長く務めた。

*16 1989年の天安門事件は、エリート民主派を香港民主同盟（民主党の前身で民主派本流の原点）の結成と民主派の全体としての勢力伸張の跳躍台となったが、その陰の立役者が、劉千石が象徴する香港と中国本土以外に生活経験のない（つまり海外留学や海外滞在経験がない、また外国籍を持たない）「ブルーカラーを主とする一般労働者」（「非エリート民主派」）だった。彼らは「高度な自治」の実現を通じた香港域内での労働・生活環境の改善を求め民主派本流に合流しただけでなく、「同じ中国人」、そして「同じ弱者」としてもともと有していた中国本土の労働者との心理的一体感（一種の親中）、および反権力（反共）を求心力として「香港市民愛国民主運動支援連合会」（支連会）の活動を支えた点でも、民主派本流と協働する理由があったといえる。

司徒華は小学校教員、同校長を経て、1985年に初めて実施された立法評議会（後に立法会）の間接選挙で議員に当選し、2004年まで議員を務めた。1961年に9,000人で教職員組合である香港教育専業人員協会を設立し、1990年まで会長職にあった。在職中は会員を単独の労組としては香港最大の4万人へと増やした。香港市民愛国民主運動支援連合会（支連会）を組織し、長く主席の地位にもあった。李柱銘などの民主派人士と同じく、中国政府により香港基本法起草委員に任命され、追放されるまで基本法の起草に携わった。ただし、李柱銘や劉慧卿などと異なり、そして劉千石と同じく、英米など諸外国に出かけて香港の民主化や中国問題を訴えるほどの語学力やスピーチ能力は持たない。

しかし、アジア経済危機（1997年）、リーマンショック（2008年）の衝撃が香港を襲うなかで、「エリート民主派」と「非エリート民主派」の関係

337

に綻びが見え始めた。「高度な自治」を実現するはずの民主化（普通選挙の導入）が遅々として進まない中、その二つの経済的衝撃は労働者を取り巻く状況をさらに難しいものとした。外需の低迷が華南経済圏の衰退を助長しただけでなく、1997年時点ですでに香港経済の9割以上（就業者ベース）を占めていたサービス産業の構造変化を促進したのである。それは若年労働者の失業問題の深刻化に加え、サービス産業従事者の所得両極化を推し進めた（図表5-12）。もともと「高度サービス業」（同図表5-12の旧産業分類の「金融・保険・不動産・商業サービス」と同「コミュニティ・社会、個人サービス」に相当）のジニ係数で見た所得格差は、もはや香港域内にほとんど製造能力を持たないため実態はサービス業に近い「製造業」やその製造業に関連するサービス業（同「運輸・倉庫・通信業」）および伝統的サービス業（同「卸売・小売・貿易・飲食・ホテル」）に比して大きいが、その格差が一段と拡大した。先にふれた通り、例えばHSBCなど大手銀行も21世紀に入り、単純業務を広東省広州市などに移転したからである。先進国並みに達していた香港の所得水準を思えば、それは中間層の溶解とも呼びうる事態を招いた。

　劉千石が代表する非エリート民主派は、庶民の自由を奪う共産党の圧政には反対するものの、李柱銘らの民主派本流について、中間層の溶解が進むなかで、高度サービス業の中・高級幹部や専門職に従事するホワイトカ

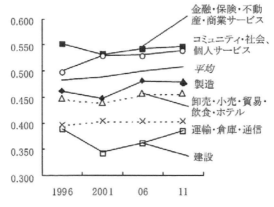

図表5-12　香港の業種別ジニ係数の推移（1996～2011年）

資料）香港政府資料を基に作成

第5章　香港域内の政治力学と華南政策

ラーの権益保護に注力する余り、労働者(「製造業」、同関連サービス業、伝統的サービス業の各従事者、および高度サービス業の単純作業従事者等)の待遇改善に熱心でなくなったと考えるようになった。また、天安門事件から時間が経ち、抽象的な民主化や人権擁護には熱心でも、「中国人民への同情」を失い、香港の労働者が持つ「同じ中国人」や「同じ弱者」としての「愛国心」に寛容ではなくなったとも考えるようになった。

　劉千石は2000年5月、重病の母親を自らの出身地でもある広東省広州市に見舞った。外国旅券を所持しない香港中国人が中国本土を訪れる際は中国政府が発行する「回郷証」を用いるが、劉千石は天安門事件前後の「反中活動」を理由に中国当局から「回郷証」を無効にされていた。病床に伏す母親への思いは強く、回郷証の再発行を行政首長の董建華を介して中国政府に求め、許可された。これ以降も何度か中国本土を訪れた。この行為自体が「中国に弱腰な証拠」として民主派内部から批判を受けたが、さらに劉慧卿が結成していた政党(前綫)にも在籍していることがその翌月に発覚し、「二重所属は会則に反する」として懲罰の対象となり、結局、民主党から追放された。これを機に劉千石は民主化運動の第一線から身を引いた。2004年6月には民主派と中国政府との関係改善を訴える「大和解」を提案し、民主派と民主派を支持する世論を驚かせた。低調な選挙運動も災いして2008年の立法会選挙で敗れたのを機に、持病の悪化もあり、政治の表舞台から退いた。

　強い大衆動員力を持つ劉千石の民主派からの「離反」は、民主派はもちろん、社会の安定維持の観点から非エリート労働者の動向を注視し続けてきた当時の香港政府(1970年代以降の脱植民地化プロセスを中国人中級官僚として推進し、2000年代初めに長官級職に就いた官吏が主に構成する政府)にも危機感を抱かせた。民主党と中立系組合(香港職工会連盟)の両方の中核メンバーであり、劉千石の盟友でもある李卓人(Lee Cheuk-yan。1957年〜)は、自らを初代主席として2011年12月に「工党」(Labour Party。日本語で「労働党」などとも訳される)を結成した。民主化に関して民主党に反発し「議会内」において政府批判勢力として地歩を築く一方、労働者の諸権益・要求を守護、実現するべく香港職工会連盟としての労組活動を強化した。それは隙間が目立ち始めた「議会内」(民主派、選挙)と「議会外」(労組、労組活動)の両方に足場を保つための苦肉の策だった。それはまた「議会

内」（選挙）の目的が「議会外」（労組）と一致するゆえに安定的な支持を集める親政府派に対抗する手段でもあった。

「民主派」は2004年までに、しばしば「汎民主派」とマスメディアや批評家から呼ばれるようになった（「汎民主」という言葉は2004年に生まれたといわれる）。それまで「民主派」は実質的には民主党（もしくは民主派本流）と同義だったが、劉千石（そして李卓人）や劉慧卿の動向に見られるように、民主化の理解の仕方や進め方、中国政府との関係、中国本土との距離感等をめぐり意見や立場の相違が潜在し始めていた。その相違は2010年に政府が提出した政治改革案（『2012年の行政長官と立法会の選出方法提案方案』）に民主党を含む民主派の一部が最終的に賛成し、可決されたことで大規模な亀裂となって表面化した。同改革案はまた、2012年の立法会選挙と2011年の区議会選挙をリンクさせた*17。このため民主党への不満をためていた一部の民主派勢力が、区議会選挙をもにらみ新たな政党を結成したり、伝統的な保守勢力や急進勢力（過激勢力）に接近したりした（図表5-13）。21世紀に入った頃から鮮明化した民主派の多元化、より特定的には民主党の拡散のベクトルは次のように四つに大別できる。

*17 『2012年の行政長官と立法会の選出方法提案方案』は2012年の立法会議員と行政長官の選挙方式に関する法案。2009年11月に意見収集稿が公表され、2010年2月まで意見収集が実施された。収集された意見を踏まえ、2010年4月14日に政府は同『方案』を立法会に導入。2010年6月24日に可決された同『方案』の前半部分の行政長官選挙に関わる部分では、行政長官を選ぶ選挙委員会の選挙人の数を800人から1,200人に増加し、立候補には少なくとも150人の推薦が必要となる旨を規定した。立法会の選出方法を盛り込んだ後半部分は25日に可決されたが（46対12で可決）、立法会の議席数を60席から70席に拡大し、増えた10議席のうち5議席は直接選挙により決定。残る5議席は2011年11月に予定された主権返還後としては第4回目の区議会議員選挙において直接選挙で選出される民選区議会議員（民選議席は全18区412。任期は2012年1月1日〜2016年末）から成る「選挙委員会」が、同じく区議会議員のなかから15人の推薦を受けて立候補する候補者に投票（間接選挙）し選出する旨が決まった。2012年立法会選挙と連動することで2011年区議会選挙は、大物政治家が立候補するなど一気にヒートアップした。

①政府案に妥協することなく、高度な自治を実現すべく、普通選挙の全面実施をめざす民主派本来の姿に立ち戻って民主化を強く推進すべきとす

第5章　香港域内の政治力学と華南政策

図表5-13　香港の主要政治集団・政党

政治的傾向による分類	名称	結成	背景、傾向等
親政府派 (Pro-Establishment Camp) ※「建制派」、「保皇派」とも ※「親香港政府」「親中」の立場	民建聯(民主建港協進聯盟)	1992年7月10日	・前身は民主建港聯盟(民建聯。DAB＝Democratic Alliance for Betterment of Hong Kong)。2005年2月16日香港協進聯盟(Hong Kong Progressive Alliance)を吸収。民建聯は民主派に対抗すべく1992年7月10日最大労組「香港工會聯合會」と学校教師らで結成。構成員数最大の政治団体。組織力を誇る。2004年以降立法会で最大議席数を保有
	工聯会(香港工会聯合会)	1948年	・左派系労組
	自由党	1993年6月26日	・民主派に対抗すべく中堅財界人が結成。多くは「親英」とされた
	経民聯(香港経済民生聯盟)	2012年10月7日	・企業人と専門職従事者が結成。第5回立法会で民建聯(13議席)に次ぐ第2勢力に
	新民党	2011年1月9日	・香港政府元保安局局長の葉劉淑儀が結成。方針は「中間実務路線」で主に中流層、専門職、元公務員らが支持層
泛民主派 (Pan-democracy Camp) ※「泛民」「反対派」「温和民主派」などとも呼称	民主党	1994年10月2日	・香港民主同盟と匯點が1994年10月2日に合併し成立。初代党主席は香港民主同盟主席の李柱銘。2008年11月23日に同じ民主派の「前線」を吸収
	公民党	2006年3月19日	・主に弁護士、会計士、医者、学者などから構成
	工党	2011年12月18日	・中立系労組が基盤。李卓人が代表
	民協(香港民主民生協進会)	1986年10月26日	・民主派のなかでは穏健路線
	街工(街坊工友服務處)	1985年	・1985年の初の香港全域での区議会選挙を機に結成
	公共専業聯盟	2007年3月25日	・2007年行政長官選挙で梁家杰が参戦し大きな関心を引く。選挙後、多くの選挙委員やその他専門職従事者は発展の基礎を築くため公共専業聯盟の結成を決める

進歩民主派 (Radical Democracy Camp) ※過激言動で知られる	社民連（社會民主連線）	2006年10月1日	・進歩民主派陣営を形成。主席は梁国雄。強い反共だが、民主党の一部とともに尖閣諸島問題で日本の立場に反対する組織「保釣行動委員會」を構成するなどナショナリズムの点で「親中」
	人民力量	2011年1月23日	・社民連から生まれた普羅政治学苑、選民力量、前線、民主陣線が合併し結成。その目的は2011年区議会選挙での「四民」（民建聯、新民党、民主党、民協）への対抗
	新民主同盟	2010年10月2日	・「5選挙区レファレンダム」に反対し、2010年政治改革法案に賛成した民主党に反発、離脱した元民主党員が結成。創設メンバーは民主党の中でも"改革派"と見られた人士。2012年7月新民主同盟の范国威が率いる9人が新界東の直選選挙区から出馬し当選

資料）筆者作成

る勢力（同図表5-13の「泛民主派」の多元化やその一部勢力が「進歩民主派」を形成するベクトル）。

②民主派内の対中強硬派は中国への態度が弱腰として独自の政党成立に動いた（同図表5-13の「泛民主派」の一部勢力が「進歩民主派」を形成したり近づくベクトル）。

③中立系労組は労働者の待遇改善や人々の貧困問題の是正を求め左派系労組とも共闘するようになった（既述の通り、選挙レベルでは中立系労組は工党を結成し、親政府派と対立）。2001年から検討され、2003年に最終的に締結されたCEPAが香港、中国両政府による高度サービス業の振興、製造業と製造業支援型サービス業（物流等）、単純な流通業の「切り捨て」を是認するものだったので、労組組合員が少なくない香港製造業界と関連サービス業界は大きな衝撃を受けた（同図表5-13の「泛民主派」の一部勢力が、左派系労組の根強い支持を受ける一部「親政府派」に接近するベクトル）。

④民主派内のエリート集団は、政治改革（民主化問題）や対中関係に拘泥するのではなく、香港をいたずらに「政治化」するのを避け、香港域内の諸問題により傾注すべきとして独自に政党を結成した（同図表5-13の「泛

第5章　香港域内の政治力学と華南政策

図表5-14　区議会選挙における獲得議席数と得票率の推移（1994～2015年）

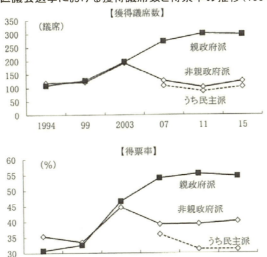

資料）韓ほか[2015]を参考に筆者作成。元の資料は香港政府選挙管理委員会（Electoral Affairs Commission）

民主派」の「穏健」勢力）。この④の思想は実は、「高度な自治」の実現を求めるにせよ、「行政主導」の政治運営を重視する高級官僚や若手財界人の支持を集めた主権返還以前の保守本流の政治的立ち位置である。

　このような民主党の拡散や民主派の多元化は、民主派と親政府派の対立以上に選挙の争点となり、その結果として民主派は全体として苦戦するようになった。なかでも「親政府」とすら見なされるようになった民主党の凋落ぶりは際立った。立法会に比べ議員の数が多く、かつその大多数を直接選挙で選ぶゆえに立法会以上に民意が直接に反映される区議会議員選挙において、その傾向は最も鮮明に見て取れる（区議会において直選議席が全議席に占める割合は2000～04年、2004～08年、2008～12年の各任期に約75～76％、2012～16年に約81％、2016～20年は約94％）。2007年選挙以降、「非政府派」（汎民主派が大部分を占める）は（図表5-14）、獲得議席数と得票率をともに減らしたが、その一方で「親政府派」は躍進を遂げた。さらに、2010年の「政治改革案」に基づいて実施された2011年区議会選挙において（＊17参照）、「非政府派」は低迷が続いた一方、「親政府派」は高い支持を維持し

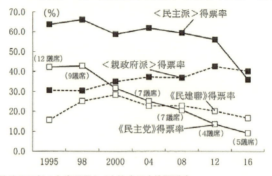

図表5-15　立法会の地区直接選挙得票率の推移（1995～2016年）

注1）1997年の主権返還まで立法会は立法評議会
注2）ここで言う＜民主派＞は2004年頃からは「汎民主派」と同義
資料）韓ほか[2015]を参考に筆者作成。元の資料は香港政府選挙管理委員会（Electoral Affairs Commission）

た。「非政府派」のなかでも民主党の得票率は一段と低下した。同区議会選挙は、政府の政治改革（修正）案を支持した民主党（このゆえに関連法案は議会を通過した）に対する信任選挙の性格も持っていたためである。さらに、同様の性格を含意した2012年9月の第5回立法会議員選挙でも民主党は敗北（7議席から4議席へ減）した（図表5-15）。しかしそうした選挙は、「非政府派」（民主党や汎民主派）への支持（もしくは不支持）を問うただけの選挙ではなかった。政府への支持（不支持）をも問うたのである。その結果は――政府（「親政府派」）は「非政府派」と比べはるかに大きな支持を得ていることが明らかになった（同図表5-15）。このような民主党の退潮にみられる政治環境が激変する時代状況において、華南政策は策定され、実行に移されたのである＊18。

　＊18　実は「民主派」や「親政府派」、残余の「中間派」の定義は曖昧である。従って、筆者を含め、選挙結果の党派別分析が、分析者のかなりの恣意の下で行われることは避け難い。「高度な自治」の実現を求める点でそれらをすべて「汎民主派の派閥」と捉えることすら不可能ではない（その意味でもはや「汎民主派VS親政府派」は有効な分析枠とは言い難い）。定義が明確なのは恐らく唯一、2006年頃から生成した（「高度な自治」ではなく）「香港独立」を掲げる「独立派」（「本土派」などとも呼称）である。この意味では今日、「高度自治擁護派VS香港独立派」の方が有効な香港政治の分析枠ともいえる。

第5章　香港域内の政治力学と華南政策

（2）曽蔭権の「務実政治」

　ここに見られるのは、21世紀に入り鮮明化した、「制度的民主化」（制度的なブルジョア民主主義の実践）を推し進めることの難しさである。香港でもそうである通り、「民主化」とは通常、複数政党制に基づく普通選挙の全面実施に向けた選挙制度改革を意味するが、グローバル化の進展に伴い、多数決を本質とする近代民主主義制度（多党制と普通選挙制度）では意見集約が困難な程度にまで人々の価値観が多様化したからである。グローバル化は全体として近代民主主義制度（代議制度）の有効性の低下を、個別現象的には行政府に対する立法府の相対的な弱体化を招く（グローバル化については第1章2などを、グローバル化と代議制度との関係については第3章2－2を参照）。そうした中で、行政府はその機能の必然として、所得分配より所得の全体的増加や供給サイドの強化に注力する。香港で生起したのはまさにそのような事態である。香港で初めて政党を結成するなど最も近代的な民主主義を展開した民主党は、その近代性（平等イデオロギーに基づき近代的選挙制度を善としてその導入を求める時代思考）ゆえに、グローバル化が進行するなかで、価値観の多元化により意見集約が困難になるという意味において「強大化」する世論に対応できなくなったのである。

　繰り返せば、グローバル化の歴史的力学とは、民主党を核とする民主派が21世紀に入り急速に求心力を失い、「汎民主派」へと拡散を余儀なくされ、また親政府派をして時に政府案に反対の意思すら表明させた、住民（有権者）の価値観多元化のベクトルである。実際、上では民主派の拡散についてのみ述べたが、同時期には、立法府への直接選挙導入を急ぐべきでないとして、民主党の前身である香港民主同盟に対抗すべく成立した民建聯（民主建港協進聯盟＝DAB）も、親中（親政府）勢力内部において相対化が進行した。代わって支持が拡がったのは穏健勢力である。DABの支持率が低下するなかでも親政府派（もはや「汎親政府派」とでも呼ぶべきだろう）のそれは着実に上昇した（前図表5-15）。穏健勢力の特徴は簡潔には「脱政治」による政府運営、前に用いた述語を使えば「行政主導」の政府運営の選好である。その勢力の中心にいるのが元高級官僚（代表例は新民党を結成した香港政府元保安局局長の葉劉淑儀）であるのは偶然ではない。

　実際、こうした時代状況のなかで政治の表舞台に登場したのが曽蔭権だった。まず陳方安生の辞職を受け、政務長官の職に就いた（2001年5月1日

〜2005年5月2日)。次いで2005年3月、董建華行政長官が民主化を求める民意に押され、「健康問題」を理由に任期途中での辞職を余儀なくされると、中国政府の後押しを受け行政首長の職に就いた。その2年間の中継ぎを経て、任期満了に伴う選挙で再任され、2007年7月から5年間の第2期目の職務を担った。

　曽蔭権の政治スタイルは、中国語で「務実政治」、日本語に直訳すれば「実務政治」と呼ばれるが、より具体的には「行政主導による経済優先の政治」と意味づけするのがふさわしい*19。「曽蔭権の時代」の政治の特徴を改めてまとめれば、以下の通り、大きく二点を指摘することができる。これらは2001年から2012年までの12年間をあえて「曽蔭権の時代」と呼ぶ理由でもある。

　①〈経済的パイの拡大の追求〉所得格差や失業問題の構造化、住宅取得の困難（住宅価格高騰）など、迫り出す社会問題に対し——政治的民主化（直接選挙による選出議員枠の増大や行政首長の選出）ではなく——経済を拡大（国民所得の増大）することで応答しようとした。そのアプローチとして、「積極的不介入」を否定し「小政府・大市場」、すなわち政府の役割を重視した。社会問題は経済（所得増大）で解決可能だ、との思想は鄧小平と同じであり、経済拡大には政府が前面に立つべきだ、との考え方は江沢民に似ている（第1章2－2参照）。また、そうした経済的パイの拡大手段として、単なる「支援」以上の包括的な「政策」を北京中央政府に求めるようになったのも大きな特徴である。

　任期満了まで残すところ16日となった2012年6月半ば、立法会で最後の質疑応答に立った曽蔭権は自らの施政について「三徳四失」（3つの成功・4つの失敗）と総括した。「三徳」は、最低賃金を法制化した、リーマンショック後、迅速に1,000億香港ドル規模の与信基金の創設に関して議会承認を得た、『2012年の行政長官と立法会の選出方法提案方案』（既述）への議会承認を得た、の三つである。「四失」は、2007年の再任の際に提示した173項目の公約のうち実現（完了と始動）できたのが169項目にとどまったことである。実現できなかった4項目とは、社会企業に対する適当な法的地位の付与、民間医療保険への優遇税制、給与所得税の15％への引き下げ、強制退職金の自主的積立分に対する免税措置である。

　また、任期中の最大の後悔として貧富の格差が拡大し、社会に怨嗟の感

第5章　香港域内の政治力学と華南政策

情が強まったことを挙げた。「わたしは経済的パイを拡大すれば、『したたり効果』により各階層が自ずから潤うものと考えたが、現実は異なった」と述べた。格差問題は政府の長期的挑戦になるとした（『信報』2012年6月15日）。

　曽蔭権にとって所得増大のための最大手段は、広東省を主とする中国本土との関係強化である。汪洋着任後（2007年～）、そして自らの第2期目（2007年～）において、『珠江デルタ綱要』とCEPAの結合、六大優勢産業の指定とCEPAとの関連づけ、中国本土の5カ年計画への参加など、なりふり構わぬとも言える努力を払った。

　②〈「行政主導」への傾斜〉政府の役割重視とは、経済政策の遂行に邁進すべく、政治的摩擦を極力回避しようとする姿勢につながる。そのモデルは例えばシンガポールである。それは「議会主導」ではない、という意味において「行政主導」への傾斜とも換言できる。

　既述の通り、2001年末のWTO加盟など中国本土が急速に国際化するなかで、「内政」運営をめぐり政治家と官僚の間の摩擦が表面化した。「政治主導」への変化を求めた董建華行政長官は、伝統的な「行政主導」の継続を望んだ陳方安生政務長官の辞任後、「高官問責制」を導入し「政治主導」へ舵を切った。しかし、その頃から董建華は、政治改革（民主化）や基本法第23条の立法化など民意の強い反応を招く政策遂行への意欲を失っていった。その状況下で行政官トップに就いた曽蔭権は、政治から比較的自由に——あたかも「行政主導」が継続しているかのごとくに——「経済」問題（経済的パイの拡大を通じた経済格差の是正）に注力した。曽蔭権が行政長官就任後、汪洋と緊密な関係を保ちつつ華南政策の形成を進めたのも、それが香港経済の拡大に資すると考えたからである。

　また、曽蔭権は政治改革（民主化）問題をめぐり政治的対立が激化し、「経済的パイの拡大」をめざす議事進行が滞る事態を防ぐため、民主派の対中融和に努めた。

　曽蔭権が行政長官に正式就任（2005年6月）した直後の2005年8月30日、広東省政府は立法会議員60人全部を9月25日から26日まで広州市に招待すると発表した。民主党の李柱銘を含め、少なくない汎民主派人士が含まれたが、彼らの中国本土訪問は1989年の天安門事件以後では初めてだった。政界との融和を図る手法自体が官僚のそれだが、官僚然とした調整活動が

347

奏功し、曾蔭権が提示した政治改革案は議会を通過した（2010年に政府が提出した『2012年の行政長官と立法会の選出方法提案方案』。既述）。

＊19 主権返還後の「曾蔭権の時代」に特に着目する論者は少なくないが、それは曾蔭権が「返還過渡期」（1984〜97年。「返還過渡期」を広義で捉えれば、1970年代の「脱植民地行政」が採られて以降）の英国植民地統治のような政治スタイルを思い出させたからだと筆者は考えている。例えば、「曾蔭権が比較的安定した政権運営を行うことができた」理由として「中港関係・経済・政治の分野に関する『三本の柱』」、すなわち安定した中港関係、経済成長、親政府派が常に多数を占めた立法会の支持の三要素を挙げるのは香港研究者のほぼ共通理解といえるが（羅、鄭〔2013〕、倉田〔2013〕を参照）、そうした「三本の柱」とは実は、最後の総督としてクリストファー・パッテンが就任（1992年）するまでの、マクルホース総督（1971〜82年）からデイビット・ウィルソン総督（1987〜92年）までの歴代4人の総督の時代の統治手法にほかならない。4人はすべて英国外務官僚か英領香港の植民地官僚の背景を持つが、いずれも中英関係を重視し、香港を「政治化」させることなく経済建設に注力すべきだと考えた。彼らに仕えた香港中国人官僚の一人が曽蔭権であり、そして陳方安生、任志剛であり、さらに年齢的にかなり若いが葉劉淑儀である。

　民主派、とくに民主党が中国に対する態度を融和させたのは、しかし曽蔭権の説得が功を奏したからだけでは、恐らくない。その理由を挙げれば三点を指摘できよう。①民主派の最大支持基盤の一つである労働者（特に中立系労組組合員）の民主派離れがさらに進むことを恐れた、②曽蔭権の時代、グローバル化の進展により、中国の国際的地位が相対的に上昇し、また人々（有権者）の価値観が多元化し立法府の力を（特に選挙制度改革に拘泥する民主派の分裂を通じて）殺いだ、③これらを背景に、民主化問題に関する「歴史宿命的な政治的無力性」が特に民主派エリートの間でより強く自覚され始めた――である。

　第三点目の民主化問題に関する「歴史宿命的な政治的無力性」とは、民主化（＝選挙制度改革）問題が主権返還後、実は香港の政治議題となり得ない事態を指す。すなわち、主権を持つ中国政府が中央政府として、香港『基本法』（1997年7月1日の主権返還により発効）の解釈権と同法の実質的な改定権、および行政首長（行政長官）の任命権を握る――という独立国ではなく、自決権も有さない香港に対する中央政府の絶対的な統治権（主

第5章　香港域内の政治力学と華南政策

権)の再認識である＊20。この意味で、主権返還後の立法会議員と行政長官をめぐる民主化(選挙制度改革)論議はつねに「空転」してきた、というのがふさわしい。

　＊20　1971年11月に国連に加盟した中華人民共和国の申し立てに基づき、植民地からの独立を容認する「国際連合非自治地域リスト」(United Nations list of Non-self-governing Territories)から香港およびマカオが削除された。これは自決権(独立権)の剥奪を意味した。

　この結果、香港で遂行される諸政策は「経済政策」に限定されざるを得ない。何より、香港の福祉国家化や社会の「政治化」を嫌う北京中央政府の姿勢は、香港の行政を本質的に「経済政策」指向とする。その「経済政策」も、北京中央政府の意向もあり、伝統的な自由主義的なそれとなるほかない＊21。財界は当然、そのような香港の長年の経済運営と合致する自由主義的政策を支持した。

　＊21　『基本法』は105条から119条において、財政 金融 貿易 工商業に関して主権返還前の諸制度の保持を規定している。例えば、財政均衡主義(第107条)、低税率政策(第108条)、自由港政策の継続(第114条)、資本移動の自由を含む自由貿易政策の保持(第115条)などである。

　実は、上述のような民主化問題に関する「歴史宿命的な政治的無力性」は、香港政府はもちろん、議員のほぼ全員にとっても暗黙の了解事項だったと考えることができる。1980年代半ばからの民主派と、左派系労働組合および保守系政党・政治集団との「対立」は、主に選挙制度改革をめぐる意見対立として展開されてきたが、実際には左派や保守派に通底する「選挙制度改革論議そのものが無意味」とする深層認識が結果として民主派との「対立」を引き起こしてきた、と理解するのがふさわしい。左派や保守派は1980年代半ばの主権返還決定直後から「歴史宿命的な(香港の)政治的無力性」を自覚し、民主化(＝選挙制度改革)論議そのものへの深入りを注意深く避けてきたのである。

　民主派エリート(民主派本流。かつての香港民主同盟の設立発起人でその後の民主党幹部)も実は同様である。彼らはその事実を公に認めれば存在意義がほぼなくなるので公言はしなかったが、中国が国際化(国際的地位の相対的上昇)し、グローバル化が進展(香港市民の価値多元化)した21世紀に入り、その認識を深めざるを得なかった。民主化を求める強硬姿勢を次

第に軟化させた大きな要因がこれ、つまり「親中（親政府）への転向」ではなく、選挙制度改革そのものへの疑念がより強く認識されるようになったためといえる。それに伴い、着実に増加していた、中国との主権返還交渉を含む植民地時代を知らない若者世代との政治意識の乖離も目立つようになった。こうして民主派は、曽蔭権が政策の重点を経済により絞った第2期目（2007年〜）、拡散がさらに加速した。選挙では、民主党が苦戦する一方、民主派本流と袂を分かった対中強硬派が若者世代を中心に一定の支持を集めるようになった。親政府派（親中派、保守派）への支持は安定的に推移した。この後に述べるように、また民主派、親政府派を問わず街頭示威行動が一段と活発化した。このような民主派の分裂＝「政治制度の弱体化」は、「行政主導」により特に広東省との関係強化を推し進めた曽蔭権の強い追い風となったといえる。

社会問題は経済パイの拡大で解決できる、という曽蔭権の「務実政治」が、広東省（汪洋）の呼びかけに応える形で華南政策の形成に寄与したのは間違いない。しかし思想的、理論的には、「務実政治」は実は、汪洋の思想、そして華南政策と対極に位置する。華南政策の独自性は、社会問題は社会それ自身のロジックで（全部ではなくとも）解決できる、との認識に基づいているところにある。曽蔭権は社会問題の解決手段として経済では十分でないという時代状況の到来に恐らく敏感ではなかった。汪洋と曽は同床異夢の関係にあったというのがふさわしい。

（3）「非制度的民主化」への転回

「曽蔭権の時代」は、グローバル化が進展する中、香港市民は近代平等イデオロギーの産物である「政策」そのものへの関心を喪失し、政治集団（政党）レベルにおいては、そのような意味での市民の「政治的無関心」の強まりを背景に「歴史宿命的な政治的無力性」（既述）が特に直接選挙の拡大を訴えてきた民主派（特に民主党）の間で改めて自覚された時期といえる。より普遍的な言葉に直せば、「歴史宿命的な政治的無力性」とは、北京中央政府の頑強な反対から民主化がきわめて困難と感じられる、という香港に固有の政治的無力感を指すのではなく、グローバル化の進展に伴い近代ブルジョア民主主義の制度（複数政党制と普通選挙制度）そのものの有効性の低下が香港でも顕在化した事態といえる（第3章2－2も参照）。

第5章　香港域内の政治力学と華南政策

　香港市民は、代わって街頭示威行動を通じて多種多様な声を上げるようになった。こうした状況下、民主派（特に民主党）は分裂が加速し、全体として有権者の支持も失ったが、それはそのまま曽蔭権が「務実政治」を追求できる外部条件を形づくった。

　こうした時代状況に対する市民の反応の変化を「制度的民主化」（普通選挙導入を求める民主化）から「非制度的民主化」（市民の個別的な要求を表出する街頭示威行動）への転回と呼ぶことができる。この対立概念は、これまでの論述から想像可能な通り、本論の理論的骨格である「客観」に対する「主観」、「一元」に対する「多元」、「平等」に対する「幸福」——に対応する。汪洋が華南政策に込めた期待の背後で働いていたのは、このような香港に見られる「制度的民主化」を相対化し、その有効性を減じるグローバル化の力学にほかならない。

　この力学は恐らく、2000年代初頭から以下のような変化に見て取れる、と言うことができよう。すなわち、

　①〈民主派、親政府派の拡散〉1980年代初めから民主化、正確には選挙制度改革という「制度的民主化」を訴えてきた民主派の拡散が2004年頃から加速した。なかでも直接選挙の拡大を一貫して求めてきた民主派本流の民主党（およびその前身の香港民主同盟）に対する支持は低迷を続けている（前図表5-15参照）。中立系労組の香港職工会連盟が、労組として政党横断的な活動を強化する一方、選挙を闘う工党を別に結成するという「複線化戦略」を採ったのも、「制度的民主化」（議会内＝選挙制度改革）と「非制度的民主化」（議会外）を両立させる戦略と解釈することができる。

　一方、「選挙制度改革そのものが無意味」との意味において「制度的民主化」に消極的な親中派（親政府派）が、民主党と同じ土俵（選挙制度改革）で闘わざるを得ず、民主党ともども市民からの支持を——民主党より弱い程度にしろ——失った民建聯（民主建港協進聯盟＝DAB）を除いて、安定した支持を集めている（前図表5-15参照）。

　②1989年の天安門事件の際の複数回にわたる100万人規模のデモ以降、街頭示威行動は香港における政治意思の表明スタイルとして完全に定着した。一方、同じ1990年代以降、最大の争点を選挙制度改革に掲げて選挙を闘った民主党と民建聯（DAB）への支持は、それぞれ民主派や親政府（親中）派のなかでも特に大きく落ち込んだ（図表5-16）。そして街頭示威行動

図表5-16 香港における選挙と街頭示威行動

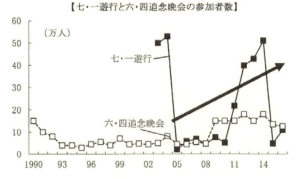

【七・一遊行と六・四追念晩会の参加者数】

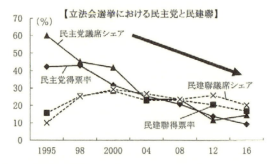

【立法会選挙における民主党と民建聯】

資料）街頭示威行動は各種報道、選挙関連は韓ほか[2015]を参考に筆者作成。元の資料は香港政府選挙管理委員会（Electoral Affairs Commission）

は2000年代中頃から顕著な変化も見られるようになった。

　1989年5〜6月の中国本土での民主化要求運動を支援する100万人規模のデモや集会が数回にわたり繰り広げられた。翌1990年からは、天安門事件（六・四）の犠牲者を悼みつつ中国本土の民主化を求めるデモと集会が、数万から数10万人の市民を集め毎年6月初めに定期開催されるようになった。さらに1998年から主権返還日である7月1日に「記念」または香港の民主化を求めるデモ・集会が毎年挙行されていたが、2003年のそれは「基本法」第23条、いわゆる「国家安全条例」の立法化反対運動と結びつき、参加者は推定50万人と、1989年5〜6月の中国民主化支援運動に次ぐ規模にまで膨らんだ。それ以降、七・一の運動は「七・一遊行」として恒例行事化した。また、その頃からネット上に多くの「民間独立声音」（既存の商業

352

第5章　香港域内の政治力学と華南政策

メディアのWeb版ではない言論活動）も誕生した。

その後、街頭示威行動には変化が現われた。2005年から七・一遊行で掲げられるプラカードは色鮮やかになり、形状は奇抜になり、書かれたスローガンは政治的民主化にとどまらず、多種多様になった。例えば、2009年7月1日のデモ参加者が掲げるプラカードには――普通選挙全面導入！公務員の待遇改善！動物愛護！同性愛に理解を！農家にも愛の手を！障害者福祉の充実を！風俗業界を差別するな！政府は大学生の意見に耳を貸せ！ジャッキー・チャンは共産党の狗（いぬ）だ！地球温暖化の責任は行政長官に！とにかく曾蔭権行政長官が嫌いだ！メイド（東南アジア等からの家事手伝い）の最低賃金引下げ反対！などの文字が躍った（「leslieyoshi さんのブログ」2009年7月）。「七・一遊行」は多種多様な「現状への不満」の表出機会となったのである。市民が求めるものは、もはや選挙制度改革だけでも、曾政権が懸命になった経済的パイの拡大だけでも、その両方でもなくなった*22。このような状態の出現について「非制度的民主化への転回」と呼ぶことができよう。

　*22「占中」または「雨傘運動」が何ら成果をあげることなく終結したのは一つの悲劇だが、それも「歴史宿命的な政治的無力性」を基底として、市民の価値観多元化に伴う選挙制度という政策そのものへの「無関心」が高じたためと考えられる。

③〈"政策"への無関心〉香港市民にとって華南政策は「曾蔭権の時代」に推し進められたいわば「対中関係強化策」や「対中一体化」（香港の中国語メディアでは「粵港大融合」、つまり「広東省と香港の大融合」などとも呼ばれる）と理解されたが、それが「政策」（政府が国民に対し「平等」に推し進める策）であるがゆえに「無関心」という形で「受容」されたと考えられる。そのような華南政策の「受容」の仕方は、次のような中国本土の5カ年計画に対する香港の関与に対する市民の態度の変化に現われているといえる。

2004年、北京中央政府が第11次5カ年計画を起草した際、「香港」が初めて言及された（既述）。このとき香港経済の将来問題に関心を持っていた人々は、香港は中国本土の一部へと「周縁化」されると憂慮を表わした。民主派は「香港の被計画化」（香港が5カ年計画という社会主義計画経済の遺物に取り込まれる）として不満を表明した。そうした憂慮や不満は、中国本

土に対する香港の独自性が失われ、「高度な自治」を実現する一国両制が骨抜きにされかねないとの危機感に基づいていた。

しかし、それから6年後の2010年、第12次5カ年計画に香港が含まれることが判明した際、香港で憂慮や不満の声はまったく聞かれなかった。民主派や市民が「政策」に関心を失う中、政府関係者とともに北京中央政府に働きかけを行なった財界人の間では、どんな具体的な果実があるのかについて大いに議論が盛り上がったほどだった（鄭［2014］25頁）。この2001年から2010年までの「曽蔭権の時代」において進行した「政策への無関心」こそ、「制度的民主化」から「非制度的民主化」への転回をもたらしたグローバル化の力学といえる*23。

*23　2001年から2010年までの「曽蔭権の時代」、それ以後を「ポスト曽蔭権の時代」と呼べば、「ポスト曽蔭権の時代」は、「政策への無関心」のさらなる進行により、「民主化」（＝選挙制度改革）問題が環境や所得、雇用問題などにより決定的に相対化され、民主勢力も一段と多元化するなかで、「議会外」における意思実現行動、例えば訴訟や過激な街頭示威行動へと変質しつつ表面化するようになった時代といえる。本文で述べた通り、第12次5カ年計画に香港が含まれることが判明した2010年、反対の声は消失し、一部事業について環境アセスメントが実施され、着工に向けた準備が進んでいた。しかし港珠澳大橋の建設予定地であるランタオ島東涌（トンチョン）の一部住民が環境アセスメントを無効として許可証取り消しを求め高等法院（高等裁判所）に訴えた。これに対し高等法院は2011年4月、住民勝訴の判決を下した。この訴訟の背後には、選挙制度改革に関して比較的穏健（保守的、政府寄り）な路線を採る新興の民主派勢力である公民党（2006年3月結成）が存在するとみられた。また2015年10月、北京中央政府が2013年秋に打ち出した一帯一路戦略が香港にもたらすチャンスを生かすことを特区政府に求める議案が香港の立法会で通過した。同議案には親政府派議員や民主派の民主党と公民党が賛成した一方、「香港特別行政区政府が『一帯一路』を推進するのは政治行為」と反発していた中立系労組を核とする工党（2011年12月結成）や人民力量（2011年4月結成）などは反対票を投じた。さらに2014年夏の「占中」または「雨傘運動」は新たなスタイルの街頭示威行動として例示することができる。大学教員の呼びかけに応じた大学生ら学生が中心となり、反中反共・香港独立志向を持つ「過激派」と称される新興勢力の支持を得つつ、「真の民主化」を求め、金融と行政の中心地である香港島セントラルを約3カ月にわたり占拠した。

第5章　香港域内の政治力学と華南政策

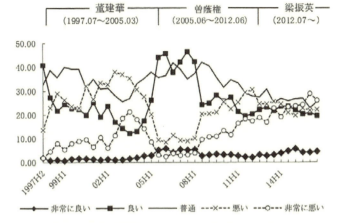

図表5-17　香港特別行政区政府の総合パフォーマンス満足度調査
（1997年7月～2016年6月末）

注）調査は短期の代行者（曽蔭権～唐英年、2005年3月12日～同年6月21日）を含む。この約3カ月間、一時的に政府への満足度は回復した
資料）香港大学民意研究計画（The Public Opinion Programme of the HKU）

　④〈根強い公務員人気〉曽蔭権は、現在に至る3人の行政長官（短期の代行者を除く）のなかで総合的に最も人気の高い（高かった）行政長官といえる。香港大学による香港政府の定期パフォーマンス調査によれば、リーマンショックにより急落するまで評価は著しく高く、低下した後の評価も前後2人の行政長官時代と比べ低いわけではなかった（図表5-17）。政治職である行政首長に転じた曽蔭権をはじめ、政府構成者としての現役の高級官僚や高級官僚出身政治家の人気は、香港市民の間で根強い。
　「曽蔭権の時代」は陳方安生の辞任（2001年）によって幕を開けたが、陳方は辞任後、「香港の民主主義を守った」として香港市民の間でさらに人気を高めた。しかし、「政治主導」に転換しようとした董建華に対して陳方が守ろうとした「行政主導」は、住民主権の具体化として直接選挙によって政府を構成する民主主義とは異なる。1970年代以来の「脱植民地化行政」を英国人高級官僚の下で推進した中国人官僚は、「法治に基づく自由の尊重を最も重要な価値観とする香港のアイデンティティは中立的な官僚によって守られる」との強い信念を持つ。これは民主主義と相容れないエリート主義だが、特別行政区としての「高度な自治」を守ることが香港の

355

民主主義の目標であるならば、「手段としてのエリート主義」はその民主主義と共鳴する。北京中央政府は、その意を汲んだ選挙人による間接選挙とはいえ、行政首長が選挙で選ばれる主権返還後の政治体制について、「（植民地よりも）民主的」と評価する。そのようなロジックが喧伝される文脈では、（官僚主導または行政主導によって）「高度な自治」を守ろうとするエリート主義の「民主性」はなおさらに際立つ。実際、陳方が「香港の良心」と賞賛され、2007年9月に「民主派」陣営から担ぎ出され、立法会議員補欠選挙に当選した事実は、世論が求める「高度な自治」の内実を雄弁に物語る（陳方は立法会議員に2007年12月に就任し、2008年9月に任期満了。その後は政治的発言をするものの公職には就かず。2007年の行政長官選挙において民主派陣営から立候補が期待され、本人もその意思を暗示したと受け取られたが、2006年10月、最終的に立候補しない旨を明らかにした）。

董建華と対立した公務員の陳方や任志剛、行政首長として比較的高い支持率を維持した曾蔭権などは、1970〜80年代に英国が、「住民自治」を通じて植民地統治の再強化を図る「脱植民地化行政」を推し進めるなかで養成された中国人エリート官僚である。彼（彼女）らは主権返還後、北京中央政府によって「行政主導」を通じて「高度な自治」を実現する有力人士とも見なされた。

間接選挙とはいえ、行政首長の選出という高いレベルで「民主主義」を実践し始めた主権返還後に「行政主導」の政策遂行スタイルを好むエリート官僚の政界での活動余地が拡がった事実は、主権返還がはらむ大きな逆説だが、これについてどう解釈すべきだろうか？　それは、人々の価値観が劇的に多元化するという意味において世論が「強力化」し、「平等イデオロギー」が溶解し、立法府の力が低下するグローバル化時代、市民に待望される政治家とは、獲得した票を背に大きなビジョンの下で政策を策定・遂行する人間ではなく、「非制度的民主化」（街頭示威行動）の動態に敏感に感応しつつ、次々と立ち現われる小状況に対して専門性を発揮し柔軟に対応できる人物だからだ、とは言えないだろうか？　そしてそうした能力は、宗主国である英国の統治権力・権威が弱体化する一方で市民の発言力が強大化した植民地統治の最終局面で育成された中国人エリート官僚が身につけた独自のものとはいえないだろうか？[24]

[24] 筆者の思い出を一つ記す。主権返還前、筆者との雑談で曾蔭権や陳方安生、

第5章　香港域内の政治力学と華南政策

任志剛らと同世代の中国人高級官僚は「香港政府は市民の声に非常に敏感なのだ」と語った。国会レベルの議員を部分的にしか直接選挙で選べず、行政首長は英国政府が任命した総督という英領植民地・香港において、その政府が市民の声に非常に感応的に行動するという発言は、決して突飛でも傲慢でもないと感じられた。それは、住民のほぼ100％が中国人から構成される植民地の英国による「異民族統治」の伝統、高度なレベルでの言論の自由の保障、さらに面積の狭小さも相まった情報流通・共有の迅速さなど、民意を無視しては安定統治が困難な香港の伝統や特性から生まれた独特の香港統治の哲学や流儀なのだ、と思えた。これは制度的民主主義ではないが、主権返還後の今日の香港にも当てはまるもう一つの民主主義の形と言えるのではないか？そうした統治哲学や流儀が、グローバル化が進行した今日の直接行動（街頭示威運動）に基づく「非制度的民主主義」の基礎となっている、とは考えられないだろうか？

終章
習近平体制と華南政策に関するノート

　改革開放の第二幕と考えられる動きは、第一幕と同じく華南で始まった。第二幕の動態をさす華南政策は、胡錦濤が打ち出した人間を本位とする政策に基礎を持つが、その期待通り、社会もしくは人間は、近代の政治・経済諸制度に依存することなく、自律的に秩序を形成することができるだろうか？　マルクス（社会主義）やケインズ（修正資本主義）は、資本に蹂躙された近代社会は、資本そのものを破壊するか（社会主義革命と社会主義計画経済）、国家に包含されるか（ケインズ経済学と修正資本主義）して初めて安定秩序を実現できると考えた。しかし、実際の社会主義は、修正資本主義以上に強く大きな国家を必要とし、スターリニズムや毛沢東主義に見られる恐怖政治を生んだ。
　ところが、資本主義（多党制・普通選挙、市場経済）であれ、修正資本主義であれ、社会主義（一党独裁、計画経済）であれ、グローバル化の進展に伴い、国家は社会秩序の維持能力を失いつつある。それは20世紀の政治・経済メカニズムである「大衆民主主義制度」が機能不全に陥りつつある事態と言うことができる。それでは、社会はついに自らのロジックで秩序を形成・維持できる歴史段階を迎えているのだろうか？
　そのような社会ロジックの開花をめざす企てと筆者が考える華南政策は、『珠江デルタ綱要』を含め2020年をとりあえずの期限とする。「ニューノーマル」の概念によって華南政策の思想を継承しているといえる習近平体制の期限は2023年までである。そうした期限は往々にして、制度的慣行や政治家の任期に従って決められるもので、歴史的な動態にとっては無意味である。そのような大きな歴史的潮流のなかではなおさらに、華南政策は小さな可能性にとどまるとみることもできる。しかし、歴史的潮流が巨大であるがゆえに、限られた時間におけるごくわずかな進捗であっても、評価に値する十分な企てともいえる。
　翻って、中国の歴史においては、「進捗」や政策評価の時間的基準は比

較的長いもののように見える。例えば、鄧小平は改革開放への転換直後、1981〜90年に「温飽」(衣食が満ち足りた状態)を達成し、1991〜2000年は「小康」(いくらかゆとりのある状態)を実現し、その後21世紀半ばまでに「中進国水準」をめざす、との「三歩走戦略」を提示した。つまり、70年もの幅をもつ段階的な政策目標を打ち出したのである。その第三歩目で最高指導者となった江沢民は、目標を実態に合わせるべく、1997年秋の共産党第15回大会で、2001〜10年の「第一歩」で小康をさらに確実なものとし、2011〜20年の「第二歩」で2020年のGDPを2000年の4倍水準とし、2021〜50年の「第三歩」で「現代化」を実現する、との「新三歩走戦略」(第3章1−1参照)を提起した。

　このような「新三歩戦略」は「二つの百年」の期限に重なる。「二つの百年」とは共産党創設百周年の2021年と新中国建国100周年に当たる2049年である。「中国の夢」を実現する期限はとりあえず2049年とされている。

　このように中国においては、ある政策はより長期の政策に包含されている。その理由として、共産党一党支配の正統性を保つためきわめて長期の目標が(鄧小平のようなカリスマ的指導者によって)設定され、放棄されることがない。そして同じく共産党一党支配を保つため新指導者は前指導者の政策を否定しないので政策が複層化する。また、政策の最終目標は同じでも実施条件について地域差が大きいので採用された実現手段に従って進捗の度合いに差が生じやすい。従って政治指導者の評価基準として政策の進捗具合を用いにくい——などが考えられよう。こうして中国では、時代遅れに見えたり、相矛盾したりする政策がしばしば同時追求される。華南政策を「可能性の政策」と見るのであれば、それを20世紀の世界を席巻した「大衆民主主義制度」に代わる新たな「民主主義」の実現をめざす、21世紀の長期的挑戦と位置づけることもできるのではないだろうか。

　冒頭で述べたとおり、習近平は副主席時代、香港問題の最高責任者であり、党総書記就任後は初の地方視察地として広東省深圳を選んだ。改革開放の中国にとって香港に隣接する広東省が、象徴的、実際的になお重要な役割を演じているためとみることができる。しかし、習近平の思想や習近平−李克強体制について理解するのは容易でない。それは何より、「ニューノーマル」(新常態)という恐らくは現状認識と政策の方向性を意味する抽象度の高い概念に加え、「中国の夢」(習近平国家主席。2012年11月)の

ような同じく抽象的、理念的な、国家主義的な対外政策方針にも見える言葉と「互聯網＋」（インターネットプラス）」（李克強首相。2015年春の全人代）のような主に内政に関わる具体的、きわめて実践的な政策が同一政権内から、一方はほとんどもっぱら習近平から、他方は李克強の口から語られることに起因する。

　以下、直線的な理解が難しい、そのような現政権の思想や政策の解読を含め、汪洋が副首相に転じ、習近平－李克強体制が成立（2013年春～）して以降の時期において浮上した、華南政策に関連して重要と思われる二点を覚書の意味も込めて記す。一つは、2014年秋の香港での「雨傘運動」（「雨傘革命」や「占中」とも呼ばれる。9月28日から12月15日までの79日間）が浮かび上がらせた香港と中国本土との「距離」の問題。二つ目は、北京中央政府が進める「ニューノーマル」の名の下で華南政策がどう受け継がれているか、第13次5カ年計画において香港はどう位置づけられているかの問題である。ここには一帯一路を含む「三大経済戦略」に華東や華北が含まれても、華南が含まれていないのはなぜか、などの問いも含む。第二点目は第一点目と密接に関わる。

1、香港と中国本土との「距離」

　これまで述べてきた通り、華南政策は第12次5カ年計画期においては一定の成果をあげたといえる。問題は華南政策のとりあえずの終了期限でもある2020年までの第13次5カ年計画期（2016～20年）である。もともと広東省の汪洋と香港の曽蔭権は華南政策をめぐり同床異夢の関係にあったが、汪洋の包容力と胡錦濤との親密関係、曽蔭権の行政主導による経済最優先の合理的な姿勢から問題が生じることはなかった。しかし、広東省が香港との関係づくりに意欲的で、また両者の関係が安定的だとしても、北京中央政府もしくは広東省政府の考え方や政策が変わり、広東省と北京中央政府の間に意見の不一致が生じ、両者の人的関係も希薄であれば、また香港（香港政府）と中国本土（北京中央政府）との関係が悪化するなどすれば、華南政策は北京中央政府の影響を受けやすくなる。

(1) 雨傘運動と香港政府の「統治不可能性」

　実際、北京中央政府は、香港の行政首長などのより民主的な選出を求め繰り広げられた2014年秋の雨傘運動後、香港への警戒心を再び強めつつある。1989年夏の中国本土での民主化運動に呼応した大規模デモが香港で展開され、鎮圧（天安門事件）後は複数の著名民主化人士が香港経由で海外に逃亡した際、中国政府は（香港は中国本土の体制の）「転覆基地」になりかねない、（香港と中国本土との関係は）「井水不犯河水」（井戸の水は川の水の領分を侵さない＝香港と中国本土は互いに干渉しない）であるべきだ、と香港を強く警戒したが、その後、1990年から2000年代初めを通じて、香港と中国本土の間にきわめて深刻というほどの政治的摩擦はなかった。しかし、雨傘運動はそうした平穏状況をほぼ25年ぶりに乱した。

　香港の民主化要求手段として金融、ビジネスの中心街を占拠するという雨傘運動は、一人の大学教員（戴耀廷香港大学副教授）が発案したが、運動が始まると直後から大学生組織（香港学連）が主導権を握り、高校生等も含む学生組織（学民思潮＝2011年5月創設）や一般市民なども巻き込んで規模は一気に拡大した。3カ月近くにわたる運動はしかし、運動主体、市民、政府のいずれもが何も得ることなく終結した。

　同運動が明らかにしたことは三つあるといえる。①運動主体：「ポスト返還世代」の「台頭」、②市民：政府にはつねに厳しいが、反政府運動に対しても必ずしも賛成というわけではないという政治的立ち位置、③香港政府：一国両制などに起因する香港政府の運命的ともいえる「統治不可能性」──である。

　第一点目（運動主体）については、運動を主に担った大学生は逆算すると、1992〜96年頃の生まれであり、香港の主権返還をめぐる中英間交渉（1982〜84年）やその後の香港基本法の起草過程（1985〜90年）、北京での民主化運動に呼応した香港での支援運動（1989年）を知らず、1990年代の香港の政治制度改革をめぐる中英間、政治諸派間の激烈なやりとりや香港の主権の中国への返還式典（1997年7月1日）の記憶も持たない。そうした若者らを「ポスト返還世代」を呼べば、彼らは「民主化」運動を、都市機能を長きにわたり麻痺させる、前例のない激しい街頭行動へと変質させた。主権返還交渉や民主化運動の30年ほどの歴史を知り、同時に香港の経済的繁栄をも築いてきた市民はもちろん、民主派とされる政治勢力の一部からも「ナ

終章　習近平体制と華南政策に関するノート

イーブ」と見られ、最終的に見放されたとしても不自然ではない。

　第二点目（市民）について、香港で民主化運動が生成した1980年代以降、香港市民は香港政府に対してはつねに厳しい目を向けるが、しかし民主化運動（反政府運動）に全面的に賛成するわけでもない、という政治的立ち位置を一貫して保持している。それは①香港で民主化が進んでも、独立国ではない香港の有り様は、結局は北京中央政府次第という現実を強く自覚する。そのうえで②次に述べる通り、香港政府の運命的な「統治不可能性」を察知し、市民が声を上げれば内政に関わるかなり多くの事柄が実現可能だ——という香港が置かれた独特の状況を理解するからである。このような、意思決定の仕組みそのものに関わる政治制度の改革を最終的に北京中央政府に求める（大状況の改変）のではなく、眼前の香港政府に個別政策の改善や調整を求める（小状況の改変）という政治意思の表明スタイルは、1997年の主権返還後にその有効性が感知されるようになったが、中国がWTOに加盟し（2001年末）、またグローバリズム（価値観多元化）が進展した21世紀に入り、デモや集会のような街頭示威行動の形をとって実践されるようになった（「非制度的民主化」への転回）。

　第三点目（香港政府）については、a）行政首長や立法会議員の全部が普通選挙により選出されていないがゆえに統治正統性の点から、治安維持に関して治安部隊の出動等の思い切った対応がとりにくく、また外交権を持たないがゆえに中国の国際イメージへの影響への配慮から、何をするにせよ北京中央政府の顔色を気にせざるを得ない香港政府、b）香港への「高度な自治」の約束、また香港の国際イメージ悪化を懸念するため香港への直接的な介入に躊躇する北京中央政府——の二つに分解して考えることができる。このような「相互に遠慮する関係」が顕在化した結果、香港政府は学生らと北京中央政府の板ばさみとなり、雨傘運動に対してなす術なく、「統治危機」とすら呼びうる状況を出現させた。

　北京中央政府と中国特別行政区香港政府の運命的ともいえる、このような「相互に遠慮する関係」を「統治不可能性」もしくは「一国両制の無責任体制」と呼ぶこともできよう。この状態は、主権返還により形成の第一条件が作られ（一国両制に基づく高度な自治の保障）、「国際基準」への中国のコミットメントを定めた2001年末のWTO加盟で第二条件が整い、明確に香港の内政に潜在し始めたといえる。

雨傘運動までの香港の伝統的な「運動主体」、そして「市民」はそのような主権返還後に潜在した「統治不可能性」(「一国両制の無責任体制」)の「暴発」を回避すべく、香港政府に「無理難題」を吹っかけることはなかった。
　例えば、張彧暋は、香港の社会学者の呂大楽の母親が語ったという雨傘運動についての感想を記している。
　「うちの母親はテレビを見ながら、こういう比喩を使ったんだ。雨傘運動はまるで4人マージャンだ、と。庶民たちが2人。もう一人は雨傘運動の人で、ずっと国師無双の役を狙っている。これはもちろん無理だが、のこる一人の政府は、なんと、ずっとチョンボし続けている。このマージャンはつまらない」(倉田、張[2015]211頁)
　すなわち、確率の低い大逆転勝利ばかりを狙う「運動の人」、空振りばかりしている「政府」、傍観する「庶民」。落としどころのないこのゲームは決して終わらない——。この三者はそれぞれ上記の「運動主体」、「香港政府」、「市民」に相当する。返還後の「香港政府」は「統治不可能性」、つまり「空振り」をつねに潜在させ、「運動主体」が一線を超えるとそれが「暴発」する。雨傘運動はそうした事態をついに現実化させてしまったのである。
　香港の政治運動を担う「市民」(庶民)は、「統治不可能性」について経験的に感得し、その一線を超えない方法と程度に基づいて抗議活動を展開してきた。その姿は、雨傘運動のように、3カ月にもわたりビジネスの中心街を占拠し、都市機能を麻痺させるそれとは真逆である。デモや集会は基本的に、政府が指定した時間と場所で日曜か祝祭日に限定して行われた。「市民」の政治運動とは、中国本土の人々が自由に香港を訪れ、時に傍若無人な振る舞いをすることを含め、香港という場が提供する自由を尊び、その自由が侵害されていると感知されるならば年に2度(天安門事件の6月4日と主権返還の7月1日)、街に出て1時間でも2時間でも、秩序を保ちつつ声を上げることなのである。これは歴史的な制約のなかで「市民」が身につけ伝承してきた香港の「民主(選挙)なき自由」を守る英知といえる。
　しかし、雨傘運動はそのような「暗黙の抑制」が支配してきた民主化運動もしくは政治運動が変質しつつあることを示した。今後、運動の担い手がより明確に「ポスト返還世代」に移るに従い、「統治不可能性」が頻繁

終章　習近平体制と華南政策に関するノート

に「暴発」する恐れがある。それにより北京中央政府の香港への介入が強まれば、香港との関係構築に関して広東省当局の躊躇を引き起こし、華南政策の継続は難しくなる。

　実際、雨傘運動を契機として、中国政府（北京中央政府）の香港への警戒心が、ほぼ25年ぶりにあらわになった。それは第13次5カ年計画に反映されている。ただし、その警戒心は1990年前後ほど激烈であるわけではない。

　2016年3月に開催された全人代で採択された第13次5カ年計画は、第12次5カ年計画と同じく「香港」（北京中央政府の慣例として、主要な政策文書では、1999年に主権がポルトガルから返還され、香港と同じ中国特別行政区となったマカオと合わせ「香港澳門」［香港・マカオ］と記される）について1章が割かれた（第十二編「内地と香港・マカオ、大陸と台湾地区の協力発展の深化」の第五十四章「香港、マカオの長期的な繁栄安定発展の支持」）。ただ、第12次5カ年計画では、文字数700字と図表一つ（7つの越境インフラ協力事業をまとめた「広東・香港・マカオ合作重大項目」）によって言及されたが、第13次5カ年計画では言及部分は655字（文書全体の1％）に減少し、かつ図表がなくなり、抽象度の高い記述のみとなった。

　「広東・香港・マカオ合作重大項目」一覧がなくなったのは、7つの事業のうち4つが、香港側の事情（予算膨張、環境破壊懸念に対する議員の反発）により予定通り進んでいないためとみられている（『明報』2016年2月26日）。一方、「中小・零細企業と青年の本土での起業を支援する」という唐突にも見える言及が盛り込まれた。そのような「青年」に対する中国本土での起業支援が、雨傘運動を踏まえた政策であるのは明らかである。

　実は、北京中央政府は、香港で進行していた政治運動の担い手の世代交代をかなり早くから気づいていたといえる。雨傘運動から7年も前の2007年の主権返還10周年の演説で胡錦涛は「国民教育」の強化を求めた。次いで2012年6月には、香港と広東省の青少年交流の促進、両地域の学校間協力（香港の学生や実習生の同省への受け入れ）、香港の青少年の同省での起業促進等に関する国務院通知（2012年6月26日付）を広東省政府は省内各級政府に伝達した（「広東省人民政府弁公庁の国務院弁公庁の内地と香港の合作強化等の政策措置の実現など関連事項の通知の伝達」弁函［2012］511号2012年8月1日付）。こうした北京中央政府の動きを受け、香港政府は2012年4月、「道徳

・国民教育科」の導入を発表した（2013年度から6歳以上の子どもを対象に導入を計画）。これに対し、その1年前に発足していた、後に雨傘運動を主導することになる学生集団・学民思潮（前述）は「共産党による洗脳教育」などと反発し香港政府本庁舎前でハンスト等の「反国民教育運動」を繰り広げ、事実上、国民教育を撤回させた。雨傘運動の最大の特徴の一つが、香港の民主化運動としては前例のない「過激性」にあったとすれば、その背景にはポスト返還世代が先導した初めての街頭示威行動である「反国民教育運動」における「勝利の経験」があったと言うことができる。

「国民教育」は「歴史教育」と言い換えることもできる。ポスト返還世代にとって香港は「香港国」であり、「中華人民共和国特別行政区・香港」ではない。彼らにとって中国は、「英国領・香港」を知る世代にとっての英国以上に遠い存在であるに違いない。「国民教育」もしくは「歴史教育」は今後とも、北京中央政府と香港政府にとって最も重要な、しかし最も扱いが難しい課題であり続けると考えられる*1。

*1 習近平国家主席、李克強首相に次ぐ中国共産党の序列3位で、香港問題を統括している全国人民代表大会常務委員長の張徳江が2016年5月17日から3日間、一帯一路に関する経済フォーラムに出席するため香港を訪問した。18日夜には民主派4人を含む計10人の立法会議員と面会した。北京中央政府高官と香港の民主派運動家との主権返還後、また1989年の天安門事件後における確認された接触はこれが2度目だった（1度目は2005年9月に広東省広州市にて＝既述）。民主派人士は香港の梁振英行政長官の更迭やより民主的な行政長官選挙制度の導入を求めた。その後の夕食会で、張徳江は「『一国両制』は変更しない」と強調したうえで、「香港独立」を主張する勢力について「国家分裂をもくろむ行動であり、『一国両制』に背くものだ」と批判した。香港訪問の大きな目的の一つが、9月に立法会選挙を控える中、雨傘運動の経験を通じて「歴史宿命的な政治的無力性」の自覚を深め、さらなる穏健化に向かうとみる民主派の懐柔を図る一方、主に「ポスト返還世代」から構成される、雨傘運動後に台頭した香港独立志向を持つ「本土派」と呼ばれる政治勢力や2016年3月に設立された「香港独立」を公然と掲げる政治団体を牽制することにあったのは明らかだった。

（2）第13次5カ年計画と「国家主義」

しかし、第13次5カ年計画が示した香港と中国本土との「距離感」は、

終章　習近平体制と華南政策に関するノート

恐らく北京中央政府の香港への警戒心が主因ではない。グローバル化の進展がより重要な要因と考えられる。

　既述の通り、グローバル化は人々の価値観を劇的に多様化することで、サービス消費を拡大したり、細分化された需給関係を増加させたり、非市場的取引を増やしたりして、統計的に表われる経済成長率を押し下げる。需要創出を供給サイドの革新に任せる自由主義的政策が勢いを増し、ほとんど政策の与件となるなかで、政府が自らの存在証明の如くに繰り出す「経済成長促進策」(財政・金融政策) は当然、かつてのような効果をあげることができず、おおむね既得権益層を形成もしくは肥大化させるだけに終わる。自由主義的政策が常態化するなかで、自らの需要を満たすべく自ら供給者となるか (自給自足)、インターネットなどを通じてきわめて個性的な供給者を独力で探すようになる社会は自律性を強める一方、経済成長促進をほとんど唯一の存在根拠とする「民主的政府」は、今度は (内需ではなく) 外需拡大をめざす経済外交 (例えばインフラ関連事業の受注をめざすトップセールス) に奔走するようになる。その結果、政府やその政策は、海外の目からは国家主義的色彩を強めているように映る——。政治・経済－社会関係の再編が本書で展開した筆者の問題意識であることは冒頭で述べたが、財政・金融政策がほとんど機能せず、自由主義的政策が常態化し、もはやほんとど「政策」として注目されない中、経済外交が際立つ事態は、政治・経済－社会関係の再編プロセスにおいて、政治・経済の側が引き起こしている一つの政治現象と理解することができる。

　中国で自由主義が徹底され始めたのは胡錦涛の時代である。経済高成長と社会・国家の安定的存続の間に合理的な正の関係はないとの認識のうえに改革開放政策の大転換を試みた。鄧小平から江沢民までの時代を貫く、「地域」(〈都市－農村〉二元構造) の集合体として自国を理解し、その「地域」を構成する一方の〈都市〉に流入する低賃金労働力を活用して「経済高成長」を追い求め (均衡発展もしくは不均衡発展)、世界とつながった (労働集約産品の輸出) 国家体制を改変しようとしたのである。その企てを最も先鋭的に試みたのが汪洋の広東省だった。

　この自由主義政策は李克強に引き継がれ、さらに徹底的されているが、経済外交の側面が大きく迫り出しているのが習近平政権の新奇性である。重要なのは、アナーキズム (無政府主義) にも見える徹底的な自由主義的

政策と国家主義的政策（経済外交）が矛盾なく同居し、そうした事態が日本でも中国でも同様に生起している点である。

　一般に自由化（規制緩和）は、市場（経済）からの国家の退出と定義される。ところが、逆説的に見えるが、内外無差別の原則が貫かれていれば、規制緩和の内容や程度は国（中央政府）が前面に出て、諸外国との二国間、多国間の交渉を通じて最終決定せざるを得ない。また、自由化（規制緩和）はそもそも、財政が逼迫する難しい状況のなかで成長回復を目的に、「国益」を掲げつつ規制で守られた既得権益層を説得し、その抵抗を押し切って敢行されるので、自由化推進それ自体が強いリーダーシップを必要とする。

　自由化推進においては強力な中央政府や指導者を要し、その施政は国家主義的性格を強く帯びるという命題は、中国においてより妥当性を持つ。地方（地方の大都市）単位の地域開発戦略を長く採用してきたことから地方政府や地方系国有企業が自由化抵抗勢力として立ち現われるからである。こうした地域、地方主導の発展構造はさかのぼれば2001年末のWTO加盟で崩れ始め、胡錦濤政権の第2期目（2007～12年）からは「城鎮」化政策を通じて全面的な解体が企図されてきた。そうした「地域」優遇ではなく、徹底した自由化を通じて「城鎮」を建設し、さもなくば逆に自由化を追及する場として「城鎮」を建設し、そうすることで持続的成長の基礎をつくることが習近平政権の目標であり、同政権が追求する「全面開放」の意味である。

　実際、第13次5カ年計画の最大のキーワードの一つは「国家の双方向の開放」である。金融業の「双方向の開放」、一帯一路の構築、自由貿易協定（FTA）、アジアインフラ投資銀行（AIIB）、新開発銀行（BRICS銀行）などが第13次5カ年計画期における「国家の双方向の開放」の重点に挙げられている。また、「グローバル経済ガバナンスに積極的に参加し、国際的な責任と義務を積極的に負う」ことなども、第13次5カ年計画でうたわれている。それらが（外国企業に対し、より多くの優遇策を提供する片務的な「開放の深化」ではなく）「国家の双方向の開放」が意味するものである。国家を単位に、北京中央政府が強い指導力を発揮して自由化要求を地球規模で展開する習近平が「皇帝」と形容されるゆえんである。

　ただ、グローバル化に伴い自律性を増す社会への警戒心が高じ、思想・

終章　習近平体制と華南政策に関するノート

言論の統制強化（知識人や住民運動、NGO、NPO、インターネットを含むメディア等の管理強化）が鮮明化しているところは、中国的な特徴といえる。そのように、自由主義的政策が、国家主義的動態（経済外交だけでなく思想・言論統制強化をも）を引き出してしまっている事態について、資本主義・市場経済国家の目からは、習近平－李克強体制がはらむ内的矛盾や理解の難しさと捉えられがちとなる。

　本書は習近平政権の国家主義的性格について詳細に議論するのが目的ではないので、以下、「ニューノーマル」や「中国の夢」などの概念について筆者の考え方を簡潔に述べる。

　リーマンショックを受け2008年秋から2010年まで4兆元規模の大型景気対策事業が実施されたが、それが終了した2011年以降、注目すべき政策転換が起こった。経済マクロ政策が「積極的財政政策・中立的金融政策」（金融引き締め、財政は機動的運用）へ変わり、新型城鎮化政策の策定が始まった。景気対策効果が残り2011年の経済実質成長率は9.3％を記録したが、2012年は7.7％へ低下し、2015年は6.9％まで下落した。しかし、これにより政府は、2012年から実績値を、事前に設定した目標値に合わせることにようやく成功した（前図表3-2「経済成長率の推移［目標と実績］（1998～2015年）」参照）。「積極的財政政策・中立的金融政策」は習近平が打ち出したマクロ経済運営に関する「ニューノーマル」の基本方針となり、現在も採用されている。中国政府はアジア経済危機後の1988年に当時の朱鎔基総理が「保八」（8％成長を保つ）という表現を用いて初めて成長率目標を示したが、2001年から2011年まで、長い二桁成長の時期を含め、両者の乖離幅が拡がっていた*2。

＊2　2001年から2011年までの間、経済成長率の目標値と実績値の乖離が拡がった要因として三点を指摘できよう。①2001年末のWTO加盟。内外資双方の企業を（内資企業は国内市場の段階的開放による競争激化、外資系は優遇税制等の廃止による衰退により）失いかねないと懸念した地方政府が、私益の維持・獲得のため不動産開発に傾斜した、②アジア経済危機後の1988年に当時の朱鎔基総理が「保八」（8％成長を保つ）という表現で初めて成長率目標を示した。こうしたプラスの経済成長のベクトルを持つ数値目標の設定が、地方政府の経済成長率至上主義をもたらした、③第11次5カ年計画が開始され、胡錦濤政権の第2期目（2007～12年）を控えた2006年頃まで、江沢民の影響力が残ったこともあり、改革開放への転換以来の経済最重視の考え方が保たれた、である。この

後、リーマンショックによる景気後退（2008年秋〜）を受けた大型景気対策事業が2010年末に終了すると、2011年からついに「景気減速」が実現した。その「景気減速」は2012年秋以来の習近平体制において「新常態」（ニューノーマル）の名で明確な政策となって引き継がれている。

　日本では成長率が鈍化した2012年以降の中国経済を語る際、中進国のワナ（賃金など生産コスト上昇、広義では環境規制強化等を含む）、一人っ子政策の負の遺産でもある人口オーナスや少子高齢化、技術革新の遅れ等の「中長期的な経済構造問題」が表面化し始めたため、と否定的に評価する論調が支配的である。この議論はしかし、「成長鈍化」が、既得権益層の打破の狙いを含む「市場化」の大胆な加速を手段とする、まさに2012〜13年に誕生した新政権の目標であり、政策の結果でもある点を看過している。

　繰り返せば、習近平政権が金融市場の不安定化や経済成長鈍化の可能性をはらむ「市場化」を大胆に進めるのは、社会・国家の不安定化を招くのはむしろ中国が達成してきた経済高成長である。見方を変えれば、社会・国家の安定的存続には経済高成長に代わる何ものかが必要だ。その「何もの」かとはしかし、制度的に構築されるブルジョア民主主義（多党制、普通選挙、三権分立の制度的整備）と一体化した資本主義市場経済ではない。そうした「何もの」かは、逆説的だが徹底した「市場化」（自由化）によってこそ獲得される――という、西洋民主主義・資本主義市場経済国家では決して獲得し得ない重大な認識を持つためと考えられる。そして、そのような「市場化」の行き着く先に見据えているものこそ「ニューノーマル」や「中国の夢」なのである。

　習近平が最初に「ニューノーマル」という言葉を用いたのは2014年5月の河南視察旅行中である。当時、「ニューノーマル」は、市場原理を大胆に導入し経済・産業構造の改善を進める。それに伴う一定の経済成長鈍化は容認する、という経済マクロ政策の基本方針として理解された。ところが、同年11月のAPEC商工サミットの「発展の持久を求めアジア太平洋の夢をともに築こう」という演説において、習近平が「ニューノーマル」は中国のいっそうの発展チャンスをもたらすものだ」と発言したことで、その言葉は単なる国内的な経済運営の基本方針ではなく、社会の状態認識、さらにブルジョア民主主義や資本主義市場経済に代わる、国際秩序再編のための価値観の創出をも意味する壮大な概念であることが感知された。

終章　習近平体制と華南政策に関するノート

「ニューノーマル」は元は、米国のアナリストがリーマンショック後の株価について、大きな反発はもはやなく、比較的小幅な値動きが繰り返されると予想し、その「低位推移」状態を指す経済的概念として考案された。習近平政権はそうした概念を、大きな経済成長はもはや期待できないが、大きな落ち込みもない。企業は予想される投資リターンに従い自律的に投資先を探す。経済成長が減速しても社会がただちに不安定化するわけではない、などリーマンショック後に現われたいわば「先進国」的な中国の全体状況を指す言葉と定義し直し、そうした時代の到来を「中国の夢」を実現する好機と捉えたのである。

「ニューノーマル」が提起される約半年前に打ち出された一帯一路構想（2013年9～10月に習近平が提起）やアジアインフラ投資銀行（AIIB。2013年10月に習近平が設立を提唱）の設立は、従って中国の経済成長の促進手段というよりも、中国の夢の形成と普及を図る手段と位置づけることができる。

「中国の夢」の厳密な定義はないが、中国の伝統的価値観のうえに、近代的（欧米的）政治・経済諸制度が相対化された、人々が幸福と感じられる何らかの価値観が創造され、その価値観に基づいて世界秩序が再編される事態、といえようか。中国の夢は「『二つの百年』の奮闘目標」という表現でとりあえずの実現期限が設定されている。すなわち、中国共産党創立百周年にあたる2021年までに「人民の小康生活を確実なもの」とし、その後は新中国建国百周年の2049年までに「現代化」を実現する。

「中国の夢」の実現手段である2021～49年における「現代化」の中身は「富強、民主、文明、調和の社会主義現代化国家を築く」とされている以外は不明だが、華南政策の理論的背骨や最終目標として本書で示した「生活の質」の理論もしくは幸福論の観点から考察することができる（図表6-1）。それは胡錦濤－汪洋と習近平－李克強の思想的、政策的連続性を確認し、その次の政権にその思想や政策がさらにバトンタッチされるであろうとの見通しの根拠を提示する作業でもある。

新三歩戦略における「温飽」（衣食が満ち足りた状態。図表6-1の「Ｃ．貧困」段階に相当）はすでに達成しているが、人民の「小康生活を確実なもの」とする2011～20年においては、貧困状態を最終的に脱し（同図表「Ｂ．『貧困』」段階に相当）、経済成長を「ニューノーマル」の状態に導きつつ、インド出身経済学者のアマルティア・センの概念を援用すれば「潜在能力」

図表6-1 "生活の質"へのアプローチ

状況	目標	政策重点	背景
A.脱貧困レベル	"豊かさ"（個人レベル）	① 主観性充足	「幸福のパラドックス」のレベル
B.「貧困」	"GDP＋α" →義務教育・医療等	② 潜在能力開発	個々人の能力開発のレベル
C.貧困	"GDP"（国家レベル） →政府の役割極大	③ 経済開発	生存の可否のレベル

資料）筆者作成

（capability）を発揮する段階に入る。センは人間の目標は千差万別である、つまり質的なものであると捉えたうえで、とりあえず幸福の追求と抽象的に普遍化すれば、その実現手段は「潜在能力」であると考える（GDPの増大は目標ではなく一つの手段）。「潜在能力」とは「よい栄養状態にあり健康」「教育を受けている」「社会生活に参加可能」などの選択や実行のための「働き」（function）である。その実現条件を整えるのが国家の仕事であり、具体的には貧困克服や教育、医療の拡充等である。新三歩戦略に戻れば、その後に来る最終段階、つまり「現代化」の段階では、主観性に基づく多様な幸福が実現し（同図表「A.「脱貧困」段階」、それにより「中国の夢」はとりあえずの完成をみる。言うまでもなく、それは第二次大戦後に世界に普及し規範的価値ともなった民主主義・資本主義市場経済に代わる、社会主義現代化国家の建設成就を意味する[*3]。

[*3]「中国の夢」の内容と実現スケジュールはとりあえず「新三歩走戦略」と第13次5カ年計画に合わせて組み立てられているといえる。第3章1－1ですでに述べたが、「新三歩走戦略」は江沢民が1997年秋の共産党第15回大会で提起した。2001～10年の「第一歩」でGDPを倍増し、人民の小康生活をさらに確実なものにする。2011～20年の「第二歩」では、2020年のGDPを2000年の4倍に、2021年～50年の「第三歩」で「現代化」を実現する。2016年からの第13次5カ年計画について習近平は「2020年までに小康社会を全面的に完成させることは、党

終章　習近平体制と華南政策に関するノート

の確定した『二つの百年』(2021年の党創立百年と2049年の建国百年)の奮闘目標における最初の奮闘目標である」と述べている。2021年以降は「現代化」が目標だが、2021年は党創立百周年にあたり、第14次5カ年計画の初年度でもある。「現代化」の中身は語られていないが、習近平政権の第2期目(2017～21年)の最後の数年間にその詳細を決める必要がある。習近平の次の指導者は2022年以降、その「現代化」構想を実践する。「現代化」の内容を決める方向づけとして「中国製造二〇二五」や一帯一路、AIIB構想が打ち出されたとも考えられる。また、2026年からの第15次5カ年計画は次期政権がフリーハンドで設計できる。習近平政権と次期政権が共同で策定する第14次5カ年計画以上に第15次5カ年計画は注目される。ともあれ、2021年の党創立百周年の党・政府会議やその他の行事では、小康社会の建設について一定の総括が行われ、2049年の建国百年に向けた方針も明らかにされると思われる。2021年から2049年の間、どのような国づくりをめざすのか。党創立百周年の関連行事では、改革開放転換直後の鄧小平の発言と同様の重みをもつ重大な発表が行われると考えられる。

　なお、繰り返せば、「新三歩走戦略」の前には鄧小平が提示した「三歩走戦略」があった。1981～90年にGDPを倍増し「温飽」(衣食が満ち足りた状態)を実現する。第2段階の1991～2000年にGDPを再び倍増し、「小康」(いくらかゆとりのある)状態を達成する。第3段階は2001年から21世紀中頃までで、GDPを4倍にし「中進国水準」とする。第3段階の目標が曖昧で現実的でないとして「新三歩走戦略」が提起された。

　ただし、中国の夢は、現在の世界秩序を形づくる価値観である欧米のそれに対抗するものではない。めざすのは「対抗」ではなく「並存」である。「並存」の考え方が、2013年4月、楊潔篪国務委員(外交担当、元外相)が訪中したジョン・ケリー米国務長官に提起した「新型大国関係」である。それは「太平洋は米中二大国を収納できる」(2013年6月7～8日の米中非公式首脳会談)との習近平の発言につながった。その伏線は2007年5月に訪中した米太平洋軍(司令部ホノルル)のキーティング司令官(海軍大将)に対する中国軍幹部のハワイを挟んだ「太平洋分割統治構想」発言、つまりハワイから西を中国が、ハワイ以東を米国が統治するという世界分割統治論にあった。また、胡錦濤が2009年7月、在外使節会議での訓話で「積極有所作為」(成すべきことを積極的に成す)を明らかにし、鄧小平が打ち出していた「韜光養晦」(能力を隠し低姿勢を保ち力を蓄えつつ時を待つ)の外交方針*4を転換していたことも大胆な方針転換を導く条件を作った。そし

て中国の「提案」に対する米側の応答が、2011年11月にオバマ大統領が打ち出した軍事・外交上のアジア太平洋回帰政策、つまりリバランス政策（再均衡政策）だったといえる。

> ＊4 「韜光養晦」は、当初は資本主義世界のリーダーである米国との宥和姿勢を指したが、1990年代半ばに「韜光養晦政策」として外交の基本指針として国内外で認識されるようになった。ただ、鄧小平がいつどこで、あるいは実際に「韜光養晦」という言葉を発したのかどうかは明らかでない。

　これらの観点から見れば、一帯一路構想やアジアインフラ投資銀行の設立は、「ニューノーマル」の下、「西欧に至るハワイの西側」を舞台に中国の夢の実現をめざす企図と考えることができる。

（3）香港政策における同化と離反のベクトル

　ところで、北京中央政府が抱く国家意識は、その香港政策に相矛盾するベクトルを内蔵する。つまり、同化と離反である。同化の典型的な事例は、先述の国民教育運動である。離反とは、「高度な自治」を保障し、またＣＥＰＡを締結する香港を中国の国家政策に巻き込むまいとするベクトルを指す。そうした離反のベクトルが1997年～2001年頃に強まり、香港政府に「統治不可能性」を潜在させたが、そうした「統治不可能性」がついに「暴発」した最初の事例が雨傘運動だったことは既に述べた。その他にも「離反のベクトル」は、習近平政権下において具体的に表面化するようになった。リーマンショック後から北京中央政府が積極的に推し進めている人民元国際化はそのわかりやすい事例である。

　人民元国際化とは、経常取引における海外での利用促進（貿易決済での人民元使用等）や資本取引自由化を指す。世界有数の貿易規模、中国企業の多国籍化、中国市場のさらなる開放などを含む、中国の世界での政治的、経済的影響力の強まりを考えれば当然の動きだが、より戦略的な意図もうかがえる。リーマンショックにより米ドル一極体制の限界が改めて明らかになるなかで、人民元をＧ２（米国と中国）で分割統治する世界の一方の基軸通貨とするという政治的野心がそれである。

　海外での人民元の流通増大は、人民元のオフショア取引を自ずから増やすが、その取引ハブとして名乗りを上げているのが香港である。実際に中国本土に隣接する地理的優位性、中国本土での長い業務経験を持つ金融機

終章　習近平体制と華南政策に関するノート

関の集積、進出する中国本土企業数やその活動の活発さ等を考えれば、香港は人民国際化の橋頭堡となる好条件がそろう。しかし、北京中央政府は、人民元国際化の課題遂行を香港に丸投げするわけにはいかない。

というのも、人民元国際化は、米ドル為替レートに連動する香港ドルを不安定化（投機）のリスクにさらすからである。人民元が安定通貨であれば香港ドルを消滅させる、もしくは人民元レートにリンクさせたうえで形式的に存続させることは難しくないが、欧米の価値観、諸制度が世界で支配的であり、かつ中国で共産党一党支配という政治体制が継続する限り、人民元は不安定通貨であり続ける。G2による世界分割構想は、実現可能であったとしても、一定の時間を要する。安定通貨である香港ドルを持ち、国際社会において単独の経済体として活動する香港を、中国本土の政策に積極的に巻き込むわけにはいかない、という北京中央政府の香港統治の基本方針を安易に変更することはできない（しかし、繰り返せば、こうした主権返還後の香港政策に内在する北京中央政府の「香港への遠慮」が、香港政府に「統治不可能性」を潜在させる）。

そのような「香港への遠慮」が、隣接する深圳市への前海金融特区建設を導いたといえる。深圳市という香港域外の場所とはいえ、人民元国際化の課題そのものは同特区を通じて香港の金融機関が牽引役となり——人民元業務を国際金融センターとしての香港の新たなPR材料としたい香港政府は疑心暗鬼でありながらも——進められるのは間違いない。前海金融特区は習近平が香港問題を担当していた副主席時代に構想されたが、習近平にとって、同政権が直面する課題（市場化加速の結果としての国際化、グローバル化への対応）と香港政策の接点に位置する政策が人民元国際化といえる。このように、人民元国際化は自国通貨や金融市場の市場化措置だが、国家主義的趣も放つ。党総書記就任後の初の地方視察地に深圳を選んだのも、金融特区構想の存在が理由の一つと考えられている。

2．中国新動態への対応

上述のような香港政策の基本方針（「中国の外交・国家戦略に香港を巻き込まない」）が北京中央政府によって保たれているとはいえ、疑問を完全に払拭するのは難しい。すなわち、中国の夢が追求される中、香港の独自性

と優位性は保たれるのだろうか？　「一国両制」（中国という一国に社会主義と資本主義が並存）のアレンジにより特別行政区として資本主義の継続が約束されている香港は、「一国」が強調される中、存続可能なのだろうか？　香港が経済的な活路とみなす華南政策は、習近平－李克強体制下で生き延びることができるのだろうか？　これらの問いに対しては、次のような解答を用意することができるだろう。すなわち、香港と中国本土の関係が同化と離反を繰り返すなかで、香港（政府、企業、市民）と広東省（政府、企業、市民）の距離は伸縮するだろうが、華南政策は柔軟な反応を示しつつ引き続き実施されるだろう――。

　中国本土の新動向（中国の夢）に対し、香港の政府、経済界のいずれも、疑心暗鬼を抱きながらも、新たな動態への「適応」に動いているといえる。疑心暗鬼であるのは、中国本土の改革開放期を通じて、マカオや台湾とともに中国政府により「同胞」と位置づけられ、非明示的な優遇措置や共産党幹部とのコネを享受できたことに加え、英国が植民地統治期間に導入した近代的（欧米的）政治・経済諸制度を有したことが世界に冠たる「中国の玄関口」としての香港の地位を築き、今日の発展を築いたことを理解するからである。米国市場に強く依存し華南経済圏が形成された歴史の記憶は重く、移民や留学などを通じた欧米圏との人的結びつきはなお強い。

　振り返って、中国のWTO加盟（2001年末）は、中国が近代的（欧米的）政治・経済諸制度を備えることを意味するので、それら機能を代替的に提供してきた香港に不安を生み出したが、総体的には「市場経済国家」への転換過渡期において香港が得る利益はなお大きいと楽観視された。しかし、この楽観は、香港域内の所得格差が拡大するなかですぐに消失し、「中国本土に取り残されてはならない」との焦燥感が募った。格差是正に必要なのは経済的パイの拡大であり、中国経済との関係強化がそのほとんど唯一の手段と考えられた。そうした焦燥感が「曾蔭権の時代」（2001～12年）、特に曾蔭権の第2期目（2007～12年）において華南政策の形成を導く香港側の動因となったことは既に述べた。そして今日、習近平政権が相次いで打ち出す壮大で抽象的な構想や政策を前に焦燥感は一段と強まっているといえる。

終章　習近平体制と華南政策に関するノート

（1）香港経済界の対応

　香港、アジアで指折りの富豪である李嘉誠の姿は、そのような疑心暗鬼でありながらも、利得の機は逃すまいと準備に怠りない香港経済人の現状を象徴するものといえる。

　李嘉誠が率いる長江実業は2015年1月9日、傘下のハチソン・ワンポア（和記黄埔）を合併したうえで、不動産とそれ以外の事業を主とする新会社二社に改組し（それぞれ長江実業地産＝長地、長江和記実業＝長和）、いずれの会社もケイマン諸島に登記すると発表した。改組とタックスヘイブンへの登記理由について、李嘉誠は税務面での都合と事業展開の利便性をあげ、またこれまでハチソン社の株式50％弱を長江実業が一種の持株会社として所有していた会社構造から、李氏と一族のトラストが直接所有する構造に変わることにより株主価値が高まると説明した。

　世界を驚かせたこの発表について、「李氏もついに中国を見限った」という見方が、中国に厳しい識者やメディアから示されたが、恐らくそうした見方は、部分的に妥当だとしても、完全には正しくない。むしろ新たな段階を迎えた中国と世界との関係を象徴する出来事と理解するのがふさわしいだろう。

　李嘉誠はもともと、改革開放を先導する「愛国的な資本家」として鄧小平の最大級の寵愛を受けた華人実業家の一人だが、同時にインフラ（港湾建設・運営、通信等）や資源エネルギー開発を主とする世界規模でのビジネス拡大でもアジア華人の先頭を走ってきた。こうした事業規模と事業内容のため、中国と西側先進諸国の関係が悪化すると、その狭間で苦しい立場に置かれたこともあった。インフラ事業は政治力が重要な要素であるゆえになおさらである。この問題もあり、香港、中国を含めインフラや資源エネルギー事業は主にハチソン・ワンポア社が、香港や中国での不動産事業は主に長江実業社が行うという役割分担があった。

　2015年1月の会社構造再編は、主要業務を不動産とそれ以外へと二分することを目的とし、登記地変更は「中国香港の会社」の地位を消失させることが狙いといえる（ケイマン諸島はイギリス海外領土）。新設される長和集団の資産は、26カ国の港湾やカナダの石油会社ハスキー・エナジーの株式などを含む。また、長和集団の経営上の独立性が強まる。これらは、李嘉誠が中国や世界でのインフラ建設・運営や資源エネルギー事業が今後とも

拡大する見通しを持つ一方、中国で習近平が進める反腐敗闘争や改革の進展（新たな製造業やサービス業の育成強化、庶民向け住宅建設の加速等）もあり、香港や中国を主とする不動産事業の先行きを楽観視してはいないことを示す、と解釈することができる。

実際、長地関連事業については、中国での不動産開発は今後、新型城鎮化政策により農村や農民の搾取（わずかな補償での農地収用）が難しくなる結果、高級住宅市場は伸び悩むことが予想される。住宅市場は、その低価格ゆえに外国企業にとって利益が小さい公営住宅が中心になると考えられる。香港での不動産事業も、1997年の中国への主権返還以降の香港政府の方針は、一貫して「不動産依存の産業構造の転換」であり、伸び代は少ない。

他方、長和関連では一帯一路に可能性を見出すことができる。その具体化の実行部隊は、現在の中国の対外直接投資の主力でもある主に中央政府系の大型国有企業になるとみられるが、李嘉誠の新会社などの香港企業が、（香港でも中国本土でもなく、一帯一路上の）第三国において中国本土企業とともに事業を展開する、新たな国際ビジネスモデルのパートナーとなる可能性がある。実際、第13次5カ年計画では、「香港・マカオが国家の双方向の開放と"一帯一路"の建設に参加することを支持し、中国内地と香港・マカオの企業がそれぞれの優位性を発揮し、各種の形式で協力し対外投資（中国語で「走出去」‥引用者注）することを奨励する」ときわめて斬新な政策が明記された（第五十四章「香港・マカオの長期的な繁栄安定発展の支持」の2「内地と香港マカオの合作の深化」）。

このような中国（中国企業）を、（一帯一路上の）インフラや資源エネルギー事業の有力パートナーとして位置づける李嘉誠の動向は、中国の改革開放政策の大きな変化とその変化の内容を暗示すると考えられる。

（2）香港政府の対応

北京中央政府が発表した一帯一路計画では、香港は対象地域ではなかった。香港はまたアジアインフラ投資銀行の創設メンバーに手を上げたものの、北京中央政府に加盟を拒否された。いずれも香港を巻き込むまいとする北京中央政府の「香港への遠慮」、もしくは「離反のベクトル」の現われといえる。他方、第13次5カ年計画において広東省は、一帯一路の重点

終章　習近平体制と華南政策に関するノート

地区とされた計18の省・直轄市のうちの沿海5地区（上海、福建、広東、浙江、海南）の一つに指定された。広東省に隣接する福建省は、「21世紀海上シルクロード」の起点として、特に在外華人のネットワークや将来的に台湾が一帯一路に参加した場合の協力関係構築の役割が期待されていると言われる。こうした北京中央政府の新たな動向に対し、香港政府は「適応」に懸命である。「ニューノーマル」や中国の夢は中国の外交戦略（つまり国家戦略）の性格を帯びるが、中国の各種政策をもっぱら「経済プロジェクト」と淡白に解釈し、それら「経済プロジェクト」に主体的に関与しようとするところが、外交権は北京中央政府が持つ、主権返還後の香港の中国本土との関係づくりの特徴である。このようなアプローチが「曾蔭権の時代」（2001〜12年）に一気に鮮明になったことも何度か述べた。そのアプローチは後にマスメディアなどで「務実政治」と呼ばれるようになった。

　習近平が党総書記に就任する直前の2012年7月から行政長官（香港の行政首長）を務めている梁振英も同様である。一帯一路が提起された2013年秋以降、同構想への香港の関与の重要性を繰り返し語り、2015年10月には、北京中央政府が打ち出した「一帯一路」が香港にもたらすチャンスを生かすことを特区政府に求める議案を香港の立法会で通過させた。2016年1月の「施政方針演説」では「一帯一路」という言葉を44回も使い、香港の積極的関与の必要性を説いた（The Standard, 25 Feb.2016）。同「施政方針演説」の発表時期は、「反中」（反・北京中央政府）的な雨傘運動終結後として初めて、また第13次5カ年計画の公式発表直前の施政方針演説であり、「取り残されまい」という気持ちがなおさらに強く働いたと推測される。

　ただ、発表された第13次5カ年計画において、前の第12次5カ年計画ほどの香港に対する強いコミットメントがなかったのは既述の通りである。全体として、第13次5カ年計画では、香港－中国全土、広東省－中国全土関係が強調され、香港－広東関係が後退したのは間違いない。（「香港独立」の臭気をも放つと北京中央政府によって感知された）雨傘運動が展開された香港への警戒心が高じたこともその理由と考えられるが、それ以上に国際化とグローバル化の進展を背景に、中国の対外開放政策が新たな段階に入ったためと考えるのがふさわしい。それについて香港－広東省関係が、中国－世界関係に吸収されたためと言い換えることもできよう。それが先

に引いた「香港・マカオが国家の双方向の開放‥‥に参加することを支持」(第13次5カ年計画) という部分の「国家の双方向の開放」の意味といえる (このゆえに香港と中国本土とが相互に「遠慮」し合う「離反のベクトル」が強まっている)。この事情は中国の国際化・グローバル化に伴い、華南経済圏が後退した経緯と同じである。

このように、習近平政権の政策に特徴的な「国家主義」的色彩と中国－香港間の「離反のベクトル」を確認したうえで華南政策の現状と展望を考えれば、以下のように整理することができよう。

①第12次5カ年計画で示された香港と広東の7つのインフラ協力事業のうち3つは広東省自由貿易港政策に吸収され継続実施される。

②国家プロジェクトである広東省自由貿易港政策とCEPAは、完全に整合的ではないが、相互に排除的であるわけでもない。珠江デルタ一体化の鍵を握る香港のサービス業の珠江デルタへの展開は、深圳の前海計画 (人民元国際化の役割を担うことで香港の金融サービスを充実) を含め、すでに香港の産業政策と連動しているCEPAおよび広東省自由貿易港政策のフレームワークのなかで進められる。

③双転移や幸福論は新型城鎮化政策のような中央政府レベルの政策としても遂行される。

これらのポイントは二つある。一つは、香港と中国本土、香港と広東省の「経済関係」は今後とも、香港 (およびマカオ) のみが中国 (北京中央政府) と締結し、現在はほぼ広東省との共同作業により定期的に高度化が図られているCEPAが最も重要な手段であり続ける。もう一つは、一帯一路や中国の夢を単に対外拡張的な経済外交や経済成長戦略と捉えるのではなく、習近平－李克強政権がグローバル化の潮流を追い風として進める自由化政策の文脈のなかで理解すべき――である。

以下、上の①～③について順に述べる。

①の広東省自由貿易港政策は、中国 (広東) 自由貿易試験区において具体的に実践されている (以下「自貿区」と略)。自由貿易試験区は、習近平－李克強政権の大胆な自由化措置を試行する特別区であり、1990年代半ば以来の沿海東部の経済・産業構造調整策の文脈のなかに位置づけられる。まず上海で2013年7月3日に正式に創設され、約2年の試行期間に得られた経験を踏まえ、2015年4月21日、中国 (広東) 自由貿易試験区、中国 (天

終章　習近平体制と華南政策に関するノート

津）自由貿易試験区、中国（福建）自由貿易試験区の3つが正式に設立された。いずれにおいても各種改革は3～5年の試行期間が設定されている。

　成立に先立って国務院は、3つの自貿区のそれぞれの「全体計画」と先行する上海自由貿易区の「改革推進計画」、および4つの自由貿易区に適用される「外商投資参入許可特別管理措置」（2015年版ネガティブリスト）を発表した。ネガティブリストは5月8日から上海、広東、天津、福建のすべての自貿区に適用されている。ネガティブリスト外の外資企業投資プロジェクト、外商投資企業の設立や各種変更には、事前審査・許可が不要で、届け出方式が適用される。開放の程度は同じだが、発展目標は自貿区ごとに異なる。

　広東自貿区は、広州南沙新区（保税港区を含む）、深圳前海蛇口地域（前海湾保税港区を含む）、珠海横琴新区の3つの地域から構成され、総面積は116平方キロである。

　広東自貿区も、a）革新的な行政管理体制の改革を模索すべく、行政許認可項目数を減らすため「行政権限、責務リスト」を設ける、b）外国企業に対し「参入前の自国民待遇およびネガティブリスト方式」により管理を実施する。加えて、広東自貿区の特徴として、c）香港、マカオの産業政策と連動するCEPAの枠組みに強く規定される＊5――を挙げることができる。c）については、広東、香港、マカオ間のサービス貿易の自由化（金融、運輸、商業、専門家、技術等の業種で香港、マカオ企業の参入障壁を低減する）、人民元国際化を図るべく金融部門の一段の開放・革新を進める方針を特に指摘することができる。

　＊5　広東自貿区構想が香港政府関係者に初めて公式に明らかにされたのは、2013年9月16日に香港で開かれた第16次粤港合作連席会議の席上である。広東省の朱小丹・省長は「国際的な上海自由貿易試験区とは異なる地域的な自由貿易区となり、主に香港の国際金融センターとしての優位性を発揮する」ものとなると述べた。広東省をこの考えを北京中央政府に伝え、広東自貿区構想の承認を求めた（2013年9月17日香港各紙）。

　②について、2011年1月に発効したCEPAⅦ（第7次補充協議、2010年5月締結）において、香港当局が2009年4月に特定した「六大優勢産業」（検査計測・認証、医療サービス、イノベーション科学技術、文化・クリエイティブ産業、環境保護産業、教育サービス）の特に広東省への一段のアクセスが認められ、

香港と広東省の産業が連動性を強めた経緯は既述の通りである。

これに対し、第13次5カ年計画が主に言及したのは、董建華時代の2002～03年度予算演説で特定された金融、物流、観光、工商業支援・専門サービスの「四大支柱産業」である。すなわち、「国際金融、海運、貿易の三大センターとしての地位の強化・向上を支援し、世界のオフショア人民元業務のハブとしての地位と国際資産運用センターとしての機能を強化する。資金調達・融資、商業・貿易、物流、専門サービス等のハイエンド・高付加価値化へ向けた発展を推進する。イノベーション・科学技術事業の発展、新興産業の育成を支援し、アジア太平洋地域の国際法律・紛争解決サービスセンターの建設を支援する」（第五十四章「香港マカオの長期的な繁栄安定発展の支持」の第1節「香港マカオが経済競争力を引き上げることを支持」）。

このように習近平政権は、中小・零細企業が主な担い手になるとみられる六大優勢産業（新興サービス）だけでなく、香港の伝統産業にも改めて照明を当てる。李嘉誠グループを構成するような大企業や銀行等の四大支柱産業（インフラや金融）への期待は高いといえる。これは、それらが経済外交の展開にふさわしい産業分野であることと関連するに違いない。

③について、第13次5カ年計画は、華南政策が全土的な政策としても展開されるようになったことを示す文書になったように見える。汪洋と習近平の良好な関係も、この推察に説得力を与えるだろう。

習近平の党総書記就任（2012年11月の中国共産党第18回全国代表大会）以降、「簡政放権」（行政のスリム化と企業への権限委譲）、ネガティブリスト制度の導入、供給側の構造改革など一連の市場化措置が推し進められ、またイノベーション、協調、グリーン、開放、共享から成る国家建設の基本方針としての「五大理念」も確かな改革方針となった。さらに、京津冀（北京、天津、河北省）共同発展、長江経済ベルト（上海、江蘇、浙江、安徽、江西、湖北、湖南、重慶、四川、雲南、貴州の11省・直轄市）、一帯一路が相次いで打ち出され、それらは「三大発展戦略」と呼ばれるようになった。このうち一帯一路が「三大戦略を統率する戦略」である（「第13次5カ年計画は策定段階へ　四つのキーワード」『人民網日本語版』2015年10月29日）。

ここで疑問が湧く。華北、華東が「三大発展戦略」の一つに指定されながら、「三大経済圏」や「三大都市圏」の残る一つである華南が同様の「発展戦略」に含まれなかったのはなぜだろうか？　その問いに対しては、

終章　習近平体制と華南政策に関するノート

a）これまで述べてきたように、伝統的に、そしてCEPAを通じて独自に存在する華南（広東省と香港）の状況、b）華北、華東は複数の省や直轄市が関係するのに対し、華南は香港を欠かせぬ構成要素とする。従って、外交戦略（国家戦略）が介在する問題・課題に華南（広東省と香港）を巻き込むことはできない、そして c）華南政策が京津冀共同発展、長江経済ベルトの「モデル」であり、「発展戦略」に指定するまでもなく、すでに進行中だからだ、との三つの答えを用意できるだろう。

　最後者について少し説明する。京津冀共同発展や長江経済ベルトは一見すると、1990年代半ばから勢いを増した沿海東部から内陸部への資本（産業）移転を促す地域開発戦略だが、内容を点検すると、「都市一体化」など華南政策の中心的な政策概念が盛り込まれ、むしろ城鎮化政策のなかに位置づけるのが適当であることが理解できる＊6。さかのぼれば「都市」を軸とする華北、華東の改革構想は、「大都市圏」の形成計画として2004年に立ち現われた。当時、勢いを増した城市化政策の文脈において着想された構想と推測されるが、華東については2010年5月、国務院が正式に承認した。第12次5カ年計画（第五編・第十八章第四節「東部地域の率先的発展への積極的支援」）でも大都市圏構想が言及された。このような2004年来の大都市圏建設構想が、残されていた華北と併せ「三大発展戦略」として完成に至ったと考えることができる（華南については2008年末に『珠江デルタ綱要』が発表）。なお、「三大発展戦略」の中心とされる一帯一路の原型は、城鎮化政策の先駆的政策であり、やはり城市化政策の流れに位置づけられる「横二本、縦三本」（2011年6月、既述）にあるということができる。

　＊6　2016年5月11日に開催された中国国務院常務会議で「長江デルタ都市群発展計画」が承認された。自由貿易区政策を長江経済ベルト全体に拡大する「都市群」を形成するもので、「新経済」（New Economy）を発展させるところに特徴がある。

　「三大発展戦略」は「新たな周期の地域経済一体化の三大戦略」と位置づけられている（「第13次5カ年計画は策定段階へ　四つのキーワード」『人民網日本語版』2015年10月29日）。すなわち、「沿海」と「内陸」、もしくは「東北部」、「中部」、「西部」、「東部」のように経済水準や地理的近接性に基づいて行政単位をまとめ＊7、一つの経済単位として発展を図る地域開発戦略はもはや陳腐化し、代わって〈都市－農村〉二元構造の打破と一体にな

った「新型城鎮化」がすでに開発戦略のフロントランナーとなった*8。それは単なる工業化（所得増加）ではなく、社会保障機能の充実を伴う生活空間の質的改善やイノベーションの刺激、学校や道路等の都市機能の拡充など、（製造業ではなく）サービスの生産・消費拡大を相たずさえる総合的な都市（城鎮）発展計画である。

 ＊7　沿海部を東部地域、内陸部を中部地域と西部地域に二分するという東部、中部、西部の「三大地帯区分」は、1986年に正式に提出され、同3月の第7次5カ年計画で決定した。三大地帯区分は、経済・技術の発展水準と地理的位置を考慮して決定された。東部は11省、市、自治区から、西部は西南、西北地区の9の省、自治区から（1997年に四川省から重慶市を分離し中央直轄市としたため、西部地区は10省、市、自治区に）、その他の省、自治区は中部となった。その後の第8次5カ年計画（1991〜95年）以降も、東部、中部、西部三大地帯区分が使われている。

 ＊8　清華大学国情研究院院長の胡鞍鋼によれば、中国政府は「京津冀」、「一帯一路」、「長江経済ベルト」の三大経済戦略を掲げることで、国土を4つに分割する「四大ブロック」（東部、中部、西部、東北部）というこれまでの概念を一新し、地域の一体的な開発を実現する。なかでも東西、南北をつなぐ長江経済ベルトが重要な役割を果たす（"長江経済ベルト発展戦略計画綱要"近く発表へ、投資規模は数兆元に」『中国網日本語版』2015年9月29日）。

このような華南政策の先行性や華南の独自性が存在するものの、一帯一路の始動を受け、華南政策は若干の軌道修正が行われつつあるように見える。華南政策は広東省全体ではなく、「珠江デルタ」に起点を置いたところがポイントだが、2016年に入り「汎珠江デルタ」を重視するようにもなった（2016年3月3日『国務院の汎珠江デルタ区域合作を進化させることに関する指導意見』国発［2016］18号。2016年4月20日『広東省人民政府「国務院の汎珠江デルタ区域合作を進化させることに関する指導意見」の転発の通知』粤府［2016］34号）。汎珠江デルタの重視は張徳江（江沢民－張徳江）時代の政策への回帰のように見えるが、同『指導意見』の中身を点検すると、こちらも新型城鎮化の思想に基づく、珠江デルタに重点を置いた広東政策が基本となっており、その拡充を狙ったものと理解するのがふさわしい。

1997年7月の香港の主権返還を挟み、過去30数年の北京中央政府－広東省－香港の関係を振り返ると、驚くほど安定的に推移してきたことがわかる。そのうち広東省は、香港と北京中央政府の両方をにらみつつ振る舞わ

終章　習近平体制と華南政策に関するノート

なければならない宿命にある。しかしその難しさについて北京中央政府は理解し、改革開放の実験地としての広東省の政策を尊重し、また中央の政策をその遂行段階でごり押しすることもなかった。そして香港と北京中央政府、香港と広東省政府との間では「相互に遠慮する関係」が保たれてきた。三者は大きな緊張関係をつくり出すことなく、適度な距離感の下で共存してきた。華南経済圏も華南政策も、そうした力学の下に形成された。

　「習近平の中国」では、「国家」が前面に迫り出しつつある。華南政策に関しては、中国の国家としての能動性と中国の一部としての華南の受動性をどう調和させるかが新たな課題として浮上しつつある、と言うことはできる。しかし、「国家」の前景化は、これまで繰り返し述べてきた通り、グローバル化が進展していることの裏返しである。前海金融特区（の設置）、アジアインフラ投資銀行（への香港加盟の拒否）、広東自貿区（の独自性）、三大発展戦略（への非指定）などに見られる通り、北京中央政府－広東省－香港が「相互に遠慮する関係」は、「国家」が強調されるなかでも確固としたものであり続けている。三中全会（中国共産党第18期中央委員会第3回全体会議。2013年11月）の決議や新型城鎮化政策に見られる通り、グローバル化が帰結する社会のロジックへの自覚も深い。姿かたちは変化しても華南政策は確実に継承されてゆくに違いないのである。

あとがき

　筆者は、1987年秋から香港で暮らす。中国、香港を主とするアジアの経済・産業分析を仕事とするが、これまで30年近い海外生活において感得したことがある。それは世の中の多くの中国、香港等の調査報告やマスメディアの報道は、「サラリーマンの論理」のうえになされているということである（フリーランスのジャーナリストも発表の場はサラリーマンが編集者であるマスメディアである）。

　「サラリーマンの論理」とは広義のセンセーショナリズムをいう。簡単に言えば、あるポストにある3年なり5年の間に、「驚くべき業績」をあげたり、「無難に仕事を完遂」したりして出世に結びつけようとする態度を指す。前者は生起したある事象をより扇動的な事柄へと脚色し報告する事態を、後者は面倒な説得をせずに済むよう影響力のあるメディアの論調に合わせて報告書を書いて上司や本社に届ける態度をさす。報道機関を含め大企業を中心に終身雇用体制が保たれ、3年〜5年程度の短い周期で様々な部署への人事異動がある日本では、特にこの「サラリーマンの論理」が鮮明である。

　こうした「サラリーマンの論理」のために任期の3〜5年に合わせて、例えば中国、香港に関する論調が一変するという事態が起こる。「中国は世界を制覇する」的な論調が3年続いたと思えば、大企業（マスメディア産業を含む）に大きな人事異動があったり、中小企業でも幹部級に人事異動が重なったりした年から「中国は崩壊する」に一変する。マスメディアの放送、発刊の周期である1日、1週間、1カ月、企業決算の周期である半年や1年の単位でその論調は雪ダルマ式に強まる（ネット時代の今日であれば、頻繁な更新によりアクセス数を稼ぐため数10分周期の場合もある）。世界に特段の変化が見られないにもかかわらず、である。部数、視聴率をのばしたい‥‥。前任者と同じ仕事をしていては出世ができない‥‥。良くも悪くも「客観情勢」に「変化」がほしい‥‥。業績不振の原因を中国経済の悪化に帰すれば自己の経営責任を問われずに済み、株主にも説明しやすい‥‥。

前職で大した根拠なく中国を低く評価した数々の「前科」もある‥‥。業績不振の本当の原因が、例えば中国法人、支社へ赴任中の経営の失敗にあるにもかかわらず、それを素直に本社に報告すれば出世に支障が出る‥‥。「景気後退」や「構造問題」の表面化、もしくは「中国当局の失策」が原因などとする権威ある調査報告書があれば‥‥。そうした趣旨の報告書の作成を大手シンクタンクや法律・会計事務所等に依頼しよう‥‥。近年は給与が抑えられ、原稿料や印税をあてにする大手証券会社や銀行の分析員が同様の本やレポートを書いてくれれば‥‥。幸い、日本の現政権は反中（親中）、反共（親共）だ――。

　これに対し、日本の読者、視聴者、本社の人間はそうした報告を「信頼できる現地最新情報」と捉え、「やはりそうか」と納得する。その様子を見て、マスメディアの日本本社は、「中国経済の悪化は深刻、××社の本社幹部も頭を抱える」などとするストーリーを嬉々としてつくり上げる。中国内部の情報の送り手はその様を見て、「現地最新調査報告」の影響力の大きさに驚き、次いで業績不振の責任追及を逃れ得たことに安堵し、よりセンセーショナルな報告に傾斜する。まさに「負の連鎖」である。

　恐るべきは近年、この傾向が公的調査・研究機関や最も厳格な分析や調査報告を求められるはずの大学にも伝染しつつあることである。研究者や大学教員、その予備軍の評価が、「社会的貢献」と称してマスメディアへの露出で定まる傾向が強まっているからである。そしてマスメディアで求められるのは、前述の通り、客観的分析というより、より多くの読者や視聴者を引き付ける「驚くべき」もしくは「無難な」分析である。少子化や財政難から市場化、商業化の波にさらされる公的機関や大学も「負の連鎖」と無縁ではいられない。

　幸か不幸か、本書で論じた香港と中国は、そうした「負の連鎖」が最も鮮明に現われやすい場所の一つである。「世界で最も自由な香港」が「世界最大の社会主義国の中国」の一部として存在するという1997年7月後の状況は、きわめて明快で情緒的な物語を創作可能な格好の舞台となるからである。実際、「悲劇の香港物語」は、主権返還後の香港論の主流を形成するストーリーとなった。

　筆者はこのような「サラリーマンの論理」を反面教師としつつ本書を書

あとがき

いた。

　どんな基準で見ても、過去30数年の中国の改革開放政策がその人民や香港市民を不幸にしたとは考えられない。その意味において、中国共産党や中国の中央、地方政府、そして香港政府は大いに評価されるべきである。改革開放期の「最大の危機」はおそらく1989年の天安門事件だろうが、それでも中国は崩壊しなかった。それどころか、その事態をどう価値評価するかの問題は別として、世界最大の人口を抱える社会主義国家は世界第2位の経済大国となった（これ自体が既存の社会科学の知見では完全な説明が不可能な問題である）。その中国が引き続き改革を進めるのであれば、そして改革の続行を世界が望むのであれば、その諸政策が世界を一定度不安定化させるのは、恐らく避けがたい。

　香港にとっての「最大の危機」は1997年7月1日の主権返還だろうが、中国本土と同じく崩壊も衰退もしなかった。筆者にとっても1997年7月1日は、生活上も仕事上も、カレンダー上の1日にすぎない。

　香港にとってあえて重要な日付を挙げるとすれば、それは1987年から1990年までの3年間だろうか。

　1984年の香港返還に関する中英交渉の妥結を経て、1985年から香港では基本法の起草が始まった。その最大の制約条件は、基本法（1997年7月1日発効）と香港の立法評議会への直接選挙の導入スケジュールは「接合」（「合致」とでも訳そうか）すべきとの中国側の要求だった。つまり、選挙制度に関して1997年7月の前後で切断をつくり出してはならないとの考え方だが、1987年に直接選挙（業界団体の代表などではなく、市民が有権者として直接に議員を選ぶ）を控えていた香港の民主推進派はこれに反発し、民主化運動は大きな盛り上がりを見せた。少なくない香港の民主推進派は基本法起草委員に選ばれており（基本法起草委員は中国政府が任命）、起草過程で抵抗を続けたが、起草は終始「基本法は中国の主権に関わる内政問題」とする中国政府主導で進んだ。

　他方、経済面では当時、プラザ合意を受けて円高が進行し、日本の地方の中小企業の広東省進出が相次ぎ、それにつれて地方銀行の香港進出が急増した。香港企業中心だった華南経済圏が国際色を強め、「世界の華南経済圏」となったのはこの頃である。

　ところが1989年初夏に北京で天安門事件が起こった。それは英国政府、

389

香港政庁はもちろん、北京政府すら想定外の出来事であり、主権返還作業に大きな影を落とした。香港では、民主化を加速することが一国両制の保障だとのロジックが勢いを増し、起草が最終段階を迎えていた基本法に民主化（普通選挙導入）スケジュールを明記すべき、との民意がより強まった。それは普通選挙こそが「高度な自治」を保障し——天安門事件のような——暴挙や「暴君」からの干渉を防ぐ唯一の方法だとの発想に基づいていた。しかし、1992年の鄧小平の広東省視察が香港に新風を吹き込んだ。華南経済圏は盛り返した。経済的繁栄は民主化要求を大きく後退させた。しかし、その後の中国の金融・財政引き締め、アジア経済危機、ICT革命の進行、中国のWTO加盟などは、華南経済圏の衰退と分析枠としての有効性の低下を招いた。その経緯は本文で述べたとおりである。

　「華南研究」もその頃から大きく変わった。華南が「香港」と「広東省」に切断され、なおかつ「広東省」は全体として国力を増した「中華人民共和国」の部分へと相対化されたことで、「華南研究」は「香港研究」と「中国研究」へと二分された形になったのである。そのような独立性を高めた「香港研究」が、（本質的に国境をも無化し同質化を進める資本運動に着目する経済研究ではなく）、香港の独自性を強調する「香港政治研究」に傾いたのは自然の成り行きである。

　しかし、そうした香港と広東省の間に不連続線が引かれることで成立する「香港政治研究」は、香港や華南の研究意義やその魅力を自ら失わせてしまった、と筆者は考えている。それは恐らく、「香港政治研究」がまさに香港域内の問題である「香港選挙制度改革研究」に矮小化されるベクトルをはらんでいることに起因する。

　「香港選挙制度改革研究」は二つの意味で意義が乏しいと考える。

　一つは、「選挙制度改革研究」そのものに関わる問題である。グローバル化に伴い、ボーダー（国境、境界線）で閉ざされることを前提とする「国家」や「地域」、さらに「国民」などの概念の有効性は低下する。すなわち、17世紀以来の主権国家、より狭義では選挙に基づいて構成される政府をいただく「民主国家」（マルクス主義の考え方ではブルジョア民主主義国家）の存立基盤、そして研究意義も弱体化する。一方、「国際政治」という領域は存在しても、「国際民」や「国際政府」が存在するわけではないので、「国際社会」としての明確な意思集約・決定は不可能であり、し

あとがき

たがって、「国際政治」は厳密には成立しえない。言及される「国際政治」は、実際には「外交交渉」や「国際関係」、もしくは国際機関の機能、意思決定過程、諸問題などである場合が多い。何より、グローバル化により、選挙という民意集約メカニズムそれ自体の有効性が薄れているのであれば、仮に世界の人々もしくはその代理人が選挙を通じて「国際政府」を構成したとしても、その存在意義はなきに等しい。普通選挙（もしくは直接選挙）という政治的手続きが香港でいまなお有効なのか、必要なのか、有効だとしてどれほど有効であり必要なのか、真剣に検討すべきではないだろうか。普通選挙（直接選挙）という「民主主義制度」が完全には存在しないにもかかわらず、政治・経済の中心地を──西側民主主義国家では絶対にありえない──3カ月近くにもわたり占拠できた事実を思い起こせば、そのような知的作業の必要性はなおさらである。

　もう一つは、自決権を有さず、独立の選択肢も持たない香港における選挙制度改革の意味、意義である。

　およそ1980～97年まで「香港政治」とは、香港市民500万人余りの民意が介在する、香港の主権の帰属をめぐる中英外交だった。その中英外交は冷戦期、もしくは冷戦終結直後において展開されたため、香港を中国ウォッチの拠点としてきた米国をはじめ国際的な注目も集めた。ところが、主権移行（主権返還）により、香港問題は「外交問題」から「中国内政問題」へと変わり、香港政治を香港（中国香港特別行政区）域内の選挙制度改革問題とイコールで結ぶベクトルが強まった。しかしこの変化は、本来はよりダイナミックなものであるはずの香港政治をきわめて瑣末的なものとした。というのも、香港はそもそも自決権も独立権も有さないからである。

　自決権を持たない香港の地位は、中国の要求に基づき1972年の国連決議で香港が国際連合非自治地域リストから外されることで確定した。その決議により香港独立の選択肢がなくなった。1972年の時点で、英国が持っていた香港の主権が、その時点では時期や方法は未決だったものの、中国に「返還」されることが実質的に決まったのである。その当時から、英国政府内部でどのような「香港返還作戦」が進んだのか、もしくはまったく進まなかったのか、などは今も解明が待たれる歴史のブラックボックスである。

　主権返還後も同様である。自決権のない香港の将来の在り様をめぐる中

391

英交渉により、1997年7月1日にその主権が中華人民共和国に返還されることが決まった。実際に同日、中華人民共和国香港特別行政区が成立した。「香港国」が誕生したわけではなかった。

ならば、香港の選挙制度改革とはいったい何なのか？ 行政首長の選出であれ国会議員（立法会議員）のそれであれ、普通選挙の全面実施を最終目標とする選挙制度改革がまったく有効性を持たないことは明らかである。普通選挙それ自体は返還後の中国特別行政区・香港に約束された「高度な自治」を保障するものではない。いや、一国両制のアレンジにおいては、「高度な自治」を保障する外的規範など存在しないのである。しばしば言及されてきた「国際社会の目」は、「自由香港を共産中国に売り渡した国際社会」自らの慰めにしかならない。「高度な自治」を保障するのは、「香港と北京中央政府は相互に干渉しないが、中国共産党による中華人民共和国の一党支配を脅かす政治運動については、北京中央政府は絶対に容認しないし、香港側もそうした行動は起こさない」という、文書化できない、香港と北京中央政府の間の「あうんの呼吸」や「暗黙の了解」なのである。

ならば、香港における選挙制度改革は、北京中央政府の転覆をめざす革命運動なのだろうか？ 北京中央政府は1972年に香港独立の道を法的に閉ざしたが、実践的には1982年の香港返還に関する中英交渉以降、香港の選挙制度改革の動きが「民主化」運動に拡大し、さらに国家転覆運動へと発展する事態を強く警戒してきた。その警戒心はこれまで、天安門事件(1989年)と雨傘運動(2014年)の二度、最高潮に達した。

香港の選挙制度改革もしくは「民主化運動」について、革命運動のベクトルをはらむ「700万人による本国転覆活動」と捉えるのであれば、それは世界一の人口を抱え、GDP基準で世界第2位の経済規模を持つ、世界最大の社会主義国家の存続に関わる、最高度に重要な調査・研究領域である。しかし、そうした革命運動が香港市民はもちろん、諸外国の諸勢力、そして中国本土の市民からどれだけの支持を得ることができるか、大いに疑問である。また、香港の「民主化運動」の指導者自身がそもそもそうした革命指向を有しているかについても最大級の疑問符がつく。「香港国」樹立は恐らく、可能性ゼロのまったくの絵空事にすぎないのである。

香港の主権返還前の1990年代初め、シンガポールの知人が「香港は恵ま

れていますよ。中国の一部になっても香港であり続ける。最悪でも、生活水準が多少は下がったとしても、同じ言葉を話し生活習慣もほとんど同じ広東省の一部として存在し続ける。同様のアレンジ（一国両制のようなアレンジ）をしても、シンガポールは（イスラム教徒とマレー人が大多数を占める）マレーシアと一緒になれば跡形もなくなってしまう」と言っていたのを思い出す。こうした香港と広東省の歴史的、血縁的、文化的、地縁的同一性・近似性こそ、華南経済圏、華南政策を生み出し、香港と北京中央政府の間で「あうんの呼吸」や「暗黙の了解」を可能とする最大で、他の場所では見出しにくい特有の条件なのである。

　香港社会を含め、中国人社会の特徴そして強さは恐らく、選挙や市場原理など近代が生み出した人工的な政治的、経済的諸制度に依存することなく、住民が相互扶助的に生存できる点にある。このことは「治外法権地区」の趣で存在する世界のチャイナタウンを見れば明らかである。英国殖民地時代の香港も同様である。香港中国人は、英国人社会と極力接点を持たない独自世界を形成し、それが近代の基準から見て「無法地帯」もしくはそれに近い状態にあったとしても、英国人の目先の利益や植民地統治を脅かすものでなければ、英国人はそれを容認した。そうした近代の（自由権もしくは社会権に基づくものであれ）「制度的自由」からの一種の離脱状態としての「自由」の容認が安定した植民地統治につながった。

　人為的に構築される政治・経済諸制度に頓着しない、しかしあえて挑むこともないこの中国人の「前近代性」、保守性、受動性は、マレーシアを追い出されシンガポールを建てざるを得なかったリー・クアンユー元首相（2015年3月死去）には頭の痛い問題だった。マレーシアに再吸収されることなく、多数の近代国家が近代の諸ルールに基づいて形成する「国際社会」のなかで確かな地位を築くべく、手の洗い方からゴミの捨て方まで生活習慣全般の改変を含め、独裁的な手法で「近代化」を急いだ。これに対し香港は、間違いなく「近代風の社会」を有するが、近代国家ではなかったし、今後ともそうはならない。

　筆者はこれまで2冊の著書（『香港情報の研究』『中国膠着』）を書いたが、両著に共通する問題意識は香港と中国本土との関係における「連続性」である。アヘン戦争以後の中国・アジアの近代史において華南（香港と広東省）が独自の存在感を示してきたのは、おそらく華南が近代国家（英国と

中華民国、英国と中華人民共和国）のボーダーによっては決して分断されない、ひと続きの場所として存続し得たからである。その「連続性」は主権返還後に採用されている「一国両制」（中華人民共和国という一国内部に高度な自治を有する資本主義地域として香港特別行政区が存在する）の下においても変わらない。なぜならその「連続性」は恐らく、華南が保つ「非近代性」に由来するからである。

　本論は「華南新論」とでも呼べるものである。それは「華南経済圏」とも「香港域内政治論」とも異なる、経済・政治諸制度を包含する生活レベルにおける第三の研究領域を開くものと考えている。その越境的かつ「脱・政治経済制度的アプローチ」は、グローバル化の時代において大きな有効性と意義を有するものと考えている。

　筆者は1995年から主権が返還された1997年7月までの約2年間、主権返還に関する意見や見方等を探るため多くの政治家や高級官僚、企業人にインタビューを行った。その数は100人近くにのぼるが共通の質問を一つした。すなわち「あなたは香港の歴史はいつ始まったと思うか」という問いである。意外だったのは、「1842年」（南京条約の締結）や「1912年」（中華民国の建国）、「1976年」（周恩来と毛沢東の死去）、「1979年」（改革開放政策の始動）などと答えた人物が皆無だったことである。そして驚いたのは、民主派や親中派の人士が例外なく「1949年」（中華人民共和国の建国）を挙げたことである。植民地の香港を陰で牛耳ったといわれる英国系ジャーディン・グループの幹部で立法評議会（立法会の前身）議員も務めた人物は「それは引っ掛け質問だな。まあ、ご期待の通り、1842年にしておこうか」と笑いながら答えた。当時はなお一定の勢力を保持した財界系政治集団の代表は「1960年代かな。それまで香港には何もなかったさ。ハッハッハ」と回答した。

　おおむね対立的に語られる民主派と親中派に共通した「1949年」という回答の背後にある思い、考えはいったい何だろうか？　それは恐らく、香港は中国とは違うが、香港の未来は中国共産党の中国、つまり中華人民共和国との関係においてしか描けないとの「高度な自治」の実践に関する現実的そして冷徹な認識だろう。それは民主派の民主化運動に一定のブレーキをかけ続けている何物かであり、また天安門事件の際に100万人以上

あとがき

の香港市民を街頭示威行動へと駆り立てた何らかの感情と通底する。ところが、もし同様の質問を独立派の人士にぶつけるとするならば、「『香港の歴史』はこれからだ。特定の日付を挙げろと言うのなら、1997年7月1日かな」という返事が何の躊躇もなく返ってくるに違いない。

　そのような独立勢力を支持するポスト返還世代に本書をささげる。
　香港や香港市民は、恐らくサラリーマンの論理とは最も遠い場所に位置する場所であり、人々である。その市民は政府や組織が構築する制度（政策や規則）に包含されることを嫌い、独自の"メディア"（＝媒介手段＝人間身体、道具、機械等）を用いて自らが置かれた状況を冷静に分析し、政府や組織に頼ることなく問題解決を図る本能的ともいえる自活能力を持つ。政府や組織も、社会への介入が過ぎると市民に疎まれ、むしろ社会の安定を損なうとの伝統的な知恵に基づいて、その制度をシンプルかつ最小限なものにとどめ、また市民の自活能力を発揮させるべく最大限の自由を保障している。「命じられた数年の任期を制度という『温かい布団』にくるまれて無難にすごそう」などというサラリーマンの論理とはかけ離れた場所にいるからこそ、多様な生命活動が緊張感ある調和となって開花し、経済的にも繁栄する今日の香港が築かれているのである。

　（本論は筆者の「"広東政策"から"華南政策"へ～『珠江デルタ地区改革発展計画綱要』に見るグローバル化による開放パラダイムの転換について」[『アジア研究』アジア政経学会第57巻第1号]、および四つの学会発表すなわち「『華南政策』の形成と展望～反グローバリゼーションの橋頭堡として」[2009年度アジア政経学会全国大会]、「汪洋の幸福論～改革開放政策の新たな視野」[2013年度アジア政経学会東日本大会]、「香港に対するグローバル化の影響～『制度的民主化』から『市民的民主化』への転回」[2015年度アジア政経学会全国大会]、「華南にみる改革開放政策の新たな可能性～経済成長から生活の質へ、そして香港の対応は？」[日本華南学会2015年12月]に基づいている）

参考文献

■はじめに

愛みちこ（2010）、「中国からの不法移民～香港への密航を中心に～」 ICCS Journal of Modern Chinese Studies Vol.2（1）

陳永傑（2014）、「港珠澳融合的規画願景興現実挑戦」。梁潔芬、盧兆興（編著）（2014）、『珠江三角州発展興港澳的融合』香港城市大学出版社に収録

Kit-chun Lam and Pak-wai Liu（1998）, *Immigration and the Economy of Hong Kong*, City University of Hong Kong Press.

Siu Yat-ming（1999）, *New Arrivals: A New Problem and an Old Problem*, in Larry Chuen-ho Chow and Yiu-kwan Fan eds., *The Other Hong Kong Report 1998*, Hong Kong: The Chinese University Press.

■序章

ヴォーゲル・エズラ、中嶋嶺雄（訳）（1991）、『中国の実験～改革下の広東』日本経済新聞社。Vogel, Ezra F.（1989）, *One Step Ahead in China: Guangdong under Reform*, Harvard University Press.

大橋英夫（1998）、『米中経済摩擦～中国経済の国際展開』勁草書房

関志雄（2007）、『中国を動かす経済学者たち～改革開放の水先案内人』東洋経済新報社

沢田ゆかり（編著）（1997）、『植民地香港の構造変化』アジア経済研究所

陳文鴻、大橋英夫（訳）（1991）、『中国改革開放の経済』蒼蒼社

チェン・K・Y・エドワード、丸屋豊二郎（編著）（1992）、『中国の「改革・開放の10年」と経済発展』アジア経済研究所

中野謙二、大橋英夫、坂井臣之助（編著）（1996）、『香港返還～その軌跡と展望』大修館書店

ハーヴェイ・デビッド、渡辺治、森田成也、木下ちがや、大屋定晴、中村好孝（2007）、『新自由主義～その歴史的展開と現在』作品社。Harvey David, A.（2005）, *Brief History of Neoliberalism*, Oxford University Press.

丸屋豊二郎（編著）(1993)、『広東省の経済発展メカニズム～改革開放、経済発展、社会変容』アジア経済研究所

森一道（2008）、『中国膠着』芙蓉書房出版

森一道（2011）、「"広東政策"から"華南政策"へ～『珠江デルタ地区改革発展計画綱要』に見るグローバル化による開放パラダイムの転換について」『アジア研究』アジア政経学会、第57巻第1号

渡辺利夫(1993)、『華南経済〜中国改革・開放の最前線』勁草書房
陳永傑(2014)、「港珠澳融合的規画願景興現実挑戦」。梁潔芬、盧兆興（編著）(2014)、『珠江三角州発展興港澳的融合』香港城市大学出版社に収録
Vogel, Ezra F.(1969), *Canton Under Communism: Programs and Politics in a Provincial Capital, 1949-1968*, Harvard University Press、

■第1章

アンダーソン・クリス、篠森ゆりこ（訳）(2006)、『ロングテール〜「売れない商品」を宝の山に変える新戦略』早川書房。Anderson, Chris, 2006, *The Long Tail: Why the Future of Business is Selling Less of More*, Hachette Books.

アンダーソン・クリス、高橋則明（訳）、小林弘人（監修）(2009)、『フリー〜＜無料＞からお金を生みだす新戦略』日本放送出版協会。Anderson Chris, 2009, *Free: The Future of a Radical Price*, Hyperion.

アンダーソン・クリス、関美和（訳）(2012)、『MAKERS 〜21世紀の産業革命が始まる』NHK出版。Anderson, Chris, 2012, *Makers: The New Industrial Revolution*, Crown Business.

猪口孝（2014)、『アジアの幸福度』岩波現代全書
枝廣淳子、草郷孝好、平山修一（2011)、『GNH（国民総幸福）〜みんなでつくる幸せ社会へ』海象社
枝廣淳子（2015)、『レジリエンスとは何か〜何があっても折れないこころ、暮らし、地域、社会をつくる』東洋経済新報社
大竹文雄、白石小百合、筒井義郎（編著）(2010)、『日本の幸福度〜格差・労働・家族』日本評論社
大橋英夫（1998)、『米中経済摩擦〜中国経済の国際展開』勁草書房
小野伸一(2010)、「幸福度の測定をめぐる国際的な動向について〜新たな指標策定の試み〜」『立法と調査』参議院調査室
加藤弘之(2003)、『地域の発展』（シリーズ現代中国経済）名古屋大学出版会
木村和範(2008)、『ジニ係数の形成』北海道大学出版会
グラハム・キャロル、多田洋介（訳）(2013)、『幸福の経済学〜人々を豊かにするものは何か』日本経済新聞出版。Graham, Carol, 2011, *The Pursuit of Happiness : An Economy of Well-Being*, Brookings Institute Press.
コイル・ダイアン、高橋璃子（訳）(2015)、『GDP──〈小さくて大きな数字〉の歴史』みすず書房。Coyle, Diane(2015), *GDP: A Brief but Affectionate History; Revised and Expanded Edition*, Princeton Univ Press.
小島朋之(2005)、『崛起する中国〜日本はどう中国と向き合うのか？』芦書房

参考文献

小島朋之（2005）、『中国の政治社会～富強大国への模索』芦書房
小島朋之（2008）、『和諧をめざす中国』芦書房
斎藤重雄編（2001）、『現代サービス経済論』創風社
サンスティーン・キャス、石川幸憲（訳）（2003）、『インターネットは民主主義の敵か』毎日新聞社。Sunstein, Cass, 2009, *Republic.com 2.0*, Princeton University Press.
ジョーンズ・エリック・ライオネル、天野雅敏、重富公生、小瀬一、北原聡（訳）（2007）、『経済成長の世界史』名古屋大学出版会。Jones, Eric Lionel, 1988, *Growth Recurring: Economic Change in World History*. University, Oxford University Press.（訳本は第二版）
鈴木多加史、西田稔（2001）、『サービス・エコノミーの展開』御茶の水書房
鈴村興太郎、後藤玲子（2001）、『アマルティア・セン～経済学と倫理学』実教出版（改装新版）
スティグリッツ・ジョセフ.E.、フィトゥシ・ジャンポール、セン・アマルティア、福島清彦（訳）（2012）、『暮らしの質を測る—経済成長率を超える幸福度指標の提案』金融財政事情研究会。Joseph E. Stiglitz, Jean‐Paul Fitoussi, Amartya Sen(2009), *Mis-measuring Our Lives: Why GDP Doesn't Add Up*, The Report by the Commission on the Measurement of Economic Performance and Social Progress,
セン・アマルティア、鈴村興太郎（訳）（1988）、『福祉の経済学～財と潜在能力』岩波書店。Sen, Amartya K., 1985, *Commodities and Capabilities*, North-Holland.
セン・アマルティア、大庭健、川本隆史（訳）（1989）、『合理的な愚か者～経済学＝倫理学的探究』勁草書房。Sen, Amartya K., 1997, *Welfare and Measurement* (Revised Edition), Harvard University Press.
セン・アマルティア、池本幸生、野上裕生、佐藤仁（訳）（1999）、『不平等の再検討～潜在能力と自由』岩波書店。Sen, Amartya K., 1992, *Inequality Reexamined*, Clarendon Press.
ゾッリ・アンドリュー、ヒーリー・アン・マリー、須川綾子（訳）（2013）、『レジリエンス 復活力～あらゆるシステムの破綻と回復を分けるものは何か』ダイヤモンド社。Zolli, Andrew, and Healy, Ann Marie, 2013, *Resilience : Why Things Bounce Back*, Simon & Schuster.
橘木俊詔（2016）、『新しい幸福論』岩波新書
唐亮(2012)、『現代中国の政治～「開発独裁」とそのゆくえ』岩波新書
トフラー・アルビン、徳岡孝夫訳(1982)、『第3の波』中公文庫。Toffler, Alvin, 1980, *The Third Wave*, William Morrow & Company, Inc.

ドゥロネ.J.C., ギャドレ.J., 渡辺雅男訳（2000）、『サービス経済学説史～300年にわたる論争』桜井書店。Delaunay, Jean-Claude, Gadrey, Jean, 1992, *Services in Economic Thought: Three Centuries of Debate*, Springer.

内閣府（2011）、『幸福度に関する研究会報告～幸福度指標試案～』

ネグロポンテ・ニコラス、福岡洋一（訳）（2001）、『ビーイング・デジタル～ビットの時代（新装版）』（旧版は1995年）アスキー。Negroponte, Nicholas, 1995, *Being Digital*, Knopf.

羽田昇史（1993）、『サービス経済論入門（改定版）』同文舘出版

羽田昇史（1998）、『サービス経済と産業組織』同文舘出版

パリサー・イーライ、井口耕二（訳）、（2012）、『閉じこもるインターネット』早川書房。Pariser, Eli, 2011, *The Filter Bubble : What the Internet Is Hiding from You*, Penguin Press.

広井良典（2001）、『定常型社会～新しい「豊かさ」の構想』岩波新書

広井良典（2015）、『ポスト資本主義～科学・人間・社会の未来』岩波新書

福島清彦（2011）、『国富論から幸福論へ～GDP成長を超えて暮らしの質を高める時代』税務経理協会

フライ・ブルーノ・S、白石小百合（訳）（2012）、『幸福度をはかる経済学』NTT出版。Frey, Bruno S., 2008, *Happiness: A Revolution in Economics*, The MIT Press.

フリードマン・トーマス、伏見威蕃（訳）（2006、2008）『フラット化する世界』（上、下）日本経済新聞社。Friedman, Thomas L., 2005, *The World Is Flat: A Brief History of the Twenty-first Century*, Farrar, Straus and Giroux.

ヘルマン・ウルリケ、猪股和夫（訳）（2015）、『資本の世界史～資本主義はなぜ危機に陥ってばかりいるのか』太田出版。Herrmann, Ulrike, 2013, *Der Sieg des Kapitals : Wie der Reichtum in die Welt kam. Die Geschichte von Wachstum, Geld und Krisen*. Westend Verlag.

ベル・ダニエル、林雄二郎（訳）（1976/77）、『資本主義の文化的矛盾』講談社学術文庫。Daniel Bell(1976), *The Cultural Contradictions of Capitalism*, Basic Books.

ベンシャハー・タル、坂本貢一（訳）（2007）、『Happier』幸福の科学出版。Ben-Shahar, Tal（2007）, *Happier: Learn the Secrets to Daily Joy and Lasting Fulfillment*, McGraw-Hill Professional.

ボッツマン・レイチェル、ロジャース・ルー（2010）、『シェア〈共有〉からビジネスを生みだす新戦略』日本放送出版協会。Botsman, Rachel and Rogers, Roo, 2010, *What's Mine Is Yours: The Rise of Collaborative Consumption*, HarperBusiness.

参考文献

間宮陽介(2006)、『増補ケインズとハイエク〜〈自由〉の変容』ちくま学芸文庫
宮崎康二(2015)、『シェアリング・エコノミー〜 Uber、Airbnb が変えた世界』日本経済新聞出版社
森一道（2003）、「知識の国際移動に関する考察〜開発とコミュニケーションの設計に関するノート」東京経済大学『コミュニケーション科学』第18号
森一道（2006）、「コミュニケータ論〜「技術共有」社会の技術伝道者」東京経済大学『コミュニケーション科学』第24号
ラトゥーシュ・セルジュ、中野佳裕（訳）(2010)、『経済成長なき社会発展は可能か？〜〈脱成長〉と〈ポスト開発〉の経済学』作品社。Latouche, Serge, 2004, *Survivre au développement. De la décolonisation de l'imaginaire économique à la construction d'une société alternative*, Paris, Mille et une nuits and 2007, *Petit traité de la décroissance sereine*, Paris, Mille et une nuits などを収録
ラトゥーシュ・セルジュ、中野佳裕（訳）(2013)、『〈脱成長〉は、世界を変えられるか〜贈与・幸福・自律の新たな社会へ』作品社。Latouche, Serge, 2010, *Pour sortir de la société de consommation : Voix et voies de la décroissance*, Paris, Les liens qui libèrent.
ラミス・C.ダグラス（2004）、『経済成長がなければ私たちは豊かになれないのだろうか』平凡社
リフキン・ジェレミー、田沢恭子（訳）(2012)、『第三次産業革命〜原発後の次代へ、経済・政治・教育をどう変えていくか』インターシフト。Rifkin, Jeremy, 2011, *The Third Industrial Revolution: How Lateral Power Is Transforming Energy, The Economy, and The World*, St. Martin's Press.
リフキン・ジェレミー、柴田裕之（訳）(2015)、『限界費用ゼロ社会〜〈モノのインターネット〉と共有型経済の台頭』NHK出版。Rifkin, Jeremy, 2015, *The Zero Marginal Cost Society: The Internet of Things, the Collaborative Commons, and the Eclipse of Capitalism*, Griffin.
リースマン・デイビッド、佐々木徹郎・鈴木幸壽・谷田部文吉（訳）(1955)、『孤獨なる群衆』みすず書房）。デイヴィッド・リースマン、加藤秀俊（訳）(1964)、『孤独な群衆』みすず書房。 Riesman, David, 1950, *The Lonely Crowd: A Study of the Changing American Character*, Yale University Press.
丁開杰（2009)、「城郷社会管理一体化的実現途径」『四川行政学院学報』2009年第5期（2009年11月11日）
　http://www.cctb.net/llyj/xswtyj/zdjs/200911/t20091111_14325.htm
寥京山（総顧問）(2015)、『粤港澳合作報告』中国文化院有限公司
陸学芸主編（2002)、『当代中国社会階層研究報告』社会科学文献出版社

陸学芸主編（2004）、『当代中国社会流動』社会科学文献出版社
司徒永富、陶濤（2009）、『金融海嘯－対中港両地的影響』匯智出版
王一洋（主編）（2010）、『広東双転移戦略～広東経済転型之路』広東経済出版社
Hill, T. P., 1977, *On Goods and Services*, Review of Income and Wealth, Vol. 23., No. 4, Dec. 1977.

■第2章
小野伸一（2010）、「幸福度の測定をめぐる国際的な動向について～新たな指標策定の試み～」『立法と調査』参議院調査室
加藤弘之（2003）、『地域の発展』（シリーズ現代中国経済）名古屋大学出版会
『広東ニュース』在広州日本総領事館
日本貿易振興機構（2010）、『中国「新興」地域の事業環境と日系企業のビジネスチャンスとリスク』
陳振光（2014）、「港澳的城市規画興珠三角的発展」梁潔芬、盧兆興（編著）（2014）、『珠江三角州発展興港澳的融合』香港城市大学出版社
広東省統計局『広東新型城鎮化現状問題と対策』2014年12月9日
広東省統計局『産業構造転換・高度化が広東経済の発展を推進する～第11次5カ年計画期以降の省全体と珠江デルタの構造転換と高度化状況分析』2014年12月18日
李偉、宋敏、沈体雁（主編）（2014）、『新型城鎮化発展報告2014』社会科学文献出版社
李偉、宋敏、沈体雁（主編）（2015）、『新型城鎮化発展報告2015』社会科学文献出版社
陸学芸主編（2002）、『当代中国社会階層研究報告』社会科学文献出版社
王廉、張勇（2012）、『大伝型～幸福広東率先垂範』暨南大学出版社
王一洋（主編）（2010）、『広東"双転移"戦略～広東経済転型之路』広東経済出版社
呉国昌（2014）、「澳門管治如何回応珠三角的融合」。梁潔芬、盧兆興（編著）（2014）、『珠江三角州発展興港澳的融合』香港城市大学出版社に収録
叶篤初主編(2009)、『党的建設辞典』中共中央党校出版社
http://dangshi.people.com.cn/GB/151935/175422/ も参照
一国両制研究中心(2004)、『香港特別行政区政府中央政策組：香港興汎珠三角区域合作～背景報告』

■第3章
宇野和夫（2005）、「中国の群衆犯罪事件の概念と特徴」『文化論集第27号』早稲

参考文献

田大学2005年9月。元の資料は李永寵ほか「関於群体性事件的理性思考」(『晋陽学刊』2004年第1期)、「中央急研処理群体性事件機制」(『大公報』2005年7月12日)等

角崎信也（2012）、「『群体性事件』の発生メカニズム～『圧力型体制』の視点から」国際問題研究所

角崎信也（2013a）、「農村『群体性事件』の構造分析」、日本国際問題研究所『政権交代期の中国：胡錦濤時代の総括と習近平時代の展望』に収録

角崎信也（2013b）、「中国の政治体制と『群体制事件』」、鈴木隆、田中周（編）『転換期中国の政治と社会集団』国際書院に収録

木村和範（2008）、『ジニ係数の形成』北海道大学出版会

許憲春、李潔〔訳者代表〕（2009）、『中国のGDP統計』新曜社

肖敏捷（2015）、「成長のけん引役も果実も『官』から『民』へ～大転換を図る中国経済」1月7日 http://bizgate.nikkei.co.jp/article/83242518.html

張長武（2013）、「中国における外資企業の集団争議と工会（労働組合）の役割～日系偉業の工会を中心に～」『鶴山論叢』第12・13号2013年2月28日

日本貿易振興機構（2008）、『広州ニューズレター』8月20日号（元資料は現地報道）

早川誠（2014）、『代議制という思想』風行社

待鳥聡史（2015）、『代議制民主主義』中公新書

李潔（2012）、「日本と中国のGDP統計作成の比較」『大阪経済大学論集』第63巻第2号

李妍（2012）、『中国の市民社会～動き出す草の根NGO』岩波新書

労働政策研究・研修機構（2008）、「労働争議が急増」2008年10月

劉金田主編（2012）、『幸福中国』湖南教育出版社

陸学芸他編（2012）、『社会藍皮書二〇一三年中国社会形勢分析与預測』社会科学文献出版社

羅佳（2014）、「城市幸福感：測評模式与影響因素」『読写算』(教育教学研究) 第18期6月19日 http://www.scimao.com/read/2151963

亓寿伝（2013）、『中国居民主観幸福感与公共政策:基于微観調査数据的計量分析』中国社会科学出版社

于建嶸（2011a）、「従維穏的角度看社会転型期的拆遷矛盾」『中国党政幹部論壇』第一期

于建嶸（2011b）、『底層立場』上海三聯書店

王学輝ほか（2010）、『群発性事件～防範機制研究』科学出版社

王廉、張勇（2012）、『大転型～幸福広東率先垂範』暨南大学出版社

邢占軍（主編）（2014）、『中国幸福指数報告（2006～2010）』社会科学文献出版

社
鄭杭生、崔耀中（主編）（2014）、『幸福社会～提升幸福感的多元視角』中国人民大学出版社
中国国家統計局（2010）、『新世代農民工の数量、構造、特徴』（3月19日）
中国国家統計局（2010～16年各年）、『農民工監測調査報告』
Whyte, Martin King (2010), *Myth of the Social Volcano: Perceptions of Inequality and Distributive Injustice in Contemporary China*. Stanford University Press.

■第4章
田中修（2011）、「中国共産党第十二次五ヵ年計画建議のポイント」財務省第1回中国研究会1月13日
陳振光（2014）、「港澳的城市規画興珠三角的発展」。梁潔芬、盧兆興（編著）（2014）、『珠江三角州発展興港澳的融合』香港城市大学出版社に収録
広東省統計局（2014）、『産業構造転換・高度化が広東経済の発展を推進する～第11次5カ年計画期以降の省全体と珠江デルタの構造転換と高度化状況分析』（12月18日）
中山大学港澳珠三角研究中心（2011）、『香港特別行政区政府中央政策組～広東省政治、経済、社会発展資訊報告』第三期季報
香港特別行政区政府中央政策組（2004）、『泛珠三角地区之社会、経済、政治趨勢顧問研究』月報（第一期2004年11月）。
香港貿易発展局（2005）、「香港在『泛珠三角』的新発展機遇」香港貿易発展局（第二期2005年2月）。
HKFI (Hong Kong Federation of Industries). (2003), *Made in PRD Study : The Changing Face of Hong Kong Manufacturers.*
HKFI (Hong Kong Federation of Industries). (2015), *Made in PRD Study : Hong Kong Industry: The Way Forward.*
Hong Kong SAR Government, The Census and Statistics Department.(2013), *Offshore Trade in Goods.*
HKTDC (Hong Kong Trade Development Council). (2002), *The Characteristics and Prospects of Hong Kong's Trade Transformation.*
HKTDC (Hong Kong Trade Development Council). (2007), *Implications of Mainland Processing Trade Policy on Hong Kong.*

■第5章
伊藤昌亮（2012）、『デモのメディア論～社会運動社会のゆくえ』筑摩書房

参考文献

倉田徹（2009）、『中国返還後の香港』名古屋大学出版会
倉田徹（2013）、「中国新指導部が直面する香港統治の課題」『問題と研究』第42巻2号
高原明生、前田宏子（2014）、『開発主義の時代へ　一九七二〜二〇一四』岩波新書
竹内孝之（2003）、「香港における財閥と政治の関係『同志社政策科学研究』4（1）
竹内孝之（2004）、「一国両制下における統合」『アジア研究』Vol.50, No3
谷垣真理子（1996）、「返還をめぐる香港の域内政治」『国際政治』第112号日本国際政治学会
谷垣真理子、塩田浩和、容應萸（編）（2014）、『変容する華南と華人ネットワークの現在』風響社
中園和仁（1998）、『香港返還交渉〜民主化をめぐる攻防』国際書院
森一道（2007）、『香港情報の研究』芙蓉書房出版
「leslieyoshi さんのブログ」2009年7月
　　https://leslieyoshi.wordpress.com/page/86/?archives-list=1
陳麗君（2015a）、『香港人的「一国両制」観念研究』三聯書店（香港）
陳麗君（2015b）、『香港特区政府管治研究』三聯書店（香港）
馮邦彦（2014）、『香港産業結構転型』三聯書店（香港）
韓成科、林建忠、李曉恵（編著）（2015）、『香港特区選挙制度興競選工程』新民主出版社
韓江雪、鄒崇銘（2006）、『香港的鬱悶〜新世代 vs 嬰児潮世代』Oxford University Press.
李曉恵(2010)、『困局興突破〜香港難点問題専題研究』天地
寥京山（総顧問）（2015）、『粤港澳合作報告』中国文化院有限公司
羅金義、鄭宇碩（共編）（2013）、『留給梁振英的棋局：通析曾蔭権時代』香港城市大学出版社
羅祥国(2014)、『香港新産業政策的理論興実践〜六項「優勢産業」的発展和評議』新力量網絡
馬嶽編著(2015)、『香港80年代民主運動口述歴史』香港城市大学出版社
司徒永富、陶濤(2009)、『金融海嘯〜対中港両地的影響』匯智出版
一国両制研究中心(2004)、『香港特別行政区政府中央政策組：香港興汎珠三角区域合作〜背景報告』
鄭宇碩(2014)、「珠三角経済整合対香港挑戦」梁潔芬、盧兆興（編著）（2014）、『珠江三角州発展興港澳的融合』香港城市大学出版社
Degolyer, Michael E.(1998), *The Civil Service*, in Larry Chuen-ho Chow, Yiu-

Kwan Fan (1998), *The Other Hong Kong Report*, Chinese University Press, Hong Kong, pp.73-114.

Harris, Peter (1978), *Hong Kong: A Study in Bureaucratic Politics*, Heinemann Asia, Hong Kong.

Harris, Peter (1988), *Hong Kong: A Study in Bureaucracy and Politics*, Macmillan, London.

Miners, Norman (1991), *The Government and Politics of Hong Kong*, Oxford University Press.

■終章

関志雄(2015)、『中国「新常態」の経済』日本経済新聞社

倉田徹、張彧暋(2015)、『香港—中国と向き合う自由都市』岩波新書

■その他の参考文献（中国本土と香港の新聞、雑誌、プレスリリース、センサス、統計年鑑、年鑑、香港政府行政長官施政方針演説、香港政府財政長官予算案演説等）

広東省統計局『広東省統計年鑑』（中国統計出版社）各年版、広東省統計局・広東省計画委員会（1998）『広東省貿易外経統計資料（1979〜1997）』、広東省統計局（1998）『広東改革開放二十年建設成就：1978〜1998』、広東省統計局・国家統計局広東調査総隊（2009）『数説広東六十年：1949〜2009』、国家統計局『中国統計年鑑』（中国統計出版社）各年版、国家統計局『中国統計摘要』（中国統計出版社）各年版、国家統計局人口和就業統計司／人力資源和社会保障部規則財務司『中国労働年鑑』（中国統計出版社）各年版、華潤貿易諮詢有限公司（1988）『香港経済貿易統計彙編（1947〜1987）』、HK Government, 1969, *Hong Kong Statistics 1947-1967*, Census and Statistics Department.

その他の国家統計局、広東省統計局、広東省計画委員会、中国海関等の発表統計・公報等

『大紀元』、『第一財経日報』、『広州日報』、『経済日報』、『梅州日報』、『民営経済報』、『南方日報』、『南方週末』、『前沿戦略論壇』、『南方都市報』、『人民網』、『人民網日本語版』、『深圳商報』、『小康』、『新京報』、『小康』、『中国新聞網』、『中国網日本語版』、『中国労働網』、『重慶晨報』、『China Daily』

『大公報』、『明報』、『文匯報』（香港）、『香港経済日報』、『香港商報』、『信報』、『South China Morning Post』、『The Standard』

『朝日新聞』、共同通信社、『産経新聞』、『日本経済新聞』、『読売新聞』

ADB(Asia Development Bank), *ASIAN DEVELOPMENT Outlook 2012 : Confronting Rising Inequality in Asia*.

HKSAR Government, HKSAR Government, *Thematic Report : Household*

参考文献

Income Distribution in Hong Kong, 2011 Population Census Office, Census and Statistics Department, June 2012, Hong Kong Government.

■CEPA（経済貿易緊密化協定）関連日本語資料［以下すべてHKTDC＝香港貿易発展局］
http://www.hktdc.com/info/ms/a/jp/1X04ADQ7/1/Japan/CEPA---%E7%B5%8C%E6%B8%88%E8%B2%BF%E6%98%93%E7%B7%8A%E5%AF%86%E5%8C%96%E5%8D%94%E5%AE%9A.htm

香港貿易発展局「香港と中国本土の経済・貿易緊密化協定（CEPA）締結で在港日系企業にも恩恵」（2003年7月2日）
香港貿易発展局「『経済貿易緊密化協定（CEPA）』がもたらす経済効果」（2003年7月25日）
香港貿易発展局「CEPA：香港に対する主な影響」『Trade Watch』10月号（2003年10月30日）
香港貿易発展局「CEPA I 全文和訳」（2004年1月1日施行）
香港貿易発展局「CEPA I & II：香港発展の機会」（2004年10月20日）
香港貿易発展局「CEPA II 全文和訳」（2005年1月1日施行）
香港貿易発展局「CEPA III：香港にとっての機会」（2005年11月10日）
香港貿易発展局「CEPA IV:2006年の拡大自由化措置に関する最新情報」（2006年7月13日）
香港貿易発展局「CEPA V:香港の拡大する機会」（2007年7月）
香港貿易発展局「CEPA2008:香港の拡大する機会」（2008年8月）
香港貿易発展局「CEPA2009: 香港の拡大する機会」（2009年7月）
香港貿易発展局「CEPA2010:香港の拡大する機会」（2010年7月）
香港貿易発展局「CEPA2012の自由化措置～香港の拡大する機会」（2011年12月）
香港貿易発展局「CEPA IX（第9次補充）～香港サービスへの恩恵」（2012年6月）
香港貿易発展局「CEPA X（第10次補充）：中国本土とのさらなる貿易自由化に向けた新たな方策」（2013年8月）
香港貿易発展局「CEPA2015:広東・香港金融サービス貿易自由化の実現」（2015年9月）

著 者
森 一道（もり かずみち）
1960年静岡県生まれ。同志社大学大学院文学研究科新聞学専攻修了。コミュニケーション学博士（東京経済大学）。1987年香港大学留学を経て、1989年 New Asian Invesco Ltd.（亜洲策略有限公司）を香港に設立。中国・アジアの経済・産業・社会リサーチに従事する。中京女子大学（現・至学館大学。メディア・コミュニケーション論）、香港城市大学（日本社会・文化論）、香港中文大学（文化研究）、静岡大学（経済）等の非常勤講師を歴任。
著書に『香港情報の研究』（芙蓉書房出版、2007年）、『中国膠着』（芙蓉書房出版、2008年）、『東アジア国際分業と中国』（共著、日本貿易振興機構、2003年）、『コミュニケーション学入門』（共著、NTT出版、2003年）ほか多数。

台頭する「ポスト華南経済圏」
—— "脱・経済"を目指す中国改革開放の新たな地平 ——

2017年 4月20日　第1刷発行

著　者
森　一道
（もり　かずみち）

発行所
㈱芙蓉書房出版
（代表 平澤公裕）
〒113-0033東京都文京区本郷3-3-13
TEL 03-3813-4466　FAX 03-3813-4615
http://www.fuyoshobo.co.jp

印刷・製本／モリモト印刷

ISBN978-4-8295-0710-0

【芙蓉書房出版の本】

「香港情報」の研究
中国改革開放を促す〈同胞メディア〉の分析
森 一道著 本体 3,800円

「香港発信の中国情報」への依存度は高い。「香港情報」を歴史的・体系的に分析した"世界最初の研究論文"が香港返還10周年の年に公刊。中国の改革開放政策への影響力を日刊紙『明報』に代表される中立系メディアを中心に徹底的に検証。「香港情報」の誕生・成長期である1950～60年代、国際社会における中国の注目度が高まった1970年代、中国の政局に対する影響力が低下した1980～90年代、の3時期に分け、事例を分析。

【本書の内容】香港返還一〇年／序章「香港情報」の概念規定と理論的枠組／1.「香港情報」の生成——〈域内ニュース〉としての中国情報（チャイナ・ウォッチャーの史的展開、「中国の香港」と「世界の香港」）／2.「香港情報」の国際化——〈国際ニュース〉への変質（西側メディアと香港、「香港情報」をめぐる米英のスタンス）／3.「香港情報」の中国還流——〈内なる外圧〉の形成（〈外部情報〉への対応、香港メディアと中国報道）／終章「香港情報」の相対化と将来展望（情報の送り手の変質、グローバル化の進展）／補論1：中国の体制変動と情報／補論2：中国における「文化情報」の生成とその周辺問題

中国膠着
「高成長」を強いられた国家の行方
森 一道著 本体 1,900円

グローバル化は中国の失速を許さない！ 20年間、香港から中国を見続けている著者が中国経済の実態を詳細にレポート。経済高成長は、経済格差、社会不安を生むが、そのゆえに「中国失速論」は成立しないことを実証する。

【本書の内容】序章 「安定」という呪縛／第1章 「中国台頭」とグローバル化／第2章 大衆社会は何処へ／第3章 「経済高成長路線」の変調と対応／第4章 されど成長、そして社会は荒廃す‥‥／終わりに 誰のための成長か？

【芙蓉書房出版の本】

アメリカの対中軍事戦略
エアシー・バトルの先にあるもの
アーロン・フリードバーグ著　平山茂敏監訳　本体 2,300円

「エアシー・バトル」で中国に対抗できるのか？　アメリカを代表する国際政治学者が、中国に対する軍事戦略のオプションを詳しく解説した書 Beyond Air-Sea Battle: The Debate Over US Military Strategy in Asia の完訳版。

自滅する中国
なぜ世界帝国になれないのか
エドワード・ルトワック著　奥山真司監訳　本体 2,300円

最近の中国の行動はルトワック博士が本書で「予言」した通りに進んでいる。戦略オンチの大国が確実に自滅への道を進んでいることを明らかにする。

スパイクマン地政学
『世界政治と米国の戦略』
ニコラス・スパイクマン著　渡邉公太訳・解説　本体 2,500円

地政学、国際政治学の祖として著名なスパイクマンが書いた America's Strategy in World Politics: the United States and the Balance of Power は戦後の米国国際政治学の原点となった古典的著作。世界地図と該博な地理の知識を駆使して戦後の世界情勢を予見した本書は、75年前の著作でありながら現代の国際情勢を考えるための重要な示唆を与えてくれる。

平和の地政学
アメリカ世界戦略の原点
ニコラス・スパイクマン著　奥山真司訳　本体 1,900円

冷戦期の「封じ込め政策」、冷戦後の「不安定な弧」、そして現代の「地政学的リスク」、…すべてはここから始まった！　戦後から現在までのアメリカの国家戦略を決定的にしたスパイクマンの名著の完訳版。原著の彩色地図51枚も完全収録。

日中政治外交関係史の研究
第一次世界大戦期を中心に
楊海程著　本体 3,500円

日中両国の外交文書、外交檔案を突き合わせ、また両国学界の先行研究を検証し、公平な視点で日中間の政治外交問題を分析した論考。